高等职业教育“双高”建设新形态规划教材

城市轨道交通客运组织（智媒体活页式）

主　编◎张燕　龚庆
副主编◎陈茜　沈睿

西南交通大学出版社
·成　都·

图书在版编目（CIP）数据

城市轨道交通客运组织：智媒体活页式 / 张燕，龚庆主编. --成都：西南交通大学出版社，2023.11（2025.1 重印）

ISBN 978-7-5643-9552-0

Ⅰ. ①城… Ⅱ. ①张… ②龚… Ⅲ. ①城市铁路－铁路运输－旅客运输－行车组织－职业教育－教材 Ⅳ. ①U239.5

中国国家版本馆 CIP 数据核字（2023）第 219517 号

Chengshi Guidao Jiaotong Keyun Zuzhi (Zhimeiti Huoye Shi)

城市轨道交通客运组织（智媒体活页式）

主编　张 燕　龚 庆

责任编辑 / 宋浩田

封面设计 / 吴　兵

西南交通大学出版社出版发行

（四川省成都市金牛区二环路北一段 111 号西南交通大学创新大厦 21 楼　610031）

营销部电话：028-87600564　　028-87600533

网址：https://www.xnjdcbs.com

印刷：四川玖艺呈现印刷有限公司

成品尺寸　185 mm × 260 mm

印张　18.75　　字数　468 千

版次　2023 年 11 月第 1 版　　印次　2025 年 1 月第 2 次

书号　ISBN 978-7-5643-9552-0

定价　56.00 元

课件咨询电话：028-81435775

图书如有印装质量问题　本社负责退换

前言

教材编写背景

近年来，我国城市轨道交通建设发展取得突破性进展，截至 2022 年年底，我国内地共有 55 个城市（该统计数据不包含港澳台地区）开通轨道交通运营线路 308 条，运营里程达 10 287.45 千米。同时，新设备、新技术、新方法也在城市轨道交通运营管理中不断得到应用，城市轨道交通运营管理企业高素质技术技能人才需求也大幅度增加。基于此，我们组织编写了《城市轨道交通客运组织》教材，希望通过对本教材的学习，能使学生掌握站务岗位相关客运组织工作任务和应具备的技能，培养学生实际动手的能力，从而使学生能适应运营管理各岗位客运组织工作要求。

本教材分为 6 个项目，每个教学项目可分解为若干个具体的教学任务，包含若干个知识点和技能，分别以必备知识、实训任务、拓展资源等内容体现，同时每个项目中嵌入思政资源，通过课程思政育人。

本教材的特点

1. 内容全面，融入城市轨道交通站务技能等级 1+X 证书标准

本教材采用项目任务的结构编排，各个任务是依据城市轨道交通运营企业客运及组织工作领域典型工作任务，并融入城市轨道交通站务技能等级证书（中、高级）标准而编写的，内容注重实用性、操作性、实践性。通过“问题引入”的方式来激发学生的学习兴趣，通过“知识拓展”及“学习目标制定和检测”的方式来帮助学生拓宽专业视野、夯实专业技能。

2. 校企合作，融合城市轨道交通行业企业新设备、新技术、新规范

本教材出版得到成都地铁运营公司的大力支持。通过深入成都地铁、重庆轻轨等运营单位进行调查，分析企业现阶段对城市轨道交通运营各岗位客运组织工作知识技能的新需求；调查最新城市轨道交通行业新技术、新设备及新规范，分析未来对人才的需求，教材微课资源建设邀请成都地铁一线工作人员参与，将相关“三新”标准及规范内容融入教材。

3. 融入思政，提升城市轨道交通运营管理专业课程思政育人作用

在本教材编写过程中充分考虑城市轨道交通行业对人才思想品质方面的要求，因此本书通过在每个项目后设置“思政资源”，使学生自行阅读时能受到启发，同时通过在各个任务的主要内容中融入思政、教学目标中设置“素质目标”、目标检测中制定“素质目标检测标准”等方式，巧妙地将“科学严谨、遵章守纪”“服从领导、听从指挥”等行业必需的思想品质融入教材，实现“德技并修”的育人目的。

4. 开放在线课程，打造“线上+线下”混合式教学模式

本书为职业教育城市轨道交通运营管理专业教学资源库核心课程“城市轨道交通客运组织”配套教材，配套有 500 分钟微课、20 个动画、10 个虚拟仿真实训操作视频及全套文档资

料（课程标准、电子教案、PPT、学习指南、习题库、案例库），读者可以通过扫描二维码观看学习部分课程，还可以登录智慧树平台选择“城市轨道交通客运组织”课程进行学习。通过“线上+线下”混合式教学模式，实现移动化、碎片化和终身化学习的目标。

教材编写团队

本教材由成都工业职业技术学院张燕、四川建筑职业技术学院龚庆担任主编，负责确定教材提纲及整体框架；由成都工业职业技术学院陈茜、四川建筑职业技术学院沈睿担任副主编，负责本教材统稿。本教材编写具体分工为项目一，项目六任务一、任务三及任务四由四川建筑职业技术学院龚庆编写；项目二由四川建筑职业技术学院沈睿编写；项目三、项目四任务四、项目五任务一由成都工业职业技术学院张燕编写；项目四任务一由成都工业职业技术学院杨亚编写；项目四任务二、任务三由成都工业职业技术学院陈茜编写；项目六任务二由成都工业职业技术学院龚秋菊编写；项目五任务二由成都地铁运营公司王帅编写。特别邀请成都地铁运营公司刘江林审核本教材。

致谢

本教材在编写过程中得到西南交通大学出版社的大力支持，参阅了近年来各位专家学者的教材、论文及专著，受益匪浅。在此我们向提供帮助的专家学者表示衷心的感谢。由于水平有限，书中难免有不足之处，请读者不吝赐教。

编 者

2023 年 01 月

目录

项目一　城市轨道交通线路与车站认知

项目描述

城市轨道交通线路是城市路网规划建设的重要组成部分，对城市交通、经济、文化等发展有较大的影响，所以城市轨道交通线路规划要与城市发展规划紧密结合，以满足城市快速发展的需要。同时，城市轨道交通车站是客流的节点，是城市轨道交通系统的重要组成部分，具有乘客集散、候车、上下车、换乘等功能。为满足安全、迅速、方便地组织乘客进出站及换乘，城市轨道交通车站需合理配置客运服务设备设施，即服务设备设施的数量要满足车站规模大小的需求，同时设置的位置也要满足乘客流动的需要。

本项目要求同学们掌握城市轨道交通线路和车站规划设计的原则、城市轨道交通线路和车站的分类及功能特点，能判别不同类型的车站；掌握城市轨道交通车站设施设备平面布局原则及方法；能分析车站所处位置、客流特征等要素。提高同学们分析问题和解决问题的能力，让同学们有能力为新建车站进行合理布局、为既有车站优化布局。

任务导航

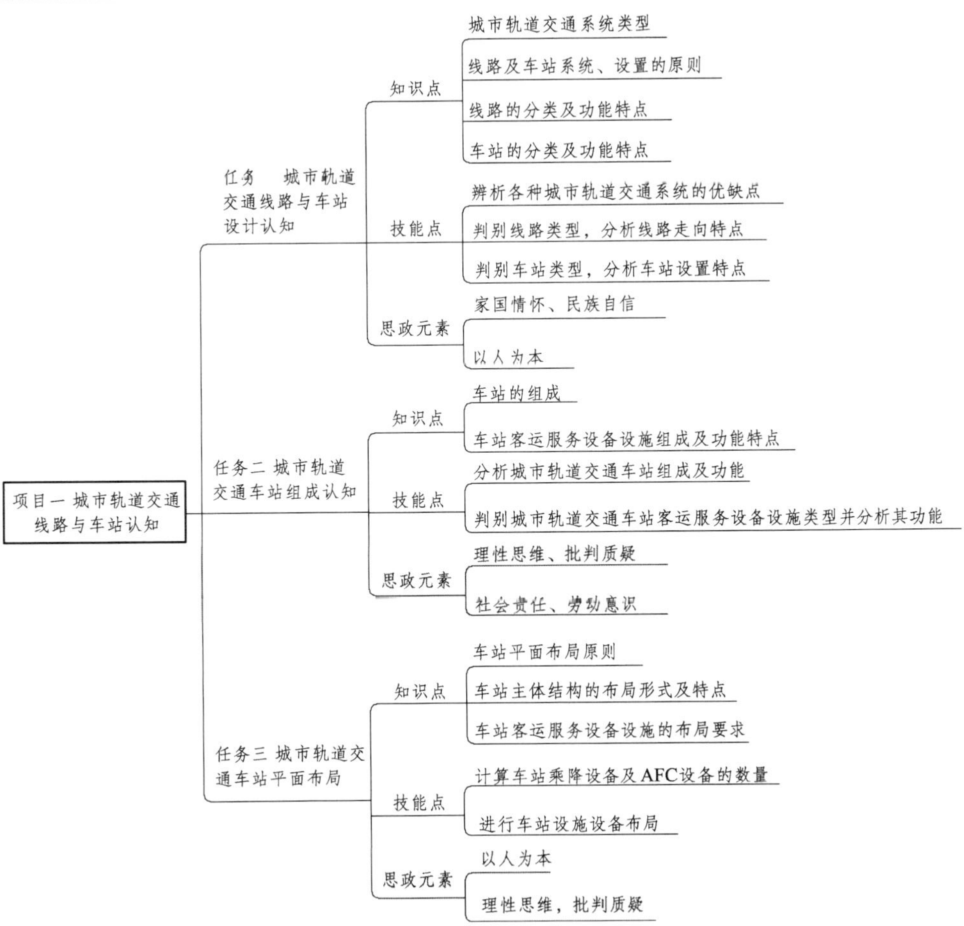

任务一　城市轨道交通线路与车站设计认知

【问题引入】

截至 2021 年 6 月，成都市轨道交通线路共计开通 12 条，如图 1-1-1 所示，线路总长 518.96 km，均采用地铁系统，共计有 373 座车站投入运营，其中有 46 座为换乘站。根据《成都市城市轨道交通线网规划》(2021 版)，成都轨道远期线网规划由 36 条线路组成，总长约 1 666 km，其中城市轨道交通 29 条、1 399 km，市域铁路 7 条、277 km，届时，成都市轨道交通将形成“米+环+放射”的基本运营网络。

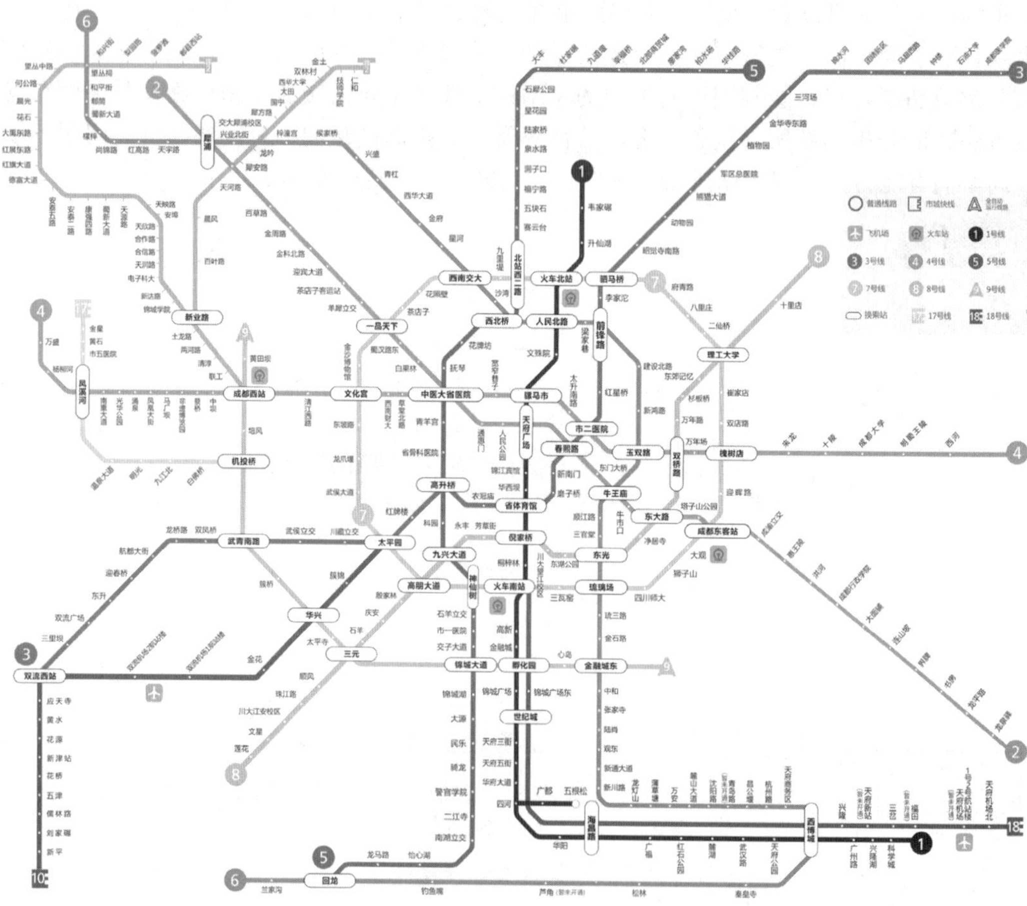

图 1-1-1　成都地铁线路图

您了解自己所在城市的城市轨道交通目前已开通的线路和车站数量吗？这些线路的走向、站点设置又有何特点呢？

【学习目标】

知识目标

1. 熟悉城市轨道交通系统的类型。
2. 了解城市轨道交通线路、车站规划与设置的原则及影响因素。
3. 熟悉线路的分类及功能特点。
4. 掌握车站的分类及功能特点。

技能目标

1. 能辨析各种城市轨道交通系统的优缺点。
2. 能判别线路类型。
3. 能判别车站类型。

素质目标

1. 树立城市客运交通系统全局观。
2. 培养“以人为本”的服务意识。

【必备知识】

一、城市轨道交通系统类型

我国国家标准《城市轨道交通运营技术规范》中将城市轨道交通定义为“采用专用轨道导向运行的城市公共客运交通系统”。

《城市轨道交通分类》(T/CAMET 00001—2020)将城市轨道交通从运输能力、空间范围、路权形式、设计最高速度等几个方面进行了分类。

按运输能力，城市轨道交通系统分为大运能系统、中运能系统和低运能系统三类，如表1-1-1所示。

表 1-1-1　按运输能力划分的城市轨道交通分类及技术特征

分类名称		运输能力/（人次/小时）
大运能系统		≥30 000
中运能系统	中大运能系统	15 000 ~ 30 000（不含）
	中小运能系统	10 000 ~ 15 000（不含）
低运能系统		<10 000

注：运输能力是指城市轨道交通系统单位时间内单向输送乘客的能力，以远期高峰小时单向最大断面运输量表示。

按空间范围，城市轨道交通系统分为城区轨道交通和市域轨道交通两类。城区轨道交通主要服务于城市城区的通勤（学）、公务、购物、餐饮、文体娱乐、旅游休闲等多种出行目的，由于服务于城区内部的客流需求，线路正线主要位于城区范围内；市域轨道交通主要服务于城市市域或都市圈范围的公务、通勤（学）、旅游休闲等多种出行目的，由于服务于城市市域或都市圈外围地区与中心城市城区之间的客流需求，线路正线主要位于城区以外的城市市域或都市圈范围。

按路权形式，城市轨道交通系统分为全封闭系统、部分封闭系统和开放系统三类。全封闭系统是指城市轨道交通线路与其他交通方式以物理方式完全隔离，具有独立路权，与其他交通方式不存在混行；部分封闭系统是指城市轨道交通线路的一部分区段与其他交通方式采用物理方式隔离，具有独立路权，与其他交通方式不存在混行，另一部分区段不采用物理方式隔离，共享路权，与其他交通方式按照相应规则混行；开放式系统是指城市轨道交通线路与其他交通方式不采用物理方式隔离，共享路权，与其他交通方式按照相应规则混行。

按设计最高速度，城市轨道交通系统分为快速轨道交通和普速轨道交通两类。其中，快速轨道交通又被细分为 A、B 两级。各分类的技术特征如表 1-1-2 所示。

表 1-1-2　按设计最高速度划分的城市轨道交通分类及技术特征

分类名称		设计最高速度/（km/h）
快速轨道交通	A	>120
	B	100 ~ 120
普速轨道交通		<100
城市轨道交通的设计最高速度在 60 km/h、70 km/h、80 km/h、100 km/h、120 km/h、140 km/h、160 km/h、200 km/h 8 个速度等级中选用		

注：快速轨道交通亦称快线，普速轨道交通亦称普线。

在《城市轨道交通工程项目规范》（GB 55033—2022）中指出城市轨道交通是采用专用轨道导向运行的城市公共客运交通系统，包括地铁系统、轻轨系统、单轨系统、有轨电车系统、磁浮交通系统、自动导向轨道系统、市域快速轨道系统等多种类型。

1. 地铁系统

地铁是城市轨道交通的主要形式，指在城市中修建的快速、大运量、长距离、用电力牵引的轨道交通。

地铁系统简介扫码观看

列车在平面全封闭的线路上运行，位于中心城区的线路基本设在地下隧道内，中心城区以外的线路一般设在高架桥或地面上。地铁列车通常采用 6 ~ 8 辆编组，设计最高速度可达 80 ~ 120 km/h，运营速度为 35 ~ 40 km/h，车辆运行最小间隔可低于 1.5 min。单向客流量为 3 万人次/h，最高可达 6 万 ~ 8 万人次/h。因此，人口超过 300 万的城市适合修建地铁。

截至 2022 年 6 月，中国共有 40 个城市开通了地铁（不包括港澳台地区），共计 7 529.02 km，其中排名前五的城市分别是上海、北京、广州、成都、杭州。以其中的成都为例概述其发展，2010 年 9 月 27 日，成都地铁一号线开通运营，到 2020 年 12 月 18 日，随着成都轨道交通 5 条新线集中开通运营，运营总里程突破 500 km，跃升国内轨道交通“第四城”。截至 2022 年，成都地铁已开通运营 13 条轨道交通线路，累计运营里程 558 km。十余年来，成都地铁将乘客的需求和感受作为服务的出发点和落脚点，把让乘客满意作为运营服务好坏的检验标准，探索构建以轨道交通为主体的“标准化、精细化、智能化”城市绿色交通体系，努力提供“安全、便捷、优质、高效”的轨道交通出行服务。成都地铁 10 号线车站及区间线路如图 1-1-2 所示。

2. 轻轨系统

轻轨是在有轨电车的基础上改造发展起来的，列车在全封闭线路上运行，钢轮钢轨体系的中运能的、以地上敷设为主的城市轨道交通系统。

图 1-1-2　成都地铁 10 号线

轻轨线路通常采用地面和高架相结合的方法建设而成，路线可以从市区通往近郊。列车编组采用 3 ~ 6 辆，全封闭式轻轨线路的设计最高速度可达 80 ~ 120 km/h，部分封闭轻轨线路的设计最高速度可达 70 km/h，运营速度为 25~35 km/h，全封闭式轻轨线路的单向客流量为 1.5 万 ~ 3 万人次/h，部分封闭轻轨线路的单向客流量为 1 万 ~ 1.5 万人次/h。因此，通常建于拥有 10 万 ~ 100 万人口的城市，一般可运行到离市中心 20 km 的区域。

截至 2022 年 6 月，中国内地主要有天津、长春、大连三个城市开通了轻轨线路，运营线路里程达 219.70 km。天津 9 号线于 2004 年 4 月 1 日正式开通运营，线路长度 52.25 千米，全线共设 21 座车站，其中 5 座地下车站、16 座高架车站、1 座地面车站，采用 4 节编组 B 型列车，如图 1-1-3 所示。

图 1-1-3　天津轻轨 9 号线

3. 单轨系统

单轨是一种车辆与特制的轨道梁组合成一体运行的中运能或低运能胶轮-导轨系统。

轻轨系统简介扫码观看

单轨的线路一般采用高架结构，车辆走行部分由橡胶驱动轮和导向轮组成。单轨又分为跨座式单轨和悬挂式单轨。跨座式单轨是指列车跨坐在轨道梁上部行驶，如图 1-1-4（a）所示；悬挂式单轨是指列车悬挂在轨道梁下部行驶，如图 1-1-4（b）所示。单轨列车编组采用 4 ~ 6 辆，跨座式单轨的设计最高速度可达 80 ~ 120 km/h，悬挂式单轨的设计最高速度可达 60 ~ 80 km/h，运营速度为 30 ~ 40 km/h，跨座式单轨的单向客流量为 1 万 ~ 3 万人次/h，悬挂式单轨的单向客流量为 0.5 万 ~ 1.5 万人次/h。轻轨具有爬坡能力强、转弯半径小、运行噪声低、造价低等显著特点，特别适合线路所经地区山高坡陡、道路曲折、地形复杂的情况。

（a）跨座式单轨　　（b）悬挂式单轨

单轨系统简介
扫码观看

图 1-1-4　单轨系统

我国首条跨座式单轨线路修建于有“山城”之称的重庆。重庆单轨 2 号线还是从日本引进单轨技术后修建而成的，但在单轨 3 号线通车时，经过重庆轨道交通团队的艰苦研发，有 95%以上的轨道设备技术和生产已实现了国产化，并取得了 100 多项专利，总体达到了国际先进水平，一举打破了日本等国家对技术长期垄断的局面。不仅如此，作为后来者的重庆，还成了世界上首个跨座式单轨交通标准体系的创建者。目前，重庆的单轨技术不仅向国内的深圳、柳州、吉林等城市进行了推广，2009 年，重庆轨道交通设计和施工团队更是远赴韩国大邱，为大邱的单轨交通线路提供轨道梁模板等多项技术支撑，成功迈出了重庆单轨技术走出去的第一步。

4. 有轨电车

有轨电车系统简介
扫码观看

有轨电车是使用电车牵引、轮轨导向运行在城市路面线路上的低运量轨道交通系统。

有轨电车通常采用地面路线，路权混用或部分路权独立，与其他车辆混合运行，因此有轨电车的设计最高速度可达 60 ~ 70 km/h，运营速度仅为 10 ~ 20 km/h，列车编组采用 3 ~ 7 辆，单向客流量为 0.5 ~ 1.2 万人次/h。有轨电车虽然运量低，但相比地铁、单轨等其他的城市轨道交通方式，具有建设成本低、建设难度低等优点，同时相对于城市道路其他交通工具来说，安全系数、环保系数也更高，因此北京、上海、大连、成都、青岛等 21 个城市均建设有有轨电车线路，共计 532.97 km。成都有轨电车蓉 2 号线，于 2018 年 12 月 26 日开通运营，截至 2021 年 9 月，成都有轨电车蓉 2 号线线路全长 39.3 km，共设置车站 47 座，其中地面站 45 座，高架站 2 座，5 节编组，最高速度 70 km/h，成都蓉 2 号线如图 1-1-5 所示。

图 1-1-5　成都蓉 2 号线

5. 磁浮系统

磁悬浮交通是一种利用电磁力将列车悬浮于轨道并进行导向，用直线电机产生牵引动力，驱动列车运行的城市轨道交通系统。城市轨道交通系统中的磁浮交通系统主要是指中低速磁浮交通系统，由于高速磁浮系统常应用于城市之间，所以并未纳入城市轨道交通范畴。

磁浮系统简介
扫码观看

磁悬浮的线路一般采用高架结构，在轨道的磁力作用下，使列车悬浮在空中，走行时不需要接触地面，只受到来自空气的阻力，因此，中低速磁悬浮的速度多数为 80 ~ 200 km/h，单向客流量为 1 ~ 3 万人次/h。车辆走行部分由橡胶驱动轮和导向轮组成，噪声较小。

长沙磁浮快线，是服务于湖南省长沙市的一条城市轨道交通线路，是中国首条拥有完全自主知识产权的中低速磁浮铁路，其于 2016 年 5 月 6 日开通运营，起于磁浮高铁站，途经长沙市雨花区和长沙县，连接长沙南站和长沙黄花国际机场，止于磁浮机场站，大致呈东西走向，如图 1-1-6（a）所示。北京磁悬浮示范线 S1 线列车运行最高速度可达 120 km/h，载客量相对普通地铁列车要小，标准 B 型车每节车厢的核定载客量为 240 人，而北京地铁 S1 线列车每节车厢载客量在 150 人以内，如图 1-1-6（b）所示。

（a）长沙中低速磁浮　　（b）北京磁浮 S1 线

1-1-6　磁浮系统

6. 自动导向轨道系统

自动导向轨道系统是一种无人驾驶、全自动运行的轨道交通系统。

狭义上讲，自动导向轨道系统是指由电气牵引，具有特殊导向操作和转向方式的胶轮车辆，采取单车或数辆编组的形式，运行在专用轨道梁上，中小运量的轨道运输系统。自动导向轨道系统属于胶轮-导轨系统，多用在高架线上。走行轮为胶轮，走行在桥梁面上，起支承作用；导向轮也是胶轮，依靠导向板或导向槽对车辆起导向和稳定作用。为了控制车辆轴重，保障胶轮运行安全，故采用小车辆、短列车，自动导向的形式。设计最高速度可达 60 ~ 80 km/h，列车运行在全封闭的线路上，为 2 ~ 4 节编组，单向客流量为 0.5 ~ 2 万人次/h，具有站间距短、转弯半径小、车体轻巧、运量中等、噪声相对小、启停加减速快捷等特点。

自动导向系统简介
扫码观看

中国大陆首条旅客自动运输系统（简称 APM 线）是北京首都国际机场旅客捷运，该系统主要服务于 3 号航站楼国际及港澳台进出港旅客。首条用于城市轨道交通系统的 APM 线，是广州珠江新城旅客自动运输系统，于 2010 年 11 月 8 日正式开通试运行，该线路的主要功能定位为观光线。上海首条胶轮路轨全自动无人驾驶 APM 线为浦江线，其于 2018 年 3 月 31 日起通车试运营，为 4 节编组，最高速度 80 km/h，上海 APM 浦江线如图 1-1-7 所示。

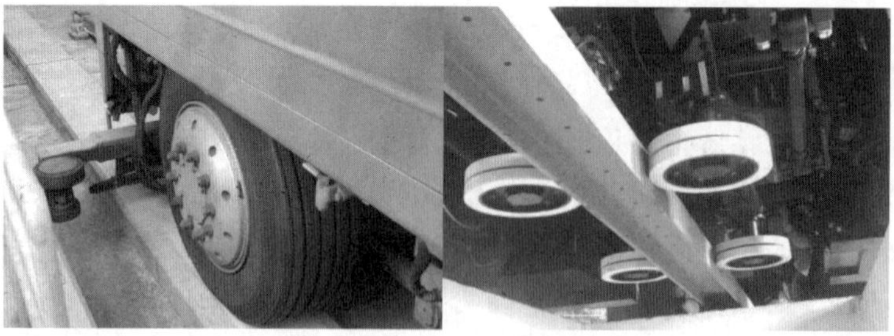

图 1-1-7　上海 APM 浦江线

7. 市域快速轨道系统

市域快轨交通，指的是大城市市域范围内的客运轨道交通线路，服务于城市与郊区、中心城市与卫星城、重点城镇间等，服务范围一般在 100 km 之内，是介于城市轨道交通（地铁、轻轨）和城际高速铁路之间的新型运输模式，属于广义城市轨道交通的范畴。

市域快轨系统简介
扫码观看

近年来，国内北京、上海、广州等大城市陆续开始进入郊区化发展阶段，工作在中心城区、居住在郊区的新生活方式不断得到扩展，促进了城市地域内部、中心城区外围、特定方向上（郊区新城或机场与中心城区之间）大量通勤交通的产生，加剧了城市交通问题的严重性与复杂性。用来解决市郊通勤问题的市域快轨在我国逐步发展起来。

作为连接城区边缘、郊区新城或机场的市域轨道线路具有如下特点：

（1）线路长：市域快轨线路长度比一般市内地铁长，一般市内地铁线路长度仅有 10 ~ 20 km，而市域快轨线路长度普遍在 30 km 以上。

（2）站距大：市域快轨线路的平均站距比一般市内地铁要大得多，一般为 2 ~ 5 km，运行速度可达 120 ~ 200 km/h，单向客流量在 1 万人次/h 以上。

（3）运行速度快：市域快轨可根据不同区域情况配备时速为 120 ~ 200 km、不同车辆断面与供电制式的市域快轨车辆，可采用电力牵引和内燃牵引。

目前，北京、上海、广州、成都、南京、青岛等 12 个城市均开通了市域快轨线路，运营线路里程达 1 029.16 km。

温州市域铁路 S1 线，于 2019 年 1 月 23 日开通运营，是国内首条新建的真正意义上的采用城市轨道交通模式运营的市域铁路。从技术标准上来说，温州市域铁路为国铁制式，但采用城市轨道交通运营模式（公交化、高密度运营，不设车次编号，也不会接入国家铁路网），很好地兼顾了国铁与地铁系统的衔接与融合。S1 线采用的是 D 型市域快轨列车，该车型列车既可运营在高速动车组轨道上，亦可与地铁线路共轨运营或换乘，具体如图 1-1-8 所示。

8. 城市轨道交通其他系统

（1）导轨式胶轮系统。

导轨式胶轮系统是随着新技术的发展而诞生的新的轨道交通方式，其以高架敷设为主，是基于传统胶轮导轨系统进行小型化研发而诞生的新型低运能胶轮导轨系统。导轨式胶轮系统配备无人驾驶系统和人脸识别系统，具有和谐、高效、智慧、经济、便捷等特点。导轨式胶轮系统线路以高架为主，列车在全封闭的线路上运行，设计最高速度为 60 ~ 80 km/h，单向客流量为 0.5 ~ 1.2 万人次/h。

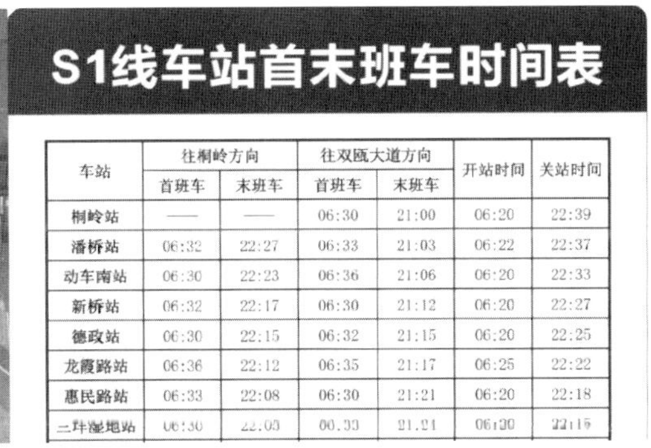

S1线车站首末班车时间表

车站	往桐岭方向		往双瓯大道方向		开站时间	关站时间
	首班车	末班车	首班车	末班车		
桐岭站	——	——	06:30	21:00	06:20	22:39
潘桥站	06:32	22:27	06:33	21:03	06:22	22:37
动车南站	06:30	22:23	06:36	21:06	06:20	22:33
新桥站	06:32	22:17	06:30	21:12	06:20	22:27
德政站	06:30	22:15	06:32	21:15	06:20	22:25
龙霞路站	06:36	22:12	06:35	21:17	06:25	22:22
惠民路站	06:33	22:08	06:30	21:21	06:20	22:18
三垟湿地站	06:30	22:05	06:33	21:24	06:20	22:15

图 1-1-8　温州市域铁路 S1 线

导轨式胶轮系统是我国城轨交通自主创新的重要成果，为我国自主化城轨交通制式填补了空白。重庆云巴是重庆市首条胶轮有轨电车线路，于 2021 年 4 月 16 日开通运营，编组辆数 2 节，设计最高速度 80 km/h，线路总长 15.4 km，设车站 15 座，且全部为高架站，如图 1-1-9 所示。西安云巴于 2020 年 5 月 31 日开工，预计 2023 年年底投入使用。

图 1-1-9　重庆云巴

（2）电子导向胶轮系统。

电子导向胶轮系统指电子控制的导向式胶轮系统，又称为智轨。一般采用可编组铰接胶轮车辆通过车厢主动协同控制在预定的轨迹线上（一般是道路上）运行，由橡胶车轮主动导向、承载和走行。电子导向胶轮系统以地面运行为主，列车在开放式或部分封闭的线路上运行，设计最高速度为 60 ~ 70 km/h，单向客流量为 0.5 万 ~ 1.2 万人次/h。

智轨兼具轨道交通和公路交通双重属性的独特优势，以及项目建设周期短、基础设施投资小、调度灵活等特点，目前，智轨已在我国宜宾、株洲、哈尔滨等地建成运营。宜宾智轨 T1 线列车由 3 节车厢编组而成，设计最高速度为 70 km/h，其于 2019 年开通运营，是全球首条商业运营智轨线路，如图 1-1-10 所示。

《2021 年世界城市轨道交通运营统计与分析综述》数据显示，截至 2021 年年底，全球有 79 个国家和地区的 541 座城市开通了城市轨道交通系统，总里程为 36 854.20 km，其中地铁（含市域快轨）、轻轨（含钢轮钢轨的轻轨、单轨、磁浮、中运量 APM 系统）、有轨电车（含有轨电车、胶轮有轨电车、智轨）分别占 51.4%、8.9%和 39.7%。截至 2021 年 12 月 31 日，我国累计有 50 座城市开通运营轨道交通，运营里程达 9 192.62 km（该统计数据不含港澳台地区）。2020 年，受到新冠病毒疫情的影响，城市轨道交通客流量大幅下降，全球 46 个国家和地区的 137 座城市的地铁累计运送乘客 396.67 亿人次，平均负荷强度 0.54 万人次/（d · km），其中我国地铁年客流量为 195.02 亿人次。

图 1-1-10　宜宾智轨

中国城市轨道交通持续稳步发展，线网规模和客流规模连年居全球第一，各类城轨交通运营里程排名前十的城市、2020 年全球地铁客流量排名前 15 的国家、2020 年全球城市地铁客流量和负荷强度排名前 10 的城市如图 1-1-11 ~ 图 1-1-13 所示（相关统计数据来自都市快轨论文《2021 年世界城市轨道交通运营统计与分析综述》）。

对城轨全自动运行线路进行统计，全球达到 GoA4（无人值守下的列车自动运行）运行等级的线路的运营里程达 2 384.70 km，其中，我国的运营里程达 587.57 km。截至 2021 年年底，我国共有 17 座城市开通运营了 26 条全自动运行线路，其中 2021 年新增城市 8 座，分别是南宁、武汉、宁波、深圳、芜湖、天津、台中和苏州，新增线路 13 条。在新一轮的规划建设中，北京地铁 3 号线和 12 号线，深圳地铁 12 号线、13 号线、14 号线和 16 号线，南京地铁 7 号线等 20 条线路已确定采用全自动运行技术，线路里程达 626 km，全自动运行线路规模将呈现快速增长的态势。

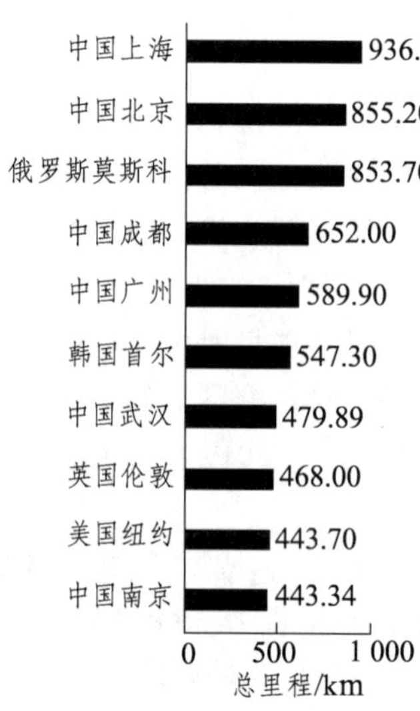

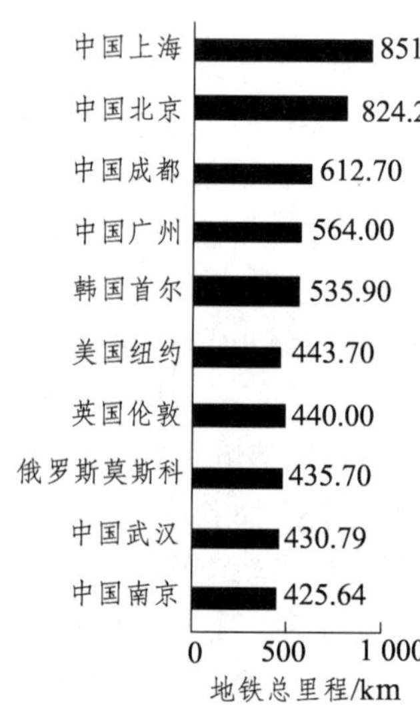

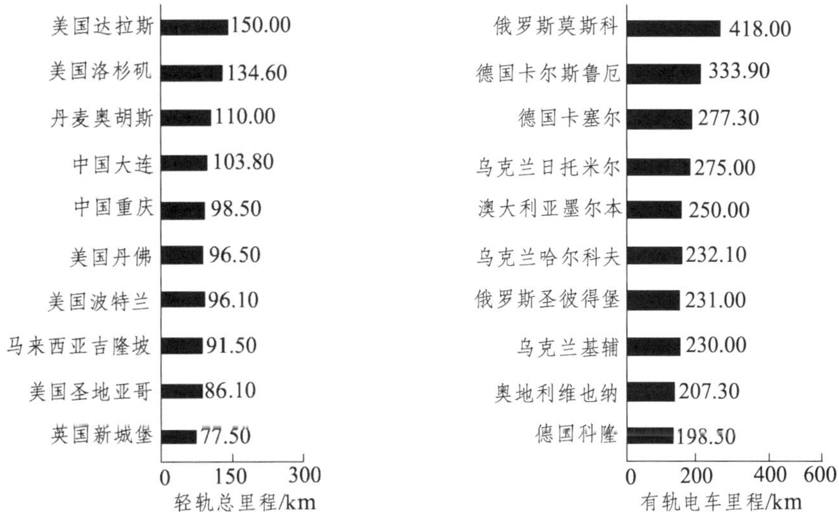

注：中国非港澳台地区的市域快轨暂时并入地铁统计。

图 1-1-11 各类城轨交通运营里程排名前十的城市

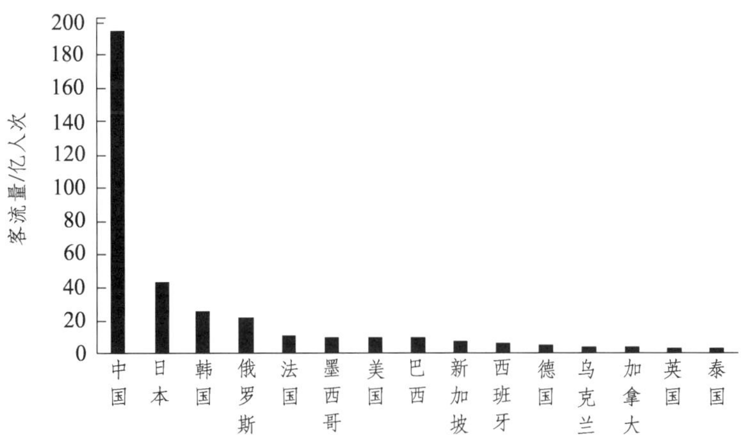

图 1-1-12 2020 年全球地铁客流量排名前 15 的国家

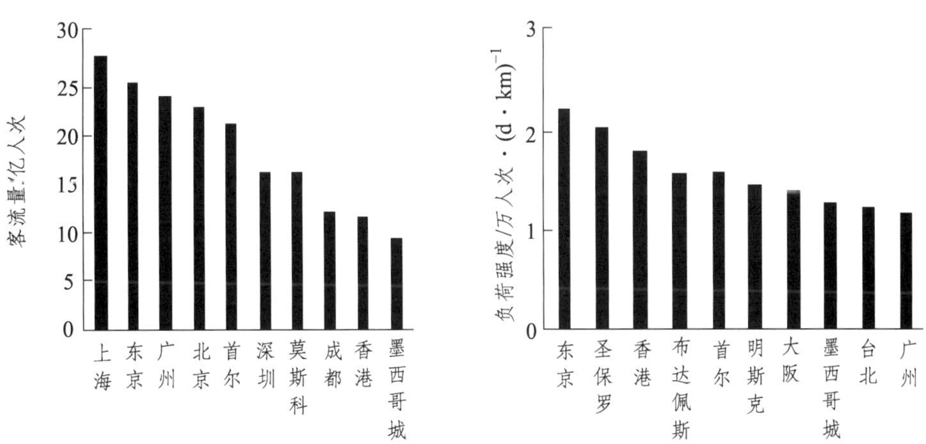

图 1-1-13 2020 年全球城市地铁客流量和负荷强度排名前 10 的城市

建立符合城市特色的全自动运行管理规范，不断探索适合中国国情的全自动运营模式，才能促进我国轨道交通多制式发展，实现交通强国的目标。

二、城市轨道交通线路规划与设计

城市轨道交通线网作为实现城市轨道交通系统功能的载体，是逐步建设、循序渐进建设成网的，以保证系统的规模效应。规划线网时，既要满足城市客流分布的内在规律，也要考虑对城市发展的导向作用。

（一）城市轨道交通线网规划原则

线网规划原则扫码观看

1. 线网规划与城市发展规划紧密结合，并适当留有余地

城市轨道交通线路一旦建成，对整个城市的交通、经济、文化等发展有较大的影响，因此一定要与整个城市的长远发展规划紧密结合，对于地面与地下交通及高架交通线路，要留有一定的后续发展余地，以满足城市快速发展的需要。

2. 线网规划要与城市客流预测相适应，尽量沿城市干道布设

城市干道是交通繁忙、客流汇集最多的地方。由于干道所处空间较宽广，在工程实施时，不但工程量较少，对居民的干扰也相对较少。因此，考虑到城市建设及安全，城市轨道交通线路应沿城市的交通主干道修建。

通过对城市主要交通干道的客流预测，定量地确定各条线路单向高峰小时客流量，也就可以确定每条线路的建设规模。城市轨道交通只有沿城市交通主客流方向布设，才能照顾到居民快速、方便的出行需要，并充分发挥轨道交通大运量的功能，从而提高城市的社会效益和经济效益。

3. 线网规划要使线网密度适当、乘客换乘方便、换乘次数少

居民出行最关心的是“时距”而不是“行距”，即出行距离的远近不是他们主要的考虑问题，他们最关心的是一次出行在旅途中要花费的时间。线网密度、换乘条件及换乘次数同出行时间关系极大，同时也直接影响着客流的大小。根据国内外相关经验，两平行线网间的距离，在市区一般以 1 400 m 左右为宜，同时要与街道布局相配合，除特殊情况外，两线间距离最好不小于 800 m，且不大于 1 600 m。在市郊区两线间距离可适当增大，若乘客必须换乘时，最好经一次换乘就能到达目的地，最多不要超过两次。

4. 线网规划要与常规公交线网衔接配合

线网的基本走向必须满足城市交通需要，充分利用城市已有的道路网。不能只强调单一轨道交通线路系统的建设，而忽略轨道交通线路系统与其他交通线路系统的衔接，忽视轨道交通系统内各条线路之间的整合。线网应贯穿城市中心和城市人口集中区域、城市的重大交通枢纽，这样不仅有利于人口集散，也有利于解决地上、地下旅客的换乘问题。

5. 要与城市的性质、地貌和地形相联系

线网规划应与城市的性质、地貌和地形相联系。在选择线路走向时，应考虑沿线地面建筑

的情况，注意对古建筑、历史文物古迹等的保护和对环境的保护。应充分考虑地形、地貌和地质条件，尽量避开不良地质地段和重要的地下管线等构筑物，以利于工程实施和降低工程造价。

6. 注意环线的设计要因地制宜，不能生搬硬套

环线要方便乘客换乘与减少城市中心区域客流压力，并且环线上一定保证有足够的日常客流量，否则环线客流负荷强度太小，会影响运营效率和企业的营收。

（二）城市轨道交通线网形态及特点

线网的形态主要由城市地理形态、规划的城市用地布局、人口流向分布决定，当然主观决策因素也发挥着重要作用。任何城市都具有其独特的自然地质条件、地理形态，在一定程度上造成了世界各国城市的城市轨道交通网络结构形态千差万别。典型的结构形态是网格式、无环放射式及有环放射式三种，分别如图 1-1-14 所示。

线网形态及特点
扫码观看

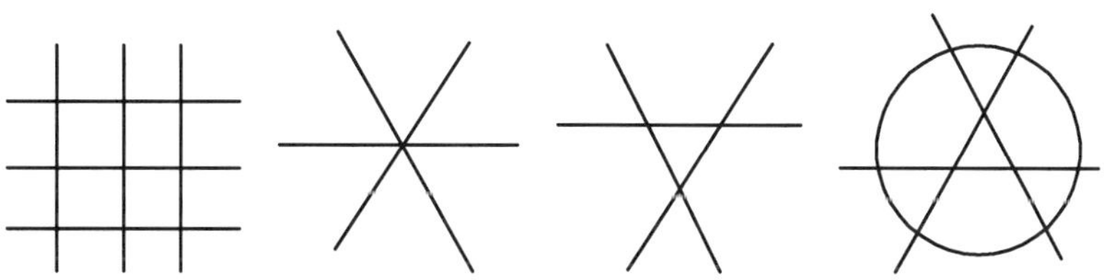

图 1-1-14　线网结构形态

1. 网格式

网格式线网的各条线路纵横交叉，形成方格网。网格式线网的线路分布比较均匀，客流吸引范围比较广；线路有纵横两个走向，多为互相平行或垂直的线路，乘客容易辨识方向；换乘站较多，纵横线路间换乘方便，线网连通性好。此类线网的缺点，一是线路走向比较单一，选择对角线方向出行时需绕行，市中心与郊区之间的出行常需换乘，有时可能要换乘多次；二是平行线路间的换乘比较麻烦，一般要换乘两次或两次以上，当线网密度较小，平行线之间间距较大时，平行线间的换乘是很费时间的。因此，适合呈片状发展的城市，街道往往呈方格网式布局。

2. 无环放射式

无环放射式线网是由若干穿过市中心的直径线或从市中心发出的放射线构成，这种类型的线网可使整个区域至中心点的绕弯程度最小，即全市各地至中心点的距离较短，因此其线网中心点的可达性很好，市中心与市郊的联系非常方便，不仅有利于市中心客流的疏散，也方便了市郊居民到市中心工作、购物和娱乐的出行，有助于保证市中心的活力，由于各条线路之间都相互交叉，任意两条线路之间均可实现换乘，因此线网连通性很好，线网任意两车站之间最多只需换乘两次。由于没有环形线，圆周方向的市郊之间缺少直接的轨道交通联系，市郊之间的居民出行需要经过市中心区的换乘站中转，绕行很长距离，或者需要通过地面交通的方式来实现，交通联系很不方便，这种不便程度会随着城市规模的扩大而增大。

当三条以上轨道交通在同一点交会时，其换乘站的设计、施工及运用都很困难，这种车站一般会在 4 层以上，使得乘客换乘不便，日常运营费用也高，同时庞大的客流量也难以疏散，因此，一般将市中心的一点交叉改为在市中心区范围内多点交叉，形成若干“X”字形、

三角形线路关系，这样既有利于换乘站的设计与施工，也有利于乘客的集散，还有利于扩大城市中心区的范围。

3. 有环放射式

有环放射式线网由穿越市中心区的径向线及环绕市区的环行线共同构成。径向线的条数较多，走向多样，但都经过市中心区。有环放射式线网结构是在无环放射式线网结构的基础上加了环行线后形成的，是对无环放射式的改进，因而具有无环放射式线网的优点，又克服了周边方向交通联系不便的缺点，同时可以利用环线便捷出行，因此，这种线网对城市居民的出行最为便利。当城市郊区发展成市区后，这种形式便于线网有效地扩展。

一些轨道交通线网规模不是很大或建设时期较短的城市轨道交通，如成都地铁、新德里等，环线一般不多，而一些轨道交通线网规模较大、轨道交通发展比较成熟的城市，如莫斯科、东京等城市，会出现两条或两条以上的轨道交通环线。但值得注意的是，设置城市轨道交通环线前，必须十分谨慎地进行充分的研究，仔细研究城市特点和环线自身串联的客流集散点的规模，不能为追求环线而设置环线。

（三）城市轨道交通线路设计原则

1. 符合城市规划，满足远期路网客流需求

线路走向应符合城市总体规划、线网规划的要求，合理选择线路路径，并协调好与其他线路的衔接、换乘关系，使城市轨道交通充分发挥其交通骨干线路的作用。同时，城市轨道交通线路设计应满足远期路网客流量的要求，满足远期发展规划的要求。

2. 坚持以人为本，多方案优化选取

坚持以人为本的设计理念，根据工程沿线的城市规划、地形地貌、工程地质及水文地质条件、地面与地下建筑物、地面交通状况、拟采用的结构类型与施工方法及运营要求等，在复杂地段进行多方案优化选取，合理选定线路走向、埋深及车站分布。

3. 整体构思，保护环境

线路总体方案应结合后续的城市轨道交通工程，整体构思、统筹考虑、远近结合，并为后续工程的实施创造条件。城市轨道交通线路在城中心地区宜设置在地下，在其他条件许可的地区可设在高架上或者地面。地下线路平、纵断面设计应充分考虑其他相交地铁线路、建筑物地下结构、桩基础、市政管线、河流等控制因素的影响，有条件时尽量避让，同时要考虑保护沿线文物古迹、环境以及注重景观。

4. 与其他交通方式衔接，实现立体换乘

城市轨道交通线路在规划设计时还应考虑与市内公交、出租、社会车辆等的大型停车场，自行车停车点，公路，铁路，航空等之间建有良好的线路接口，通过设计综合枢纽站，实现立体换乘，以满足乘客在各种交通工具间方便快捷地换乘。

（四）城市轨道交通线路敷设方式

1. 地下敷设

地下敷设线设置于隧道中，与地面交通完全分离，且不占城市地面和地上的空间，基本

上不受气候影响。但需要较大的投资、较高的施工技术以及完善的环控、防灾措施。

2. 地面敷设

地面敷设线设置于地面。地面线造价低，施工方便，运营成本低，线路的调整与维护较易，但运营速度难以提高，同时占地较多，会影响城市的道路交通，容易受气候影响，城市环境难以改善，有一定的负效应。

3. 高架敷设

高架敷设线设置于高架工程上，与地面交通无干扰，造价介于地下和地面之间，施工、维护、管理、环控、防灾等方面的工作都较地下线更易实施。但要占用城市用地，并有光照、破坏景观、噪声等负效应，同时也受气候的影响。

在同一条城市轨道交通线路上，上述三种不同敷设形式的线路往往被组合起来。在市中心、人口稠密、建筑密集、土地价值较高的区域，既适宜采用地下线，也可适当布置高架线；而在城市边缘区或郊区，则适宜采用地面线。

线路分类及特点
扫码观看

（五）城市轨道交通线路分类及功能特点

城市轨道交通线路按照其在运营中功能的不同，可以分为正线、辅助线和车场线。

1. 正线

正线是指贯穿所有车站、区间，供列车载客运营的线路。正线中，车站两端墙内方的线路为站内线路，称为车站正线；两相邻车站相邻端墙间的线路范围为区间正线，如图 1-1-15 所示。

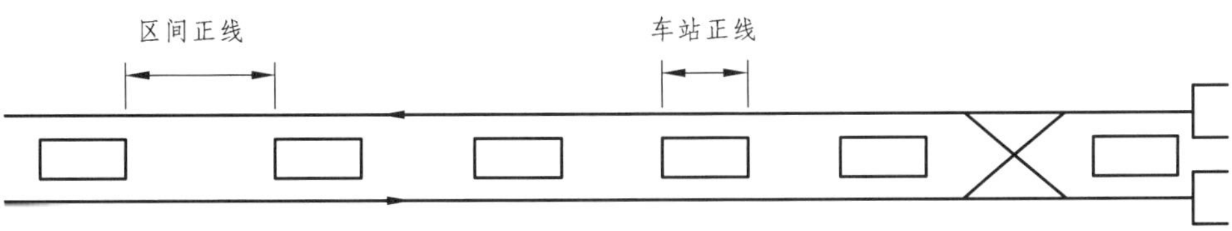

图 1-1-15　正线

城市轨道交通系统的正线采用上下行分行，实行右侧行车惯例。《地铁设计规范》（GB 50157—2013）规定：南北向线路应以由南向北为上行方向，以由北向南为下行方向；东西向线路应以由西向东为上行方向，以由东向西为下行方向；环形线路应以列车在外侧轨道线的运行方向为上行方向，在内侧轨道线的运行方向为下行（成都地铁 7 号线环线如图 1-1-16 所示）。由于正线行车速度高、密度大，线路标准要求高，一般采用 60 kg/m 以上类型钢轨进行敷设。

2. 辅助线

为保证正线正常运营，合理调度列车运行而配置的线路为辅助线，根据其功能不同，可分为折返线、渡线、存（停）车线、联络线、出入段线等，如图 1-1-17 所示。

（1）折返线。

折返线是指在同一条线路内，运营列车往返运行时掉头转线而设置的线路。折返线通常设置在线路两端的终点站或者准备开行折返列车的中间区域站（图 1-1-18）。

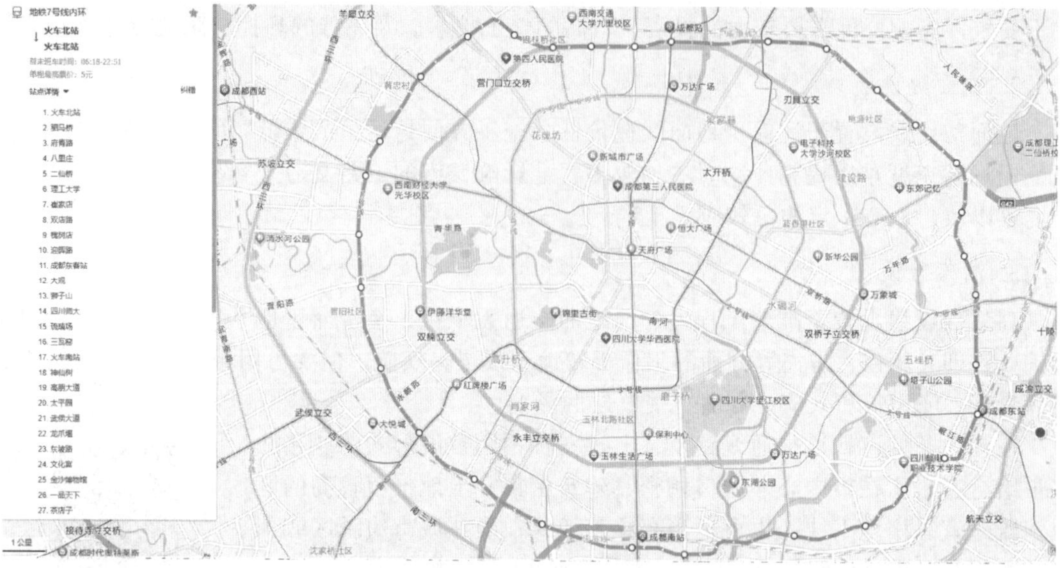

图 1-1-16　成都地铁 7 号线环线示意图

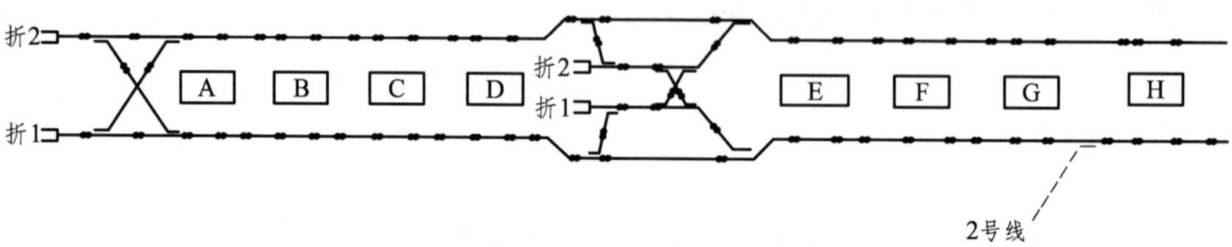

图 1-1-17　辅助线

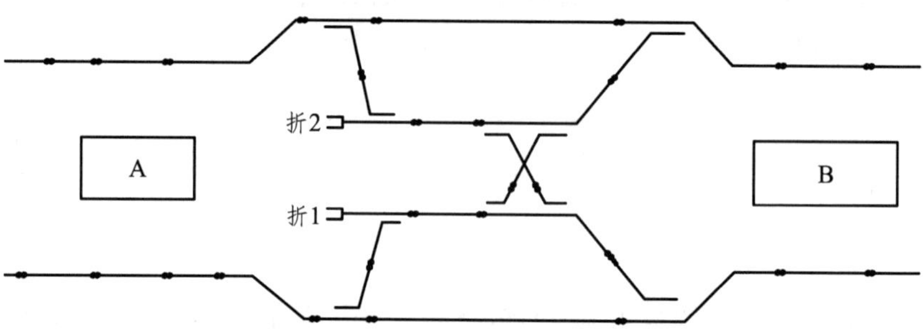

图 1-1-18　折返线

（2）渡线。

渡线是用道岔将同一线路上、下行线路及折返线连接起来的线路，又分为单渡线（图 1-1-19）和交叉渡线（图 1-1-20）。

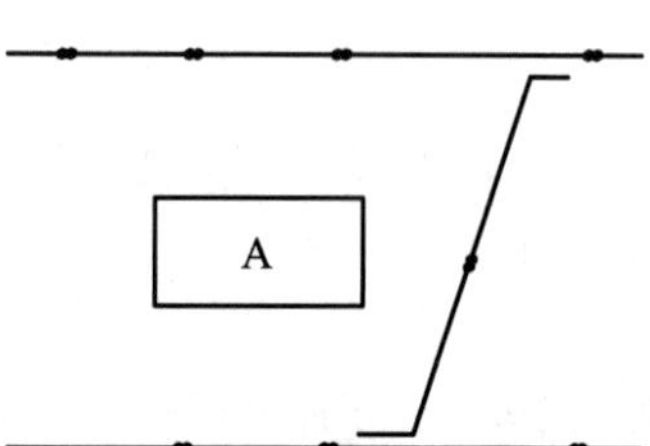

图 1-1-19　单渡线

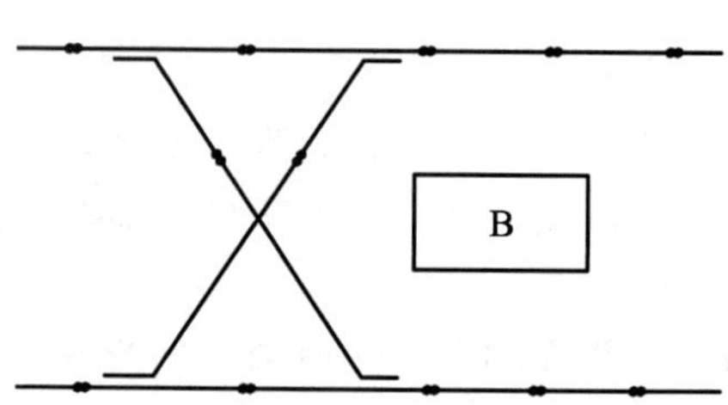

图 1-1-20　交叉渡线

渡线可以满足改变列车运行方向的需要，但在中间站利用渡线进行区间列车折返时，需占用正线进行作业，对于列车的运行间隔影响较大，会导致线路通过能力下降。因此，只有在一些非正常情况下，才会采用渡线进行一些小交路的运行，作为列车运行调整的手段。

（3）存（停）车线。

为了故障列车能尽快退出正线运营，应每隔 3 ~ 5 个车站设置存（停）车线，供故障列车临时存放或检修之用。

（4）联络线。

联络线是两条单独运营线路的连接线，可实现同种制式的线路列车过轨运行，如图 1-1-21 所示。

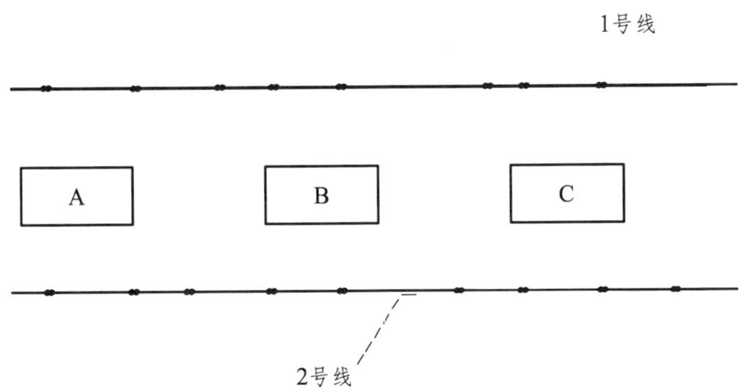

图 1-1-21　联络线

（5）出入段线。

出入段线，又称为出入场线，是连接正线与车辆段的线路，供列车出入车辆段使用（图 1-1-22）。

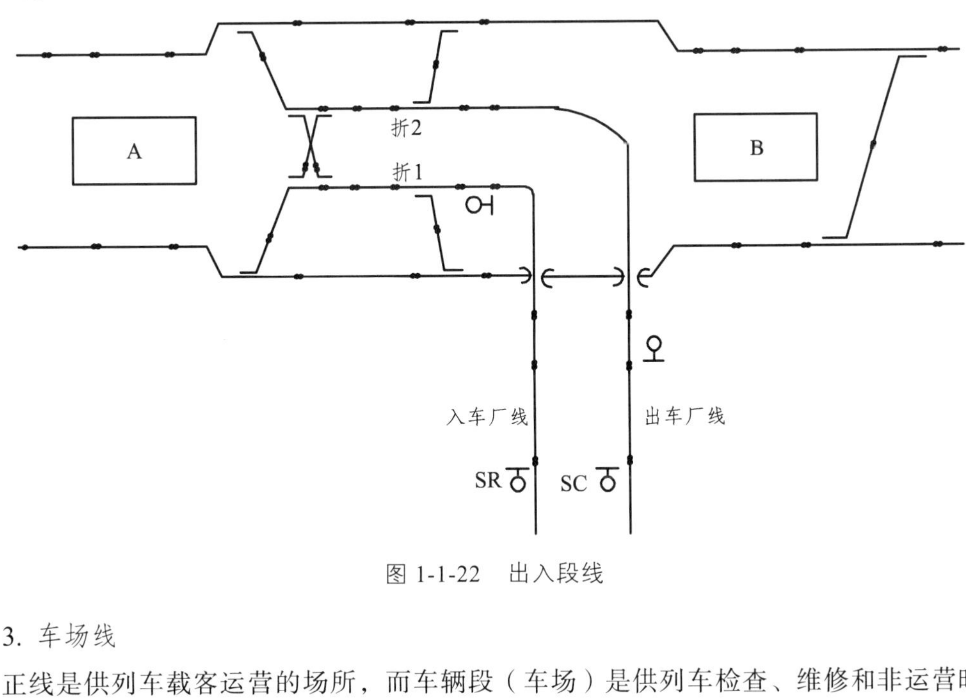

图 1-1-22　出入段线

3. 车场线

正线是供列车载客运营的场所，而车辆段（车场）是供列车检查、维修和非运营时间停放的场所。车场线就是指车辆段内场区作业、停放列车的线路，根据其作用的不同分为停车线、检修线、试车线、洗车线、牵出线等。

（1）停车线。

停车线是车辆的停放线，按一线一列位或一线两列位设计，其数量应满足该运营线路配属列车的存放需要，如图 1-1-23。

图 1-1-23　停车线

（2）检修线。

检修线是车辆在各种不同修程时停放的专用线路，一般设有检修坑道和维修平台，如图 1-1-24 所示。

图 1-1-24　检修线

（3）试车线。

试车线是在车辆段内设置的对车辆进行动态性能试验的线路，其线路标准通常与正线一致，一般用于新车调试或维修后的列车调试，如图 1-1-25 所示。

（4）洗车线。

洗车线是安装有洗车设备的线路，用于车辆自动清洗。在洗车线上列车以低于 5 km/h 的速度通过洗车设备，完成车体清洗作业，如图 1-1-26 所示。

图 1-1-25　试车线

图 1-1-26　洗车线

（5）牵出线。

牵出线是用于场内列车的转线作业的线路。

三、城市轨道交通车站规划与设计

车站是开展城市轨道交通客运组织的工作场所，是城市轨道交通运营生产的重要组成部分，是供乘客上下车、换乘、候车的场所。

（一）城市轨道交通车站设置及设计原则

1. 车站设计原则

（1）车站总体设计要满足系统功能要求，注意与周围环境的协调，应尽可能地与物业开发相结合，合理布置设备与管理用房，并宜采用标准化、模块化、集约化设计，使土地的使用效益最大化。

（2）车站的站厅、站台、出入口通道、楼梯、自动扶梯和售、检票口（机）等部位的通过能力，应按该站超高峰设计客流量确定；出入口通道、楼梯、自动扶梯的通过能力应进行相应的校核。超高峰设计客流量的值应为该站预测远期高峰小时客流量或客流控制期高峰小时客流量乘以 1.1 ~ 1.4（超高峰系数）。

（3）车站设计应遵循符合规划、满足客流、换乘便捷、事故疏散迅速、装修适度、无障碍通行、地下车站兼顾人防、综合开发等原则，应设置无障碍设施，具有良好的通风、照明、卫生和防灾等设施，力求做到以人为本、功能合理、布局紧凑、结构安全、经济美观。

2. 车站设置原则

为方便乘客乘车，车站一般都应设置在交通枢纽或沿城市主要交通干道的路口，以及市区居民集中的地点、商业繁华地段、体育中心、文化中心、旅游中心以及主要工业区等大型客流集散点，并保持合理的站间距，最大限度地吸引乘客，以保证服务质量。同时，还应综合考虑城市地下管网、地理地质条件、地面建筑物障碍等因素，合理选定其具体位置。

（二）城市轨道交通车站的分类及功能特点

车站分类及特点
扫码观看

1. 按修建空间位置来分

城市轨道交通车站按修建的空间位置不同可分为地下车站、地面车站和高架车站。

地下车站是由于地面建筑已固定，或是出于要节省地面空间的目的而被埋藏于地下。车站通过出入口及通道吸引客流。其中，按埋藏深度不同又可分为浅埋式车站和深埋式车站两种。其造价比地面站高得多，如图 1-1-27 所示。

图 1-1-27　地下车站

地面车站设置在地面。其造价比较低，但占用地面空间，其缺点是造成轨道交通所经过的地面区域分割，所以，一般会在城乡接合部采用此类型的车站，如图 1-1-28 所示。

图 1-1-28　地面站

高架站采用高架结构，设在道路两侧或道路中部上空，如图 1-1-29 所示。

图 1-1-29　高架站

2. 按车站站台与线路的关系来分

根据站台与线路关系的不同，车站可分为岛式车站、侧式车站和岛侧混合式车站。站台位于两条线路之间的车站称为岛式车站，如图 1-1-30 所示。

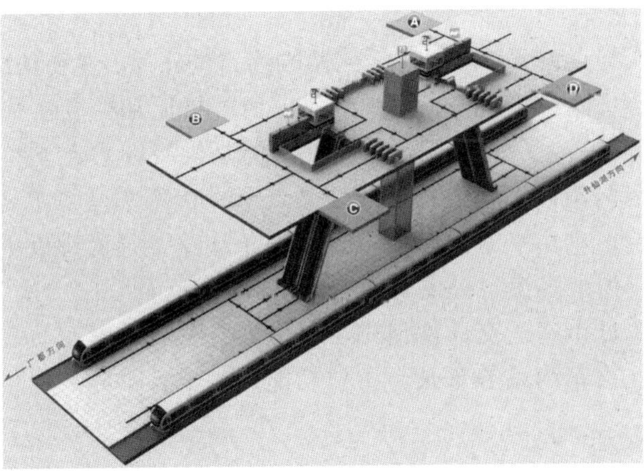

图 1-1-30　岛式车站

站台位于线路两侧的车站称为侧式车站，如图 1-1-31 所示。

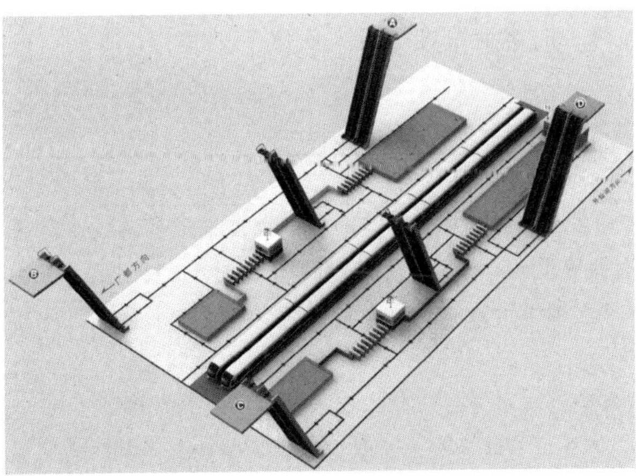

图 1-1-31　侧式车站

既有岛式站台，又有侧式站台的车站，称为岛、侧混合式车站，如图 1-1-32 所示。

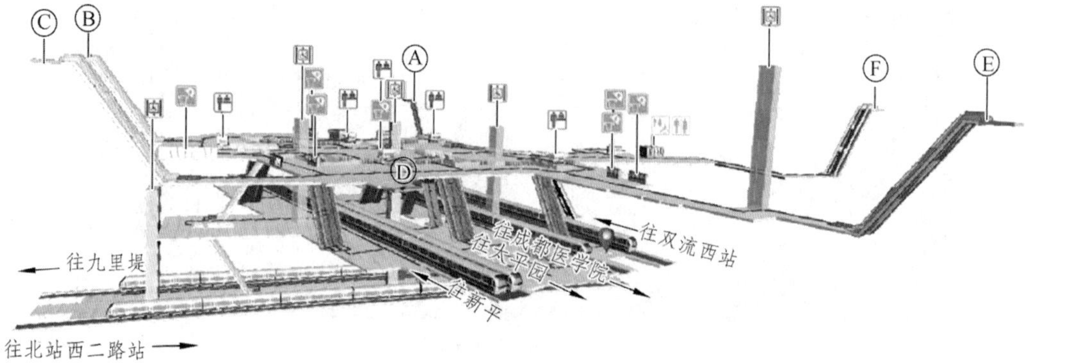

图 1-1-32　岛、侧混合式车站

3. 按运营功能来分

城市轨道交通车站按运营功能的不同可分为端点站、中间站、换乘站、大型换乘中心站（城市客运交通枢纽站）。

端点站即始发站或终点站，是设置在线路两端终点的车站，主要功能是提供乘客乘降（旅客上、下车）及售检票、问询等服务，开展列车停留、折返和少量临时检修作业。

中间站是线路中数量最多的基本站型，主要功能是供旅客乘降及提供其他服务。

换乘站是指两条或两条以上轨道交通线交叉点上设置的车站，主要功能是乘降、服务、换乘（即乘客可在付费区内由一条线路换乘到另一条线路，最大程度上节省了乘客出站、进站及排队购票的时间，为乘客换乘提供方便）。

大型中心换乘站（城市客运交通枢纽站）一般设在各种交通工具集中换乘的地点，如成都地铁的成都东客站、火车南站等车站，主要功能是供乘客乘降、提供服务及实现与其他交通工具的换乘。

4. 按规模大小分

城市轨道交通车站按其修建的规模及客流大小可分为大、中、小型车站。

大型车站的高峰小时客流量可达到 3 万人次以上；中型车站的高峰小时客流量可达 2 ~ 3 万人次；小型车站的高峰小时客流量在 2 万人次以下。

【实训任务】

任务名称	调研某城市的城市轨道交通发展历程、运营情况及未来规划
任务描述	1. 了解你所在城市的城市轨道交通的规划建设历程及线路开通顺序，画出你所在城市目前开通运营的城市轨道交通线路图及站点，并分析这些线路的走向特点及站点设置特点。 2. 了解你所在城市的城市轨道交通的最新建设规划情况，并分析规划线路、车站的设置特点。 3. 思考城市经济发展与城市轨道交通发展之间的关系，分析现阶段我国城市轨道交通的迅速发展。体会城市轨道交通对居民生活的影响，同时体会国家繁荣富强与人民生活质量提高之间的联系

续表

实训目的	能根据城市轨道交通线路及车站规划设计原则，分析城市轨道交通线路的走向特点及车站站点的设置特点，培养学生在城市轨道交通规划设计中以乘客为本的意识及城市客运交通系统规划全局观，使学生能根据经济发展水平与城市轨道交通建设之间的关系体会社会主义制度的优越性	实践场所	城市轨道交通运营企业
任务要求	1. 分组开展调研工作，小组长能对实训任务进行合理的分工，通过调研工作的开展，能了解本城市的轨道交通发展现状及未来发展趋势，为今后学生毕业后步入职场提前做好准备。 2. 形成调研报告，要求调研报告结构合理、内容全面，能根据所学习的相关理论知识对现状进行一定的分析，体现小组同学共同的见解和观点		

【目标检测】

一、知识检测

1. 填空题

（1）城市轨道交通是采用__________运行的城市公共客运交通系统。

（2）城市轨道交通包括__________、轻轨系统、单轨系统、__________、__________、自动导向轨道系统和市域快速轨道系统。

（3）城市轨道交通典型的结构形态是网格式、__________及有环放射式三种。

（4）城市轨道交通线路按照敷设方式不同可分为 3 种：__________、__________、__________。

（5）城市轨道交通车站按运营功能的不同可分为__________、中间站、__________、大型换乘中心站。

2. 选择题（以下至少有一项是正确的）

（1）（　　）是线路中数量最多的基本站型，主要功能是供旅客乘降、提供服务。

A. 中间站　　B. 端点站　　C. 换乘站　　D. 大型换乘站

（2）下列关于城市轨道交通线网规划的说法错误的是（　　）。

A. 线网规划与城市发展规划紧密结合，并适当留有余地

B. 线网规划要与城市客流预测相适应，尽量沿城市干道布设

C. 为方便乘客换乘与减少市中心区客流压力，城市轨道交通线网规划时，应尽可能地设置环线

D. 线网规划要与常规公交线网衔接配合好

（3）下列对城市轨道交通车站设计描述错误的是（　　）。

A. 为方便乘客乘车，车站的位置设计应与城市其他路网规划相配合

B. 车站的设计应尽可能地与物业开发相结合，使土地的使用效益最大化

C. 为方便乘客乘车，城市轨道交通车站间的站间距越小越好

D. 车站设计应遵循符合规划、满足客流、换乘便捷、事故疏散迅速、装修适度、无障碍通行、地下车站兼顾人防、综合开发等原则

（4）人口超过500万的特大城市修建（　　）较为合适。

A. 地铁　B. 轻轨　C. 磁悬浮　D. 单轨

（5）下列关于城市轨道交通车站设计的说法错误的是（　　）。

A. 城市轨道交通线路设计应满足远期路网客流量的要求，满足远期发展规划的要求

B. 为降低工程造价，城市轨道交通线路应尽可能设置在高架上或者地面

C. 线路走向应符合城市总体规划、线网规划的要求，协调好与其他线路的衔接、换乘关系

D. 线路总体方案应结合后续的城市轨道交通工程，为后续工程的实施创造条件

3. 判断题

（1）市域快速轨道系统能将城中心与周围的卫星城市联系起来。（　）

（2）洗车线设置在车辆段中，属于城市轨道交通辅助线。（　）

（3）根据城市轨道交通站点周边公交停靠站的位置，在不影响道路交通的前提下，调整公交停靠站与轨道交通出入口的距离，必要时设置立体步行换乘通道，缩短换乘距离，方便客流换乘。（　）

（4）联络线是指连接上下行方向的连接线，供列车调头使用。（　）

（5）环形折返线设置在中间站可方便列车调头。（　）

二、技能检测

根据前述实训任务，分组展示和汇报调研报告，以此来检验技能目标的达成度，具体检验的项目、标准及分值如下表所示。

序号	技能检测评价项目	评分标准	得分
1	调研报告（40分）	架构合理（10分），内容准确、完整（20分），具有前沿性（10分）	
2	城市轨道交通线路图及站点绘制（30分）	线路、站点完整、准确（20分），制图标准、清晰（10分）	
3	线路及车站设计分析（30分）	分析合理、全面（20分），语言表达顺畅（10分）	

三、素质检测

由教师根据学生课前预习情况、课中小组讨论及独立思考情况、课后作业、小组共同完成学习任务情况以及技能目标测试环节，对学生素质目标检测并进行评分。

序号	素质检测评价项目	评分	备注
1	学习能力的提升度（20分）	课前预习（5分），课中主动回答问题（5分），课后作业（5分），小组作业（5分）	
2	团队协作的配合度（20分）	小组讨论发言频率（10分），小组成员之间的配合度（10分）	
3	语言表达的清晰度（20分）	汇报问题的逻辑性（10分），语言回答的流畅性（10分）	
4	思想意识的认知度（40分）	城市客运交通系统全局观（10分），“以乘客为中心”的服务意识（10分），对在社会主义制度优越性下祖国繁荣富强肯定的意识（20分）	

【知识拓展】

城市轨道交通规划建设全流程简介

城市轨道交通从规划到投入运营将经历 10 个阶段，每个阶段的主要内容如下。

1. 线网规划阶段

城市轨道交通线网规划是在城市发展战略、总体规划、土地利用规划的基础上，根据客流预测分析，充分考虑交通与城市发展之间的关系，选择方便市民出行、能适应城市可持续发展的布局。

2. 地质构造与勘查阶段

城市轨道交通的有些线路建在地下，而地下一般是由很复杂的岩土构成的。为了弄清楚地下的情况，就要进行工程地质勘查。

3. 可行性研究及设计阶段

设计是城市轨道交通相关规划向工程施工蓝图转变的过程，分为工程可行性研究阶段、初步设计阶段和施工图设计阶段三个阶段。

工程可行性研究阶段是从城市发展实际需求出发，根据城市经济、国土空间规划、轨道交通相关规划及客流预测，确定项目功能定位、技术标准及线路平面走向和敷设方式。

初步设计阶段是在工程可行性研究的基础上，结合工程地质条件和外部条件（用地、管线迁改、交通疏解等）的初步成果，落实工程技术标准、接口协调、方案设计、系统构成与功能配置和工程概算。

施工图设计阶段是在初步设计研究的基础上，结合工程地质条件和外部条件的详细成果，以地铁设计规范为依据，综合规划、消防、人防、环保和水务等专项要求，完成工程施工蓝图。

4. 施工招投标阶段

为了降低城市轨道交通工程项目建设成本，优化社会资源的配置，合理确定工程建设项目价格，提高固定资产投资效益，需要选择一个合适的施工企业来完成城市轨道交通工程建设任务，应通过公开公平公正的招投标方式来实现。

5. 施工准备阶段

城市轨道交通工程开工建设之前，需要做好相应的施工准备，包括绿化迁移、原道路拓宽或改道、房屋拆迁、管线迁改等施工准备工作。

6. 土建工程施工阶段

（1）站点建设。

对于地下车站的施工，通常采用明挖法，即在地面挖开一个大基坑，在这个大基坑里进行车站建设

（2）连点成线。

根据不同的施工环境，地下线路的隧道施工需要选择不同的方法，将各个车站连接起来，具体的施工方法有盖挖法施工、暗挖法施工、盾构法施工。

（3）完成三通。

三通：洞通，隧道施工完成；轨通，轨道铺设完毕；电通，环网完成通电。

7. 安装工程施工阶段

城市轨道交通系统建设是一个包含多专业的系统工程，在完成车站隧道等土建工程后，还需要进行安装工程施工，包括自动售检票设备、电扶梯、站台门、电力系统、通信信号、综合监控、通风空调等的安装。

8. 综合联调

在新线开通前，还将对线路设备设施、各系统工程展开综合联调。

9. 空载试运行

按照国家规定，一条地铁新线在开通试运营之前，须进行为期 3 个月的空载试运行，并通过专家评审后方可开通。

10. 开通运营

一条新线从开建到开通，凝聚了无数地铁人的艰辛努力与默默付出，正是他们的不懈前行与砥砺奋进，成就了我们当下便捷的轨道交通新生活。

任务二　城市轨道交通车站组成

【问题引入】

我们平时乘坐地铁时都会遵循以下八个步骤（即乘坐地铁八步曲）：

（1）进站：根据地铁车站出入口外引导标志（在地铁出入口 500 m 范围内的显著地点，都安装了地铁站外路引），进入车站，通过乘降设备到达站厅层。即：站外导向—出入口—自动扶梯、楼梯—站厅层。

（2）购票：乘客进入车站后，在车站客服中心及站厅的自助购票（充值）设备购得乘车凭证或为城市一卡通充值。

（3）安检进闸：获得有效乘车凭证后，可进行安全检查及验票进闸，要求进闸时按右手持票左侧通行的方式进行通行。

（4）站台候车：通过闸机后，按“右站左行”原则通过自动扶梯或步行梯进入站台层候车。

（5）乘车：列车到达后，待站台门和车门完全打开后，遵循先下后上的原则，按照地下箭头指示从门两侧依次上车。

（6）下车：根据车内广播和车厢内显示的到站信息确定到达目的站，待车门完全打开后，拿好随身携带的行李物品依次下车。

（7）验票出闸：下车后按照导向标识的引导通过乘降设备进入站厅层，按右手持票左侧通行的方式验票出闸。

（8）出站：按照车站出入口指示图指标选择出口，根据导向标志，通过步行梯或自动扶梯出站。

根据这八步曲，我们可以看出城市轨道交通车站是客流的节点，是乘客集散、候车、上下车、换乘的重要场所。为满足安全、迅速、方便地组织乘客进出站的运营要求，结合你乘坐地铁的体验，说一说城市轨道交通车站有哪些组成部分，它们的结构功能又各是如何的呢？

【学习目标】

知识目标

1. 掌握车站的结构及组成部分。
2. 掌握车站客运服务设备设施组成及功能特点。

技能目标

1. 能分析城市轨道交通车站组成及功能。
2. 能判别城市轨道交通车站客运服务设备设施类型并分析其功能。

素质目标

1. 培养求同存异、因地制宜的哲学智慧。
2. 培养分析问题和解决问题的能力。

【必备知识】

一、车站的结构组成

按照车站建筑的空间位置，车站一般包括出入口及通道、车站主体，如果是地下车站，还应包括风亭及冷却塔等附属建筑物。

城市轨道交通车站
结构组成扫码观看

1. 出入口及通道

车站出入口是车站的门户，既是地面客流与城市轨道交通车站的衔接口，也是城市轨道管理辖区的分界点，如图 1-2-1 所示。出入口一般设有防护门，在运营结束后或突发情况下其会处于关闭状态。同时，为避免地面积水涌入地下车站，地下站及半地下站出入口设有防洪设施。

图 1-2-1　地下站出入口

通道是联系城市轨道交通车站出入口、站厅层、站台层的纽带，乘客从车站出入口到站厅层、从站厅层到站台层、线路间的换乘均需要通过一定的通道。通道由楼梯、电梯及步行道组成。

2. 车站主体

车站主体作为列车的停车点，不仅要供乘客上下车、集散、候车，也是办理运营业务和运营设备设置的地方。车站主体根据空间位置不同又可进一步划分为站厅层和站台层；而根据功能则可分为乘客使用空间（即公共区）、车站运营管理区域及设备用房区域（即设备区）。

公共区可分为非付费区和付费区。非付费区和付费区由进（出）站检票机和隔离设施分隔。非付费区位于站厅层，设置售票、咨询、商业、服务设施，可以为乘客提供售票、咨询、商业等服务。付费区包括站厅层付费区、站台层和楼扶梯、导向牌等。站厅层付费区既是乘客通过闸机或免费通道进入站台候车前经过的区域，也是乘客检票、聚集、疏散的区域。

设备区包括运营管理用房、设备用房和辅助用房，一般分设于站厅和站台的两端部。运营管理用房包括站长室、车站控制室、票务室、会议室和公安保卫室等。站长室是站长办公的场所，与车控室相邻；车站控制室内设置综合后备盘、综合监控系统、信号工作站、火灾预警系统、通信电话、广播、打印机、行车备品柜、文件柜等设备；车站票务室是现金、车票、票务物资的集散地，主要用于完成票务结账、清点钱箱、结算报表等票务工作；会议室是车站工作人员召开会议的地方，因此应远离乘客活动区域；公安保卫室是车站警务人员的办公场所，紧邻车控室。设备用房包括环控机械室、配电室、信号机械室等。辅助用房包括卫生间、茶水间、更衣室等。车站用房应根据运营管理需要设置，在不同车站配置必要房间，尽可能减少用房面积，以降低车站投资。

3. 风亭及冷却塔

风亭及冷却塔是地下车站的组成部分，风亭具有将地面的新鲜空气送入区间隧道内的作用，如图 1-2-2 所示；冷却塔的作用则是将携带废热的冷却水在塔内与空气进行热交换，使废热传输给空气并散入大气，如图 1-2-2 所示。

冷却塔　　　　风亭

图 1-2-2　地下站冷却塔和风亭

二、车站的客运服务设备设施

1. 车站乘降设备及功能

（1）乘降设备类型。

乘降设备根据乘降的形式不同，可分为楼梯、电梯（自动扶梯、垂直电梯）和轮椅升降机，如图 1-2-3 所示。

乘降设备简介扫码观看

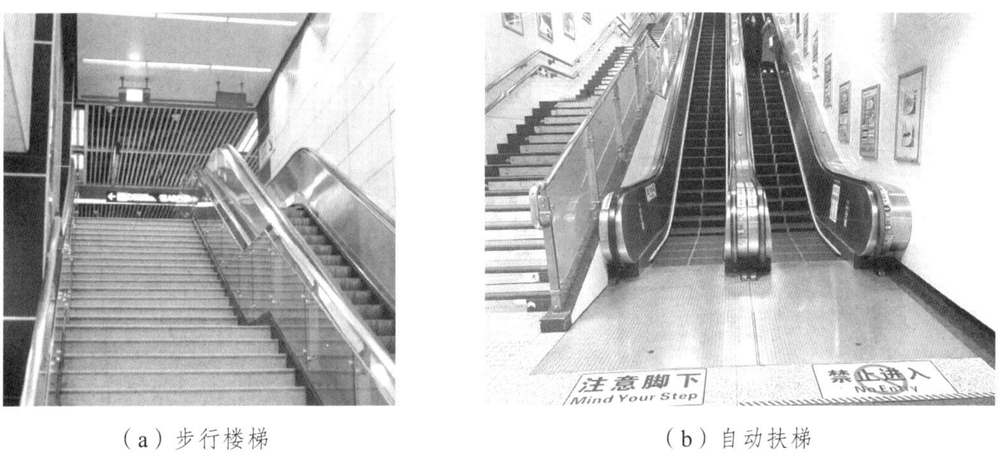

（a）步行楼梯　　　　（b）自动扶梯

（c）垂直电梯

（d）轮椅升降机

图 1-2-3　乘降设备

（2）乘降设备的功能。

楼梯是最简单易建的乘降设备，投资低、施工简单、管理方便，但易造成人流交叉干扰，乘客不方便。在车站发生紧急情况时，楼梯主要用于车站向外疏散乘客，所以车站楼梯平时应保持畅通，任何物品不得堆放在楼梯处，任何人员不得滞留在楼梯处。

自动扶梯是为减轻乘客疲劳，减少人流交叉干扰，增强车站吸引力，在条件许可（如提升高度不受限制等）的情况下，在出入口与站厅、站厅与站台间设置的。在发生火灾时，车站的自动扶梯须停止运行，作为步行楼梯来疏散乘客。车站人员应引导乘客正确搭载自动扶梯，对乘客不正确使用自动扶梯的行为应及时制止，以免发生危险。若自动扶梯运行时突然加减速，有异常声音或振动时，应阻止乘客继续搭乘，待无人后停止运行，并通知专业人员维修。自动扶梯一般在扶梯的右下侧设有"紧急停止按钮"（高差较大的自动扶梯在扶梯中部也设有"紧急停止按钮"），一旦在自动扶梯运行中发生乘客失足摔倒或其他紧急情况，应立即按下"紧急停止按钮"，使自动扶梯停止运行，并采取相应的救护措施。

垂直电梯和轮椅升降机均属于无障碍设计，是供特殊人群使用的乘降设施。车站垂直电梯设置在出入口、站厅层和站台层；轮椅升降机设置在楼梯旁，乘坐轮椅的乘客可通过轮椅升降台下到站厅层，再经站厅的垂直电梯下到站台层，在升降机的上端和下端均设有对讲设备，只要按下对讲机上的按钮即可与车站控制室对话，联系车站工作人员帮助操作，以便安全乘用轮椅升降机。

2. AFC 车站终端设备及功能

（1）AFC 车站终端设备的组成。

自动售检票系统车站终端设备通常由自动验票机、自动售票机、半自动售票机、自动检票机（又称闸机，分为进闸机、出闸机、双向闸机）等组成。

车站 AFC 终端设备简介
扫码观看

（2）AFC 车站终端设备的功能。

AFC 车站终端设备是轨道交通自动售检票系统面向乘客的操作应用设备，将自动根据票务处理规则对售、检车票进行处理，并生成和保存车票处理的结果及其他管理信息，如图 1-2-4 所示。

（a）自动售票机

（b）自动检票机（闸机）

（c）半自动售票机

（d）自动验票机

图 1-2-4　AFC 车站终端设备

自动售票机（TVM）位于车站的非付费区，乘客可以选择用现金（纸币、硬币）、有足够余值的储值票（一卡通）或用移动支付方式在自动售票机上购买不同票价的单程车票，有些自动售票机有充值功能。

半自动售票机（BOM）（也称票务处理机）位于车站的客服中心（设置在站厅层付费区与非付费区之间，为乘客提供售票、兑零、充值及乘客事务处理等功能），如图 1-2-5 所示，其由站务员操作，可以发售单程票、储值票，同时还可以完成车票的有效性分析、补票和给储值票（一卡通）加值等。

自动检票机（AGM），也称闸机，和车站的隔离设施一起将车站的站厅隔为非付费和付费区，主要有检验车票的有效性、储值卡扣费、单程票回收、收集统计并上传数据等功能。

自动验票机（TCM），也称车票自动查询机，分为固定式验票机和手持式验票机两种，固定式验票机安装在非付费区，用于给乘客检查车票的余值、有效使用时间；手持式验票机是一种移动设备，由车站工作人员随身携带，用来对乘客所持车票进行核查，能方便地在付费区内对有关票卡的有效性进行检验并显示检验结果，为及时解决乘客车票相关事务提供帮助。

图 1-2-5　客服中心

3. 导乘系统的组成及功能

（1）导乘系统的组成。

导乘系统简介
扫码观看

导乘系统由导向标识系统及乘客信息系统组成。

导向标识系统是利用语言、文字、数字、符号，采用声学、光学、电气、照明、计算机等现代技术，在出入口、站台、车辆等乘客经过的地方，由广播、电子导向牌、指路牌、线路图、标示文字符号等组成，为乘客提供准确、清晰、醒目、连续的指引以及信息服务的一系列标识牌。导向标识一般设置在车站外部、站厅、站台、车辆内外部、楼梯、自动扶梯等通道处。

根据导向标识所处的区域不同，可分为站外导向标识和站内导向标识。

站外导向标识是指引乘客从站外进入车站的重要标识，包括站外出入口位置导向、车站开关站时间导向等；站内导向标识帮助进入车站的乘客找到自己所处的位置或者找到自己所需要到达的服务设施所处的位置等。站外导向标识如图 1-2-6 所示。

图 1-2-6　站外导向标识

根据导向标识设置的方式不同可分为吊挂式、贴附式及导向牌。

吊挂式是指导向标识以悬挂的方式设置，一般导向灯箱都是以吊挂方式设置的，如购票、进闸、出闸、候车、出站等；贴附式导向标识是通过将导向识贴附在地面、立柱或墙面的方式设置的，是为补充导向灯箱标识的不连续性而设置的；还有些导向标识则是以导向标识牌的方式进行设置的。

根据导向标识提供的信息不同，导向标识可以分为方向性、警告性及服务性三类。

方向性导向标识：包括列车运行方向、车站出入口方向、购票方向、进出站方向、换乘方向等标志。

警告性导向标识：包括乘客停留标志、高电压危险标志、乘客不能进入的区域标志等。

服务性导向标识：包括地铁系统线路图、运行时刻表、早晚开行时刻表、车站周围服务公共设施导向标志等。

乘客信息系统（Passenger Information System，PIS）是采用数字电视技术、列车自动监控系统技术，利用先进的信息播出方式，向乘客提供客运服务、票务、安全等信息，以引导、规范乘客行为的设备设施。PIS 的终端设备有 PDP 屏、LED 显示屏、LCD 显示屏、高清晰度电视、触摸式查询机等，如图 1-2-7 所示。PIS 系统从结构上分为控制中心子系统、车站子系统、车载子系统、网络子系统、广告制作子系统、备用中心等六个子系统。

图 1-2-7　LED 显示屏

（2）导乘系统的功能。

乘客乘车时，可按站内外及列车上的导向标识顺利快捷地完成进站、购票、检票、乘车、换乘、出站等一系列环节，减少站厅、站台的拥挤和混乱的同时，也减少了乘客在站台的停留时间。因此，导向标识能够给乘客提供方向指引、警告指示及公共信息服务。

在正常情况下，PIS 系统为乘客提供列车时间信息、政府公告、出行参考、股票信息、广告等各类相关信息，具体体现在：出入口 PIS 显示本线和换乘线路实时运营状态信息，换乘通道口 PIS 显示本线实时运营信息、换乘车站的实时运营信息，检验票口或检验票闸机上方 PIS 显示检验票机当前的工作状态，站台层 PIS 显示列车到达时间及列车运行方向等实时运营信息，车内 PIS 显示包括当次列车开行方向、沿途停靠站点预报信息、换乘信息等在内的信息。除此之外，还可为乘客提供公益、临时信息、地面重要资讯、地面公交资讯等信息，在火灾等紧急情况下，可中断其他信息，用于发布各种救援和疏散指示。

4. 广播系统组成及功能

（1）广播系统的组成。

车站广播设备是实现集中管理的重要组成部分，广播设备控制台一般设在车站控制室。广播设备分为自动广播和人工广播，广播的方式有：人工语音广播、语音合成广播、音乐广播和多路平行广播等。

广播系统简介扫码观看

（2）广播系统的功能。

正常情况下，车站广播可在通道、站厅层和站台层等公共区对乘客进行导向服务，主要包括列车到站开关门广播、文明候车广播、尾班车和关站广播、列车终点站广播、延长服务时间广播、重大活动、计划性施工作业和出入口关闭等服务指引类广播、安全提示类广播；在列车运行发生非常情况时，应将正常广播模式调整为应急广播模式，及时向旅客通报相关情况，起到安抚、组织、疏导乘客的作用。应急广播信息发布为预制形式，原则上不允许随意更改或临时增加，紧急情况下临时增加的应急广播，可采用人工广播的形式发布。同时，为组织好行车，应及时将运行信息告知相关工作人员，车站广播还可在设备区向工作人员发布信息。

广播发布以自动语音广播为主，以人工广播为辅。广播用语应以普通话为基本服务语言，语音广播表达要清晰、规范、准确，车站员工及司机使用人工广播时，应使用普通话，并做到语调平稳、音量适中、读音准确、语言规范。车站广播一般由控制中心集中播音，控制中心既可对所有车站的所有区域播音，也可对某一个车站的某个区域有选择地播音。

5. 环控系统组成及功能

（1）环控系统的组成。

车站的环控系统是指在站台、隧道、设备及管理用房等处所的环境进行空气处理的系统。环控系统由风系统、车站空调水系统、集中供冷系统及防噪系统组成。

环控系统简介扫码观看

风系统又分为隧道通风系统、空调大系统、空调小系统。隧道通风设备分为区间隧道机械通风（兼排烟）和车站隧道通风两部分。空调大系统是指车站站厅、站台公共区制冷空调及通风（兼排烟）系统。空调小系统是指车站管理及设备用房空调通风（兼排烟）系统。由于地面站、高架站散热散湿条件好，因此无空调大系统，只有空调小系统。

车站空调水系统是指各站为供给车站大、小系统空调用水所设置的制冷系统。

集中供冷系统是指将相邻三到五个车站的空调用冷冻水汇集到某一处，集中处理。冷冻水再由二次冷冻水泵和管路长距离输送到各车站，以满足车站所需的冷量。

防噪系统是指安装在站台顶部、车站范围的隧道侧墙，站台下部轨道旁的吸声板，站台屏蔽门及高架轨道交通中在线路沿线布置的防噪墙。

（2）环控系统的功能。

车站空调为车站内部源源不断地输送经过处理的空气，使之与车站内部其他空气进行热、湿交换，并将完成调节作用的空气排出，来保持车站内稳定的湿度和温度。

噪声是轨道交通的一大缺点。列车在高速运行时轮对钢轨的摩擦是主要的噪声源，此类问题在高架轨道交通中表现得最为突出。目前，除了对车辆构造及轮轨作用体系方面做出改进以外，地下轨道交通采取的主要措施是在站台顶部、车站范围的隧道侧墙，站台下部轨道旁设置吸声板以及安装站台屏蔽门。

正常条件下，环控系统可通过就地级、车站级、中央级三级进行控制和通过自动控制系统进行监控，实现设备的集中控制和科学管理，并通过运行不同环控模式，满足不同场合对设备的运行要求。中央级控制装置设置在控制中心（OCC），OCC 工作站可对隧道通风系统进行控制，执行通风系统预定的运行模式或向车站下达大、小系统和水系统的各种运行指令。车站级控制装置设置在车站控制室，在正常情况下负责监视本站的隧道通风，空调大、小系统及水系统，向中央控制传达本站设备信息，并执行中央级控制下达的各项运行指令。在中央级控制工作站的授权下，车站级工作站可作为本车站的消防指挥中心，执行中央级工作站下达的所有防灾模式指令；就地级控制设置在各车站的环控电控室，具有对单台环控设备就地控制的功能。

6. 站台门系统

站台门系统简介

站台门是沿站台边缘布置，将车站站台与行车轨道区域隔离开，可以消除乘客误落入轨道的风险、可以降低能耗的机电一体化设备。站台门系统主要由玻璃门体、控制系统及电源系统组成。

站台门可分为半高式站台门、全高式站台门和屏蔽门。半高式站台门门体高 1.2 ~ 1.5 m，门体上方空气可以自由流通，通常设置在地面站或高架站；全高式站台门门体为全高设计，高 2.5 ~ 3 m，但顶部或底部开通，空气可自由流通，通常设置在没有空调的地下站；屏蔽门门体高 2.8 ~ 3.2 m，能将车站站台公共区与轨行区隔离，降低车站空调系统的运行能耗，减少列车运行噪声及活塞风对车站站台候车乘客的影响，为乘客提供一个更加舒适、安全的候车环境，同时也能防止人员跌落轨道产生意外事故，为无人驾驶创造条件，如图 1-2-8 所示。

（a）半高式站台门　　（b）全高式站台门　　（c）屏蔽门

图 1-2-8　站台门

（1）站台门的组成。

站台门由滑动门、固定门、应急门、端门组成。一对滑动门和左右两侧各一个固定门合称一个站台门标准单元。滑动门是乘客上下列车的主要通道，与车门同步开门或关门。应急门主要在列车进站无法对准滑动门时作为乘客的疏散通道，保证列车停在任何位置时均有至少 1 道列车客室门能对准应急门，如图 1-2-9 所示。

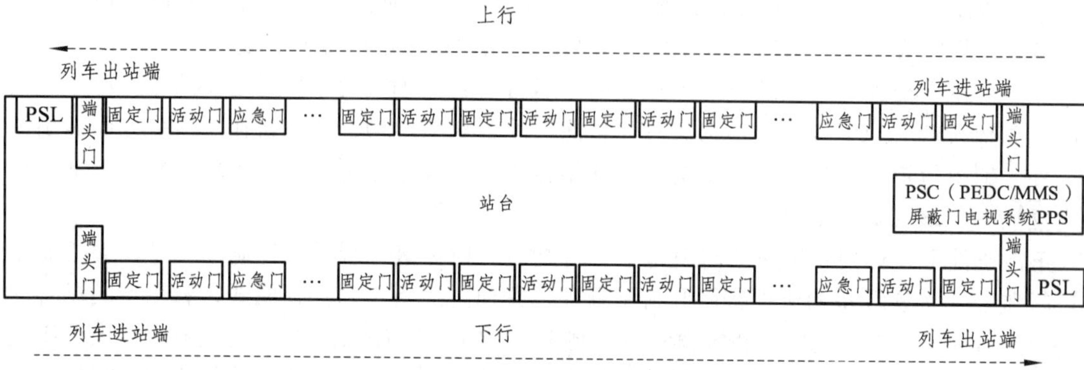

图 1-2-9　岛式站台站台门组成

（2）站台门基本功能。

① 站台门具有对障碍物的监测及处理功能和障碍物故障报警功能，即滑动门在关闭过程中如遇到障碍物，一般会停止关闭 3 ~ 4 s 后再次自动尝试关闭，如连续三次尝试关闭均失败，则保持最后所处状态（游离状态），并且门头灯闪烁。

② 门头指示灯、PSC 柜（站台门控制系统柜）可以显示站台门的运行状态和报警信息，即正常情况下站台门常开时门头灯红灯常亮，关闭或开启过程中站台门门头灯红灯闪烁，站台门关闭时站台门门头灯熄灭。

③ 站台门的滑动门、应急门、端门均可在站台侧用专用钥匙或在轨道侧用手动解锁装置手动开启；通过站台上的 PSL（就地控制盘），可进行整列开、关门操作，通过 LCB（就地控制盒）可对发生故障的门机进行隔离旁路、隔离维修等操作。

（3）站台门控制优先级。

站台门控制系统包括系统级、站台级及就地手动三级控制方式，三级控制方式优先级从高到低依次为就地级操作、站台级操作、系统自动级控制。

在正常运行模式下，站台门处于系统级控制状态，此时，列车、列控系统之间存在联锁关系，列车进站停准停稳后，列控系统就发出允许开门的命令，自动开启车门和站台门。列车停站时间到，列控系统发出允许关门命令，各种安全因素经过确认后，关车门和站台门。

站台级操作是指利用站台门就地控制盘（PSL）进行站台门控制，PSL 设于列车运行正方向的头端墙处，提供站台门开门、关门、互锁解除等主要的控制功能。

就地级操作是通过站台门上的 LCB 钥匙和方形钥匙开关站台门。LCB 有四种操作模式：自动、关门、开门、隔离。“自动”位：此时该道滑动门接收信号系统（SIG）、PSL 盘或 IBP 盘的控制指令自动进行开、关门作业。“关门”及“开门”位：此时该道滑动门不再执行来自信号系统（SIG）、PSL 盘或 IBP 盘的控制指令，用于就地关闭或打开滑动门，且其安全回路被旁路。“隔离”位：此时该道滑动门不再执行信号系统（SIG）、PSL 盘或 IBP 盘的控制指令，但其安全回路未被旁路。

照明及 CCTV 系统简介扫码观看

7. 照明系统组成及功能

（1）照明系统的组成。

照明设备由正常照明、应急照明和广告照明组成，正常照明分为运营照明及夜间照明。

（2）照明系统的功能。

运营时间照明是保证车站正常运营时的照明，包括公共区域的一般照明、标志照明、广告照明、诱导照明及设备管理用房照明；夜间照明（节电照明）是指运营结束后，为了保证车站的夜间作业能够正常进行，对公共区执行的节电照明（如关闭广告照明及标志照明等）和设备管理用房的照明。照明设备要求亮度差别不能太大，有安全和舒适的感觉，光色和安装位置不能导致和信号图上的信息内容混淆。

应急照明是车站正常照明发生故障时，为疏散乘客提供必要的照明，电力通常由蓄电池提供，当正常照明停电时，应急照明立即启用，一般可维持使用半小时左右。

车站照明控制可分为车站控制室遥控和就地控制两种方式。车站控制室一般设有一般照明控制盘，通过使用按钮对降压站内照明柜的控制可以实现对站台、站厅一般照明、节电照明和区间隧道照明的集中控制。就地控制又分为集中控制和分散控制，集中控制是指在降压站内可对各类照明根据需要进行集中控制；分散控制是指各设备及管理用房进门处设有就地开关箱或盒，可控制相应的设备及管理用房的一般照明。

8. 闭路电视监控系统（CCTV）的组成及功能

闭路电视监控系统有车站电视监控系统及控制中心集中监控系统两大部分组成。闭路电视监控系统为控制中心、车站有关人员及司机提供各车站各部位的安全情况和客流动态，列车停站、启动，列车门开启、关闭等信息，以实时监视列车的运行情况及乘客的安全。

（1）车站闭路电视监控系统。

车站闭路电视监控系统包括摄像部分、传输部分、控制部分和显示部分。

车站的监控区域可分为站厅和站台两个区域。站厅区域的监控点一般设置在售票厅、自动售票机、自动扶梯出入口、闸机出入口，一般配置角度、距离、光圈和焦距可控制的一体化摄像机。站台区域监控点的设置位置，要求列车司机能观察到整列车乘客上下车的情况，一般按照站台长度设置 2 ~ 4 台固定焦距的摄像机。

控制部分包括前端编码器、视频放大器、视频分配器、控制键盘、视频网络控制器、视频矩阵器、图像分割器、帧场切换处理机、时间/日期发生器、字符叠加器、数字硬盘录像机等设备。通过车站控制部分的各种设备，可实现对车站各监控点的画面进行录像及将视频信号分别送车站监视器、图像分割器和控制中心，如果需要，也可送公安视频监控中心。同时，也可接收控制中心送来的控制信号和车站控制键盘送来的控制信号，控制单元选择其中优先级最高的控制信号输出控制矩阵切换、画面分割、轮巡、一体化摄像机的动作和录像机的录像与回放。

车站值班员或控制中心调度员可通过操作控制键盘，实现将所需画面切换到相应的监视器上的功能。同时，也可对所选一体化摄像机的动作进行控制。

在车站视频监控系统中，视频信号的传输采用同轴电缆，采用细缆还是粗缆由传输距离决定。细缆的无中继传输距离为 300 ~ 500 m，粗缆的无中继传输距离可达到 1 000 m 以上；距离再远时可采用光纤传输。音频传输采用屏蔽 2 芯线，RS-485 控制线一般采用无屏蔽双绞线。

（2）控制中心闭路电视监控系统。

控制中心闭路电视监控系统包括控制部分、传输部分和显示部分。

控制部分包括视频放大器、视频分配器、控制键盘、视频网络控制器、视频矩阵器、图像分割器、数字硬盘录像机等设备。通过控制中心控制部分的各种设备，控制中心闭路电视监控系统能接收从车站传来的图像，并分别选送行车调度员、环控调度员、电力调度员、维修调度台或公安值班室的监控器。同时，选择其中优先级最高的控制信号输出控制中心矩阵切换和中心录像机的录像与回放，并通过城轨传输网提供的传输通道，控制所选择的车站矩阵切换、一体化摄像机的动作和车站录像机的回放。控制中心各调度员通过操作控制键盘，按优先级控制车站与控制中心的两级视频矩阵，可以任意调看各车站监控点的监控画面。

视频矩阵输出传输与显示部分类似于车站级闭路电视监控系统，控制中心除了调度员专用的监视器外，可采用电视墙（大屏）显示多幅监控点画面。

9. 火灾报警系统（FAS）的组成及功能

（1）车站级 FAS 的组成。

火灾报警系统
扫码观看

车站级 FAS 由控制盘、车站级图形命令中心及各种外围设备组成。控制盘是系统的中央大脑，综合处理各种数据信息，做出火警判断，发出声、光报警，启动相关消防设备动作并监视其状态。图形命令中心通过工业计算机和 LCD 液晶显示屏，来提供良好的人机界面。外围设备是由火灾探测设备（如感烟探测、感温探测及复合型探测等）、报警设备（如光、声报警等）及灭火设备（如喷水、喷气等）组成，如图 1-2-10 所示。

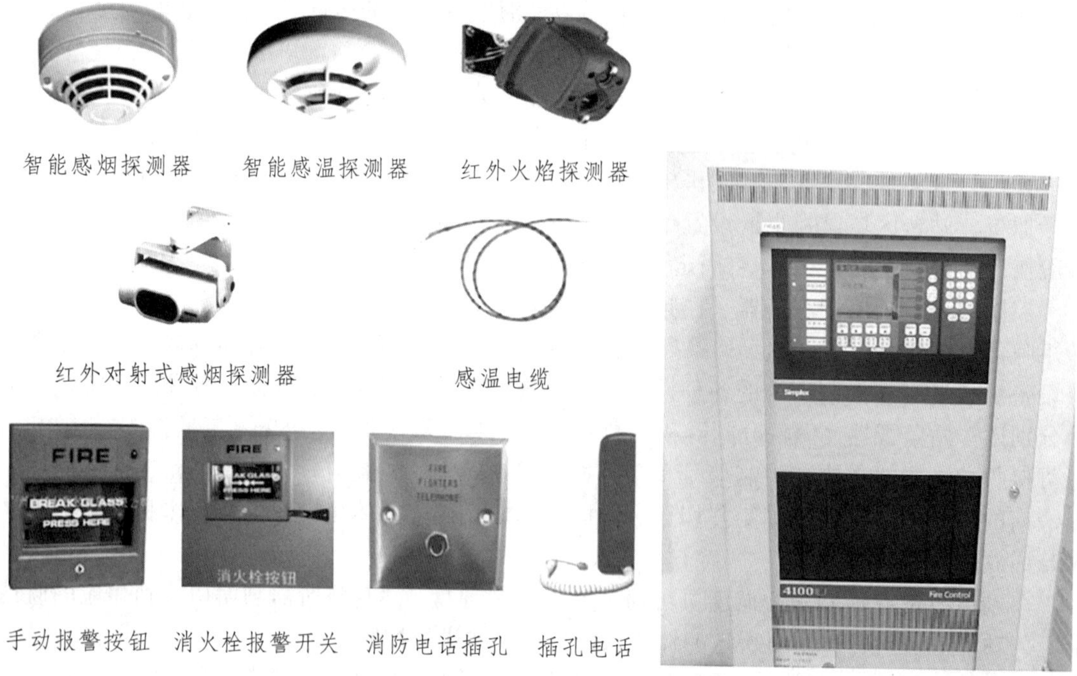

（a）外围设备　　（b）FAS 主机

图 1-2-10　FAS 系统相关设备

（2）火灾报警系统的功能。

火灾报警系统的主要功能是在第一时间将探测器监测到的火灾情况及时传输给报警系统和自动灭火系统。自动报警系统以灯光信号和报警铃声等方式及时反映到控制面板，提示值班人员有火情。而自动灭火系统在得到信号后，切断所有可能有助于燃烧的工作设备，如空调、通风机组的电气线路。同时，接通消防专用设备的工作电路，启动有关消防设备，如排烟风机、防烟垂壁、管道排烟阀消防泵、喷淋装置。关闭电动防火门、防火卷帘门，接通火灾事故照明灯、疏散标志灯，打开 AFC 闸机、打开门禁系统控制的相关区域门、将广播系统和 PIS 系统转到紧急模式等。

火灾报警系统最大限度地减少了火灾带来的财产损失和人员伤亡，是轨道交通必不可少的设备设施。

【实训任务】

<table>
<tr><td>任务名称</td><td colspan="3">调研城市轨道交通车站组成</td></tr>
<tr><td>任务描述</td><td colspan="3">1. 通过实地考察或查阅相关资料的方式，调研地铁、单轨、有轨电车、磁悬浮等不同制式城市轨道交通车站的车站主体结构及设备设施组成情况，并分析不同制式车站的区别。
2. 调研同一制式不同运营功能的车站（如地铁的中间站、终点站、换乘站）的设施设备组成情况，分析它们之间存在的不同之处</td></tr>
<tr><td>实践目的</td><td>通过对不同城市轨道交通车站结构和设施设备组成情况的调研和差异性分析，培养求同存异、因地制宜的哲学观，增强理论联系实际的应用能力</td><td>实践场所</td><td>网络平台或者城市轨道交通车站</td></tr>
<tr><td>任务要求</td><td colspan="3">1. 分组开展调研工作，小组长能对实训任务进行合理的分工，通过调研工作的开展，能对本城市的轨道交通车站的主体结构有一定的认知，同时能分析不同点，为今后毕业后步入职场提前做好相应的准备。
2. 形成调研报告，要求调研报告结构合理、内容全面，能根据所学习的相关理论知识对现状进行一定的分析，提炼出小组组员共同的见解和观点</td></tr>
</table>

【目标检测】

一、知识目标检测

1. 填空题

（1）按照车站建筑的空间位置，车站一般包括__________、__________、风亭及冷却塔和其他附属建筑物。

（2）自动扶梯一般在扶梯的右下侧设有“__________”，一旦在自动扶梯运行中发生乘客失足摔倒或其他紧急情况时，应立即按下。

（3）__________是指车站站厅、站台公共区制冷空调及通风（兼排烟）系统。

（4）__________主要在列车进站无法对准滑动门时作为乘客疏散通道。

（5）照明设备由__________、__________和广告照明组成。

2. 选择题

（1）非付费区和付费区由（　　）分隔。

A. 进（出）站检票机和隔离设施　　B. 自动售票机

C. 半自动售票机　　D. 安检设备

（2）站台门 LCB 打到“关门”时，此时该道滑动门（　　）执行来自信号系统（SIG）、PSL 盘或 IBP 盘的控制指令，用于就地关闭或打开滑动门，且其安全回路（　　）旁路。

A. 要，被　　B. 不，不被　　C. 要，不被　　D. 不，被

（3）下列选项中英文名称对应错误的是（　　）。

A. FAS 火灾预警系统　　B. CCTV 广播系统

C. BAS 环控系统　　D. TVM 自动售票系统

（4）发生火灾后，FAS 系统能自动联动的有（　　）。

A. 启动 BAS 系统排烟　　B. AFC 闸机释放

C. 防火卷帘门开启　　D. 广播系统和 PIS 系统转到紧急模式

（5）下列位于付费区的设备有（　　）。

A. 自动售票机　　B. 安检机　　C. 站台　　D. 半自动售票机

3. 判断题

（1）在火灾等紧急情况下，PIS 系统会中断其他信息，发布各种救援和疏散指示。（　）

（2）控制中心能对所有车站的所有区域和列车播音，但不能对某一个车站的某个区域有选择的播音。（　）

（3）站台门站台级控制是指利用 LCB 对站台门进行开关门操作。（　）

（4）正常条件下，环控系统可通过就地级、车站级两级进行控制。（　）

（5）手持式验票机能够方便车站工作人员在非付费区内对有关票卡的有效性进行检验并显示检验结果，为及时解决票务纠纷提供帮助。（　）

二、技能检测

根据前述实训任务，分组汇报，以此来检验技能目标的达成度，具体检验的项目、标准及分值如下表所示。

序号	技能检测评价项目	评分标准	得分
1	不同制式城市轨道交通车站组成调研报告（35 分）	架构合理（5 分），内容准确、完整（20 分），具有前沿性（10 分）	
2	同一制式城市轨道交通车站组成调研报告（35 分）	架构合理（5 分），内容准确、完整（20 分），具有前沿性（10 分）	
3	车站差异性分析（25 分）	分析合理全面（20 分），语言表达顺畅（5 分）	
3	团队分工情况（5 分）	团队分工书面描述有依据、可实施（5 分）	

三、素质检测

由教师根据学生课前预习情况、课中小组讨论及独立思考情况、课后作业、小组共同完成学习任务情况以及技能目标测试环节，对学生素质目标进行检测并进行评分。

序号	素质检测评价项目	评分	备注
1	学习能力的提升度（20 分）	课前预习（5 分），课中主动回答问题（5 分），课后作业（5 分），小组作业（5 分）	
2	团队协作的配合度（20 分）	小组讨论发言频率（10 分），小组成员之间的配合度（10 分）	
3	语言表达的清晰度（20 分）	汇报问题的逻辑性（10 分），语言回答的流畅性（10 分）	
4	思想意识的认知度（40 分）	求同存异、因地制宜的哲学智慧（20 分），发现—分析—解决问题的思维（20 分）	

【知识拓展】

城市轨道交通智慧车站

城市轨道交通智慧车站是一个新兴的概念，没有严格定义，广义理解为利用物联网、大数据、人工智能等信息化技术，形成以“数据采集—数据分析和处理—智能决策联动”为核心，在运营管理、设备管理、乘客服务等方面，实现轨道交通车站高度集成化、无人化、智能化运营。智慧车站总体架构图如图 1-2-11 所示。

一、运营管理智能化

（一）正常运营场景

1. 场景化运营

正常运营模式下的自动运行场景包括早间一键开站、晚间一键关站、环控系统正常模式运行、节能模式运行、照明系统节能模式运行等。

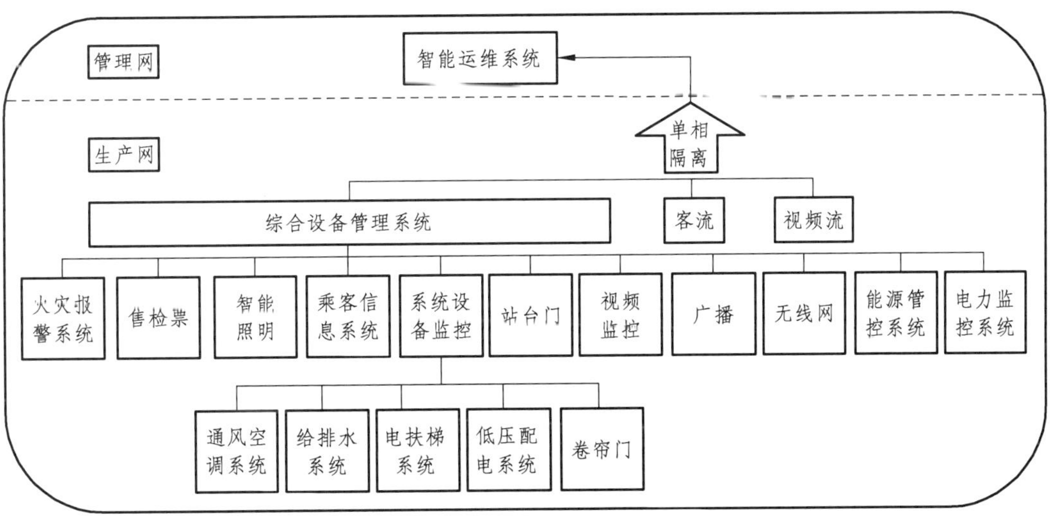

图 1-2-11　智慧车站总体架构图

2. 高峰运营场景

高峰运营模式下的自动运行场景包括客流高峰运行、车站限流等，由车站客流密度数据触发，自动运行，联动专业包括 CCTV、PA、PIS、EMCS 等。

3. 设备故障运营场景

设备故障模式下的自动运行场景包括站台门故障（单扇门、单侧全门）、AFC 设备故障等，由车站智能运维系统联动 CCTV、PA、PIS、EMCS 等。

4. 火灾运营场景

火灾模式下的自动运行场景包括但不限于：站厅火灾、站台火灾、设备管理用房火灾、列车在车站轨行区火灾、列车在隧道区间火灾等。车站智能运维系统在满足车站环控工艺要求的基础上，联动相关专业，协助执行车站防灾救援任务。

5. 反恐治安运营场景

车站内发生恐怖袭击等治安事件时，站内的 CCTV 摄像头进行图像分析并自动报警，或人工发现利用手持终端手动人工报警。车站智能运维系统联动相关设备，并将信息及时发送到车站运营人员的手持终端上，发送内容包括事件地点、事件类型和本人应该采取的措施。治安事件发生以后，系统会自动将事件记录下来，归档备案，以备公安部门查询。

（二）智能巡检

依托各类车站传感器并结合车站 BIM 三维模型，车站智能运维系统定时对车站内的设备进行位置、运行状态、现场问题巡查，替代了传统的人工到现场进行巡检的模式。

（三）能源管理

依托各类计量仪表，车站智能运维系统对电、水的能耗数据进行采集，显示总能耗，分级分类的能耗指标。通过异常能耗报警推送，对能耗分类分级统计分析，生成节能优化辅助方案。

（四）资料查询

在车站智能运维系统内，实现对车站建设期和运营期的各项资料的快速调阅，调阅方式包括目录查询、关键词搜索、三维模型空间点击等。

（五）无纸化作业

利用车站智能运维系统，对日常运营作业、紧急工况作业、临时加派任务等进行智能化管理，对各种工况自动下发任务，运营人员通过手持终端，实时执行，实时录入任务执行情况，系统对每个员工进行任务定位、绩效考核。

（六）运营策略优化

利用车站智能运维系统，在线智能汇聚实时和历史数据，应用大数据处理技术，机器深度学习，通过算法训练和人工智能模型优化，不断提升智能分析的能力与识别的精度，实现运营效果自我评估、运营效率主动优化、运营绩效持续改进、突发事件决策辅助等功能。

二、设备管理内容

利用物联网和大数据技术，将车站内设备进行互联，让每个设备生成自己的电子身份证，同时与 BIM 三维模型有机融合，统一纳入车站智能运维系统。车站智能运维系统集成基础的设备维护数据，配合线路控制中心实现智能诊断与维护支持功能。智能诊断与维护支持功能将实现对车站重要机电设备（通风空调设备、消防设施设备、给排水设备、站台门设备、电梯扶梯、动力照明设备等）的全生命周期管理及维护，提供智能维护诊断模型，动态评估设备健康状态，提供重要设备故障预警和维修建议，提供当前车站设备运行模式的优化建议等。具体设备管理功能包括：

（1）设备状态监测：实时监测车站通风空调设备、消防设施设备、给排水设备、站台门设备、电梯扶梯、动力照明设备、通信自身设备、综合监控自身设备的工作状态、运行时间、磨耗情况、故障报警等。

（2）设备资料查询：包括车站内各设备的厂家名称、产地、出厂时间、现场安装时间、调试情况、使用说明、维修手册、寿命周期等。

（3）设备维保管理：实时记录、调阅设备的维护、保养、更换的时间、位置、详细情况描述等。同时与备品备件库实时联动，自动生成设备资产库的清单。

实现轨道交通信息化是今后必然的发展趋势，通过智慧车站的建设，可以有力提升轨道交通信息化水平，推进智慧交通建设，实现城市可持续发展。

三、智能导乘系统

为了提高乘客出行效率，乘客可通过智能导乘系统更加便捷、迅速地获取更多乘车信息。智能导乘系统是以计算机系统为核心，以车站电子导向显示屏为显示载体，集合了运营服务及结束时间、进出站引导、气温天气、站内设施、线网客流状态等多维度信息为一体的全新导向系统。

相较于传统的灯箱显示导向牌，智能导乘系统新增了动态信息发布、信息切换显示、快捷导航、语音及触摸交互等功能，可实现对车站信息状态的实时感知、传递及获取，为乘客出行和车站管理提供了精细化、智慧化服务。

任务三　城市轨道交通车站平面布局

【问题引入】

成都地铁通惠门地铁站位于成都市青羊区琴台路与下同仁路之间的通惠门路路面下方，车站主体靠道路北侧设置，沿通惠门路东西向布置。车站南侧通惠门路与琴台路交叉口西南角有十二桥烈士纪念碑，车站北侧有琴台大厦、通惠门 25 号大院、锦都大厦（浦发银行）等，通惠门站站厅平面图如图 1-3-1 所示。

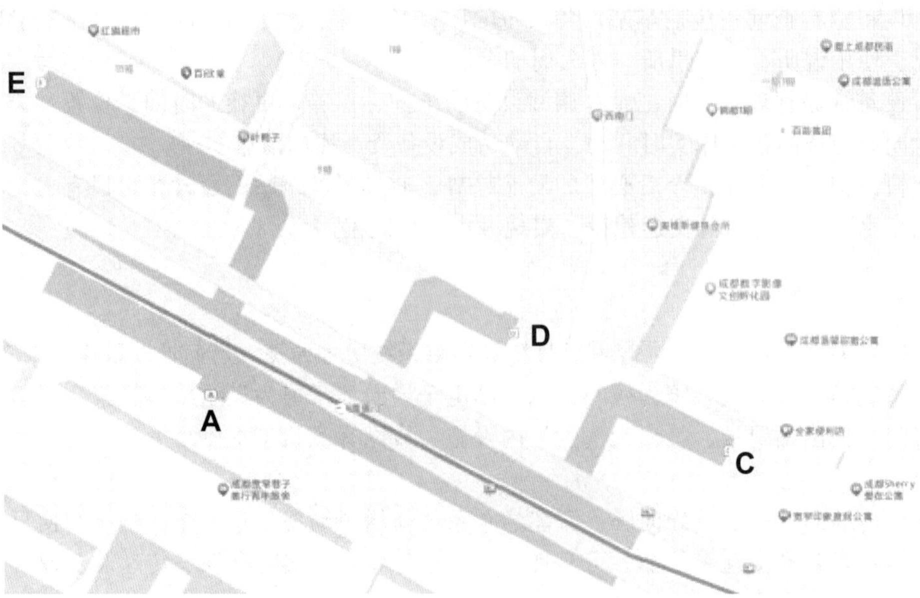

图 1-3-1　通惠门站站厅平面图

本站目前设置有 4 个出入口，其中 A 口、C 口、D 口均既有扶梯又有步梯，通过能力较大。请同学们思考，此站为什么要设置 4 个出入口？为什么其中三个出入口同时设置有自动扶梯和步行楼梯呢？这个车站的出入口及乘降设备设施的设置位置和设置数量和什么因素有关？除了车站出入口外，车站还有什么设备设施？我们又该如何对这些设备设施进行布局呢？

【学习目标】

知识目标

1. 掌握车站平面布局原则。
2. 掌握车站主体结构的布局形式及特点。
3. 掌握车站客运服务设备设施的布局要求。

技能目标

1. 能根据客流特点计算车站乘降设备及 AFC 设备的数量。
2. 能根据客流特点，按照车站平面布局原则进行车站设施设备布局，包括乘降设备布局、AFC 终端设备布局、导向标志布局等。

素质目标

1. 树立“以人为本”的服务意识。
2. 提高分析问题、解决问题的能力。

【必备知识】

城市轨道交通车站一般设置在市区居民集中的地点、城市主要交通干道的路口、商业繁华地段以及主要工业区等人流集中的地点，同时车站也是城市轨道交通信号设备、控制设备、电气设备等集中的场所。因此，城市轨道交通车站的出入口及通道、站厅、站台及站内的客运服务设施的布置对车站的客运组织工作有很大的影响。

一、车站布局原则

（一）总体布局原则

（1）车站的总体布局应符合城市规划、城市综合交通规划、环境保护和城市景观的要求，并应处理好与地面建筑、城市道路、地下管线、地下构筑物及施工时交通组织之间的关系。

（2）车站总体布置应根据线路特征、运营要求、周边环境（地上和地下）及车站与区间采用的施工方法等条件确定。

（3）车站竖向布置时，应根据线路敷设方式、周边环境及城市景观等因素，在地下多层、地下一层、路堑式、地面、高架一层、高架多层等形式中进行选取。

（4）换乘车站应根据地铁线网规划、线路敷设方式、周边环境（地上及地下）、换乘量的大小等因素，可选取同车站平行换乘，同站台平面换乘，站台上下平行换乘，“十”形、“T”形、“L”形、“H”形等站台间的换乘及通道换乘形式。

（5）车站出入口与风亭的位置，应根据周边环境及城市规划要求进行布置。出入口位置的设立应有利于吸引和疏散客流；风亭位置的设立应满足功能要求，并应满足规划、环保、消防和城市景观的要求。

（6）车站出入口附近，应根据需要与可能性，设置非机动车和机动车的停放场地。

（二）平面布局原则

（1）依据站内的空间结构及设施的情况进行合理布局，力求减少乘客的走行距离，避免流线交叉干扰，避免流线迂回，同时应考虑紧急疏散的需求。

（2）站内设备的设置应以乘客流动顺畅为原则，同时方便乘客办理乘车的手续及满足乘客其他出行需求，并力求经济合理、节约用地。

二、出入口及通道

（一）出入口的布置

对一座城市来说，城市轨道交通车站出入口是车站的门户，同时作为城市公共交通的重要节点，不仅关系到城市轨道交通的整体形象，更要彰显地方特色、时代风貌，承载文化底蕴和城市发展理念。因此，城市轨道交通车站的出入口除了功能设计方面需要科学先进外，还需要具备美观大方、体现城市特色等艺术特点。

例如，武汉地铁 11 号线东段光谷七路站出入口穹顶以“盛世花开”为主题进行设计，天花板上用白色的线条勾勒出抽象的马蹄莲花瓣的形象，两个椭球形穹顶与光谷的马蹄莲建筑交相呼应，构成了武汉地铁站标志性建筑“光谷之眼”。该出入口外形如图 1-3-2 所示。

图 1-3-2　武汉地铁 11 号线东段光谷七路站出入口

1. 位置

出入口既是地面乘客与城轨车站的衔接口，也是城市轨道管理辖区的分界点。出入口应设置在道路两边红线以外或城市广场周边较为明显的位置，出入口外一定距离内一般都设有一定数量和类别的导向标志，以吸引客流，并引导乘客的出行。

单独设置的车站出入口通常选在城市道路两侧、交叉口及有大量人流的广场附近。出入口宜分散均匀布置，以便最大限度地吸引乘客。如果车站设在地面街道十字路口下方，出入口应分别设在十字路口的四个角。如果车站是两条以上道路的交叉口下方，为避免乘客和行人横穿马路，一般应在各个角都设置出入口，如果车站位置在社区附近，则出入口尽量设在靠近社区出入口的地方，最大限度地方便居民乘车。

例如，南京新街口地铁站设有 24 个出入口，如图 1-3-3 所示。

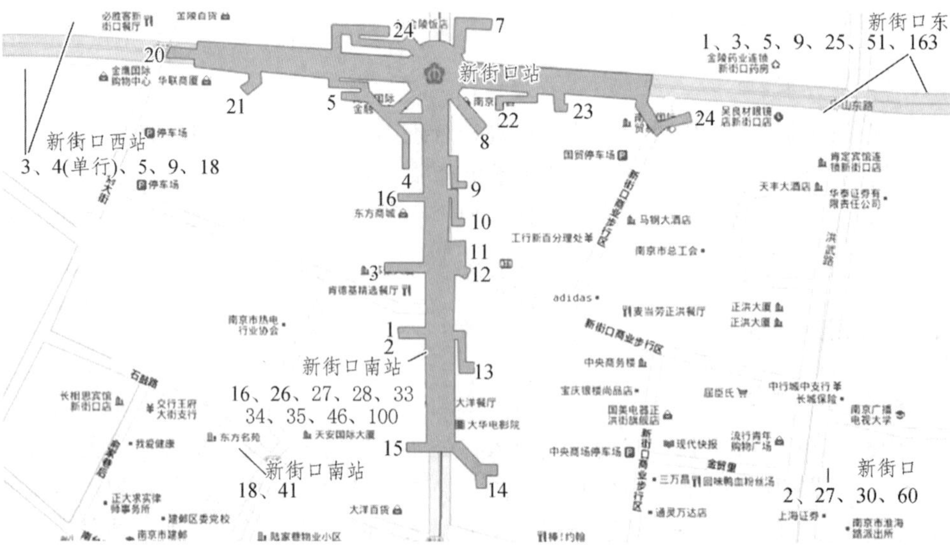

图 1-3-3　新街口站出入口设置情况

车站出入口的位置一方面要考虑到地下通道的顺畅，同时又不宜过长；另一方面也要考虑能均匀地、尽量多地吸纳地面客流。另外，车站出入口还应尽量与地面交通车站、停车场靠近，形成较佳的换乘组合。此外，出入口被称为生命线，故还应考虑防灾设计。

2. 数量

车站出入口的位置确定以后，不管是地下车站还是高架车站，出入口的数量设置都很重要。以地铁车站出入口设置为例，《地铁设计规范》规定："车站出入口的数量，应根据客流需要与疏散要求设置，浅埋式车站出入口不宜少于 4 个。分期修建时，初期不得少于 2 个。小站的出入口数量可酌减，但不得少于 2 个。宽度不小于 2.5 m，兼做过街街道的出入口应适当加宽。"车站出入口宽度可以用式 1-3-1 来计算确定。

$$B_n = \frac{M \cdot a \cdot b_n}{C \cdot N} \tag{1-3-1}$$

式中 B_n——出入口楼梯宽度（n 表示出入口序号），m；

M——车站高峰小时客流量；

a——超高峰系数；

b_n——出入口客流不均匀系数（b_n=1.1 ~ 1.25）（n 表示出入口序号）；

C——楼梯通过能力；

N——出入口数量。

车站超高峰期的客流强度用超高峰系数反映，一般取值为 1.1 ~ 1.4。

（二）通道的布置

乘客从车站出入口到站厅层或从站厅层到站台层需要通过一定的通道，通道是联系城市轨道交通车站出入口和站厅层的纽带。通道的设计应以乘客流动的路线为主要考虑依据，遵循尽量减少进出站乘客流线的交叉干扰和最大限度缩短乘客从出入口到站台走行距离的原则。通道主要由步行楼梯、电梯和步行道构成。

1. 步行楼梯

有些车站从出入口到立体一层的通道为步行楼梯，进站客流与出站客流混用，对客流组织不利；有些车站既有步行楼梯也有自动扶梯，自动扶梯能通过引导有效地将进出站客流分开，避免出现对流或拥挤。

步行楼梯的坡度设计很重要，坡度太大会使乘客产生疲劳感和不安全感，坡度太小会增加车站占地面积和施工的工程量。因此，应科学地设计坡度，当楼梯台阶数量多时，应在不同阶段设置缓解平台，同时尽量减少工程量和占地面积。

步行楼梯一般采用 26° ~ 34°倾角，单向通行时其宽度不少于 1.8 m，双向通行时其宽度不少于 2.4 m，当宽度大于 3.6 m 时，应设置中间扶手，且每个梯段不宜超过 18 步。步行楼梯宽度可以用式 1-3-2 来计算确定。

$$M = \frac{NK}{n_1 \alpha} \tag{1-3-2}$$

式中 M——楼梯宽度，m；

N——预测客流量（上行+下行），人/h；

K——超高峰系数，取 1.1 ~ 1.4；

n_1——楼梯双向混行通过能力（楼梯最大通过能力：上行 3 700 人/m · h；下行 4 200 人/m · h；双向混行 3 200 人/m · h）；

α——利用率，选用 0.7。

步行楼梯在车站发生紧急情况时，主要用于车站向外疏散乘客，所以车站楼梯平时应保持畅通，任何物品不得堆放在楼梯处，任何人员也不得滞留在楼梯处。

2. 电梯

电梯是垂直电梯、倾斜方向运行的自动扶梯、倾斜或水平方向运行的自动挪动人行道的总称。

自动扶梯：每座车站至少有一个出入通道设置自动扶梯；当通道提升超过 6 m 时，宜设置上行扶梯；提升高度超过 10 m 时，宜设置上下行扶梯；站厅层与站台层应设置上下行扶梯；客流量不大且高差小于 5 m，可用楼梯代替下行扶梯。自动扶梯设置数量可以用式 1-3-3 来计算确定。

自动扶梯一般采取 30°左右的倾角，两台相对布置的自动扶梯工作点间距不得小于 16 m，扶梯工作点至前面影响通行的障碍物间距不得小于 8 m。火灾时，扶梯应自动停止，作为固定楼梯疏散乘客。

$$B = \frac{NK}{n_2\alpha} \tag{1-3-3}$$

式中 B——自动扶梯台数；

N——预测客流量（上行+下行），人/h；

K——超高峰系数，取 1.1 ~ 1.4；

n_2——自动扶梯输送能力（可取 8 100 人/h）；

α——自动扶梯的利用率，选用 0.8。

垂直电梯：一般设置在站厅到站台之间，主要作用是方便残疾人通过站台乘车。

轮椅升降机安装在车站站厅到地面的步行楼梯一侧，方便乘坐轮椅的乘客上下楼梯时使用。

水平方向运行的自动挪动人行道一般设置于换乘走行距离较长的通道，可以减轻携带较大较重行李的乘客在换乘走行时的疲劳。

在对站台层的人行楼梯和自动扶梯进行布置时，除应满足上、下车乘客的需要外，还应按站台的事故疏散时间进行验算。验算针对的人员包括乘客与工作人员，楼梯和自动扶梯应满足在 6 min 内完成应急疏散的要求，计算公式如式（1-3-4）：

$$T = 1 + \frac{(Q_1 + Q_2) \times 60}{0.9 \times [n_2(B-1) + n_1 \sum M)]} \tag{1-3-4}$$

式中 Q_1——超高峰时段列车进站断面客流量（取上下行中较大者）；

Q_2——站台候车上车乘客总量（上行+下行）和站台工作人员（一般取 20 人）；

n_1——楼梯通过能力；

n_2——自动扶梯输送能力；

B——自动扶梯台数；

$\sum M$——楼梯总宽度；

1——1 min（人们遇到灾变时所需的反应时间）。

三、站厅层布置

站厅层的作用是将进出车站的乘客迅速、安全、方便地集散，它是一个过渡空间。因此，站厅应依据车站内部结构及设施配置情况合理布置管理用房、设备用房及站厅内的客运服务设备，应注重和明确功能分区，避免和减少进出客流的交叉干扰，还应考虑突发性客流特点，留有足够的乘客集散空间，为乘客创造快捷的进出站条件。

同时，城市轨道交通车站现阶段已经成为宣传城市风貌和文化历史的窗口，因此在轨道交通车站的站厅空间中，应根据城市文化特点加以人文景观艺术设计，这样不仅能起到装饰美观的作用，还能够起到宣传城市的作用。

例如，成都地铁二江寺车站以二江寺古桥作为主体形象，运用独具特色的二维半艺术造型手法，突出二江寺这一站名所凸显的古今交集，再现了成都的古桥文化、商贾文化、码头文化、川西田园风光等。二江寺站站厅的文化艺术设计如图 1-3-4 所示。

图 1-3-4　成都地铁二江寺站站厅文化艺术设计

对于地下站来说，站厅一般设置在站台上层，对高架站来说，站厅一般设置在站台的下层，地面站的站厅与站台在同一个平面上。通常情况下，无论是高架车站还是地下车站，站厅与站台的空间位置关系都可以设置成四种形式：第一种是站厅设置在站台的一端，如图 1-3-5（a）所示；第二种是站厅与站台呈十字交叉，设置在站台的下层，如图 1-3-5（b）所示；第三种是站厅设置在站台两端，一般情况下一端的站厅会比另一端站厅大些，如图 1-3-5（c）所示；第四种情况是站厅与站台平行，设置于站台的上层，面积大于站台的面积，如图 1-3-5（d）所示。

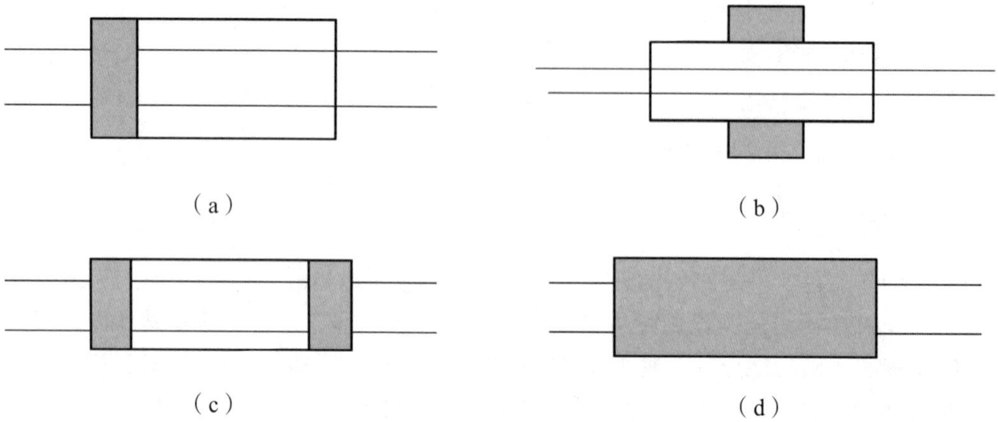

（注：着色区域为站厅）

图 1-3-5　站厅与站台的位置关系示意图

（一）站厅层公共区布局

站厅公共区是乘客集散的区域，由进出站检票机分隔为站厅非付费区和站厅付费区。进站乘客在非付费区完成购票后通过检票设备进入付费区；出站乘客通过检票设备进到非付费区后出站。因此，站厅层公共区的布局方式主要取决于车站的售检票方式（人工、半自动和自动售检票）。

站厅非付费区内除了设置必要的售检票设备（如 TVM 和 TCM）外，还可以根据站厅面积大小设置商铺、自助银行、公用洗手间、自动售货机、公用电话等便民设备设施，同时还应合理地布置相应导向标识，布置以不影响乘客流动为首要条件。因此，站厅层非付费区的空间一般大于付费区的空间。

自动售检票终端设备应按乘客流动的方向进行布置，应尽量避免流线交叉干扰。站厅层的自动售检票系统终端设备应按乘客进出站的流动方向合理布置，向乘客提供购票、检验车票等服务，图 1-3-6 为某地铁站站厅层自动售检票终端设备布置示意图。

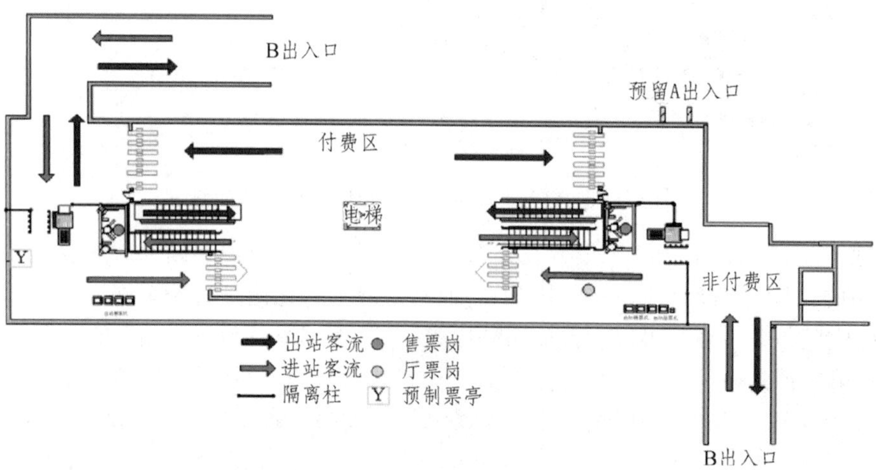

图 1-3-6　站厅层自动售检票系统终端设备布置示意图

自动售票机的设置应考虑车站每个出入口基本都是双向使用的特点，自动售票机的放置位置及配置数量既要考虑方便出入口乘客购票，也要考虑车站设备的利用率。自动售票机如果设在出入口进站客流一侧，虽然方便了乘客购票，但在客流量大时会造成进出客流拥堵。另外，若售票机配置数量太多又分散，则会增加投资，造成一定程度的浪费，所以设置位置根据每个车站站厅层的规模和结构，集中摆放在一个或两个区域，尽量避开无须购票，直接进站上车的乘客流线和出站乘客流线。同时，在售票区域大小方面，应留有余地，以满足客流高峰时期的需要。

半自动售票机一般放置在车站站厅的客服中心内，可以为付费区和非付费区的乘客提供购票、充值、兑零及处理问题车票等服务。客服中心的设置应以不占用通道为原则，在保证流线畅通的情况下，尽可能地将客服中心设置在流线的一侧。

自动检票机安装在车站付费区和非付费区的分界处，通过检票机周围设置的栏板，将非付费区和付费区区分开来，检票机的设计与安装应符合乘客右手持票的习惯。同时，进出站检票机旁还需设置人工开启的栅栏门或边门，便于发生特殊情况和有较大行李需通行时使用；检票机应与客服中心（票亭）相邻设置，便于客服中心工作人员对乘客进行监督和协助。检票机及客服中心（票亭）尺寸布置如图 1-3-7 所示。

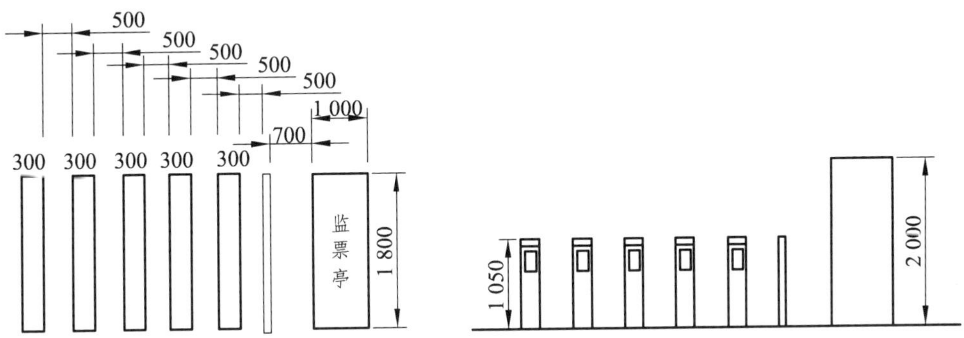

图 1-3-7　检票机及票亭尺寸布置图

自动验票机是乘客自助查询车票信息的设备，一般安装在车站的非付费区靠近自动售票机附近，不仅能为乘客提供车票自动查询服务，还可查询车票的有效性、类型及余值。

（二）站厅层设备区布局

站厅层设备区主要有设备用房、管理用房及辅助用房。设备区一般情况下分设于车站两端，一端大，一端小，中间作为站厅公共区，某城市地铁车站站厅设备区 A 端（大）设置的设备用房如表 1-3-1 所示。

表 1-3-1　站厅设备区 A 端用房名称

序号	房间名称	门禁	序号	房间名称	门禁
1	环控机房	有	5	AFC 设备维修室	有
2	男更衣室	无	6	气瓶间	有
3	环控电控室	有	7	综合监控设备室	有
4	信号设备室	有	8	公安设备室	无

续表

序号	房间名称	门禁	序号	房间名称	门禁
9	站长室	无	16	AFC 票务管理室	无
10	空调机房	无	17	通信系统设备用房	有
11	银行	无	18	公安值班室	无
12	会议室	无	19	站务室	无
13	女更衣室	无	20	车控室	有
14	应急照明电源室	有	21	空调风室	无
15	民用通信设备用房	无	22	电缆间	无

设备用房是安置各类设备、进行日常维修及设备保养的场所。管理用房应结合车站的客流规模和业务量来具体设置，如果车站业务量比较大，可考虑将特殊票务用房和办理咨询用房分开设置。其他用房如洗手间、更衣室等，应以方便使用的原则来进行设置，某城市地铁车站站厅设备区 B 端（小）设置的用房如表 1-3-2 所示。

表 1-3-2　站厅设备区 B 端用房名称

序号	房间名称	门禁	序号	房间名称	门禁
1	车站备品库	无	7	清扫工具间	无
2	照明配电室	有	8	环控电控室	有
3	广告备品库	无	9	车站备用房	无
4	垃圾收集间	无	10	电缆井（强、弱）	无
5	环控机房	有	11	空调风室	无
6	排热风室	无	12	混合风室	无

四、站台层布局

站台主要是供列车停靠和乘客候车、乘降的区域。站台也分为公共区和设备区。一般情况下，站台两端为设备区，中间为公共区。站台公共区主要作用是提供乘客候车、上车及下车区域，有站台监控亭、乘客座椅、公用电话、立柱及防护设施等。站台设备区主要有设备用房及辅助用房等。

某城市地铁车站站台设备区 A 端设置的设备用房如表 1-3-3 所示。

表 1-3-3　站台设备区 A 端用房名称

序号	房间名称	门禁	序号	房间名称	门禁
1	照明配电室	有	3	屏蔽门控制室	有
2	隧道风机房	无	4	污水泵房	无

某城市地铁车站站台设备区 B 端设置的设备用房如表 1-3-4 所示。

站台需根据线路走向及换乘要求确定站台类型，以车站上、下行远期超高峰小时设计客流量来计算站台的长度和宽度。

表 1-3-4　站台设备区 B 端用房名称及面积

序号	房间名称	门禁	序号	房间名称	门禁
1	照明配电室	有	6	35 kV 开关柜室	无
2	35 kV 控制室	有	7	应急照明电源室	无
3	0.4 kV 开关柜室	有	8	检修备品间	无
4	轨底热排风室	无	9	冷水机房电控室	有
5	环控机房	有	10	气瓶间	有

（一）站台的类型

按站台与轨道线路的位置关系，车站站台可分为岛式站台、侧式站台、混合式站台。

1. 岛式站台

岛式站台是上、下行线路分布在站台的两侧，站台两端有供乘客上下、通往站厅的楼梯，岛式站台的面积可以得到充分利用，乘客换乘方便，但缺点是乘客容易乘错方向，且客流较大时易造成乘客拥挤，如图 1-3-8（a）所示。

2. 侧式站台

侧式站台是站台分别分布在上、下行线路的两侧，乘客乘降车互不干扰，不易乘错方向，站台横向扩展余地大，如图 1-3-8（b）所示。

3. 混合式站台

混合式站台既有岛式站台，又有侧式站台。车站采用混合式站台，乘客可同时在两侧上下车，从而缩短列车停靠时间，如图 1-3-8（c）所示。

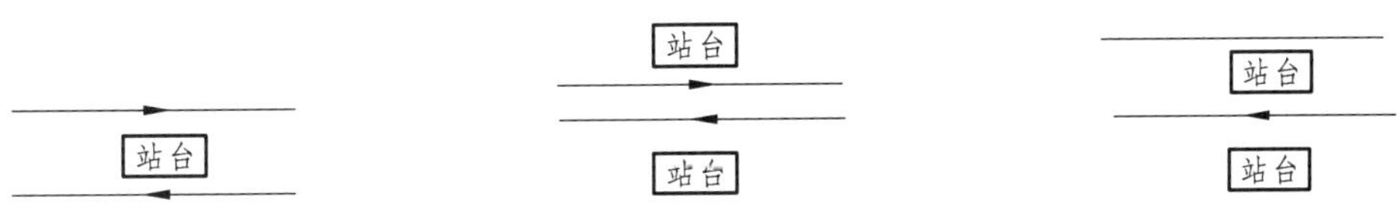

（a）岛式站台　（b）侧式站台　（c）岛侧混合式站台

图 1-3-8　站台的类型

（二）站台长度、宽度和高度

1. 站台的长度

车站站台的有效长度由列车长度决定，列车长度则是车辆长度与编组辆数的乘积。考虑到停车位置的不准确性和车站值班员、司机确定信号的需要，一般需预留 4 m 左右的富余。

计算公式如式（1-3-5）：

$$L_{站台}=l_{车}\times n_{编}+4 \qquad (1\text{-}3\text{-}5)$$

式中　$L_{站台}$——站台有效长度，m；

$l_{车}$——车辆长度（包括车钩长度），m；

$n_{编}$——高峰时段设计最大编组辆数。

2. 站台宽度

设计站台有效宽度时，其数值主要依据远期预测高峰小时客流量、行车间隔、站台形式、楼梯/扶梯位置等因素确定。由于各站计算出的站台有效宽度值不同，为设计、建设及运行方便，一般确定为 n 个等级宽度标准，如特等站统一用 14 m，一等站用 10 m，二等站用 8 m 等。设计规范对地铁站台最小宽度的规定如表 1-3-5 所示。

表 1-3-5 地铁站台最小宽度表

站台形式		站台最小宽度/m
岛式站台		8.0
无柱侧式站台		3.5
有柱侧式站台	自动扶梯	2.0
	自动人行道	3.0

按地铁客流组织经验，在站台有效面积中每平方米容纳的乘客数量方面，无屏蔽门站台应控制在 2 万人左右，有屏蔽门站台应控制在 4 万人左右，客流密度太大对乘客的舒适性和安全性都有影响。

3. 站台高度

站台高度指站台到轨顶面的高度，与车型有关。站台与车厢地板面同高，称为高站台；站台比车厢地板面低一、两个台阶，称低站台。我国自主生产的轻轨样车，车厢地板面到轨顶面的高度为 950 mm，车辆第一踏面距轨顶面 650 mm。采用高站台时，考虑到由于车辆弹簧的挠度，在最大乘车效率时，车厢地板下沉的范围在 100 mm 以内，故高站台高度宜以低于车厢地板面 50 ~ 100 mm 为宜。所以，站台高度 900 mm 为高站台，站台高度 650 mm 或 400 mm 为低站台。

（三）站台的立柱及其防护设施

站台的立柱是站台建筑的一部分，根据车站规模的大小不同，其设置数量也不尽相同。设置立柱位置时，应考虑不占用乘客通道，尽量避免遮挡乘客或工作人员的视线，同时车站可以很好地利用立柱的表面积来完成其他功能，如设置紧急停车按钮、导向标志、宣传牌、广告等。根据站台宽度的不同，有些车站设置双排立柱，有些车站设置单排立柱。

站台上的安全护栏、站台门都是为了保证乘客在站台上乘降安全而设置的，安全护栏和站台门的设置应根据应车站具体情况而定。站台门相对护栏造价要高，但安全程度也高，适合在地下车站设置；安全护栏虽然造价低，视线也较开阔，但还是存在一定的安全隐患，适合在高架站或地面站设置。

五、导向标志布局

（一）导向标志的设置原则

1. 位置适当

导向标志应设置于人们容易看到的位置，方便看到后乘客快速做出抉择。同时，还要在付费区域或非付费区域的交界处、地下建筑延伸到地面的地方以及客服中心、有拐弯的地方设置，从而不会让人迷路或者产生不安。

2. 有连续性

通过导向标志连续地设置，加强了人们的认知与记忆的程度和深度，直到他们到达目的地，其间不能出现标志的视觉盲区，但要注意的是，标志之间的距离要适当安排，过长会缺乏连贯及序列感，过短会造成视觉过度紧张，可视性差。在无岔路的直通道，一般每 20 ~ 30 m 应重复设置一次，以免乘客产生“是否正确”的疑问，如某地铁车站为了引导和组织乘客乘车，从进站处到乘车处的所有通道，都设有不同功能的导向标志。

因此，导向标志从车站外部沿出入口、站厅、站台一直到车辆是连续不断进行布置的。各标志的设置位置如下：

车站外部：站名牌、站位图、线路图、出入口导向图等。

站厅部：售票、检票方向指示，价格表，车站周围示意图，紧急出入口等。

站台部：车站各种用房标志、时间表、线路图、显示列车到达时刻及目的地等信息的电子导向牌、出入口导向图等。

车辆内外部：车辆运行方向、区间标志（车头、车侧），车号、车辆到站的标志（车内、门上部），禁止靠车门、防止夹手标志，禁止拉动标志，乘务员禁止入内标志等。

楼梯、自动扶梯等通道：方向标志、换乘标志、注意脚下标志、注意头部标志等。

3. 一致性原则

标志要尽量设置在一致的位置上，例如固定在天花板上的方向标志，不仅仅是同一个车站，一个城市所有的车站如无特殊理由都应设置在一致的位置，这样人们不需要搜寻整个空间，而只需要按习惯注视部分固定的区域即可找到方向标志。

4. 安全性原则

由于部分车站连接大的商业圈，地下商场人员较多，火灾发生的可能性较大，所以疏散指示标识的设置对人员的疏散起到了重要作用。火灾产生的烟雾积聚在上方，会遮挡上部的标志或妨碍识别，因此，往往在疏散走道或主要疏散地面上或靠近地面的墙上设置可发光的疏散指示标志。

5. 有一定的特殊性（全面性）

由于地下建筑相对封闭的特点，处于地下空间中的人会需要获得相对于地上空间更多的信息才能满足需求，如地上空间只需一个简单的出入口标志，但在地下，则需要标明出入口所对应的地面的确切位置。如在出入口处表现地上建筑外部环境真实场景的巨幅照片。

（二）导向标志的设计要求

1. 要醒目

标志在视觉上一定要醒目，重要的标志要能起到对人的视觉有强烈冲击的效果，例如使用图形上的强烈对比来使人注意。醒目的另外一个方面是标志上文字、符号等要足够大，以便人们能在一定的距离之外就能看到、读出相关内容。但是字的大小是相对的，应视具体情况而定，不能一味求大，而忽略了整体的协调性。还有就是颜色，在刺激视觉方面，使用合适的颜色是最直观的一种方法，每种颜色都能给人一种特定的感觉，使用鲜明的颜色或者对比强烈的颜色都有突出的意味，但要注意的是整体的协调。

2. 有规范

标志的规范是指用以表达方向诱导标志信息的内容，如文字、语言、符号，必须符合国家的规范、标准以及国际惯例，使人们易于理解和接受。

3. 有区别

导向标志必须和其他类型的标志（如广告、告示、宣传品、商业标志和其他识别标志等）区别开来，并且具有优先权。商业广告不能遮挡导向标志，并且在色彩、设置位置等各方面都要顾及导向标志。

4. 要简单便利

简单是指方向标示上的词句必须精简、明确，用最少的文字和图形来表达复杂的意思，让人一目了然。便利是指人们在正常移动的情况下就能阅读和理解标志上的内容。

5. 保证信息质量

对于公共信息类标识，应保证信息的可靠性，应保证与实际情况相符，如列车时刻发生变化时，应及时更新；如果车站周边的其他交通方式或商业环境发生变化时，及时更新相应的地图等。

6. 要考虑乘客个体差异

车站内的导向标志要考虑乘客差异，尽量照顾到所有的人群，特别是要保障残疾人、老年人等特殊群体的安全通行和使用便利，主要包括盲道、盲文导向牌等。

每个车站至少有 2 个出入口设有盲道，站内盲道一般距离墙面 50 cm，离专用电梯门框墙面 30 cm；原则上站外地铁红线范围内铺设的盲道需与市政盲道相连；站厅盲道从非付费区通过免费通道进入付费区，再引导至专用电梯或换乘楼梯，由专用电梯或换乘楼梯引导至列车中部的本线路固定位置候车。盲文导向牌一般设置在盲道经过的楼梯上下两端、转折处的扶手上、专用电梯内外，用于指示线路、站名、乘车方向及求助门铃位置等信息。盲文导向牌的设置应符合视觉障碍乘客行走的习惯需求，设置在行进方向右侧，盲文导向牌底边距离地面 1.2 m。香港地铁在车站出入口安装有“视障人士触摸地图”，如图 1-3-9 所示。

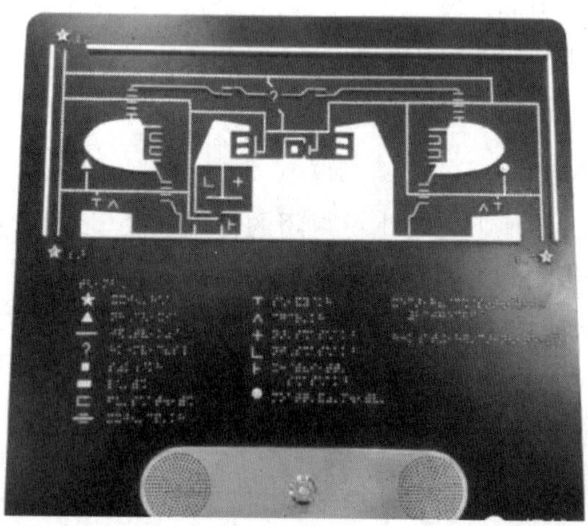

图 1-3-9　香港地铁视障人士触摸地图

【实训任务】

<table>
<tr><td>任务名称</td><td colspan="3">某城市轨道交通车站公共区设施设备布局</td></tr>
<tr><td>任务描述</td><td colspan="3">1. 根据某城市地铁车站所处的地理位置、客流量、客流特点，计算出入口的数量、楼扶梯的宽度和数量，并验证是否满足火灾等突发情况的疏散要求。
2. 计算 AFC 终端设备的数量；领会布局原则，进行车站布局设计、并制作车站公共区模型</td></tr>
<tr><td>实践目的</td><td>能根据客流量、客流特点，进行车站客运设施设备数量的计算和布局，培养以乘客为中心的意识及精益求精的精神，提高理论联系实际、分析问题及解决问题的能力</td><td>实践场所</td><td>教室或实训室</td></tr>
<tr><td>任务要求</td><td colspan="3">1. 分组开展实训任务，小组长能根据组员特点对实训任务进行合理的分工，通过实训任务的开展，能对本城市的轨道交通车站进行布局，从而更加深刻地理解布局合理的重要性，为毕业后步入职场提前做好准备。
2. 形成车站公共区布局设计图纸及模型，要求对设计的合理性进行一定的分析</td></tr>
</table>

【目标检测】

一、知识目标检测

1. 填空题

（1）以车站上下行远期__________来确定车站的建筑规模。

（2）通道主要由步行________、________和步行道构成。

（3）车站站台按站台与轨道线路的位置关系，站台形式可分为________、________、混合式站台。

（4）车站站台的有效长度由________决定。考虑到停车位置的不准确性和车站值班员、司机确定信号的需要，一般需预留________左右。

（5）站台与车厢地板面同高，称为________；站台比车厢地板面低一、两个台阶，称为________。

2. 选择题

（1）《地铁设计规范》规定：“车站出入口的数量，应根据客流需要与疏散要求设置，浅埋式车站不宜少于（　　）个出入口。小站的出入口数量可酌减，但不得少于（　　）个”。

A. 4，2　　B. 4，1　　C. 3，2　　D. 3，1

（2）上行楼梯的单向通过能力为（　　）。

A. 4 200 人/m · h　　B. 3 700 人/m · h　　C. 3 200 人/m · h　　D. 3 600 人/m · h

（3）导向标志应遵循的设置原则有（　　）。

A. 位置适当，有连续性　　B. 一致性

C. 安全性　　D. 有一定的特殊性

（4）设计规范中，岛式站台的最小宽度为（　　）。

A. 8 m　　　　　　B. 3.5 m　　　　　　C. 6 m　　　　　　D. 12 m

（5）下列对站厅层布置，说法错误的是（　　）。

A. 站厅层的合理布局方式主要取决于车站的售检票方式

B. 站厅层的自动售检票系统终端设备应按乘客进出站的流动方向合理布置

C. 为保证各个出入口进入车站的乘客都能方便快捷地购票，自动售票机应该设置得多而分散

D. 半自动售票机一般放置在车站站厅的客服中心内，客服中心应尽可能设置在流线的一侧

3. 判断题

（1）车站发生火灾时，自动扶梯应停止使用，同时也不能作为固定楼梯疏散乘客。（　）

（2）楼梯和自动扶梯应满足应急疏散在 8min 内完成的要求。（　）

（3）站厅层非付费区的空间一般大于付费区的空间。（　）

（4）为充分利用车站空间，楼梯通道内可堆放行车备品。（　）

（5）车站内某出入口通道若只设置 1 台自动扶梯，则扶梯的方向为下行。（　）

4. 综合题

新南门地铁站为换乘站，设计时超高峰系数取 1.2。本站远期高峰小时断面客流量为上行 33 000 人，下行 28 000 人；远期高峰小时列车对数 30 对，站台工作人员为 20 人；远期设计客流量（不含换乘）：15 293 人/小时；远期上车设计客流量：7 763 人/小时；远期下车设计客流量：7 530 人/小时。远期换乘设计客流量：12 466 人/小时；远期换乘上车设计客流量：6 342 人/小时；远期换乘下车设计客流量：6 124 人/小时。

假设采取向上出站客流乘自动扶梯，向下进站客流走步行楼梯的模式。试确定楼梯、自动扶梯的宽度及数量，并进行事故疏散时间验算。

二、技能目标检测

根据前述实训任务，分组汇报，以此来检验技能目标的达成度，具体检验的项目、标准及分值如下表所示。

序号	技能检测评价项目	评分标准	得分
1	设施设备数量计算（30 分）	计算准确（20 分），取舍合理（10 分）	
2	设施设备布局（30 分）	车站模型制作精美（10 分），流线交叉少、布局合理（20 分）	
3	布局思路设计讲解（30 分）	分析准确合理（20 分），语言表达顺畅（10 分）	
4	团队分工情况（10 分）	团队分工书面描述有依据、可实施（10 分）	

三、素质检测

由教师根据学生课前预习情况、课中小组讨论及独立思考情况、课后作业、小组共同完成学习任务情况以及技能目标测试环节，对学生素质目标进行检测并评分。

序号	素质检测评价项目	评分	备注
1	学习能力的提升度（20 分）	课前预习（5 分），课中主动回答问题（5 分），课后作业（5 分），小组作业（5 分）	
2	团队协作的配合度（20 分）	小组讨论发言频率（10 分），小组成员之间的配合度（10 分）	
3	语言表达的清晰度（20 分）	展示的逻辑性（10 分）；语言回答的流畅性（10 分）	
4	思想意识的认知度（40 分）	“以乘客为中心”的服务意识（20 分），发现—分析—解决问题思维（20 分）	

【知识拓展】

城市轨道交通车站环境及无障碍设计规定

一、车站环境设计

（1）车站建筑设计应简洁、明快、大方，易于识别，装修适度，充分体现结构美，并宜体现现代交通建筑的特点。地面、高架车站设计应因地制宜，并宜减小体量和使其具有良好的空透性。

（2）装修应采用防火、防潮、防腐、耐久、易清洁的材料，同时应便于施工与维修，并宜兼顾吸声要求。地面材料应防滑、耐磨。

（3）照明灯具应采用节能、使用寿命长的灯具，并宜采用有罩明露式。敞开式风雨棚的地面、高架站的灯具应能防风、防水、防尘，照度标准应符合规范规定。

（4）车站内应设置导向、事故疏散、服务乘客等标志。

（5）车站公共区内可适度设置广告，其位置、色彩不得对导向、事故疏散、服务乘客等标志产生干扰。

（6）不设置站台门的车站，车站轨道区应采取吸声处理。有噪声源的房间，应采取隔声、吸声措施。

（7）地面、高架车站应采取针对噪声、振动的综合防治措施。当采用声屏障时，宜同时满足功能和城市景观的要求。

二、车站无障碍设施

（1）地铁车站为乘客服务的各类设施，均应满足无障碍通行要求，并应符合现行国家标准《无障碍设计规范》（GB 50763—2012）的有关规定。

（2）车站应设置无障碍电梯。

（3）无障碍电梯宜设于付费区内，检票口应满足无障碍通行需要。

（4）无障碍电梯门前等候区深度不宜小于 1.8 m，当条件困难时等候区梯门可正对轨道区，但门前等候区不得侵占站台计算长度内的侧站台宽度。

（5）无障碍电梯井出地面部分应采取防淹措施。电梯平台与室外地面高差处应设置坡道，并应符合现行国家标准《无障碍设计规范》（GB 50763—2012）的有关规定。

（6）车站内设置的无障碍通道应与城市无障碍通道衔接。

（7）车站内应设置无障碍厕所。

【思政资料阅读】

中国城市轨道交通的自主创新之路

中国最早的有轨电车出现于1899年的北京，由德国西门子公司修建，其连接了郊区的马家堡火车站与市区的永定门。1904年，香港开通有轨电车，此后天津、上海等城市相继开通有轨电车。但旧式有轨电车行驶在道路中间，与其他车辆混合运行，运行速度不高，同时随着汽车工业的迅速发展，汽车数量急骤增长，城市道路面积出现明显不足的迹象。从20世纪50年代开始，包括中国在内的世界各国的大城市都纷纷开始拆除有轨电车线路。

1969年10月1日，北京地铁1号线开通，开创了我国地铁建设的先河。随后，广州、上海等城市均开始建设并运营地铁，只是暂并未形成网络。直至20世纪90年代，为解决城市交通问题和引导城市发展，我国提出建设以轨道交通系统为骨干，以公共交通为主体，多种交通方式相互协调的综合交通系统，城市轨道交通开始进入高速发展阶段。从1969年北京地铁的10.7 km，到2021年中国累计有50座城市投运城市轨道交通（不包括港澳台地区），线路长度达9 724.35 km，位居世界第一，占全球总里程的26.4%。中国城市轨道交通的进步，绝不仅仅是线网规模的进步，更是自主创新、科技发展的不断进步。

一、重庆单轨——从“不可能”到“全球行”

重庆轨道交通2号线是西南地区开通的第一条城市轨道交通线路。20世纪90年代，随着新型工业化、新型城镇化迅猛发展，重庆人口迅速增长，城市规模不断扩大，建设地铁等城市轨道交通系统也提上了议事日程。但不少专家讨论后都认为，在山地丘陵之上、沿长江和嘉陵江呈组团式分布格局、道路高低起伏、弯道极多的重庆，想建地铁是几乎不可能的，甚至建任何一种轨道交通都非常困难。然而，重庆并未就此放弃建设城市轨道交通系统的梦想并连续派遣多名研究人员到世界各地学习轨道交通技术。经过漫长的调研后，重庆轨道交通集团的技术团队发现，在地铁、直线电机、悬挂式单轨、跨座式单轨、空中客车等不同制式的轨道交通系统中，只有跨座式单轨最适合号称山城的重庆。然而，当时单轨交通系统在国内尚未出现，能不能成功，技术团队心里也没底。

敢于成为“第一个吃螃蟹的人”的重庆在引进日本的技术和设备后开始修建单轨2号线。无论是选用车辆，还是使用轨道梁、道岔等核心技术，一切都要按照日本的标准和规范来操作。那时大家相互之间说得最多的就是“日本人说、日本人认为、日本人不同意……”2号线顺利建成后，运营效果非常好，解决了不少山城市民的出行难题。但由于设备是进口的，哪怕是受电弓滑板这样很小的一个零部件坏了，都必须从日本进口，价格超过3 000元，成本简直高得吓人。于是，为摆脱受制于人的尴尬局面，重庆在引进日本技术的同时，对引进的技术进行消化、吸收后再研发，组织重庆大学、西南交通大学、中国汽车工程研究院、铁科院等10余个单位，对车辆、轨道梁、道岔系统、车辆转向架等核心技术展开国产化科研攻关，这一时期诞生的研发成果填补了我国该领域的技术空白。经过十余年的艰苦研发，随着轨道交通3号线的通车运行，重庆单轨95%以上的轨道设备已实现国产化，并取得100多项专利，总体达到国际先进水平，一举打破了日本等国家的长期垄断。

20 多年前，重庆曾被业内专家断言“建轨道交通几乎不可能”。20 年后的今天，重庆从零起步，从日本引进单轨技术，已经走出一条“引进—消化—再研发”的创新发展之路，实现了 95%以上轨道设备国产化，打破了国外企业的长期垄断，已成为世界上运营里程最长、运营车辆最多、客运量最大的单轨交通系统。如今，年轻的重庆单轨交通产业，不仅“变不可能为可能”，为山城增添了一道靓丽的风景线，破解了市民们的出行难题，还作为我国高端装备制造业的代表，沿着“一带一路”倡议走出国门，将国产单轨铺到越来越多的外国城市。

二、中低速磁浮快线——世界上第二个掌握中低速磁悬浮列车技术的国家

2002 年 11 月 22 日，由德国制造的磁悬浮列车第一次全程驶过了世界上首条投入商业运行的磁悬浮列车线——上海浦东机场至龙阳路，该线路全程 29.863 km，耗时仅 8 min。但这种设计时速达 430 km，风驰电掣般的新型交通方式迎来的并不只有叫好声。因为造价高，使用的关键技术并非来自本土——我国的科研人员既没有设计权，也不能擅自修改设计，有人称这是“依靠德国技术买来的喝彩”。

2016 年 5 月 6 日，长沙磁浮快线始发列车一声汽笛长鸣，宣告载客试运营正式开始。湖南作为我国中部内陆省份，以“敢为天下先”的精神在长沙开通中低速磁浮商业运营示范线，这是我国首条自主设计、自主施工、自主制造的具备完全自主知识产权的中低速磁浮商业运营示范线，也是世界上最长的中低速磁浮商业运营线，自此，中国成为世界上第二个掌握中低速磁悬浮列车技术的国家。

三、导轨式胶轮系统——中国自主化创新的城轨交通新制式

随着城市不断发展，城市居民出行表现出出行人群和目的多样化、短距离出行在日常出行中占比越来越大等特点。钢轮钢轨有轨电车以其相对较低的建设成本和简单快速的审批流程而获得重视，但因会占用现有道路资源、对既有交通影响严重、建设成本高、负担大、速度较慢、客流不足等各方面原因，实际建成落地的较少。公共交通竞争力不足，居民出行对小汽车依赖大，加剧了城市道路交通拥堵。

为满足中低运量、短距离的出行需求，比亚迪集团创造性地转化电动汽车的动力电池，采用永磁直驱、全自动无人驾驶、轮边控制技术、智慧车站、智能运维等开发成果，打造了具有 100%自主知识产权、不占用道路资源、具有独立路权的立体智能交通系统，具有智能、绿色、经济的特点。导轨式胶轮系统的运量为每小时 0.6 ~ 1 万人次，属于小运量胶轮有轨电车系统，是现代有轨电车中的一种新系统。导轨式胶轮系统是我国城轨交通自主创新的重要成果，正好适用于三四线城市的骨干线和一二线城市的辅助线、加密线、区域循环线，填补了我国自主化城轨交通制式的空白，具有较好的市场前景。

项目二　城市轨道交通车站运作管理

项目描述

城市轨道交通车站的主要功能是安全、高效地集散客流，车站运营以行车计划、施工计划、客运组织计划为核心，为保证核心工作的顺利完成，车站应建立规章制度、设置岗位、制定作业标准、组织排班，安排和协调员工在各自岗位上履行岗位职责，以加强车站的基础管理和运营生产管理。本项目主要让学生明确车站的管理模式及车站的规章制度，并引导学生掌握车站岗位的划分及各岗位的职责、作业标准，了解岗位一般的作业流程，熟悉车站开启、关闭等日常运作流程。

任务导航

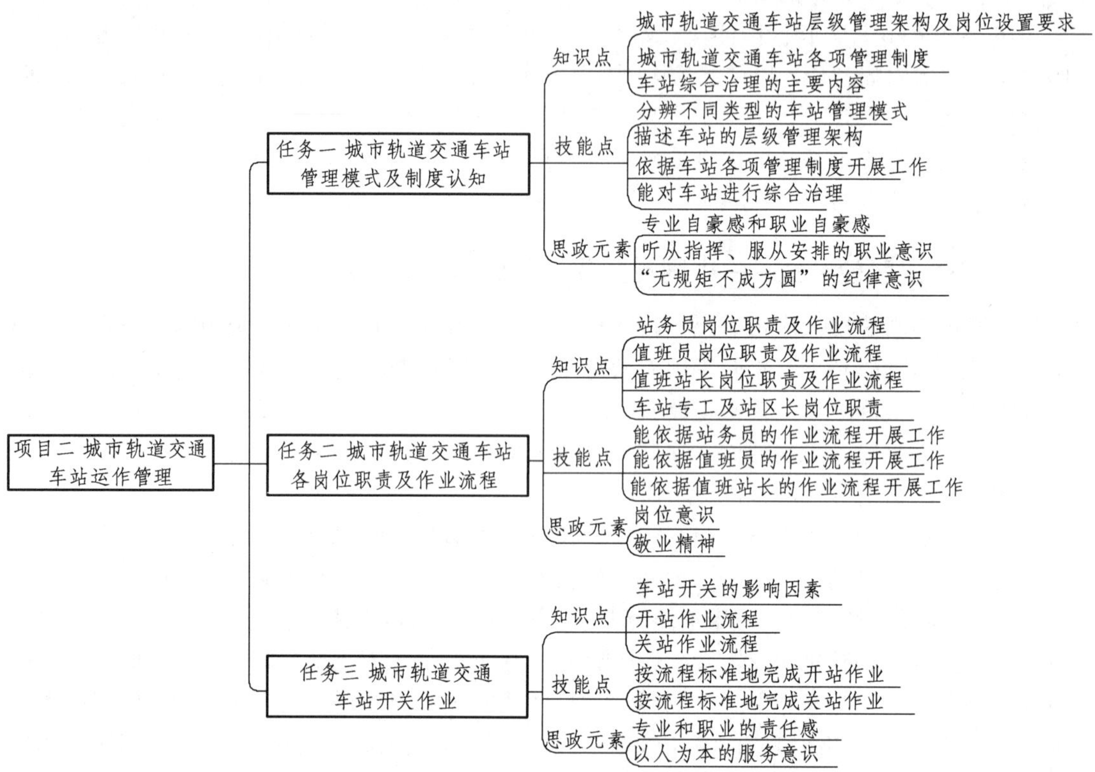

任务一　城市轨道交通车站管理模式及制度认知

【问题引入】

城市轨道交通运营管理专业毕业生大多面向城市轨道交通运营公司站务岗位。某城市地铁车站的站务员岗位成长路径，如图 2-1-1 所示，站务员进入运营公司后根据自己职业需求及随着自身能力的慢慢成长，可晋升为值班员、值班站长、行车调度等。那么城市轨道交通车站除了站务人员岗位还有哪些工作岗位，这些不同岗位的工作人员又是如何进行组织管理的呢？

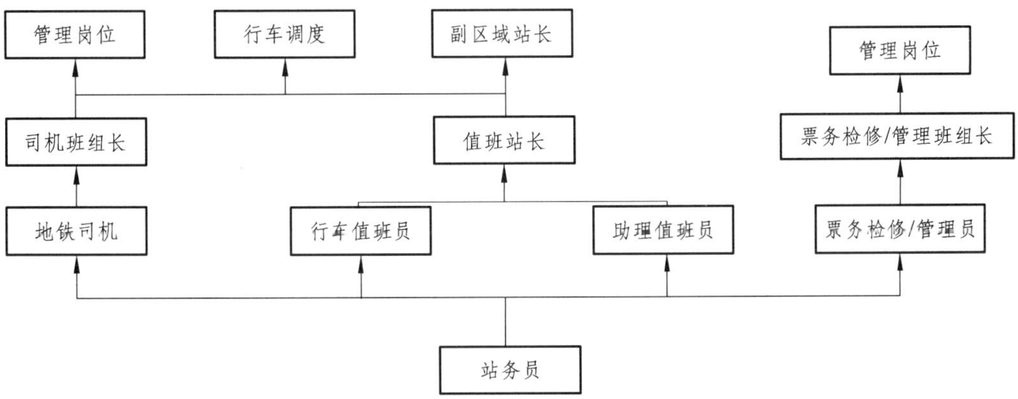

图 2-1-1　站务员岗位发展路径

【学习目标】

知识目标

1. 掌握城市轨道交通车站层级管理架构及岗位设置要求。
2. 熟悉城市轨道交通车站各项管理制度。
3. 了解车站综合治理的主要内容。

技能目标

1. 能描述车站的层级管理架构。
2. 能依据车站各项管理制度开展工作。
3. 能对车站进行综合治理。

素质目标

1. 树立专业自豪感和未来职业自豪感。
2. 培养学生具备“无规矩不成方圆”的纪律意识。
3. 提升学生听从指挥、服从安排的职业意识。

【必备知识】

一、城市轨道交通车站层级管理架构及岗位设置要求

（一）车站管理模式及组织架构

车站是城市轨道交通系统的重要组成部分，是运营企业与服务对象的主要联系环节。车站管理的核心任务是安全、迅速、方便地组织客流集散，并做好行车组织工作。随着城市轨道交通车站设施设备的不断发展变化，我国各大城市轨道交通车站的设施设备及岗位设置也不尽相同，各客运岗位的工作职责及作业程序也存在很大差异。一般来说，车站常驻工作人员有：站务人员、保安人员、保洁人员、设备维修人员、公安人员等。

城市轨道交通车站以安全、高效地输送乘客为宗旨，车站应该根据行车计划、施工计划以及客运组织计划等生产任务的要求建章立制，合理设置岗位及组织排班，并有序安排各岗位员工履行职责，协调运作。城市轨道交通车站站务工作通常设置有中心站站长（站区长）、值班站长、值班员（行车、客运）和站务员（厅巡、站台及售票）等岗位。车站管理模式为层级管理模式，即值班站长负责制，由值班站长负责当班期间车站的行车安全、客运服务、票务、环境卫生、事件处理、人员管理等工作。在值班站长的指挥下，各岗位工作人员按照岗位职责和工作流程开展工作。

除车站的站务工作人员外，城市轨道交通车站通常还有维修、商铺、公安、保洁、保安等外单位（部门）驻站人员。车站日常运作以车站运营组织为核心，维修人员、商铺人员、公安人员等应以服务于车站运营组织为前提开展工作。车站一般成立站内综合治理小组，各个驻站单位（或与车站运作相关单位）参加，综合治理小组的组长由站（区）长担任。综合治理小组的主要任务是协调、解决车站的综合治理工作。综合治理小组成员相互通报相关信息，尤其在重大节假日或大型活动前，车站应将有关运营服务信息及站内客运应急方案通报各单位。出现特殊情况时，由值班站长负责指挥处理，处理时可以调动站内的维修人员、商铺人员、公安人员进行协助。

1. 上海地铁 1 号线车站管理模式

上海地铁 1 号线车站采取中心站长、值班站长二级负责制，具体岗位设置如图 2-1-2 所示。除了由中心站长对所属车站（一般负责 2 ~ 3 个车站）各项工作全面负责外，每站还设三名值班站长倒班管理，负责当班期间车站的行车、客运、票务、卫生等所有车站工作。

2. 德国柏林地铁车站管理模式

德国柏林地铁因其较早使用了先进的自动化设备，车站只设有站台层，不设付费区与非付费区，客流量也较小，车站工作人员每班只设 1 ~ 2 人，负责列车运行监护、站内设施设备运行监护、服务咨询、卫生清扫等工作。每 5 ~ 6 个车站设置一名运营监理，负责管辖区内各站设备的运行和检查、督促各站工作人员的工作状况。德国柏林地铁车站管理模式如图 2-1-3 所示。

3. 香港地铁车站管理模式

香港地铁车站设置站厅、站台两层，采用了先进的自动售检票系统及各种人性化服务设

施，每日承担香港公共交通工具市场 40%以上的客流量，周日平均客流量达 430 万人次。车站除设置行车控制、运行监护人员外，还在站厅层设置客服中心，提供对乘客的服务咨询工作。香港地铁车站管理模式如图 2-1-4 所示。

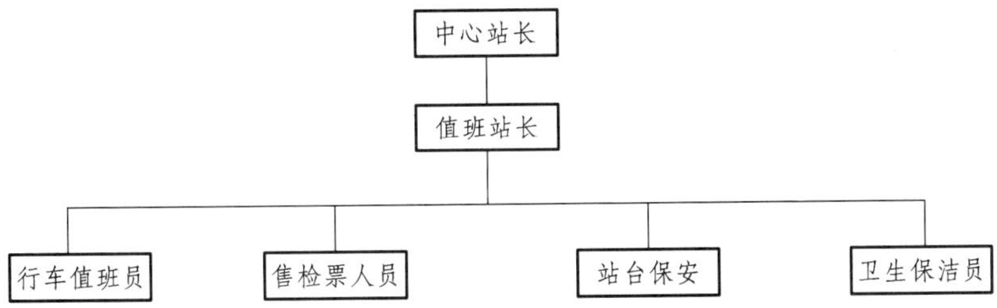

图 2-1-2 上海地铁 1 号线车站管理模式

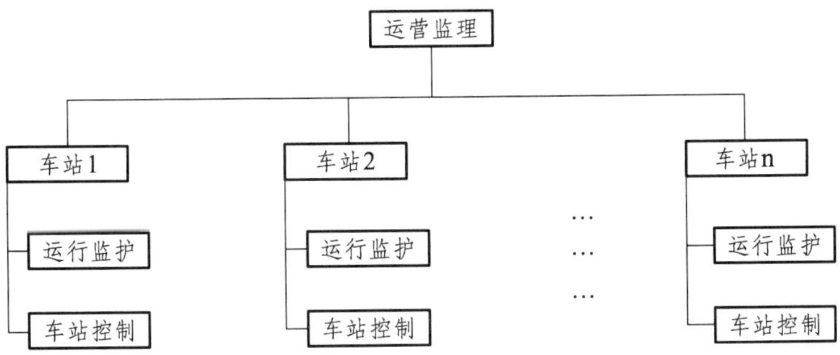

图 2-1-3 德国柏林地铁车站管理模式

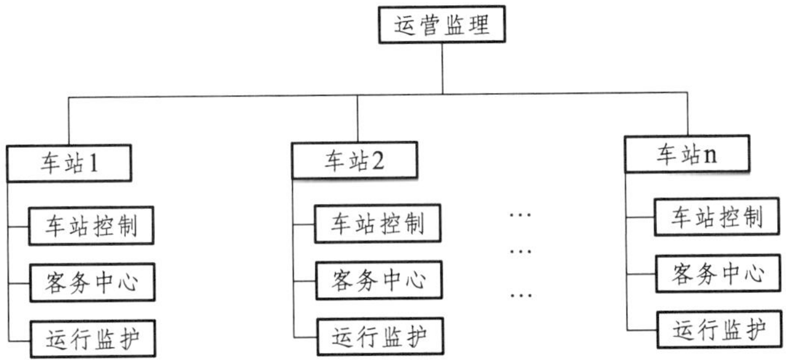

图 2-1-4 香港地铁车站管理模式

4. 成都地铁车站管理模式

成都地铁由值班站长负责车站内的日常管理事务，其上级是副站区长、站区长。一般情况下，车站实行层级负责制，由上至下的顺序依次为站区长、副站区长、车站专工、值班站长、车站值班员、站务员，信息汇报实行逐级汇报，特殊情况下可越级管理、越级汇报，如图 2-1-5 所示。

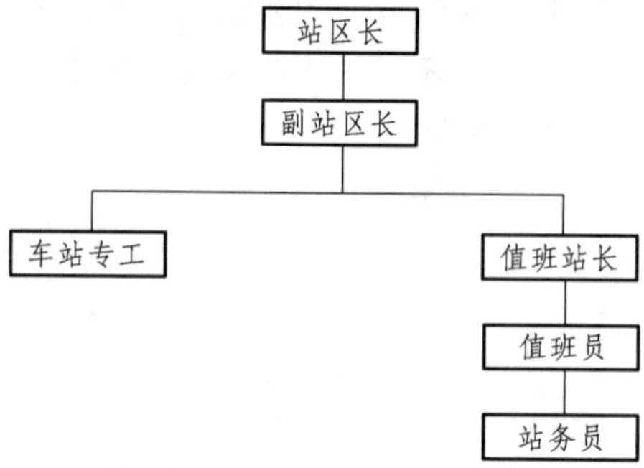

图 2-1-5 成都地铁车站管理模式

（二）车站管理权限

在车站工作的人员由站务工作人员及非站务工作人员组成。

站务工作人员主要包括车站管理人员、值班站长、值班员及站务员等。其中，值班员可根据企业需求细分为行车值班员、客运值班员。

非站务工作人员指在车站范围内工作的其他人员，包括驻站公安、辅警、安检人员、保洁人员、维修人员及商铺工作人员等。

站务工作人员对非站务工作人员按照属地管理的要求进行管理。在紧急情况下，值班站长及以上层级可调动车站的安检人员、保洁人员、维修人员等在车站范围内的所有其他工作人员参与应急处置。

二、城市轨道交通车站各项管理制度认知

城市轨道交通车站作为直接向乘客提供运输服务的生产单元，需要严密、规范的管理。因此，城市轨道交通车站通常有一套完整的管理制度，包括排班制度、会议制度、车控室管理制度、钥匙管理制度、巡视管理制度、信息汇报制度、文件管理制度、6S 管理制度等，以保障城市轨道交通车站日常的生产秩序。

（一）排班制度

城市轨道交通一旦投入运营，车站基本上是 24 h 作业，运营时间内组织乘车，非运营时间内进行设备保养、维修等施工作业。因此，必须按照工作的需要，对车站各岗位实行定岗定员，并采用轮班制来进行排班。以某城市地铁车站轮班制排班管理为例，站务员实施三班两运转，即早、中、休；值班员及值班站长实施四班两运转，即白、夜、休、休，车站站务人员则根据排班表的安排上岗工作。

排班时要注意执行国家《劳动法》的规定，每月要确保员工休息时间符合国家规定，同一员工相邻两个班次的间隔时间至少大于 12 h，同时还要考虑新老搭配、业务搭配和性格搭配，并要求员工上岗必须持有本岗位资格证，不允许低岗顶高岗。员工因个人原因调班时，一般要提前提出书面申请并说明原因，经批准后方可调班。某城市地铁车站值班站长、值班员、站务员一周的班表如表 2-1-1 所示。

表 2-1-1 某城市地铁车站站务人员一周班表

序号	岗位	姓名（化名）	工号	星期	一	二	三	四	五	六	日
1	值班站长	杨冲	001	班次	A1	A2			A1	A2	
2		刘平	002	班次		A1	A2			A1	A2
3		林西	003	班次			A1	A2			A1
4		胡笑	004	班次	A2			A1	A2		
5	值班员	周一	005	班次			C1	C2			C1
6		王五	006	班次	C1	C2			C1	C2	
7		江云	007	班次		C1	C2			C1	C2
8		易倩	008	班次	C2			C1	C2		
9		周一	009	班次	B1	B2			B1	B2	
10		王五	010	班次			B1	B2			B1
11		江云	011	班次		B1	B2			B1	B2
12		易倩	012	班次	B2			B1	B2		
13	站务员	周茜	013	班次	F1	D2		D1	F2		F1
14		何怡	014	班次	D1	F2		F1	D2		D1
15		吴伟	015	班次		D1	F2		F1	D2	
16		曾婷	016	班次	D2		D1	F2		F1	D2
17		范仙	017	班次	F2		F1	DZ		D1	F2
18		赵秋	018	班次		F1	D2		D1	F2	
19		张三	019	班次	E1	E2		E1	E2		E1
20		李四	020	班次	E2		E1	E2		E1	E2
21		王二	021	班次		E1	E2		E1	E2	

备注：A——值班站长；B——客值岗；C——行值岗；E——厅巡岗；F——站台岗；D——售票岗；1——白班（早班）；2——夜班（中班）

（二）会议制度

城市轨道交通车站会议分为全站员工大会、专题会议、车站综合治理工作会议、交接班会几大类。站区管理人员定期参加站区、自然站交接班会。会议要传达近期工作重点，总结班组运营情况，培训相关知识，轨道交通车站一般会在班组交接之前开车站交班会议，以保证生产信息的有效传达，下面以某城市地铁车站会议为例来对比不同会议的召开、会议内容及组织要求，具体如表 2-1-2 所示。

表 2-1-2　某城市地铁车站会议类型

会议种类	频率	参加人员	主要内容	会议组织要求
全站员工大会	每月一次	全体员工	上月工作总结、本月工作布置、重要信息传达、员工对车站管理提出合理化建议、讨论员工绩效考核、车站工作策略及需要解决的问题等	在全站会前、后需值班站长层级召开车站月度例会；会议纪要需在3日内发布
专题会议	根据实际需要召开	实际需要人员	如紧急会、安全事件分析会、票务事件分析会、服务投诉分析会、员工座谈会等	
车站综合治理工作会议	每月一次	警务室负责人、商铺负责人、保洁班长、安检队长、保安队长等	协调各单位工作、了解各单位需求、传达重要通知、存在问题分析、本月工作重点等	会议纪要需在3日内发布，发综治小组成员；会议纪要需存档
交接班会	至少早班、中班各一次	交接班员工、三保班组长等	前日运营情况及本日重点工作；传达近期工作重点、重要文件精神、总结本班工作情况、进行思想教育、培训相关知识	

交接班会议是对本班运营情况、备品及重点工作的交接，表 2-1-3 是以某城市地铁交接班会为例来分析城市轨道交通车站交接班重点事项的相关内容。

表 2-1-3　某城市地铁车站交接班重点事项

事项＼岗位	值班站长	行车值班员	客运值班员	售票员	站台岗
备品	清点钥匙、备品，确认手机上交情况	清点钥匙、门禁卡，确认行车备品柜、消防备品柜备品齐全良好	清点车票、票款、备用金、钥匙、票务备品，确认账实相符	清点钥匙、备品，检查有无来历不明的现金、车票	清点钥匙、备品
设备	车站设备设施及系统故障未修复情况	行车设备及系统故障未修复情况	票务设备及系统故障未修复情况	BOM、对讲设备、求助按钮功能情况	站台门、端门、电扶梯运行情况
施工	施工计划完成情况及未请点、未销点等施工异常情况		—	—	—
重点工作	1. 重点交班事项。 2. OA 待办事项。 3. 客运组织措施。 4. 预警、应急响应	1. 重点交班事项。 2. 预警、应急响应信息。 3. 临时调度命令	1. 重点交班事项。 2. 客运组织措施。 3. 预警、应急响应	1. 重点交班事项。 2. 本岗位客运组织措施。 3. 预警、应急响应。 4. 特殊乘客	

（三）车控室管理制度

车控室是车站监督、指挥车站运作的核心场所，车控室内集中了车站设备控制系统和行车指挥系统等重要设备，因此必须严格管理。启用的车站控制室是 24 h 有人的重要场所。正常情况下，车控室的工作人员不能超过 3 人（特殊情况除外），如图 2-1-6 所示。因工作需要进入车控室的人员，必须佩戴有效证件并说明原因，在征得车控室值班人员同意后方可进入。

图 2-1-6　车控室

车控室人员禁止大声喧哗、吵闹，做到文明办公，不得影响行车工作，不可在车控室内做与工作无关的事情；进入车控室人员严禁擅自启动、操作任何设备设施；车控室外门必须处于常关闭状态，门禁须设为正常状态；其他部门员工到车控室进行施工请销点作业或借用物品时，不可多人进入车控室，只派一人到车控室办理相关手续，其他人员在通道门外等候，也不能携带施工工具进入车控室；外部施工人员（负责办理施工请销点的负责人除外）原则上不得进入车控室，负责施工请点的人需要进入车控室，先要在车控室前用对讲器请示车控室值班人员，由车控室值班人员同意后方可进入车控室。站务员工或其他人员在车控室跟班学习，必须经当班值班站长同意。

原则上，除了车控室值班人员，其他人员一般不得使用车控室电话（紧急事件除外），如需使用内线电话，可到站长室或其他地方。车控室值班人员作为车控室的负责人，负责车控室的安全，要做好对进入车控室人员的监控工作，如发现违规，及时制止。

（四）钥匙管理制度

轨道交通车站的结构布局通常比较复杂，设有多个设备房间来满足正常运营需要。为此，车站的设备房间管理来得尤为重要。为了保证设备的正常运作，日常工作中设备的维修人员以及设备使用人员经常需要进出设备房间，因此要保证车站设备用房钥匙的状态正常、良好。

为确保安全及紧急情况下快速处理，车站通常要保留站内所有设备与管理用房的钥匙用于日常使用，并保留一套备用钥匙，以便发生紧急情况时供车站应急处理使用，车站任何房间的开启必须得到车站相关管理人员同意，由使用人员向车站相关管理人员借用相应钥匙，用完后及时归还。车站的钥匙应分类存放，日常使用一般由值班员负责保管，借用归还要做好相应登记；备用钥匙一般由值班站长负责保管，如图 2-1-7 所示。

图 2-1-7　某城市地铁车站钥匙专用柜

（五）巡视管理制度

城市轨道交通车站作为一个开放型的公共场所，服务对象的群体具有流动性、临时性、复杂、不确定性等特点。为保障运营期间各种设施设备正常运行，车站工作人员需要在日常工作中进行巡视，巡视范围包含车站站厅、站台、出入口、票务中心（客服中心）、设备区通道、管理用房等车站属地管理区域，巡视周期不超过 2 h，以保证场所、设施和设备、人身及财产的安全，巡视后填写相应台账，台账应真实、准确、完善。

轨道交通车站通常对车站巡视工作制定相应制度，明确各岗位巡视的范围和巡视的要求，实行巡点签到、登记记录等制度，确保不漏巡、不跳巡，某城市地铁车站站务人员在巡视车站的场景如图 2-1-8 所示。

图 2-1-8　成都地铁站务人员巡视车站

（六）信息汇报制度

车站每天有大量信息需要向外反馈，必须有清晰的汇报流程，以确保信息的反馈能及时、有效并得到合理的处理。通常汇报的信息包括一般信息和紧急信息。一般信息可以每天汇总，按照规定逐级反映到相关部门处理；紧急信息由当班的值班站长根据事件情况，按照规定向相关负责人进行汇报，并做记录。

（七）文件管理制度

文件指规章制度、资料、台账等各类纸质印刷品或电子文档。文件应分类管理、定点放置，不可散落杂乱。使用完及过期的文件应定期整理、归档，不得存放于车控室内。台账类文件应放置于台账柜、抽屉、文件架等收纳内。收纳外部右上角应张贴台账分类标签，同类收纳的标签样式、张贴位置统一。台账使用后应立即归位，不得摆放于台面。常用台账最多可备用一本放于指定位置。其他文件原则上应使用文件夹、文件盒等归类存放。文件盒应优先置于文件柜透明柜门内上层，摆满后可放于下层，并要按名称顺序从左到右依次摆放，某城市地铁车站文件的规范管理如图 2-1-9 所示。

图 2-1-9　文件规范管理

（八）6S 管理制度

“6S”是指整理、整顿、清洁、清扫、素养、安全。

车站 6S 管理区域：车控室、站长室、会议室、站务室、更衣室、票务管理室、客服中心、备品库、设有班组宣传设施的通道、其他站务备用间。

车站须确定规范各区域 6S 管理的责任人和职责，并建立健全监督机制和检查评估体系，确保责任到人。

三、车站综合治理的主要内容

综合治理工作坚持“严格管理，以人为本”的原则，坚持做到控制工作与业务工作相结合、解决综治问题与解决生产实际问题相结合。

每个站区为一个综治工作责任区，在所在辖区公安的指导下，成立以站区长为组长，安检、保洁、保安、商铺等单位负责人为组员的综治小组，负责本责任区工作措施的落实与执行，负责建立综治工作岗位责任制，确定车站综治目标，完成车站综治任务。

综合治理小组的主要任务是协调、解决车站的综合治理工作。站区须于每月组织召开一次综治小组集中会议，协调站区内的综合治理工作。每季度组织开展一次思想道德、法律法规和保卫综治规章及案例的综治教育学习，每季度开展一次安保应急预案演练（如治安事件、劫持人质演练、爆炸事件等）。综治小组成员相互通报相关信息，尤其在重大节假日前，车站应将有关运营服务信息及站内客运应急方案通报各单位。

【实训任务】

任务名称	编制车站日常排班表		
任务描述	城市轨道交通车站采取 24 小时工作制，某车站共有 5 名值班站长，10 名值班员，12 名站务员，请编制该站一周的排班表		
实践目的	能熟悉地铁车站不同岗位的作业时间及排班制度。 培养团队合作意识及耐心细致的工匠精神，提升逻辑思维能力	实践场所	校内实训基地
任务要求	按需求制定排班工作计划，合理制定排班表，对班制有明确的说明		

【目标检测】

一、知识检测

1. 填空题

（1）车站管理模式采用 ________负责制。

（2）车站各岗位实行定岗定员，一般采用 ________制。

（3）正常情况下，车控室的工作人员不能超过 ________人。

（4）车站巡视周期不超过 ________小时。

（5）一般信息可以每天汇总，按照规定 ________反映到相关部门处理。

2. 选择题（以下至少有一项是正确的）

（1）同一员工相邻两个班次的间隔时间至少大于（　　）小时。

A. 8　　B. 10　　C. 12　　D. 24

（2）关于车站行车值班员交接班重点事项的描述，正确的是（　　）。

A. 清点钥匙、门禁卡，确认行车备品柜、消防备品柜备品齐全良好

B. 行车设备及系统故障未修复情况

C. 施工计划完成情况及未请点、未销点等施工异常情况

D. 清点车票、票款、备用金、钥匙、票务备品，确认账实相符

（3）关于车控室管理的描述，错误的是（　　）。

A. 站务员工或其他人员在车控室跟班学习，必须经当班值班站长同意

B. 工作原因进入车控室必须佩戴有效证件并说明原因，在征得车控室值班人员同意后方可进入

C. 进入车控室人员严禁擅自启动、操作任何设备设施

D. 其他部门员工到车控室进行施工请销点作业或借用物品时，可多人进入车控室

（4）车站工作人员需要在日常工作中进行巡视，巡视范围包含车站站厅、站台及（　　）等车站属地管理区域。

A. 出入口　　B. 票务中心（客服中心）　　C. 设备区通道　　D. 管理用房

（5）每个站区为一个综治工作责任区，在所在辖区公安的指导下，成立以站区长为组长，（　　）单位负责人为组员的综治小组。

A. 安检　　B. 保洁　　C. 保安　　D. 商铺

3. 判断题

（1）一般来说，车站常驻人员有：站务运营人员、保安人员、保洁人员、设备维修人员、地铁公安人员等。（　）

（2）在重大节假日或大型活动前，综合治理小组成员不需要相互通报相关信息。（　）

（3）安检人员属于车站站务工作人员。（　）

（4）车站一般在班组交接之后开车站交班会议，以保证生产信息的有效传达。（　）

（5）车站任何房间的开启必须得到车站的同意，由使用人员向车站借用钥匙，用完及时归还，并记录。（　）

二、技能检测

根据前述实训任务，分组汇报，以此来检验技能目标的达成度，具体检验的项目、标准及分值如下表所示。

序号	技能检测评价项目	评分标准	得分
1	班表设计框架情况（20分）	班表设计模板简约（10分），能一目了然看懂（10分）	
2	班表制定情况（60分）	各班组排班合理（40分），各岗位休息时间符合要求（10分），有考虑其他工作情况（10分）	
3	各岗位班制情况（20分）	对各岗位班制情况安排全面合理（10分），对各岗位的说明清楚（10分）	

三、素质检测

由教师根据学生课前预习情况、课中小组讨论及独立思考情况、课后作业、小组共同完成学习任务情况以及技能目标测试环节，对学生素质目标进行检测并评分。

序号	素质检测评价项目	评　分	备注
1	学习能力的提升度（20分）	课前预习（5分），课中主动回答问题（5分），课后作业（5分），小组作业（5分）	
2	团队协作的配合度（20分）	小组讨论发言频率（10分），小组成员之间的配合度（10分）	
3	语言表达的清晰度（20分）	汇报问题的逻辑性（10分），语言回答的流畅性（10分）	
4	思想意识的认知度（40分）	吃苦耐劳精神（20分），实事求是精神（20分）	

【知识拓展】

国内地铁运营公司组织架构分析

轨道交通的建设和运营通常涉及三项主要业务——基础建设、线路运营、资源开发，由于不同业务有其各自的开展时间与阶段，因此，在既定的管理模式下，轨道交通企业的组织模式演变通常也是与这三项主要业务的开展阶段密切相关的。以下为部分城市地铁运营公司组织架构分析。

1. 北京地铁

集地铁运营、资源开发和房地产开发为一体：国内大多数地铁运营公司只负责地铁运营，但北京地铁运营还下设房地产公司、建筑安装公司、监理公司等营利性业务单元。

运营管理方面属于 M 型管理体制：北京地铁采取了一种集权和分权相结合的管理体制，设置了运营一公司、运营二公司、运营三公司、运营四公司、供电公司、通号公司、机电公司及线路公司；而行车指挥调度、安全监察、设备管理等业务及财务、人力资源、物资管理、行政、党群管理性工作仍集中在总公司。

北京地铁运营公司组织架构如图 2-1-10 所示。

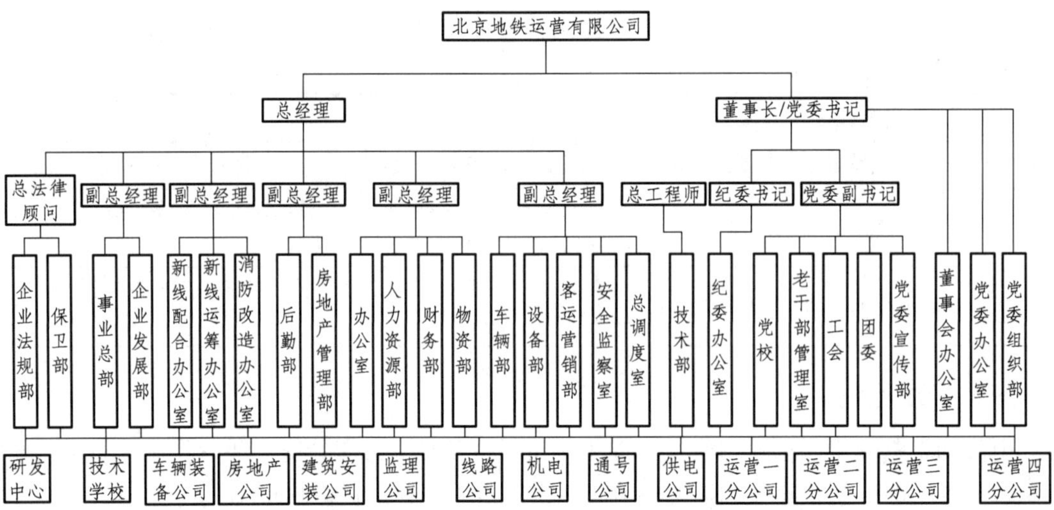

图 2-1-10　北京地铁运营公司组织架构

2. 上海地铁

上海地铁的管理体制属于 M 型管理体制，但与北京地铁相比，也有其自身特点，主要包括：除安全监督职能保留在总部以外，生产性业务基本上由二级公司完成，如列车调度所、三个客运分公司、车辆分公司、通号分公司、工务分公司、监护分公司等，上海地铁的分权程度较北京地铁更高；在总部强化新线路筹备和信息管理工作，以适应上海地铁未来发展的需要；对非核心业务（后勤、物流等）和部分管理工作（教育培训、人力资源等）成立专门的作业单位，如后勤分公司、物流中心、教育培训部、人力资源公司等，既可以将管理者的精力和工作重点放在地铁运营核心业务上，又便于核算和控制非核心业务的管理成本，为未来的非核心业务外包打下基础。

上海地铁运营公司组织架构如图 2-1-11 所示。

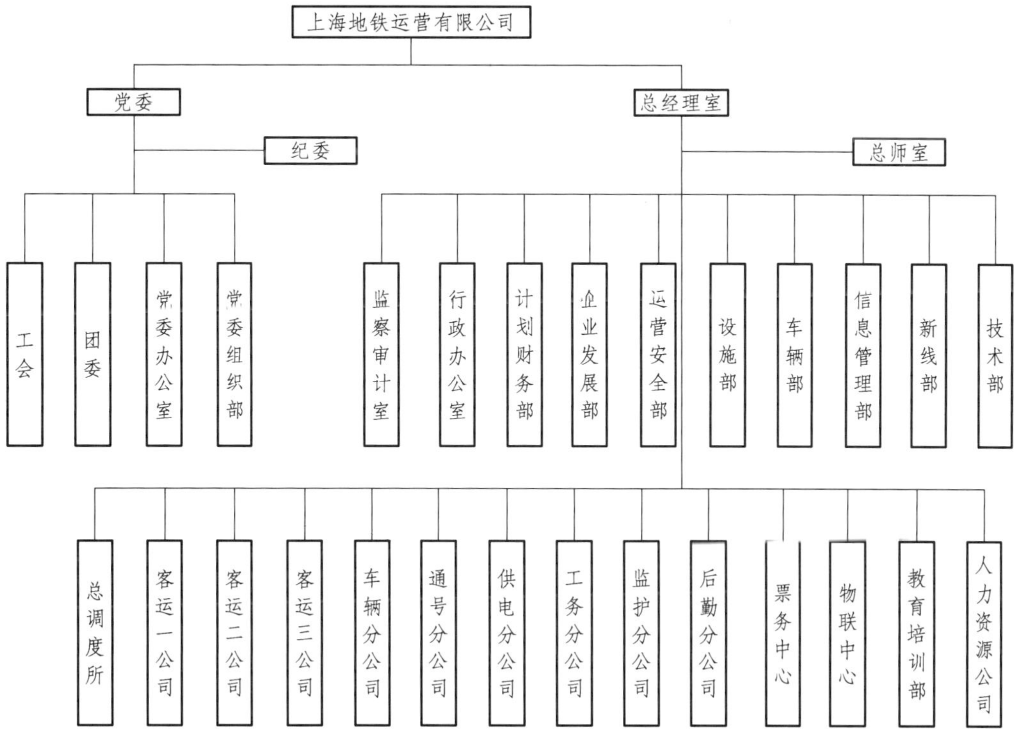

图 2-1-11　上海地铁运营公司组织架构

3. 广州地铁

典型的 U 型管理体制：总经理室下设车务部、车辆部、维修一部、维修二部、调度票务部、保卫部、综合部、营销调控部、人力资源部、技术部、安全稽查部、物资部、党群工作部、纪检监察室等 14 个职能部门，各部内设管理科室或作业分部，如图 2-1-12 所示。

U 型管理模式在管理效率方面、管理幅度、资源共享性上具备优势，但是就广州地铁的规模、线路、车辆规模而言，更加适合于采用 M 型管理模式。

4. 南京地铁

南京地铁的运营管理模式属于 U 型管理模式，主要学习和借鉴了香港、广州地铁运营机制，结合南京的特点，形成特色管理模式，采取模拟法人制，实行横向综合管理，设办公室、党群工作部、客运部、票卡清分部、车辆部、物资设施部、技术部、安全保卫部、劳动人事部、教育培训部、企业管理部、新线办、财务审计部等职能部门和一个综合办公室，负责生产计划调度，人、财、物、安全和票务等方面的管理及列车运行、设备维修、养护等运营生产的组织与调度等方面的工作，并且通过一定的委外管理，节约了大量人力资源，提高了工作效率，起到了高效精简、管理扁平、人员压缩的目的，南京地铁运营公司组织架构如图 2-1-13 所示。

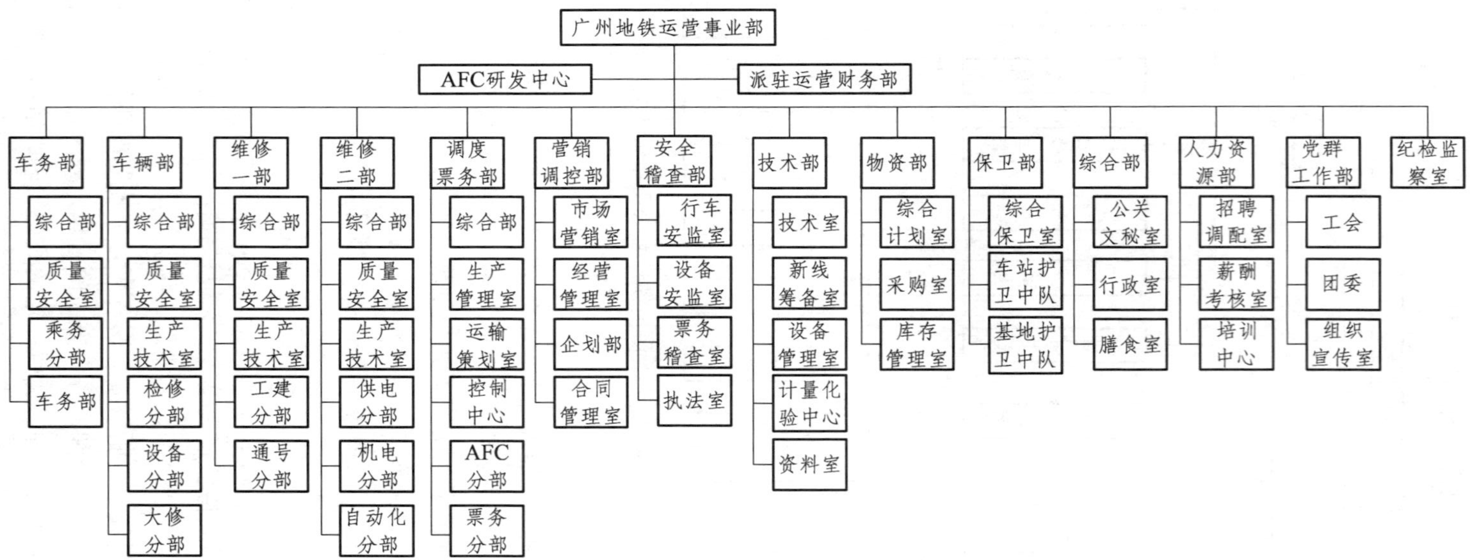

图 2-1-12　广州地铁运营公司组织架构

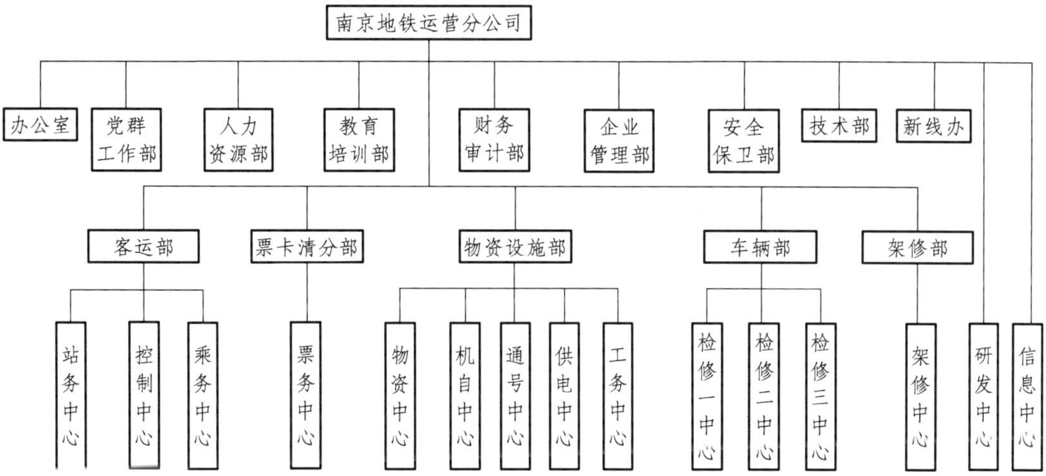

图 2-1-13　南京地铁运营公司组织架构

任务二　城市轨道交通车站各岗位职责及作业流程

【问题引入】

作为一名某城市地铁车站新上岗的站务员，你今天班表排班是站台岗，请你思考，作为站台岗，本班工作的主要内容有哪些？工作过程中有哪些重点注意事项？

【学习目标】

知识目标

1. 掌握站务员的岗位职责。
2. 熟悉值班员的岗位职责。
3. 了解值班站长和站区长的岗位职责。

技能目标

1. 能依据站务员的作业流程开展工作。
2. 能依据值班员的作业流程开展工作。
3. 能依据值班站长的作业流程开展工作。

素质目标

培养学生的岗位意识及敬业精神。

【必备知识】

一、站务员岗位职责及作业流程

站务员被安排在售票岗、厅巡岗、站台岗等，车站根据实际需要，经上级部门同意，可安排扶梯岗、引导岗等。车站站务员在车站值班员的领导下进行车站日常工作；有权对本班车站内的非站务工作人员进行管理；按《乘客服务工作标准》的规定执行；针对车站管理工作有权向本班组或中心站提出本人的建议和意见；制止并处理乘客违反法律法规和公司规章的行为；完成上级布置的其他工作。

由于城市轨道交通车站站务员实行“早—中—休”三班两运转，因此将车站全天的运营分为早班和中班两个时间范围段，早班和中班的工作流程则基本一致。

（一）售票员岗位职责及作业流程

1. 岗位职责

（1）负责当班票务中心（客服中心）的售票工作，确保售票（卡）、充值、验票、收款、找赎等相关票务工作准确。

（2）处理与乘客相关的票务事务。

（3）对填写的票务报表和当日票款收益负责。

（4）对本班票务中心（客服中心）内的卫生工作及安全工作负责，负责对本班票务中心（客服中心）内的设备、备品的管理，票务中心（客服中心）门窗随时处于锁闭状态。

（5）兼任巡视岗或站台岗时必须履行相应岗位职责。
（6）完成上级布置的其他票务工作。

2. 作业流程

售票岗站务员作业流程如表 2-2-1 所示。

表 2-2-1　售票岗站务员作业流程

环节	作业内容
班前会	1. 提前 10 min 到站，按值班站长要求穿着相应工装，确保仪容仪表符合要求。 2. 至车控室前准时参加由值班站长组织的接班会，明确本班次岗位安排及特别事项等。 3. 按要求在会议记录台账上签名，了解当天工作注意事项和有关重要通知内容，做好上岗前的准备。 4. 主动到车控室上交手机
申请票款及交接班	1. 到票务管理室客运值班员处领取备用金及备品，当面点清备用金、票卡、发票数目是否正确，确认无异常后在单程票、备品领用登记本等台账上签名确认。 2. 在值班站长或客运值班员的陪同监督下与上一班票亭岗进行交接班，确认交班人员账号已注销，闸机钥匙、客服中心门钥匙、抽屉钥匙等齐全，备用金、票卡、发票已清理，票款盒已带走。 3. 将票卡、备用金放入抽屉，发票放入发票盒，登录 BOM 账号，开窗服务。通过对讲机报车控室：“××：××，××端客服中心客服岗××换××，ID 已注销，交接正常。”
票务服务作业	1. 充值、发票、退票、无法进出站等票务处理，严格按照“一次票务作业程序”唱票，并配服务用语和服务手势。 2. 乘客购票、进站问询等乘客事务主动服务。 3. 巡视所属站厅区域票务设备状态，遇设备故障、卡币、卡票等异常情况，及时报车控室请求处理。 4. 做好边门、专用通道管理，查验证件，做好登记。 5. 关注车站客流状态、做好客流组织配合工作。 6. 对站内不文明行为、违规行为及时予以制止，不听从劝告，强行进、出站者，及时通知值班站长或安保人员处理。 7. 保持客服中心内外整洁，票卡、报表、钱款摆放整齐。 8. 台账、备用金、车票、零币等不够时提前报客运值班员，收到的现金数量过多时，用橡皮筋扎好，通知客运值班员预先收款。 9. 进出客服中心时锁好门，不让非当班人员随意进出。检查人员需进入时，确认来者身份并报车控室。 10. 必要时，协助客运值班员收取闸机票卡等票务操作。 11. 应急事件处置作业。 12. 若遇乘客投诉时，积极劝导，采取补救措施，必要时及时上报值班站长。 13. 按值班站长要求完成其他临时性工作

续表

环节	作业内容
休息换岗	1. 与换岗人员进行交接作业，中途休息时应到车控室学习签阅文件。与换岗人员交接时必须注销工号，除特殊情况报备允许外，严禁借用他人工号，避免长短款等票务差错。 2. 客服岗在岗期间严禁出现串岗、聚岗聊天、无故躲进监控盲区等行为，如遇特殊情况要及时汇报值班站长。 3. 客服岗及客服顶岗每小时交接换岗一次，原则上早班每次上岗 1～2 个小时可休息 1 个小时，具体视班组人员情况而定
交岗结账	1. 临近下班时间前，统计好本班次的票卡、现金、发票、钥匙及票务设备、备品情况，并在《客服中心交接班记录本》上做好相应的记录，查看记录 BOM 本班班次记录确认个人本班次营收、备用金使用情况。 2. 自查本班次全部报表、台账填记是否符合规范，整理客服中心，准备交班。 3. 与接班客服岗进行交接，注销 BOM 工号，将备用金、票卡等放入票款包带走（确认 ID 已注销，闸机钥匙、客服中心门钥匙、抽屉钥匙等齐全，备用金、票卡、发票已清理，现金、票卡等物品未遗留）。 4. 在监督交接人员的陪同下回到票务管理室与客运值班员结账，填写“BOM 日营收结算单”等相关数据至票务管理系统。确认账实相符，票卡数目正确，台账填写正确后完成结账。 5. 到车控室自查文件学习情况，对下发后未及时学习签阅的文件，完成学习签阅记录。 6. 无长短款等异常情况，完成早中班交接班，经向本班值班站长、客运值班员报备后可下班离开

售票员交接班事项如下：

（1）交班人摆好交接告示牌，向乘客做好解释工作。

（2）将现金和车票整理放入票盒后开始交接（交班后不立即结账的须将票盒加锁，锁头用封条十字加封）。

（3）交接时，交接双方须核查票务备品、票务钥匙、对讲设备、求助按钮、客服中心内务以及客服中心内外物品摆设情况，检查客服中心内有无来历不明的现金、车票。

（4）交接时如有问题马上报值班站长或值班员，若接班人确认无误，在交接班本上签名。

（5）交班人退出 BOM，接班人登入 BOM，由接班人向车控室报告交接人员和时间。

（6）摆放好车票和备用金，叠放好硬币，撤除交接告示牌。

售票员岗如图 2-2-1 所示。

（二）厅巡员岗位职责及作业流程

1. 岗位职责

（1）厅巡员负责巡视站厅、出入口，巡视事项包括：消防栓、灭火器箱、电气设备状态、可疑物品等相关的安全事项及乘客服务事项，广播、告示、灯箱、闸机、灯管、扶梯、TVM、PIS、各种贴纸、告示、玻璃栏杆（是否松动）等服务设备设施，出入口通道、楼梯状态（出入口通道、楼梯严禁破损超过 100 cm^2 或堆放杂物影响乘客通行）。

图 2-2-1　售票员岗

（2）厅巡员不断巡视站厅设备的运行情况、乘客进出站情况等，及时主动向有需要的乘客提供服务。

（3）帮助乘客，回答乘客询问，解决乘客问题。及时处理乘客事务，引导车票有问题的乘客到票务中心（客服中心）。

（4）积极疏导乘客，要特别注意突发暴风雨等特殊情况时，乘客拥向出入口，堵塞通道等特殊情况，并及时向值班站长、值班员报告异常情况和问题。

（5）制止并处理乘客违反《××市城市轨道交通管理条例》《××市城市轨道交通乘客守则》相关规定的行为，阻止乘客携带“三品”、长、宽、高之和超过 1.8 m 或长度超过 1.6 m 的物品、导盲犬之外的其他动物进站乘车。

（6）有特殊乘客进站及时通知有关岗位，对老年乘客、小孩、行动不便者或携带大件行李者要指引其乘坐直升电梯或走楼梯，必要时提供帮助以避免客伤事件发生。

（7）及时向值班站长汇报票务中心（客服中心）和 TVM 前的乘客排队人数，以便值班站长决策。

（8）积极引导进站乘客到乘客较少的票务中心（客服中心）、TVM、闸机等处购票、进/出站。

（9）负责工作区域内的卫生，发现问题立即整改。

（10）遇 TVM、闸机、扶梯的故障情况要及时摆放暂停服务牌，并及时向车控室报告。负责出闸机票箱的更换工作，协助进行更换钱箱、清点钱箱的工作。负责站厅边门的管理，按规定给乘客开边门。

2. 作业流程

厅巡岗站务员作业流程如表 2-2-2 所示。

表 2-2-2　厅巡岗站务员作业流程

环节	作业内容
班前会	1. 提前 10 min 到站，按值班站长要求穿着相应工装，确保仪容仪表符合要求。 2. 至车控室前准时参加由值班站长组织的接班会，明确本班次岗位安排及特别事项等。 3. 按要求在会议记录台账上签名，了解当天工作注意事项和有关重要通知内容，做好上岗前的准备。 4. 主动到车控室上交手机
作业	1. 巡视站厅、出入口。 2. 巡视站厅设备的运行情况、乘客进出站情况等，及时主动向有需要的乘客提供服务。 3. 负责工作区域内卫生情况，发现问题，立即整改。 4. 遇 TVM、闸机、扶梯故障的情况要及时摆放暂停服务牌，并及时向车控室报告。 5. 负责出闸机票筒的更换工作，协助进行更换钱箱、清点钱箱的工作
休息换岗	每 2 小时与站台岗换休
交班	1. 下班前整理交接事项及清点物品。 2. 与接班厅巡岗进行交接。 3. 至车控室完成本班台账记录及物品归还、更衣柜钥匙借用等，完成早中班交接班，经向本班值班站长报备后可下班离开

厅巡岗的立岗位置原则上在进闸机与 TVM 的中间位置，当客流较小时，在进闸机处立岗，当出闸机处的乘客需要帮助时，应第一时间为乘客提供帮助，如图 2-2-2 所示。

图 2-2-2　厅巡岗

厅巡岗突发情况的处理要求：

（1）留意是否有精神异常、酗酒的乘客，禁止其进站乘车，及时汇报车控室，必要时请求警务人员或其他同事协助并注意自我保护。

（2）在出入口、站厅范围发生的治安事件，要第一时间赶到，保护现场，寻找两名及以上目击证人。

（3）发现有故意损坏或偷窃站厅设备设施行为时，要及时制止，留下肇事人，及时报车控室。

（4）对发生在站厅的客伤事件要及时报车控室，协助进行处理并寻找两名及以上目击证人。

（5）出现安全紧急情况时，按照“站务专业现场处置方案”执行。

（三）站台岗岗位职责及作业流程

1. 岗位职责

（1）接发列车作业。

① 站台岗负责按站台、接发列车标准接发列车，监视列车运行状态、候车乘客动态、乘客上下车状态，处理在接发列车过程中发生的突发事件（如站台门未关好、车门/站台门夹人夹物等）。

② 设有红外光栅的车站遇红外光栅报警时，确认车门与站台门间空隙是否有异物，与司机做好联控。

③ 负责列车折返时的清客工作。

④ 对端门安全负责，在接发列车间隙，查验巡检人员证件与车控室核对无误后开端门，并确保端门正常关闭。

（2）站台巡视。

① 行车间隔期间负责巡视站台，巡视内容包括：消防设备设施的状态，确认消火栓、灭火器箱上的封条是否完好，对于破封的，要检查里面的设备是否齐全、完好。检查站台门的状态，包括站台门上的顶箱前盖板是否锁闭，站台门和端墙门是否正常关闭等。

② 上、下行尾端的缝隙灯状态是否良好。

③ 扶梯运行是否正常，包括扶梯有无异响，梯级上有无异物（有异物时及时清理）等。

④ 站台其他设备设施，如扶梯处栏杆、站台候车椅、灯管等的状态是否良好。

⑥ 检查站台备品间内的所有设备设施的状态是否良好，有无缺少。

⑦ 巡视站台时需留意站台乘客的候车动态，及时提醒特殊乘客注意安全（如对不便乘坐扶梯的乘客提醒其走楼梯或直升电梯），提醒乘客不要倚靠站台门。

⑧ 巡视时发现携带违反地铁管理规定物品的乘客，要及时劝其改乘其他交通工具，并及时报车控室。

（3）引导乘客。

① 站台岗对站台乘客候车秩序负责，引导乘客到人较少的地方候车，主动引导乘客按地面箭头指示排队候车，先下后上，引导乘轮椅的乘客到轮椅乘车位对应的站台门处上车。

② 对站台卫生和安全负责，确保站台门及以内区域的安全。

③ 及时提醒乘客注意安全（如对不便乘坐扶梯或携带大件行李的乘客提醒其走楼梯，提醒乘客乘坐扶梯时要站好扶稳，提醒乘客不要倚靠站台门），发现异常情况及时处理。

2. 作业流程

站台岗站务员作业流程如表 2-2-3 所示。

站台岗工作中的注意事项：

（1）站台岗在接车间隙要巡视站台，不能固定站立在某一个位置。

（2）在巡视过程中，必须观察轨行区情况，是否存在异物，站台门或其他轨旁设备是否侵限。

表 2-2-3　站台岗站务员作业流程

环节	作业内容
班前会	1. 提前 10 min 到站，按值班站长要求穿着相应工装，确保仪容仪表符合要求。 2. 至车控室前准时参加由值班站长组织的接班会，明确本班次岗位安排及特别事项等。 3. 按要求在会议记录台账上签名，了解当天工作注意事项和有关重要通知内容，做好上岗前的准备。 4. 主动到车控室上交手机
交接岗	1. 与上一班站台岗进行交接班，检查对讲机、站台门钥匙（LCB 控制盒钥匙、三角钥匙）等备品钥匙是否齐全、正常，了解站台整体情况（遇一次接发列车作业，作业完成后再进行交接班）。 2. 交接班完毕 10 min 内，对站台设施设备状态（导向灯箱、照明、站台门、自动扶梯、无障碍电梯、消防栓箱等）、应急备品柜、卫生情况、站台乘客候车情况等进行确定后，将站台情况报车控室，车控室做好记录。用语：“××：××，站台岗××换××，备品齐全，交接正常。”
作业	1. 接发列车作业（含站台候车引导作业）。 2. 站台巡视作业。 3. 站台门故障处置作业。 4. 站台门夹人夹物应急处置作业。 5. 站台乘客服务作业。 6. 其他应急处置及临时性工作。 7. 在岗时间，作业项可根据本岗位需要自行调整完成顺序
交班	1. 下班前整理交接事项及物品清点。 2. 与接班站台岗进行交接。 3. 至车控室完成本班台账记录及物品归还、更衣柜钥匙借用等，完成早中班交接班，经向本班值班站长报备后可下班离开

（3）注意自身安全，防止不慎跌入轨行区，切勿盲目进入轨行区，在进入轨行区时必须穿荧光衣。

（4）当车门出现故障时，协助司机进行处理。

（5）在站台门出现故障时，按“先通后复”的原则和站台门故障处理程序进行处理，如故障无法修复，及时张贴故障纸。

（6）当站台发生物品掉落轨道时，立即到站台做好乘客引导和安抚工作，按规定将物品拾回。

（7）当站台发生客伤时，立即到站台寻找受伤乘客，做好乘客的安抚工作，并向乘客了解受伤的经过，寻找两名及以上的目击证人。

（8）当车站收到行调有关列车需在本站清客的通知时，立即到站台进行清客，引导车上的乘客到站台，维持站台乘客的候车秩序，并做好乘客的解释工作，清客完毕后向司机显示“好了”信号。

（9）当车站收到行调有关列车故障，造成晚点的通知时，维持好站台秩序，安抚候车乘客。

站台岗工作场景如图 2-2-3 所示。

图 2-2-3　站台岗

（四）扶梯岗职责

扶梯岗引导搭乘扶梯的乘客“站稳扶好，注意安全”；对不便乘坐扶梯的乘客要提醒其走楼梯或直升电梯，防止乘客携带大件物品搭乘扶梯；密切关注扶梯运行情况，当乘客较多，可能出现堵塞等紧急情况时，及时采取措施（如紧急停梯），并上报车控室；当出现扶梯客伤时，及时按停扶梯，按客伤程序处理。

扶梯岗工作场景如图 2-2-4 所示。

图 2-2-4　扶梯岗

二、值班员岗位职责及作业流程

值班员在值班站长的领导下开展工作，并对当班站务员的工作进行监督、指导、检查；主动向值班站长汇报本班设备、设施运作情况和各岗位工作情况；落实和执行公司各级的规章制度；发生紧急情况，及时按有关预案处理和上报；有责任向本班组和中心站提出本人的建议和意见；完成上级布置的其他工作。

值班员分为行车值班员岗和客运值班员岗，实行“白—夜—休—休”的四班两运转。

（一）行车值班员岗位职责及作业流程

1. 岗位职责

（1）行车值班员对本班行车组织工作负责，按有关规定操作和监控行车设备。

（2）对当班行车组织、施工登记及施工安全等工作负全面责任。

（3）负责监控本班工作中的各项设备、设施状况，发现故障及异常情况及时按有关程序处理。

（4）负责掌握本站客流情况、乘客动态，处理乘客事务，做好广播服务。

（5）负责安排和监督各岗位按岗位流程工作，协调各岗位工作。

（6）发生异常情况，及时按有关预案处理和上报。

（7）对所保管的钥匙、备品、门禁卡、台账等负责。

（8）负责记录本班重要情况、交接班事项和其他按要求需要记录的内容。

2. 作业流程

行车值班员作业流程如表 2-2-4 所示。

表 2-2-4　行车值班员作业流程

环节		作业内容
班前会		1. 提前 30 min 到站，按值班站长要求穿着相应工装，确保仪容仪表符合要求。 2. 参加班前会，明确本班次岗位安排及特别事项等。 3. 按要求在会议记录台账上签名，了解当天工作注意事项和有关重要通知内容，做好上岗前的准备。 4. 主动到值班站长处上交手机
交接岗		1. 检查所有钥匙及行车备品柜内物品、车站控制室内设备是否良好，填写相关交接台账。 2. 详细阅读上一班工作情况、相关重要文件、通知以及本班须完成的工作项目
作业	白班	1. 监控各岗位工作情况，监控信号设备运营情况。 2. 负责接听电话，播放相应广播。 3. 协助值班站长处理简易基础工作并填写相关台账。 4. 密切留意车站设备状态，发现故障及时报修并做好相关记录。 5. 按要求安排人员收发文件，并传达重要文件信息内容。 6. 掌握车站各岗位人员动态及客流情况，做到合理调配，填写当班相关台账
	夜班	1. 办理施工作业。 2. 监督车站关站情况。 3. 监控夜间各种设备的运行情况
交班		1. 下班前整理交接事项及物品清点。 2. 与接班行车值班员进行交接，交代夜班重点施工项目及注意事项等。 3. 签退后可下班离开

行车值班员交接班事项：

（1）交班前须检查所保管的钥匙、备品、门禁卡情况，检查各类台账，写好交班事项，做好交接班准备。

（2）接班人签到后开始交接，交接时检查、清点钥匙、备品、门禁卡、车控室内设备等，核对各类台账。

（3）接班人要详细了解《当班情况登记簿》《调度命令登记簿》《故障报修登记簿》上记录的内容和其他交接班事项，核实交班人完成或未完成的工作，针对在接班中模糊、有疑点的问题，要了解清楚。

（4）交班人注销相关设备和系统，接班人登记进入。

（5）完成交接后，接班人要在相关交接班记录上签名，交班人可签退，签名后如出现交接不清的问题，由接班人负责。

行车值班员岗工作场景如图 2-2-5 所示。

图 2-2-5　行车值班员岗

（二）客运值班员岗位职责及作业流程

1. 岗位职责

客运值班员在值班站长的领导下，主管车站客运、票务管理，组织客运服务工作。其具体职责如下：

（1）负责车站的营收统计工作，统计车票库存情况，及时申请调整库存车票种类、数量。

（2）负责各种票务收益票据填写及保管，在车站 AFC 票务管理室的票务处理终端输入相应的数据。

（3）负责车票的收发、回收及保管工作。

（4）负责安排补币、补票工作及车票回收箱的清理工作，安排票箱、钱箱的更换及清点工作，保管车站的车票、现金及部分票务钥匙并负责其安全。

（5）负责票务备品的完整、齐全和车站收益解行的实施和安全。

（6）对本班的票务管理工作负责，严格按票务规章和工作流程开展票务工作。

（7）负责安排并监督站务员的票务工作。

（8）负责处理本班与乘客相关的票务事务及服务事务。

客运值班员岗工作场景如图 2-2-6 所示。

图 2-2-6　客运值班员岗

2. 岗位流程

客运值班员作业流程如表 2-2-5 所示。

表 2-2-5　客运值班员作业流程

<table>
<tr><th>环节</th><th colspan="2">作业内容</th></tr>
<tr><td>班前会</td><td colspan="2">1. 提前 30 min 到站，按值班站长要求穿着相应工装，确保仪容仪表符合要求。
2. 参加班前会，明确本班次岗位安排及特别事项等。
3. 按要求在会议记录台账上签名，了解当天工作注意事项和有关重要通知内容，做好上岗前的准备。
4. 主动到值班站长处上交手机</td></tr>
<tr><td>交接岗</td><td colspan="2">1. 与上一班客运值班员进行当面交接，检查票务、备品及票务钥匙情况。
2. 检查上一班台账填写情况。
3. 检查票款、备用金及库存车票情况。
4. 翻阅新票务通知及掌握本班工作重点。
5. 检查卫生情况</td></tr>
<tr><td>作业</td><td>白班</td><td>1. 审核票务报表。
2. 按规定上交报表，检查乘客服务中心工作情况，处理站厅事务，进行票务业务知识抽问。
3. 给顶岗员工配票，巡视各出入口及站厅情况，检查早班乘客服务中心（票亭）交接情况。
4. 与早班售票员结账，填写相关台账。
5. 需要将票款送往银行时，整理票款，填写送款单准备解行。
6. 安排站务员更换票箱。
7. 处理乘客事务，检查乘客服务中心（票亭）。
8. 整理票务室内务。
9. 自动售票设备的钱箱将满时，负责更换钱箱。
10. 整理所有钱款、车票、备品，准备交接</td></tr>
</table>

续表

环节	作业内容	
作业	夜班	1. 巡站，处理乘客事务。 2. 与售票员结账，更换钱箱，清点钱箱。 3. 完成当日报表及账册，清点补币备用金。 4. 给所有 TVM 补币、补票，给早班配票
交班	1. 下班前整理交接事项及物品清点。 2. 与接班客运值班员进行交接，交代客运票务重点事项及注意事项等。 3. 签退后可下班离开	

客运值班员交接班事项：

（1）交班前整理所有钱款、票、备品，做好交接准备。

（2）接班人签到后开始交接，交接时须检查所有车票、票款、备用金、钥匙、票务设备备品情况，检查台账填写情况，检查卫生情况，检查上一班的票务报表。

（3）接班人要详细了解交接班本上记录内容和其他交接班事项，核实交班人完成或未完成的工作，对于在接班中发现的模糊、有疑点的问题，要了解清楚。

（4）交班人注销相关设备和系统，接班人登录。

（5）完成交接后，接班人在交接班本上签名，交班人可签退，签名后如出现因交接不清导致问题出现时由接班人负责。

三、值班站长岗位职责及作业流程

（一）值班站长岗位职责

1. 班组管理

（1）值班站长服从（副）站区长的领导指导，组织本班员工开展工作，对本班工作全面负责。

（2）负责对本班站务人员的管理，对值班员、站务员工作进行监督、指导、考核、教育，掌握员工思想状况。

（3）对保洁、安检、保安、商业人员、施工人员等驻站人员进行属地管理。

（4）值班站长及时按程序向（副）站区长、上级部门汇报生产信息和运作情况。

（5）对本班值班员、站务员的岗位业务技能培训工作负责。

2. 站务作业管理

（1）值班站长负责本班运营组织工作，服从线网指挥中心调度指挥，执行相关命令。

（2）具体负责本班安全工作，严格执行各项规章制度，加强对治安、消防、应急预案的演练，同时与地铁公安协作，共同搞好车站综合治理工作。

（3）具体负责本班服务工作，指导车站员工的工作，处理乘客事务，为乘客提供优质服务。

（4）具体负责本班票务工作，严格执行票务规章制度，确保本班票务运作顺畅，在无客运值班员的车站，还要兼任客运值班员岗位。

（5）巡视、检查本班工作中的各项设备、设施状况，发现故障及异常情况及时处理和报告。

3. 应急事件处理

（1）对事故发生后的处理工作负责。

（2）车站值班站长作为发生险情时开展应急处置的现场指挥，在未进行指挥权交接前，负责责任区域现场抢险救援和应急处置工作的统一指挥，及时采取措施，控制局面，减少人员伤亡及财产损失，尽快恢复运营。

（3）恶劣天气情况下，电梯应按照“应开尽开”的原则做好使用管理，安排人员做好已开启电梯的值守工作，在出入口通道采取积水清扫等防滑、防寒措施，并安排人员进行客流疏导。

4. 日常工作

（1）值班站长负责本班台账的填写及相关数据的收集。

（2）对所保管的钥匙、备品、门禁卡等负责。

（3）负责本班文件处理，并组织员工学习。

（4）对分管工作负责，按规定开展分管的各项工作，定期总结、汇报。

（5）有责任向车站提出本人的建议和意见。

（6）对本站员工的奖罚、岗位调整、晋升有建议权。

（二）值班站长作业流程

值班站长实行“白—夜—休—休”的四班两运转，白班时间 08:00 ~ 19:30，夜班时间 18:30 ~ 08:30。夜班值班站长还要进行施工防护、组织演练、运前检查等工作。值班站长一日当班作业流程如表 2-2-6 所示。

表 2-2-6　值班站长作业流程

<table>
<tr><th>环节</th><th colspan="2">作业内容</th></tr>
<tr><td>班前会</td><td colspan="2">1. 提前 30 min 到站，按要求穿着相应工装，确保仪容仪表符合要求。
2. 参加班前会，明确本班次岗位安排及特别事项等。
3. 按要求在会议记录台账上签名，了解当天工作注意事项和有关重要通知内容，做好上岗前的准备。
4. 收值班员手机</td></tr>
<tr><td>交接岗</td><td colspan="2">1. 与上一班值班站长进行当面交接，交接备品、重点工作及 OA 待办。
2. 清点钥匙、备品，确认手机上交情况</td></tr>
<tr><td>作业</td><td>白班</td><td>1. 管理、检查、指导。
2. 中班会议。
3. 巡视（每 2 h）。
4. 处理落实文件，交办工作安排，布置完成相关工作。
5. 无客值车站，值班站长要兼任客运值班员岗位（配票、结账、补票、闸机回收、解行）。
6. 发生险情时开展应急处置的现场指挥</td></tr>
</table>

续表

环节	作业内容	
作业	夜班	1. 掌握当晚施工计划，并向行车值班员布置施工注意事项。 2. 做好与尾班车相关的客运组织工作，执行关站程序。 3. 完成晚上施工作业办理及票务相关的工作。 4. 无夜班客值车站，给售票员结账、配票。 5. 运营前检查、开站。 6. 总结（员工工时、票务运作、车站本日发生事件）
交班	1. 下班前整理交接事项及物品清点。 2. 与接班值班站长进行交接，交代当班重点事项及注意事项等。 3. 签退后可下班离开	

值班站长交接班注意事项：

（1）交班前须检查所保管的钥匙、备品、门禁卡情况，检查各类台账，写好交班事项，做好交接班准备。

（2）接班人签到后开始交接，交接时检查、清点钥匙、备品、门禁卡等，核对各类台账。

（3）检查文件、邮件，核实交班人完成或未完成的工作，对于在接班中模糊、有疑点的问题，要了解清楚。

（4）完成交接后，接班人在交接班本上签名，交班人可签退，签名后如出现因交接不清导致问题出现时由接班人承担责任。

值班站长工作场景如图 2-2-7 所示。

图 2-2-7　值班站长

四、车站专工岗位职责

有些城市的城市轨道交通车站设有专工（专业技术工人）岗位，属于行政岗位，因此不需按特定岗位进行轮班。一般情况下，设有客运专工、安全专工及设备维修类专工，专工主要负责副站区长的工作，具体岗位职责如下。

（1）车站专工协助（副）站区长开展管理工作，代表公司在所管辖范围行使属地管理权，组织辖区员工开展车站运作。

（2）协助（副）站区长分管站区培训、人力、基础、党群等部分综合管理工作，并协助安全生产、客运服务中的一个模块工作。

（3）根据上级工作计划，车站专工牵头制定、监督落实各模块工作计划，定期总结模块工作完成情况，提出改进措施和工作设想，提高模块管理水平。

（4）负责合理安排所驻车站人力资源，制定所属车站班表，从工时、排班等方面实现人力资源利用的精简、高效。

（5）负责所驻车站员工的思想动态跟踪、党群管理、工会小组管理等工作。

（6）指导、审核、检查所驻车站值班站长的工作落实情况，并提出改进要求。

（7）协助站区长管理所驻车站员工的“两纪一化”，定期通过跟岗、夜班工作检查、低峰期巡查等方式开展监督检查，提高“两纪一化”执行质量。

（8）参加车站站区、所驻交接班会，跟进和落实相关工作。

五、站区长岗位职责

（一）站区长岗位职责

1. 属地管理

（1）站区长代表公司在所管辖范围行使属地管理权，组织站区员工进行客运组织、行车组织、施工组织、票务组织等。

（2）站区长为站区安全生产第一负责人，全面负责站区安全生产工作。

（3）贯彻落实国家、省、市关于安全生产工作各项方针、政策、法律、法规和集团公司、运营公司、分公司、站区的各类安全规章制度。

2. 员工管理

（1）站区长全面负责站区各项行政管理，严格执行规章制度和上级指示，制定工作计划，合理安排资源，落实各项工作。

（2）按照企业持续发展要求，制定、完善站区人事、考评、培训、会议、岗位标准、交接班等制度，提高站区管理水平。

（3）负责站区队伍建设，对站区员工有岗位调整权、监督考核权、晋升推荐权，对车站进行绩效管理。

（4）负责指导、审核、检查副站区长、车站专工的工作落实情况，并提出改进要求。

（5）负责站区员工的培训工作。针对员工工作需求，根据上级要求和本站情况组织员工进行业务培训，定期对培训方式和培训效果进行检查，提高站区的培训工作质量和员工业务技能。

3. 业务管理

（1）站区长负责站区的安全生产工作，建立站区安全网络，落实治安、消防工作要求，定期进行安全教育和安全检查，落实安全隐患的整改。

（2）与地铁公安、安检、保安、保洁等驻站单位保持联系，定期召开综合治理会议，确保与各单位合作畅顺。

（3）负责站区的客运服务工作，规范车站票务运作，优化客运组织，提高员工服务技能和技巧，为乘客提供优质服务。

（二）副站区长岗位职责

1. 属地管理

（1）副站区长协助站区长开展工作，代表公司在所管辖范围行使属地管理权，组织站区员工开展车站运作。

（2）协助站区长负责站区安全生产工作及贯彻落实国家、省、市各级关于安全生产工作的各项方针、政策、法律、法规和集团公司、运营公司、分公司、站区的各类安全规章制度。

2. 员工管理

（1）副站区长协助站区长指导车站专工工作。

（2）协助站区长制定、完善人事、考评、培训、会议、检查、岗位标准、交接班等制度。

（3）协助站区长开展安全生产、客运服务、综合管理等其中部分业务模块工作。

（4）根据上级工作计划，合理安排人力资源，根据各项生产任务制定相应的工作计划，定期落实并跟进各项计划的完成情况。

（5）针对员工业务水平，制定相应的培训计划并开展培训，定期对培训计划的执行情况和培训效果进行检查。

（6）对公司文本规章的贯彻执行情况负责，并根据实际情况修改文本规章，及时组织员工学习和贯彻落实相关文本规章。

3. 业务管理

（1）副站区长负责站区的客运服务工作，规范车站票务运作，优化客运组织，提高员工服务技能和技巧，为乘客提供优质服务。

（2）负责辖区内车站的日常管理，做好分管班组工作的检查、指导和考核工作，公正、公平、公开地评价员工。

（3）负责分管车站的班组建设和管理工作，掌握员工思想动态，确保员工队伍稳定。

【实训任务】

任务名称	车站主要业务岗位作业流程演练
任务描述	结合实训室设备，学生分小组分别扮演票厅岗、站台岗、厅巡岗、行车值班员、客运值班员、值班站长。 设置班前会、上岗交接、核心作业、换岗休息、下班交接等情境，完整演练从接班到交班期间的作业内容

续表

任务名称	车站主要业务岗位作业流程演练		
实践目的	熟悉站务员岗、值班员岗、值班站长的作业流程及岗位作业标准，培养团队合作意识及爱岗敬业的精神，提升员工服务意识	实践场所	校内实训基地
任务要求	完整执行作业步骤，作业过程中按照要求规范用语，动作规范、正确、到位，各种备品使用步骤顺序正确、规范、到位		

【目标检测】

一、知识检测

1. 填空题

（1）地铁车站的站务员通常实行________三班两运转。

（2）售票员交接班时，交班人摆好________，向乘客做好解释。

（3）厅巡岗负责巡视________。

（4）在站台门出现故障时，站台岗按________的原则和站台门故障处理程序进行处理，如故障无法修复，及时张贴故障纸。

（5）当出现扶梯客伤时，扶梯岗及时________，按客伤程序处理。

2. 选择题（以下至少有一项是正确的）

（1）站务员常设置的岗位包括（　　）。

A. 票厅岗　　B. 厅巡岗　　C. 站台岗　　D. 值班员

（2）（　　）负责列车折返时的清客工作。

A. 站台岗　　B. 客运值班员　　C. 司机　　D. 行车值班员

（3）当站台发生客伤时，立即到站台寻找受伤乘客，做好乘客的安抚工作，并向乘客了解受伤的经过，寻找（　　）名及以上的目击证人。

A. 1　　B. 2　　C. 3　　D. 4

（4）“四班二运转”班制形式下，一个车站至少需要（　　）名值班站长。

A. 2　　B. 3　　C. 4　　D. 5

（5）车站（　　）作为发生险情时现场应急处置的现场指挥。

A. 行车值班员　　B. 值班站长　　C. 车站专工　　D. 站区长

3. 判断题

（1）票厅岗交接时，交接双方须核查票务备品、票务钥匙、对讲设备、求助按钮、客服中心内务以及客服中心内外物品摆设情况，检查客服中心内有无来历不明的现金、车票。（　　）

（2）厅巡岗的立岗位置原则上在进闸机与 TVM 的中间，当客流较小时，在进闸机处立岗，当出闸机处的乘客需要帮助时，第一时间为乘客提供帮助。（　　）

（3）完成交接后，接班人要在相关交接班记录上签名，交班人可签退，签名后如出现因交接不清导致的问题时由交班人负责。（　　）

（4）值班站长为站区安全生产第一负责人，全面负责站区的安全生产工作。（　　）

（5）恶劣天气下，电梯应按照“应开尽开”的原则做好使用管理，安排人员做好已开启电梯的值守工作，在出入口通道采取积水清扫等防滑、防寒措施，并安排人员进行客流疏导。（　）

二、技能检测

根据前述实训任务，分组汇报，以此来检验技能目标的达成度，具体检验的项目、标准及分值如下表所示。

序号	技能检测评价项目	评分标准	得分
1	角色分工明确（10分）	团队角色分工明确（5分），可实施（5分）	
2	各岗位操作设备、备品等实训设备（20分）	各岗位各环节选择使用正确的备品（10分），各项备品能正确熟练使用（10分）	
3	各岗位班前及交接班作业正确（20分）	各岗位班前准备工作完整标准（10分），交接班工作完善标准（10分）	
4	各岗位当班期间日常作业正确（20分）	各岗位当班期间作业流程熟练标准（5分），作业内容无遗漏（10分），能为乘客提供优质的服务（5分）	
5	各岗位突发应急事件处置正确（20分）	各岗位遇到突发事件能准确快速地汇报信息（5分），各岗位能按照预案实施自己的职能（5分），按流程及时间完成处置（10分）	
6	团队配合协调、流畅（10分）	各岗位之间能够高效配合（10分）	

三、素质检测

由教师根据学生课前预习情况、课中小组讨论及独立思考情况、课后作业、小组共同完成学习任务情况以及技能目标测试环节，对学生素质目标进行检测并评分。

序号	素质检测评价项目	评　分	备注
1	学习能力的提升度（20分）	课前预习（5分），课中主动回答问题（5分），课后作业（5分），小组作业（5分）	
2	团队协作的配合度（20分）	小组讨论发言频率（10分），小组成员之间的配合度（10分）	
3	语言表达的清晰度（20分）	汇报问题的逻辑性（10分），语言回答的流畅性（10分）	
4	思想意识的认知度（40分）	吃苦耐劳精神（20分），实事求是精神（20分）	

【知识拓展】

城市轨道交通车站巡视检查制度

城市轨道交通站务人员日常巡视范围包含车站站厅、站台、出入口、票务中心（客服中心）、设备区通道、管理用房等车站属地管理区域，巡视周期不超过 2 h。巡视后填写相应台账，台账应真实、准确、完善。

巡视检查制度中巡视的主要内容包括：

（1）消防设备设施的状态，确认消火栓、灭火器箱上的封条是否完好，对于破封的，要检查里面的设备是否齐全、状态是否良好。

（2）扶梯运行是否正常，包括扶梯有无异响，梯级上有无异物等。

（3）帮助乘客，特别是老、弱、病和行动有困难的伤残乘客，耐心回答乘客询问，给予乘客正确的指引。

（4）留意乘客携带的物品，发现携带违禁物品的乘客，要及时劝其改乘其他交通工具，并对乘客耐心解释。

（5）留意是否有精神异常、酗酒的乘客，禁止其进站乘车，及时向车控室汇报，必要时请求警务人员或其他同事协助并注意自我保护。

（6）留意是否有故意损坏或偷窃车站设备设施的人，发现后及时制止，留下肇事人，并使用录像设备记录现场情况。

（7）巡视各种设备设施、告示、贴纸、宣传栏等的状态，发现问题及时报车控室。

（8）留意地面卫生，通知保洁人员及时清理水渍、杂物等，设置警示牌，防止乘客摔倒。

任务三　城市轨道交通车站开关作业

【问题引入】

图 2-3-1 为成都地铁 2 号线首末班车时刻表，作为天河路站的一名站务工作人员，在首末班车到达车站前后，我们需要做哪些工作？

成都地铁2号线首末班车时刻				
站名	往龙泉驿方向		往犀浦方向	
	首班车	末班车	首班车	末班车
犀浦	6:10	23:00	——	——
大河路	6:13	23:03	6:48	0:10
百草路	6:10	23:06	6:45	0:07
金周路	6:13	23:09	6:42	0:04
金科北路	6:10	23:11	6:40	0:02
迎宾路	6:12	23:13	6:38	0:00
茶店子客运站	6:14	23:15	6:36	23:58
羊犀立交	6:10	23:17	6:34	23:56
一品天下	6:12	23:19	6:32	23:54
蜀汉路东	6:10	23:21	6:29	23:52
白果林	6:12	23:24	6:27	23:49
中医大省医院站	6:14	23:26	6:25	23:47
通惠门	6:10	23:28	6:23	23:45
人民公园	6:12	23:30	6:21	23:43
天府广场	6:15	23:32	6:19	23:41
春熙路	6:18	23:35	6:16	23:38
东门大桥	6:20	23:37	6:14	23:36
牛王庙	6:21	23:39	6:12	23:34
牛市口	6:24	23:41	6:10	23:32
东大路	6:25	23:43	6:15	23:30
塔子山公园	6:27	23:45	6:13	23:28
成都东客站	6:30	23:48	6:10	23:25
成渝立交	6:32	23:50	6:15	23:23
惠王陵	6:34	23:52	6:12	23:21
洪河	6:36	23:54	6:10	23:19
成都市行政学院	6:39	23:57	6:14	23:16
大面铺	6:43	0:00	6:10	23:12
连山坡	6:45	0:02	6:14	23:10
界牌站	6:47	0:05	6:12	23:08
书房站	6:50	0:07	6:10	23:06
龙平路	6:52	0:10	6:12	23:03
龙泉驿	——	——	6:10	23:00

图 2-3-1　成都地铁 2 号线首末班车时刻表

【学习目标】

知识目标

1. 掌握影响车站开关的因素。
2. 熟悉车站各种客运服务设备设施的开关程序。
3. 掌握车站开关流程中各岗位的工作内容。

技能目标

1. 能按流程标准地完成开站作业。
2. 能按流程标准地完成关站作业。

素质目标

1. 树立专业和未来的职业责任感。
2. 培养以人为本的服务意识。

【必备知识】

一、开关站概述

城市轨道交通根据其运营特点，一般运营时间约为 18 h，而余下的时间则用来维护和保养运营的设备设施。因此，车站的运作规律就表现为运营时间开启，非运营时间关闭。运营时刻表是轨道交通运营组织工作的基础，车站的开关站工作也必须根据运营时刻表来组织安排。

因此，每天运营开始前开放车站的准备工作称为开站，每天运营结束前关闭车站的准备工作称为关站。

为保证对乘客的服务质量，轨道企业一般统一规范各车站的开、关站时间及程序。轨道交通车站通常以本站首班载客列车或尾班载客列车到站时间为基准点，开关相关设备、出入口以及安排各岗位人员等，确保对外服务的标准统一。

城市轨道作为城市交通运输的核心纽带，具有较浓厚的社会公益性质，其运营服务时间一般根据本城市居民生活习惯、出行规律、工作时间、客流分布及运营成本等特点确定，同时还要考虑与其他交通方式运营时间的衔接。

二、开站作业

不同车站的开站时间随轨道交通首班车的到达时间不同而不同。原则上在首班车到达前 10 min，完成所有服务准备工作，开启车站所有出入口。

（一）行车准备工作

每日凌晨 4:30 以后，根据调度指挥中心行车调度员的指令，车站开展行车作业准备检查工作，由值班站长负责组织。

1. 运营线路巡视

首先，由行车值班员在车控室确认站内及区间影响行车的各类施工已经作业完毕，线路出清，并已销点。值班站长携带对讲机与保安巡视站台区域。

① 检查接触网状态：目测接触网连接正常。

② 检查线路状态：无异物侵入限界、隧道顶无渗漏水、轨面无积水现象。

③ 检查站台头、尾端墙情况：无施工遗留的工器具，无存放影响行车的物品。

确认正常后通知车控室行车值班员。

值班站长检查轨行区如图 2-3-2 所示。

图 2-3-2　值班站长检查轨行区

2. 站台门状态检查

行车值班员在车控室检查控制盘状态，故障指示灯未亮红灯。值班站长和保安在站台区域检查站台门状态。

值班员 IBP 盘测试站台门的场景如图 2-3-3 所示。

图 2-3-3　值班员 IBP 盘测试站台门

（1）检查就地控制盘（PSL）：使用钥匙开关站台门，整侧站台门正常开启和关闭，指示灯显示正确，如图 2-3-4 所示。

（2）检查滑动门状态：滑动门开启后门头灯常亮，滑动门紧闭后门头灯灭。

（3）检查应急门状态：锁闭，门锁插销正常落位，相邻滑动门的门灯不亮。

（4）检查端门状态：锁闭，门锁插销正常落位。

确认站台门和端门处于正常锁闭状态，确认一切正常后通知车控室行车值班员。

图 2-3-4　PSL 测试站台门状态

3. 联锁站道岔功能测试（仅限联锁站）

联锁站行车值班员在车控室进行测试（见图 2-3-5）：

（1）检查联锁终端操作设备状态：能正常登录，各项指令可正常操作。

（2）检查道岔状态：道岔转换后位置显示正常，转换后无短闪、常闪现象。

（3）检查进路状态：排列进路后整条进路显示连续绿色光带。

图 2-3-5　联锁站道岔功能测试

4. 重要设备状态

由行车值班员在车控室进行，检查各设备系统工作终端运作状态。

（1）检查低压供电状态，车站工作照明及各项设备供电正常。

（2）检查环控系统状态，冷水机组和风机运作正常，环控系统工作站上无红色、黄色报警显示。

车控室设备如图 2-3-6 所示。

图 2-3-6　车控室设备

5. 行车备品

值班站长返回车控室检查：

（1）行车备品数量：行车台账、行车备品齐全。

（2）行车备品状态：行车备品功能可正常使用。

行车备品如图 2-3-7 所示。

图 2-3-7　行车备品

6. 收尾工作

按值班站长指示，行车值班员向调度指挥中心行车调度员汇报检查情况。

（二）票务准备工作

客运值班员在车站票务管理室进行开站票务准备工作，为早班售票员准备上岗用品：客服中心钥匙、相关票务钥匙、备用金、待售储值票等。准备自动售票机票箱、钱箱，与值班站长或厅巡一起完成售票设备的加币、加票工作，确保投入运营的设备都能正常使用。

车站控制室行车值班员开启自动售检票相关设备（进出站闸机、自动售票机、自动验票机等），早班售票员在首班车到站前 15 min 到车站票务室客运值班员处领取票、备用金、客服中心钥匙、相关票务钥匙，然后到客服中心上岗。

（1）检查对讲设备、票务设备、备品的状态和数量，检查客服中心内有无来历不明的现金、车票，如有立即报告值班站长处理，严禁带私款、私人车票进入客服中心。

（2）取下“暂停服务牌”，插入本人工号牌，开启票务处理机并用自己工号、密码登录。

（三）服务设备设施准备工作

行车值班员在车站控制室开启车站正常照明，开启相应的环控系统，在综合监控系统终端查看各联动设备的运行状态，确保开启模式正确，无设备故障。

保安开启车站各出入口，并与厅巡开启自动扶梯和垂直电梯，在开启过程中要做好安全防护，观察运行情况，有异常情况立即报车站控制室，如图 2-3-8 所示。

图 2-3-8　开启出入口

（四）开站程序及各岗位职责

虽然各城市轨道交通车站在开站程序上有一定的细微差别，但整体流程基本相似，下面我们以某城市地铁车站开站程序为例来学习城市轨道交通车站的开站程序，该开站作业程序中各岗位的作业内容如表 2-2-1 所示。

表 2-2-1　某城市地铁车站开站程序

序号	责任人	内容
1	行车值班员	首班载客列车到站前 30 min，根据电调命令，开启环控系统、照明、导向等，注意检查公共区导向灯箱是否正确
2	客运值班员（无夜班客值车站由值班站长负责）	在首班载客列车到站前 30 min 完成 TVM 加币、加票工作，并检查 AFC 设备是否处于正常运营状态
3	值班站长	在出入口开启前 30 min 内完成扶梯、升降梯开启工作
4	站台岗/值班员/值班站长	接发通勤车
5	保洁人员	在首班载客列车到站前 15 min 完成卫生间清扫工作
6	售票岗	首班载客列车到站前 12 min 到岗，锁闭边门
7	值班站长/行车值班员	值班站长于首班载客列车到站前 10 min 完成出入口开启工作，卷闸门有地锁的车站注意打开地锁，以免损坏设备；其中，IBP 盘有开启出入口卷帘门功能的车站，由行车值班员在确保安全的前提下操作 IBP 盘按钮开启出入口卷帘门，开启前应严密监控出入口环境，确保无安全隐患
8	站台岗	首班载客列车到站前 10 min 领齐备品到岗
9	值班站长	检查照明、通风、导向、电扶梯、AFC、边门等设备情况，人员到位情况，卫生情况

（五）开启车站出入口注意事项

（1）一般情况下，车站出入口必须在首班载客列车到达车站前 10 min 开放，某城市地铁车站开站后打开的出入口如图 2-3-9 所示。

图 2-3-9　某地城市地铁站开启的出入口

（2）需要时，可提前开启车站出入口，方便乘客购票，开启前要做好一切运营准备。车站和车站出入口必须在运营时间内开放，除非存在如下因素：

① 实施车站管制而有必要暂时关闭车站和车站出入口。

② 发生紧急情况。

③ 在获得上级领导授权的情况下（必须通知行车调度员）。

三、关站作业

每天运营结束前关闭车站的准备工作称为关站，关闭车站意味着轨道交通车站一天的运营服务结束。通常情况下，关闭车站后不再提供对外的运营服务。但夜间的各种施工，设备和设施的各种检修工作，车站车票、收益等的核算工作以及统计报表的填写会安排在关站后进行。关站时间一般根据本城市居民生活习惯、出行规律、工作时间、客流分布及运营成本等特点确定。

与开站情况类似，不同车站的关闭时间随末班车的到站时间不同而不同。原则上，在末班车开出前 10 min，车站启动关站工作。至末班车到站后，在确认所有乘客都离开车站后，关闭车站出入口，停止对外服务。

（一）关站前车站准备工作

（1）末班车开出前 10 min，行车值班员开始在全站播放末班车提示广播，提醒需要乘车的乘客抓紧时间购票进站。

（2）末班车开出前 5 min，行车值班员关停自动售票机和进站闸机，并通知售票员停止售票，播放运营结束广播。

（3）末班车开出前，值班站长、站台保安进行站台检查，确认站台乘客均已上车，无异常情况。值班站长必须确保：

① 换乘站的列车接驳按编定的安排进行，获行车调度员特别指示的情况除外。

② 车站内搭乘有关行车线列车的乘客已登上该末班车。

③ 列车司机收到“一切妥当”的手信号。

④ 所有人员必须离开车站范围，获授权留下的人员则不在此限。

⑤ 要确定个别人员是否获授权于非行车时间内留在车站，必须向行车调度员查询。

⑥ 锁上所有出入口前，值班站长必须确保最后一名乘客已离开车站。

⑦ 末班车离站后，必须关闭和锁上所有车站的出入口，防止闲杂人进入。

⑧ 所有出入口必须在整段非行车时间内关闭。

⑨ 有关员工或获授权的工作队必须从指定的出入口进入车站。

⑩ 开启该出入口需使用其个人获发的钥匙或通行卡，或向获授权的人员借用钥匙或通行卡，不允许非所属站区非当班员工在车站留宿。

（二）关站作业

（1）末班车开出后（终到站为末班车到站后），厅巡和站厅保安进行车站清客，在站内按站台、站厅、通道的顺序进行清客，确保车站范围内无滞留乘客，已全部出清车站。

（2）关闭车站自动扶梯、垂直电梯。

（3）关闭各出入口。

（三）票务关站作业

1. 客服中心

关站后，售票员在窗口放置“暂停服务”牌，退出票务处理机，收好收银箱的钱和票，清点携带的票务钥匙、票务设备、对讲设备，离开客服中心时确认门关闭、锁好。

2. 自动售检票设备

（1）客运值班员对自动售票机的纸币钱箱进行更换，剩余的硬币及车票进行回收，放置“暂停服务”牌。

（2）回收出站闸机单程票箱的车票。

（四）关站程序及各岗职责

不同城市轨道交通车站关站作业存在一些细微的差异，但整体流程基本一致，因此以某城市地铁车站关站程序为例来分析城市轨道交通车站关站作业程序，关站程序中各岗位作业内容如表 2-2-2 所示。

表 2-2-2　车站关站程序中各岗位作业内容

序号	责任人	内容
1	值班站长、行车值班员	按照《线网广播管理办法》监控末班车相关广播的播放是否正常
2	值班站长	在末班载客车服务时间前 15 min 到公共区进行末班车服务工作
3	行车值班员	在末班载客车服务时间前 5 min 关闭自动售票机，通知各岗位，各岗位人员须告知乘客相关信息，停止该方向售票
4	站台岗、值班站长	换乘站应根据列车运行计划、乘客换乘所需时间，及时关闭换乘通道，防止乘客误入
5	值班站长	本站末班车开出后，检查车站的各个角落，保证站内无乘客及车站以外人员。清站时做好岗位之间衔接，保证不留死角，对易滞留人员的处所（如卫生间、生活区通道、出入口、站台四角）进行重点清理
6	值班站长	末班载客列车开出后 30 min 内，关停扶梯
7	值班站长	末班载客车开出后 15 min，关闭出入口和连通地面的升降梯，出入口卷闸门须用地锁的车站注意加锁
8	行车值班员	末班载客列车结束前 30 min 内关闭车站大系统，运营结束后，根据电调命令，执行相应的照明、导向模式
9	值班站长	确认清站、出入口关闭，扶梯、照明、TVM 关闭等情况

（五）车站关闭注意事项

（1）单侧末班车开出后，车站值班员应通过广播等进行开出信息提示。

（2）单侧末班车开出后，值班站长安排人员在进站闸机处摆放提示信息牌，防止乘客误入。

（3）单侧末班车开出后，乘客服务中心人员锁好保险柜，到进站闸机处提示乘客，防止乘客误入。

（4）最后一班末班车开出前 5 min，关闭所有 AFC 系统，并张贴告示，提示乘客；开出后 15 min，关闭出入口，卷闸门须用地锁的车站注意加锁，某城市地铁站关闭的出入口如图 2-3-10 所示。

（5）若乘客误入，可为其办理 0 元出站票。

图 2-3-10　某城市地铁站关闭的出入口

【实训任务】

<table>
<tr><td>任务名称</td><td colspan="3">车站开启与关闭作业流程演练</td></tr>
<tr><td>任务描述</td><td colspan="3">结合实训室设备，学生分小组分别扮演票厅岗、站台岗、厅巡岗、行车值班员、客运值班员、值班站长，分别演练车站开启、关闭的作业流程</td></tr>
<tr><td>实践目的</td><td>能熟悉各岗位在车站开启与关闭作业过程中的作业内容与职责，能按流程相互配合完成开站与关站作业，培养团队合作意识及爱岗敬业的精神，提升员工时间意识</td><td>实践场所</td><td>校内实训基地</td></tr>
<tr><td>任务要求</td><td colspan="3">各岗位规范着装，熟练操作车站控制室广播、手台、扩音器等实训设备，小组分工明确，演练程序正确，团队配合协调、流畅，可邀请其他组同学充当乘客的角色</td></tr>
</table>

【目标检测】

一、知识检测

1. 填空题

（1）原则上在首班车到达前________min，完成所有服务准备工作，开启车站所有出入口。

（2）行车值班员在首班载客列车到站前 30 min，根据电调命令，开启________等，注意检查公共区导向灯箱是否正确。

（3）售票岗首班载客列车到站前________min 到岗，锁闭边门。

（4）末班车开出后，厅巡和站厅保安进行车站清客，在站内按________的顺序进行清客，确保车站范围内无滞留乘客，已全部出清车站。

（5）站台岗在首班载客列车到站前________min 领齐备品到岗。

2. 选择题（以下至少有一项是正确的）

（1）开站作业的行车准备工作中，由（　　）确认站内及区间影响行车的各类施工已经作业完毕，线路出清，并已销点。

A. 行车调度员　　B. 行车值班员　　C. 客运值班员　　D. 值班站长

（2）早班售票员在首班车到站前（　　）min 到车站票务室客运值班员处领车票、备用金、客服中心钥匙、相关票务钥匙，到客服中心上岗。

A. 5　　B. 8　　C. 10　　D. 15

（3）末班车开出前（　　）min，行车值班员关停自动售票机和进站闸机，并通知售票员停止售票，播放运营结束广播。

A. 3　　B. 5　　C. 8　　D. 10

（4）车站开站作业时，行车值班员需要（　　）。

A. 巡视出入口　　B. 确认已完成对 TVM 的补币、补票

C. 按规定试验道岔　　D. 开启车站环控系统，并检查其运行情况

（5）车站关站作业时，行车值班员需要（　　）。

A. 巡视出入口　　B. 确认已完成对 TVM 的补币、补票

C. 播放末班车广播　　D. 运营结束后，执行车站节电照明模式

3. 判断题

（1）地铁运营服务时间一般是根据本城市居民生活习惯、出行规律、工作时间、客流分布及运营成本等特点确定的，同时还要考虑与其他交通方式运营时间的衔接。（　　）

（2）开站行车准备工作中检查道岔状态要求道岔转换后道岔位置显示正常，转换后无短闪、常闪现象。（　　）

（3）行车值班员在出入口开启前 20 min 内完成扶梯、升降梯开启工作。（　　）

（4）关站后允许非所属站区非当班员工在车站留宿。（　　）

二、技能检测

根据前述实训任务，分组汇报，以此来检验技能目标的达成度，具体检验的项目、标准及分值如下表所示。

序号	技能检测评价项目	评分标准	得分
1	角色分工明确（10 分）	团队角色分工明确（5 分），可实施（5 分）	
2	操作车站控制室广播、手台、扩音器等实训设备（20 分）	各岗位各环节选择使用正确的备品（10 分），各项备品能正确熟练使用（10 分）	
3	开站作业演练程序正确(30 分)	各岗位明确自己职责（10 分），开站作业程序正确（10 分），各岗位作业标准（10 分）	
4	关站作业演练程序正确(30 分)	各岗位明确自己职责（10 分），开站作业程序正确（10 分），各岗位作业标准（10 分）	
5	团队配合协调、流畅（10 分）	各岗位之间能够高效配合（10 分）	

三、素质检测

由教师根据学生课前预习情况、课中小组讨论及独立思考情况、课后作业、小组共同完成学习任务情况以及技能目标测试环节，对学生素质目标检测并进行评分。

序号	素质检测评价项目	评　分	备注
1	学习能力的提升度（20 分）	课前预习（5 分），课中主动回答问题（5 分），课后作业（5 分），小组作业（5 分）	
2	团队协作的配合度（20 分）	小组讨论发言频率（10 分），小组成员之间的配合度（10 分）	
3	语言表达的清晰度（20 分）	汇报问题的逻辑性（10 分），语言回答的流畅性（10 分）	
4	思想意识的认知度（40 分）	吃苦耐劳精神（20 分），实事求是精神（20 分）	

【知识拓展】

成都地铁开展“一键开关站”试点应用

为推进“智慧车站”建设，建立高水平智慧运维体系，探索车站设备智慧管理新高地，提升车站设备运维管理能力，成都地铁完成“一键开关站”功能测试，并在九道堰、九兴大道、泉水路、骑龙等站试点应用。

“一键开关站”突破了传统人工开关站模式，充分利用综合监控系统平台实时显示车站设备状态，通过 CCTV 系统远程确认电扶梯、出入口等区域状态，操作人员可“一键”操作，实现站内照明、通风空调、AFC、CCTV、PIS、PA 等系统的联动控制，由“人工实地操作模式”转变为“一键开关站模式”，在确保开关站安全性的同时提升车站设备管理的时效性，人工开关站需要用时 25 min 左右，一键开关站只需要不超过 10 min 的时间。

下一步，成都地铁将结合试点效果，不断总结优化“一键开关站”功能，为打造线网“智慧车站”提供宝贵经验。

【思政资料阅读】

坚守在岗的第 13 个春节，今年最大的心愿是……

有那么一群人，他们在城市之下、钢铁之上守着每一个夙兴夜寐的时分，留下无数个霞光万道的侧影。

人山人海中，他们从未离开，所守护的那一方“疆土”，或许是上下客的站台，或许是几平方米的驾驶室，或许是全天值守的控制室。

其实，他们也懂得亲情的厚重、团圆的美好。但在万家团圆时，他们坚定地选择了为城市平安站岗，为万千乘客“戍边”。

一、成都地铁回龙站值班站长叶菲菲坚守的第 13 个春节

春节，对大多数人来说意味着团圆时分，但对成都地铁回龙站的值班站长叶菲菲而言，

却意味着“奔赴”二字。

2023年的春节，是她坚守在岗位的第13个春节。和往常的春节一样，在节前，她只来得及回家和父母一起吃了一顿晚饭，第二天一早便启程赶回了工作岗位。

为做好春节期间的客运组织工作，叶菲菲带领车站班组早早做起了准备工作，等待乘客的到来。每隔2 h便进行一次站内的巡查工作，进行消防安全、环境卫生、设备设施等的检查，事无巨细。在送走最后一班列车后，巡视车站确认是否还有乘客滞留，确保夜间施工安全规范，并做好施工作业的善后工作……

终于忙完了一天的工作，她打开手机时发现父母给她的微信步数点了赞，妈妈叮嘱她今天也要好好吃饭，爸爸计划年后来成都一家团圆。

“十余年里，一起吃年夜饭的对象都是车站的同事们。”叶菲菲笑着说，“除夕那天，班组同事用饭盒装好自己做的菜，摆满一整桌，香肠腊肉一个不缺。虽然吃得没有家里好，但吃饭氛围其乐融融，同事互道新年快乐，也就不那么想家了。”

有一年春节期间，叶菲菲在夜班执勤时遇上了一位因与家里人吵架、在站内哭泣的年轻女性乘客。体贴的叶菲菲一直陪伴在乘客身边，陪着她聊天、抚慰她的情绪，待乘客情绪缓和，已是接近运营结束的时间，叶菲菲将这位乘客送离车站后，又继续着自己的工作。“虽然我还有其他的工作要做，但我不想在过年的时候，看到有人孤独与落单。毕竟过年时大家都希望全家团圆、和和美美。”

二、她和她的父亲

叶菲菲的父亲是一名交警，也因此教会了她要对自己的岗位负责。

叶菲菲从小就知道，交通运输行业是没有假期的。因为她的父亲就是一名交警，33年的时光里都在隆昌市从事着交通运输保驾工作，负责交通疏导、巡逻防控，鲜少与家人共享假期相聚时光。

在叶菲菲的回忆里，执勤时的父亲总是目光坚定、站姿笔挺，全身心投入工作，哪怕是自己路过时与他打招呼，都会被“视而不见”，只会将帽檐一压、背过身去将手摆一摆，示意她快些离开。

“爸爸在工作”这五个字，就是叶菲菲最初对爸爸严肃履职的印象，也是这位荣誉交警几十年的光辉缩影。

“无论在哪个岗位，都要对自己的职业、对服务的对象负责”。这是父亲的言传身教。叶菲菲带着父亲的教导、对职业的责任感与荣誉感，在一线岗位上过了12个春节。

今年是叶菲菲在岗过春节的第13个年头，连续13年，没有一次在工作岗位上缺席。“为了守护这万家团圆，总有人要负重前行，以前是爸爸，现在接力棒交到了我手上。”

三、回家补过一个团圆年

叶菲菲新年愿望是一家人团团圆圆。

由于叶菲菲和父亲岗位的特殊性，叶家的“年夜饭”比较特殊。这13年来，每个除夕夜，一家三口总是在三个地方。虽然每年春节期间都很忙碌，但是“吃年夜饭”始终是叶家的“保留项目”。即使错过了除夕夜和大年初一，他们也会约定在年后的一个时间，一家人补过一个“团圆年”。

“希望年后能回家陪陪爸妈，只要一家人在一起，每一天都是‘团圆’。”

春节期间，成都地铁里像叶菲菲这样坚守在岗的人还有许多，当然在城市各个民生保障行业，还有更多更多。有多少团圆就有多少忙碌，他们用行动诠释最美“敬业福”，用无数次坚守撑起了更多人的团圆。

项目三　城市轨道交通客流调查分析

项目描述

城市轨道交通的客流是变动的，会在时间、地点、外部因素等的影响下发生变化；同时，客流又是存在一定的规律的，在一定时期内，在特定因素的作用下，呈现出相似的特点。因此，深入的客流特征分析是做好城市轨道交通客运组织工作的基础。为了掌握线网及车站客流的现状及变化规律，要经常进行各种形式的客流调查。本项目让学生通过对客流认知的加深，使他们学习到客流调查方法，从而能够有针对性地对城市轨道交通线网及车站的客流进行调查，并能统计相关数据。通过对客流特征分析的方法及客流预测方法的学习，能够根据客流调查统计的数据结果对车站实际客流的特征进行有效分析，并对车站未来客流进行一定程度的预测，从而掌握车站的客流变化规律，为有效地组织和引导客流、编制行车方案及客流组织方案提供依据。

任务导航

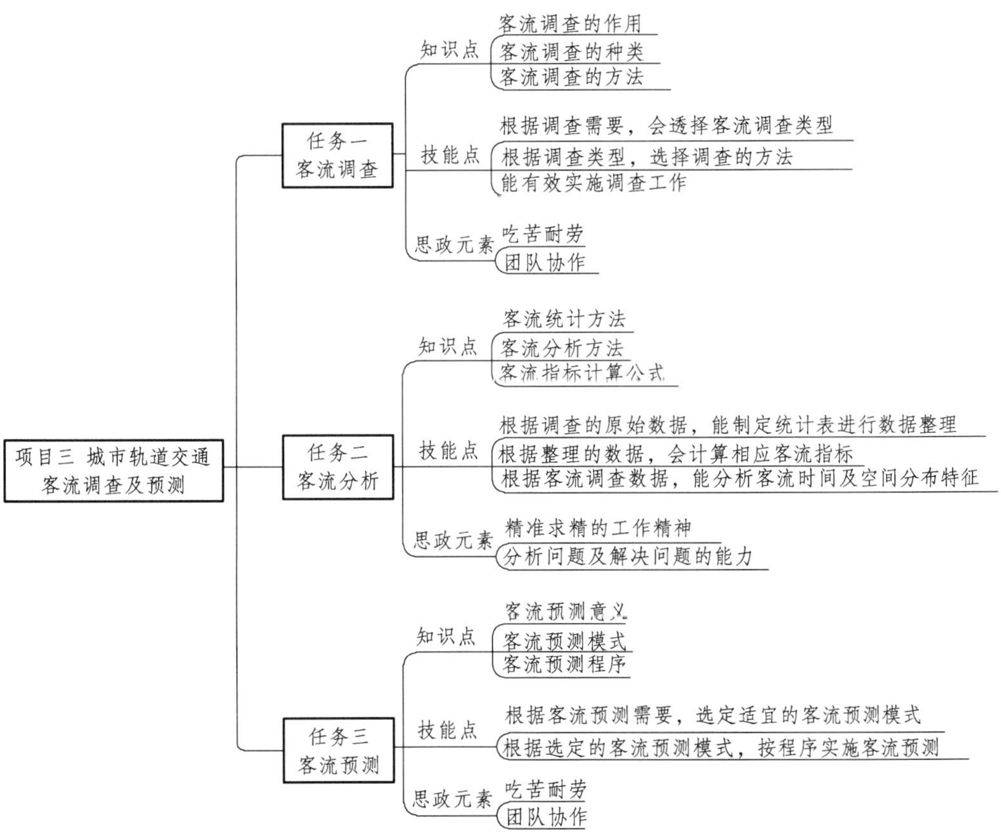

任务一　客流调查

【问题引入】

天府广场站作为成都地铁 1 号线与 2 号线的换乘站，也是连接成都各商业网点、生活网点、旅游网点的重要站点。根据调查统计，工作日此站客流在全日运营期间都处于高峰，而周末或节假日更是会有大幅度提升，该站一周的工作日客流变化如表 3-1-1 所示。

表 3-1-1　天府广场站 2021 年 9 月 13 日至 9 月 17 日客流明细表

日期	星期	进站客流	出站客流	换乘客流
2021 年 9 月 13 日	一	35 386	38 255	102 777
2021 年 9 月 14 日	二	36 437	38 986	100 227
2021 年 9 月 15 日	三	37 999	40 620	102 653
2021 年 9 月 16 日	四	37 753	41 138	102 348
2021 年 9 月 17 日	五	39 056	41 622	105 718

根据表 3-1-1，可以看出成都天府广场站的进出站客流基本均衡，换乘的客流量比较大。请思考：客流量是如何统计得到的呢，除了客流量的大小外，客流其他方面的特征又该如何获得呢？

【学习目标】

知识目标

1. 掌握客流及其影响因素的分析方法。
2. 理解客流调查的作用。
3. 掌握调查种类及方式。
4. 熟悉客流调查步骤。

技能目标

1. 能设计乘客情况调查问卷。
2. 能根据调查需求选择合适的调查类型。
3. 能根据调查种类选取恰当的调查方法。
4. 能根据调查方法制定调查流程。

素质目标

1. 培养吃苦耐劳精神。
2. 培养团队协作意识。

【必备知识】

认识客流扫码观看

一、客流及其影响因素

（一）客流的概念

客流是指在单位时间里，轨道交通线路上乘客流动人数和流动方向的总和。客流的概念既包含乘客在空间上的位移及其数量，又强调了这种位移带有方向性和具有起讫位置。

（二）客流的分类

1. 根据客流的来源不同来分

根据客流的来源不同，轨道交通客流可分为基本客流、转移客流和诱增客流。

基本客流是指轨道交通线路既有客流加上按正常增长率增加的客流。转移客流是指由于轨道交通具有快速、准时、舒适等优点，使原来经常由常规公交和自行车出行转移到经由轨道交通出行的这部分客流。诱增客流是指轨道交通线路投入运营后，促进沿线土地开发、住宅区形成规模、商业活动繁荣所诱发的新增客流。

2. 根据客流是否实际发生来分

根据客流是否实际发生可以分为实际客流和预测客流。

实际客流是指已经在轨道交通线路上发生的客流。预测客流是以实际客流量的大小为依据，运用科学的预测方法进行计算所得的未来发生的客流。

3. 根据客流统计的单位时间不同来分

根据客流的时间分布特征来分，轨道交通客流可分为全日客流、全日分时客流和高峰小时客流。

全日客流是指全日轨道交通线路输送的总客流量。全日分时客流是指一天内轨道交通线路各小时输送的客流量。高峰小时客流一般是指轨道交通线路上早、晚高峰及节假日高峰小时内输送的客流。

4. 根据客流所处的空间位置不同来分

根据客流所处的空间位置不同，轨道交通客流可分为断面客流和车站客流。

断面客流是指客流所处的位置在线路断面上，即轨道交通线路各区间（列车上）的客流。由于一条线路由多个区间组成，因此在单位时间内，某一轨道交通线路各区间的客流是不相等的，其中具有最大客流的区间称为最大客流断面。一般情况下，一条轨道交通线路的上、下行的最大客流断面不在同一断面上。高峰小时最大断面客流量是决策修建轨道交通类型，确定车辆形式、列车编组、行车密度、运用车配置数和站台长度等的基本依据。

车站客流是指所处的位置在车站内的客流，即轨道交通车站上车（进站）、下车（出站）和换乘的客流，又可细分为全日车站客流量、高峰小时车站客流量和超高峰期车站客流量。超高峰期是指在高峰小时内存在一个 15 ~ 20 min 的上下车客流特别集中的时间段。车站高峰小时和超高峰期客流量决定了车站设计规模，是确定站台宽度、售检票设备数量、自动扶梯数量、楼梯与通道宽度、出入口数量等车站设备容量或能力的基本依据。

5. 根据客流在线路上流动的方向不同来分

根据客流在线路上流动的方向不同客流可分为上行客流和下行客流。

城市轨道交通列车运行分为上下行，一般情况下，南北走向的线路往北为上行、往南为下行，东西走向的线路往东为上行、往西为下行，环行的线路外环为上行、内环为下行。例如，成都地铁 1 号线，开往韦家碾（北）方向的列车为上行，开往科学城（南）方向的列车为下行。客流在线路上流动的方向也可以分为上行客流及下行客流，即往北为上行客流、往南为下行客流；往东为上行客流、往西为下行客流；外环客流为上行客流、内环客流为下行客流。

6. 根据客流所属的空间范围不同来分

根据客流所属的空间范围不同客流可分为车站客流、线路客流、线网客流。车站客流指轨道交通车站上车、下车和换乘的客流。线路客流是包括本线路上所有车站运送的客流量。线网客流是指轨道交通线网内所有线路运送客流量的总和。

7. 根据客流特点及组织方法的不同来分

根据客流特点及组织方法的不同客流可分为日常客流、特殊客流。日常客流是指线路或车站基于正常情况下的客运设施或客运组织措施所能承担的客流量，或者运用日常客流组织方法进行组织的客流。特殊客流包括大客流及突发事件客流，是指客流量超过车站正常客运设施或客运组织措施所能承担的客流或者运用应急预案来进行组织的客流。

（三）影响客流的因素

1. 外部因素

（1）城市布局发展模式。

城市布局发展模式对城市布局有着重要的影响，城市布局通常会影响城市居民的出行特点，从而影响客流流动的方向及规模变化。例如，成都市从最开始的一环、二环、三环这种“摊大饼”式的城市发展布局，渐渐转变成“中心城+卫星城”的城市发展布局，使城市居民出行早晚高峰只在进城方向或出城市方向单方向拥堵的现象有所缓解。

（2）轨道交通沿线土地利用。

轨道交通与土地利用之间是一种源流关系，二者相互制约、相互反馈。一方面，高强度的土地开发必然导致大量车流和人流，轨道交通可以有效地疏解交通压力，支撑城市高密度开发，同时，高密度开发也为轨道交通带来了客流效益。另一方面，轨道交通可以吸引大量客流，以车站为核心形成高密度的活动区，带动周边用地发展，优化土地使用功能。因此，土地利用与轨道交通应该同步开发、同步建设，形成良好互动。

（3）城市人口规模与出行率。

城市中的出行量与人口规模、出行率存在密切的关系。因此，除了要分析常住人口、暂住人口和流动人口的数量外，还应分析人口的年龄、职业、出行目的、居住区域等特征。调查资料显示，不同人群的出行率存在一定的差异，一般规律是：常住人口中，中青年人群的出行率高于幼年与老年人群的出行率；上班、上学人群的出行率高于退休人群的出行率等。

（4）城市交通政策。

我国大城市基本确立了以公共交通为主、私人交通为辅的交通运输政策，实行优先发展公共交通、大力发展轨道交通、控制私人汽车的发展政策，这些都对引导市民利用公共交通与城市轨道交通具有重要的作用。例如，有些大城市为了保护环境，在某些路段的某些时段限制私人汽车的通行（即通过设置高占用率车辆通行或多人乘车道，或者私人汽车在某些路段的某些时段通行时会收取一定的费用）来有序控制私人汽车的发展，这些政策也会使部分使用私人汽车出行的乘客转到轨道交通上来。

（5）私人交通工具拥有量。

随着经济的增长，人们生活水平的提高，私人拥有交通工具的数量也在不断增加。在私人交通工具拥有量增长的初期阶段，轨道交通线路上的客流量会有一定程度的降低，但在增长到一定水平后，会造成城市内道路资源不够用，城市道路从而发生交通拥堵，大部分使用私人交通工具出行的客流会被转移到轨道交通上来，从而会使轨道交通线路的客流量大幅度增长。

（6）城市客运交通换乘衔接。

与其他交通方式建立合理的衔接关系，有利于城市轨道交通的客流增长。城市轨道交通与其他交通方式之间，应该形成以城市轨道交通为骨干、其他交通方式合理分工、相互补充的协作关系，建立与完善以城市轨道交通车站为中心，实现各种交通方式换乘方便的综合交通体系，这样可以为城市轨道交通积聚和疏散大量客流，增加城市轨道交通的间接客流量。

2. 内部因素

（1）城市轨道交通网的规模与布局。

多层次的轨道交通线网、合理的线路布局及走向、功能完善的换乘枢纽，对于实现城市中心区域 45 min 交通网、增大轨道交通对出行者的吸引力、提高轨道交通在公共交通中的运量分担比例等方面起到重要的作用。

（2）城市轨道交通票价。

票价是影响客流的重要因素，票价的变动会对沿线客流数量和运营公司的票务收入产生综合影响。票价与市民的消费能力与收入水平直接相关，轨道交通的客源主要来自中、低收入人群，而中、低收入人群对票价的变动比较敏感，低收入、高票价的组合对客流的吸引最为不利。当轨道交通票价支出占收入水平的比例较大时，选择轨道交通方式出行的客流量就会下降。

（3）城市轨道交通运营服务水平。

随着城市居民收入水平的提高，可选择的出行方式也逐渐增多。城市轨道交通运营服务的安全性、舒适性、经济性及便利性等多项指标也逐渐成为市民选择出行方式时会考虑的因素。因此，城市轨道交通运营企业的服务水平已成为影响客流及潜在客运需求的关键因素。

二、客流调查作用及工作内容

（一）客流调查作用

客流是动态变化的，但客流在时间、空间上的动态变化又是有规律的，可以在实践中了解它、掌握它。在运营过程中，要想掌握客流的动态变化规律，必须经常进行各种形式的客流调查。根据客流调查的数据掌握客流的动态变化，从而合理地编制客流计划，配备与客流相适应的客运服务设备设施，给乘客提供良好的服务环境。

客流计划是对运输计划期间轨道交通线路客流的规划，它是全日行车计划、车辆配备计划和列车交路计划编制的基础。在新线投入运营的情况下，客流计划根据客流预测资料进行编制；在运营既有线路的情况下，客流计划根据客流调查统计资料进行编制。客流计划的主要内容包括站间到发客流量、各站方向别上下车人数，全日、高峰小时和低谷小时的断面客流量，全日分时最大断面客流量等。

（二）客流调查工作内容

客流调查工作包括：客流调查的内容、地点和时间的确定，调查表格的设计，调查设备的选用和调查方式的选择，以及调查资料的汇总整理、指标计算与结果的分析。

三、客流调查种类及方式

根据不同的情况和不同的需要，轨道交通系统内的客流调查种类主要有全面客流调查、乘客情况抽样调查、断面客流目测调查、节假日客流调查和突发性客流调查。

客流调查种类及方法扫码观看

（一）全面客流调查内容及方式

全面客流调查是指对全线客流的综合调查，通常也包括乘客情况抽样调查。这种客流调查时间长、工作量大，需要较多的调查人员。但通过调查及对调查资料进行整理、统计和分析，能对客流现状及出行规律有一个全面的了解。

全面客流调查有跟车调查和站点调查两种调查方式。跟车调查是指在车门处对全天运营时间内的所有运行列车的上、下乘客进行调查；站点调查是指在车站进出站检票机处对全天运营时间内的所有车站的进、出站乘客进行调查。

（二）乘客情况抽样调查内容及方式

乘客情况抽样调查一般采用问卷方式进行，调查内容主要包括乘客构成情况和乘客乘车情况两方面的内容。

乘客构成情况一般采取站点调查的方式，主要是在车站发放问卷进行抽样调查，调查的内容包括年龄、性别、职业及出行的目的等。该项调查一般选在客流比较正常的运营时段进行。

乘客乘车情况调查可以采取站点调查和跟车调查，主要是在车站和列车上发放问卷进行抽样调查，调查的内容包括日均乘车次数、到达车站的方式和所需的时间、下车后到达目的地的方式和所需的时间、乘坐轨道交通出行后节约的时间及对票价的认同度等。

进行抽样调查，必须首先确定抽样方法与抽样数，以确保抽样调查的结果具有实用意义。抽样方法主要有简单随机抽样、分层抽样、整群抽样和多阶段抽样等。抽样的大小取决于总体的大小、总体的异质性程度以及调查的精度要求。

（三）断面目测客流调查

断面客流调查是一种经常性的客流抽样调查，根据需要，可选择一个或几个断面进行调查。一般是对最大客流断面进行调查，调查人员采取跟车调查法，主要是在最大客流断面上车采取直接观察法，在调查车辆内观察车上的乘客总数。

（四）节假日客流调查

节假日客流调查是一种专题性客流调查，重点是对春节、元旦、国庆节等节日期间的客流进行调查。调查的内容包括：机关、学校、企业等单位的休假安排，城市旅游业、娱乐业的发展程度，市民生活方式的变化等。

节假日客流调查一般采取问卷方式进行，主要是在节假日前对重点区域发放问卷，了解区域内居民的出行需求，以便有针对性地采取客流组织方式。

（五）突发性客流调查

突发性客流调查主要针对影剧院、体育场馆等举行大型活动的客流快速集散站点进行的一种专题性调查。该项调查的主要内容有影剧院和体育场馆等建筑物的规模、活动举行的时间及持续时间、附近轨道交通车站的规模及客流组织能力等。

突发性客流调查主要采取实地考察及直接访问法，主要了解建筑物规模性活动特点、车站布局及突发大客流组织方法。

四、客流调查步骤

（1）根据需求确定客流调查的种类。

（2）根据客流调查的种类确定客流调查的地点（范围、区段）和时间。

（3）根据调查的内容选定调查的方式。

（4）根据调查的方式确定调查工具或设计调查表格（问卷、记录统计表）。

（6）实施调查。

（7）根据调查的原始数据进行数据的统计和分析。

（8）根据统计和分析的结果绘制客流动态变化图。

（9）获得客流变化的规律，并计算相应指标。

（10）撰写调查报告。

【实训任务】

<table>
<tr><td>任务名称</td><td colspan="3">成都地铁四河站日常客流调查</td></tr>
<tr><td>任务描述</td><td colspan="3">随着线网规模的不断扩大，成都地铁四河站现有客流组织方案已不能有效组织客流。因此，了解现阶段四河站的全日分时客流及乘客情况是改善四河站日常客流组织方案、提高客流组织效率最重要的工作。现根据情景组织小组成员开展此站的客流调查工作</td></tr>
<tr><td>实践目的</td><td>能熟练运用客流调查方式进行客流调查，培养团队合作意识及吃苦耐劳精神，提高理论联系实际的应用能力</td><td>实践场所</td><td>成都地铁四河站</td></tr>
<tr><td>任务要求</td><td colspan="3">按需求制定调查工作计划；选择适当的调查时间；对比不同的调查方式并选用合理的调查方式；设计合理的调查表格或问卷；进行小组成员合理的分工</td></tr>
</table>

【目标检测】

一、知识检测

1. 填空题

（1）客流是指在______里，轨道交通线路上乘客流动________和流动________的总和。

（2）根据客流的时间分布特征，轨道交通客流可分为________________、全日分时客流和______________。

（3）客流计划是对运输计划期间轨道交通线路客流的规划，它是____________、车辆配备计划和______________编制的基础。

（4）全面客流调查有________和_______两种调查方式。

（5）乘客情况抽样调查主要包括_______情况和______情况两方面的内容。

2. 选择题（以下至少有一项是正确的）

（1）以下属轨道交通诱增客流的是（　　）。

A. 轨道交通的建设使原来乘坐公交车的客流转到乘坐轨道交通

B. 轨道交通的建设促进沿线土地开发，居民增加使轨道交通增加的客流

C. 轨道交通的线网规模增加，按正常增长率增加的客流

D. 轨道交通的建设促进沿线商业繁荣，购物需求使轨道交通增加客流

（2）（　　）是决策修建轨道交通类型，确定车辆形式、列车编组、行车密度、运用车配置数和站台长度等的基本依据。

A. 断面客流　　B. 车站客流　　C. 高峰小时客流　D. 高峰小时最大断面客流

（3）以下不属于车站客流的有（　　）。

A. 进站客流　　B. 出站客流　　C. 区间客流　　D. 换乘客流

（4）以下属于影响客流的轨道交通企业内部因素的有（　　）。

A. 交通政策　　B. 轨道交通网规模　C. 城市发展布局　D. 城市人口规模

（5）以下属于乘客乘车情况调查内容的有（　　）。

A. 日均乘车次数　B. 乘客性别　　C. 乘客职业　　D. 到达车站的方式

3. 判断题

（1）以线路的走向来确定客流方向，往南的为上行客流、往北的为下行客流。（　）

（2）在单位时间内，某一轨道交通线路各区间的客流是均等的。（　）

（3）高峰小时客流一般是指轨道交通线路上早、晚高峰及节假日高峰小时内输送的客流。（　）

（4）客流是动态变化着的，但客流在时间、空间上的动态变化是无规律的。（　）

（5）全面客流调查是指对全线客流的综合调查，通常也包括乘客情况抽样调查。（　）

二、技能检测

根据前述实训任务，分组汇报，以此来检验技能目标的达成度，具体检验的项目、标准及分值如下表所示。

序号	技能检测评价项目	评分标准	得分
1	工作计划制定（20分）	书面计划有逻辑（10分），可实施（10分）	
2	团队分工情况（20分）	团队分工书面描述有依据（10分），可实施（10分）	
3	调查方式选用情况（20分）	调查方式选择有依据（10分），调查方式选择正确（10分）	
4	调查表或调查问卷制定（40分）	调查问卷（表）设计指标（内容）全面（30分），语言描述简单明了（10分）	

三、素质检测

由教师根据学生课前预习情况、课中小组讨论及独立思考情况、课后作业、小组共同完成学习任务情况以及技能目标测试环节，对学生素质目标检测并进行评分。

序号	素质检测评价项目	评　分	备注
1	学习能力的提升度（20 分）	课前预习（5 分），课中主动回答问题（5 分），课后作业（5 分），小组作业（5 分）	
2	团队协作的配合度（20 分）	小组讨论发言频率（10 分），小组成员之间的配合度（10 分）	
3	语言表达的清晰度（20 分）	汇报问题的逻辑性（10 分），语言回答的流畅性（10 分）	
4	思想意识的认知度（40 分）	吃苦耐劳精神（20 分），实事求是精神（20 分）	

【知识拓展】

乘客抽样调查方法

一、抽样调查

抽样调查是根据部分实际调查结果来推断总体标志总量的一种统计调查方法，属于非全面调查的范畴。它是按照科学的原理和计算，从若干单位组成的事物总体中，抽取部分样本单位来进行调查、观察，用所得到的调查标志的数据代表总体，推断总体。

抽样调查数据之所以能用来代表和推算总体，主要是因为抽样调查本身具有其他非全面调查所不具备的特点，主要是：

（1）调查样本是按随机的原则抽取的，在总体中每一个单位被抽取的机会是均等的，因此，能够保证被抽中的单位在总体中的均匀分布，不致出现倾向性误差，代表性强。

（2）是以抽取的全部样本单位作为一个“代表团”，用整个“代表团”来代表总体，而不是用随意挑选的个别单位代表总体。

（3）所抽选的调查样本数量，是根据调查误差的要求，经过科学的计算确定的，在调查样本的数量上有可靠的保证。

（4）抽样调查的误差，在调查前就可以根据调查样本数量和总体中各单位之间的差异程度进行计算，并控制在允许范围以内，调查结果的准确程度较高。

基于以上特点，抽样调查被公认为是非全面调查方法中用来推算和代表总体的最完善、最有科学根据的调查方法。

二、调查问卷设计

调查问卷又称调查表或询问表，是以问题的形式系统地记载调查内容的一种印件。问卷可以是表格式、卡片式或簿记式。设计问卷，是询问调查的关键。完美的问卷必须具备两个功能，即能将问题传达给被问的人和使被问者乐于回答。要完成这两个功能，问卷设计时应当遵循一定的原则和程序，并运用一定的技巧。

调查问卷设计的原则有：

（1）有明确的主题。根据主题，从实际出发拟题，问题目的明确，重点突出，没有可有可无的问题。

（2）结构合理、逻辑性强。问题的排列应有一定的逻辑顺序，符合应答者的思维程序。一般是先易后难、先简后繁、先具体后抽象。

（3）通俗易懂。问卷应使应答者一目了然，并愿意如实回答。问卷中语气要亲切，符合应答者的理解能力和认识能力，避免使用专业术语。对敏感性问题采取一定的技巧调查，使问卷具有合理性和可答性，避免主观性和暗示性，以免答案失真。

（4）控制问卷的长度。回答问卷的时间控制在 2 min 左右，问卷中应既不浪费一个问句，也不遗漏一个问句。

（5）便于资料的校验、整理和统计。

任务二　客流分析

【问题引入】

客流调查结束后，如何进行原始调查数据的统计？又该如何根据统计归整后的调查数据进行相关指标的计算，并根据相关指标及数据的变化来进行客流特点分析呢？

【学习目标】

知识目标

1. 掌握客流时间分布特征分析方法。
2. 掌握客流空间分布特征方法。

技能目标

1. 能根据调查统计数据进行客流时间分布特征分析。
2. 能根据调查统计数据进行空间客流分布特征分析。

素质目标

1. 培养精益求精的精神。
2. 培养分析问题、解决问题的能力。

【必备知识】

一、客流调查数据统计及相关指标计算

（一）客流调查数据统计

客流调查结束后，应根据调查的需求制定不同的统计表，然后认真对客流调查的原始资料汇总，整理到统计表中或形成相应的图表，便于计算各项指标、便于与历年的调查数据进行比较、便于分析数据变化的原因。

1. 跟车调查法数据统计

跟车调查法一般是一个车门安排一人，调查员通过目测的方式对列车到达每个车站时的上下人数进行计数。调查过程中，调查员需按特定的表格的要求进行上下车人数的记录工作，此表格为原始记录表。例如，表 3-2-1 即是某一条线跟车调查时制作的断面调查原始记录表。

获得原始数据后，再分别按线路上下行的不同方向和发出车辆先后到达的顺序整理排列后，依规定的分组时间（一般按 0.5 h 和 1 h 分组）进行统计汇总，汇总结果如表 3-2-2 所示，跟车调查原始记录表应妥善保管。

跟车调查所得的资料，经汇总统计后能反映客流量在线路上各个断面的分布动态。因此，可以根据调查资料统计汇总表计算各断面的通过量，从而能得出反映运营状态的各种有关指标的数值。

表 3-2-1　某地铁线路断面客流跟车调查原始记录表（节选）

记录人：　　　　　　　　　　　　　记录日期：　　　　　　　　　　　　　记录表编号：

时间	……	××站		××站		××站		××站		××站		……	时间
……	……	……	……	……	……	……	……	……	……	……	……	……	……
9:00—9:30		上车人数		上车人数		上车人数		上车人数		上车人数			上行方向
		下车人数		下车人数		下车人数		下车人数		下车人数			
下行方向		上车人数		上车人数		上车人数		上车人数		上车人数			9:00—9:30
		下车人数		下车人数		下车人数		下车人数		下车人数			
9:30—10:00		上车人数		上车人数		上车人数		上车人数		上车人数			上行方向
		下车人数		下车人数		下车人数		下车人数		下车人数			
下行方向		上车人数		上车人数		上车人数		上车人数		上车人数			10:00—10:30
		下车人数		下车人数		下车人数		下车人数		下车人数			
……	……	……	……	……	……	……	……	……	……	……	……	……	……

表 3-2-2　某线路断面客流调查统计表

调查日期	调查时段	调查线路	调查断面	上行客流	下行客流	备注

2. 站点调查数据统计

站点调查是在车站各个进出闸机处（如是换乘站还需要在不同的换乘通道），通过设置若干调查员进行目测来调查进出闸及在换乘通道通行的人数，再按特定的表格的要求进行记录，此表格为原始记录表，某地铁车站站点调查用的原始记录表如表 3-2-3 所示。

表 3-2-3　某城市地铁站站点客流量调查记录表

调查人员：　　　　　　　　　　　　　调查日期：　　　　　　　　　　　调查表编号：

××站点客流调查表

时间	A 口处进出闸人数		时间	B 口处进出闸人数		时间	C 口处进出闸人数		……	……	
……			……			……			……		
9:00—9:30	进		9:00—9:30	进		9:00—9:30	进		9:00—9:30	进	
	出			出			出			出	
10:00—10:30	进		10:00—10:30	进		10:00—10:30	进		10:00—10:30	进	
	出			出			出			出	
10:30—11:00	进		10:30—11:00	进		10:30—11:00	进		10:30—11:00	进	
	出			出			出			出	
11:30—12:00	进		11:30—12:00	进		11:30—12:00	进		11:30—12:00	进	
	出			出			出			出	
……			……			……			……		

获得原始数据后，再分别按车站进站人数、出站人数、换乘人数按不同的时间点（一般

按 1 h 或 0.5 h 分组）进行统计汇总，汇总表如表 3-2-4 所示。站点调查原始记录表应妥善保管。

表 3-2-4　某城市地铁站客流调查汇总表

调查日期	调查时段	进站客流	出站客流	换乘客流	备注

3. 问卷调查数据统计

问卷调查是根据调查需求设计问卷、选择调查样本，调查人员请乘客填写问卷，填写过的问卷为原始调查数据，应妥善保管。问卷收回后，要剔除无效问卷，然后按问卷上的调查指标分类按人数进行汇总统计。对乘客情况（包括乘客的构成情况及乘车情况）进行抽样调查时，按乘客性别、职业、乘坐地铁频率等指标进行人数的汇总，如对节假日客流调查，则应对不同区域乘坐不同交通工具的人数进行汇总。

（二）客流调查指标计算

1. 线路及车站乘客人数（客流量）

乘客人数指标包括：各站全日分时上、下车人数（或进、出站客流量），换乘站全日分时换乘人数（或不同轨道交通线路之间的换乘客流量），各站高峰小时乘客人数，各线全日分时乘客人数，线路日均客流量，网络日均客流量等。

2. 断面客流量

断面客流量是指在单位时间内在同一方向通过线路某一区间的乘客数量，指标包括分时与全日各断面客流量、分时与全日最大断面客流量、高峰小时最大断面客流量等。

3. 乘客构成情况

乘客构成情况的相关指标包括：按年龄、性别、 职业、出行目的等统计的乘客人数及所占百分比。

4. 乘客乘车情况

乘车情况的相关指标包括：到达轨道交通车站的不同交通方式的统计数量及所占百分比，离开轨道交通后到达目的地所乘的不同的交通方式的统计数量及所占百分比，乘坐轨道交通所节省的时间等。

5. 列车满载率

列车满载率是指某区段单向客流断面的列车载客能力利用情况。列车满载率既反映列车运能的利用情况及列车内的拥挤程度，也反映了运输能力与客流量的匹配程度。当列车到达某站时的满载率较高，说明该站可允许上车的人数较少，若此时站内乘客较多，运能不能满足疏散需求，则站内客流堆积，客运组织管理难度升高。计算公式为

列车满载率=断面客流量/运能

6. 换乘比例

换乘比例是直观体现两条线路间客流交互程度的值，从换乘比例值的多少可知换乘站的主导换乘方向。换乘比例不是一成不变的，会随着线网发展、客流增加等变化而变动，同一换乘站在一段时间内（如一天）与一小时内的换乘比例通常也是有所不同的。换乘比例的大小体现了换乘客流量对本线或线网的影响程度，如果比例较大，说明该线换乘客流对线路影响较大，需关注线路换乘站的客运组织情况。其计算公式为

线路换乘比例=其他线路换入本线客流量/本线客流量

网络换乘比例=网络换乘客流量/网络客流量

7. 客运强度

客运强度是体现乘客运输能力的指标。客运强度是日均客流量与运营长度之比的值，反映了城市轨道交通线路单位长度上每日载客量的多少，在一定程度上体现了运营效率。客运强度可分为线路客运强度和网络客运强度。其计算公式为

线路客运强度=线路日均客运量/线路运营长度（单位：万人次/千米 * 日）

网络客运强度=网络日均客运量/网络运营长度（单位：万人次/千米 * 日）

二、车站客流特征分析

（一）时间分布特征

车站客流时间分布特征分析扫码观看

车站客流时间分布特征根据单位时间的选择不同，分为一日内小时客流分布特征、一周内全日客流分布特征、一年内各月（季）客流分布特征及高峰小时客流分布特征。

1. 一日内小时客流分布

城市轨道交通的运能、线路走向，所处交通走廊的特点以及车站所处区位的用地性质，是影响城市轨道交通车站客流在全天不同时间上分布的主要因素。纵观城市轨道交通不同类型车站，可归纳出以下 5 种车站客流日分布曲线类型。

（1）单向峰型：城市轨道交通线路所处的交通走廊具有明显的潮汐特征或车站周边地区功能性质单一时，车站客流分布集中，有早晚错开的一个上车高峰和一个下车高峰，如图 3-2-1（a）所示。

（2）双向峰型：车站位于综合功能用地区位时，客流分布与其他交通方式的客流分布一致，有两个配对的早晚上下车高峰，如图 3-2-1（b）所示。

（3）全峰型：城市轨道交通线路用于已高度开发的交通走廊或车站位于公共建筑和公用设施高度集中的 CBD 地区时，客流分布无明显的低谷，全天的双向上下客流都很大，如图 3-2-1（c）所示。

（4）突峰型：车站位于体育场、影剧院等大型公用设施附近，演出节目或比赛结束时，有一个持续时间突变的上车高峰。一段时间后，其他部分车站可能有一个突变的下车高峰，如图 3-2-1（d）所示。

（5）无峰型：当城市轨道交通本身运能比较小或车站位于用地还没有完全开发的地区时，客流无明显的一个上下车高峰，双向上下车客流全天都较小，如图 3-2-1（e）所示。

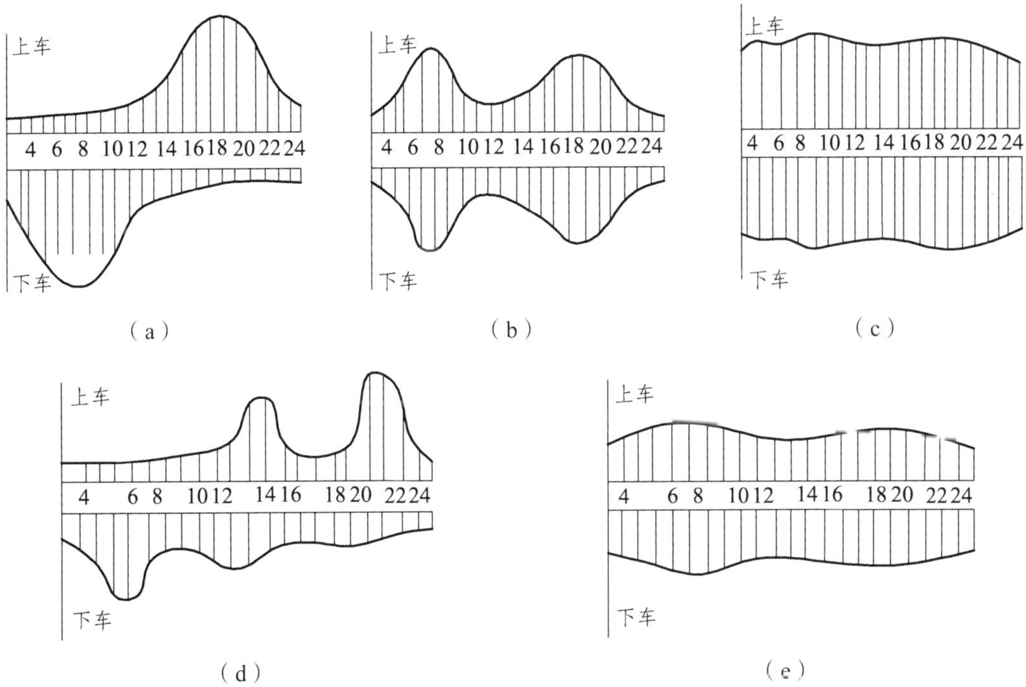

图 3-2-1　车站客流时间分布特征图

在一日内小时客流不均衡程度较大的情况下，为实现运营组织的经济合理，可考虑采用小编组、高密度的列车开行方案。

2. 车站高峰小时客流分布特征

高峰小时通常用以描述一天中客流量最大的某一小时。车站高峰小时客流是确定车站设备容量或能力的基本依据。进行车站高峰小时客流特征分析时，首先应确定进站或出站高峰小时的分布，其次才是对进站或出站客流量大小的分析。此外，还应分析客流的发展趋势，随着轨道交通线路新线投入运营，既有轨道交通线路延伸，高峰小时进、出站客流也会发生较大的变化。

因此，应从车站高峰小时时段分布、高峰小时系数取值范围、超高峰系数取值范围三个方面来分析车站客流高峰小时特征。

车站高峰小时时段分布与车站所在的地理位置、性质及其周边用地特征有关。因此，各个车站客流进站或出站高峰小时出现的时段通常不相同；工作日进站或出站客流高峰小时时段分布也不相同，而且工作日高峰小时进站或出站客流通常大于双休日高峰小时进站或出站客流。

车站客流高峰小时系数是高峰小时进站或出站客流总量与全日进站或出站客流总量的比值。高峰小时系数用来衡量车站一天内车站客流量的高峰特征。

由于进出站客流在高峰小时内仍有一定的不均衡性、突发性，为了避免高峰时段超高客流在车站内部阻塞从而影响乘客安全和列车运营，需要对车站高峰小时内的客流、时间分布特征进行深化研究，一般采用超高峰系数作为衡量车站超高峰期客流量的指标。超高峰期一般取高峰小时内客流量最大时的 15 min，超高峰系数是超高峰期进站或出站客流总量与高峰小时进站或出站客流总量的比值。

某城市地铁分析了全线网 238 座车站的高峰小时和高峰小时系数后发现：进站客流高峰小时系数均值高于出站客流，采用 15 min 和 60 min 分析单元得出的进站客流高峰小时系数均值比出站客流对应值分别大了 15.6%和 9.0%。从超高峰系数取值来看，办公密集型车站往往存在较高的进出站总量和高峰小时系数，而超高峰系数偏低；居住密集型车站在各个细分区间内均有分布，超高峰系数取值与车站区位以及住宅建设年代、类型的混合程度相关，相对单一的住宅类型容易形成较高的超高峰系数。

3. 一周内全日客流分布特征

由于人们的工作与休息是以周为循环周期进行的，星期天（双休日）大多数人休息在家，这种活动规律性必然会反映到一周内各日客流的变化上。在以通勤、通学客流为主的轨道交通线路上，客流量有所减少；而在连接商业网点、旅游景点的交通线路上，客流量则会有所增加。全日客流量在一周之内呈有规律性的变化。

另外，星期日与节假日后早高峰小时客流量和星期五与节假日前的晚高峰小时客流量，都会比一周内其他工作日早、晚高峰小时客流量要大。

根据全日客流在一周内分布的不均衡和有规律的变化，从运营经济性考虑，轨道交通系统常在一周内实行不同的全日行车计划和列车运行图。

4. 一年内各月（季）客流分布特征

一年内客流量还存在季节性变化，因为气候的不同（如梅雨季节）和学生复习迎考等，六月份的客流通常是全年的低谷。另外，在旅游旺季，城市中流动人口的增加又会给轨道交通系统带来较大的运输压力。例如，某一北方城市因 1、2 月气候恶劣，轨道交通线路上的客流会增加；到了 3、4 月份，天气转暖后，轨道交通线路上的客流也会随之减少，但在 7 月份之后，客流开始明显走高，直到年底。

（二）空间分布特征

车站客流空间分布通常是指各条线上各个车站的客流发生情况、车站内乘降（进出站）客流分布情况及车站内不同区域客流分布的情况等。

车站客流空间分布特征分析扫码观看

1. 沿线各个车站的客流分布特征

城市轨道交通的建设规模、线路布设形式和走向以及各个车站所处的地理位置，是导致沿线各个车站客流分布不同的主要因素。纵观不同类型城市轨道交通线路后，可将沿线各站的客流分布特征归纳成如下 4 种：

（1）均等型：当城市轨道交通线路成环线布置或沿线用地已高度开发成熟时，各车站的上下客流近乎相等，沿线客流基本一致，不存在某个车站客流明显突增的情况，具体如图 3-2-2 所示。

（2）两端萎缩型：当城市轨道交通线路的两端伸入还没有完全开发的城市边缘或郊区时，线路两端路段的车站客流小于中间路段的车站客流，具体如图 3-2-3 所示。

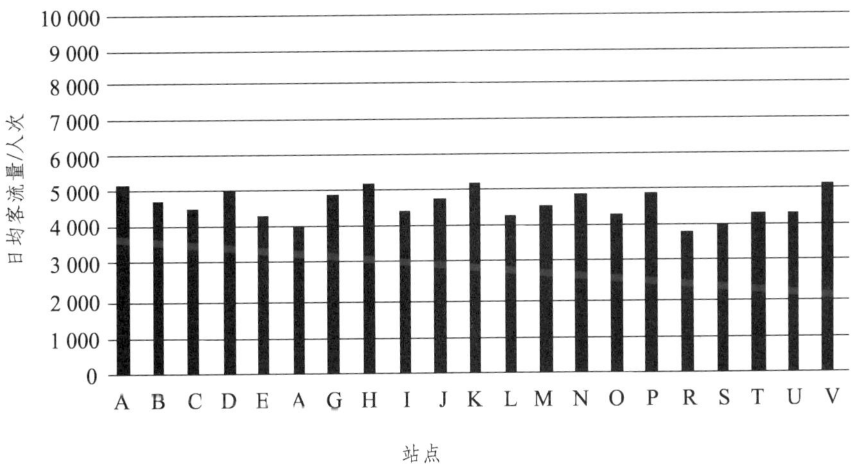

图 3-2-2　某城市地铁某条线沿线车站日均客流量分布呈均等型

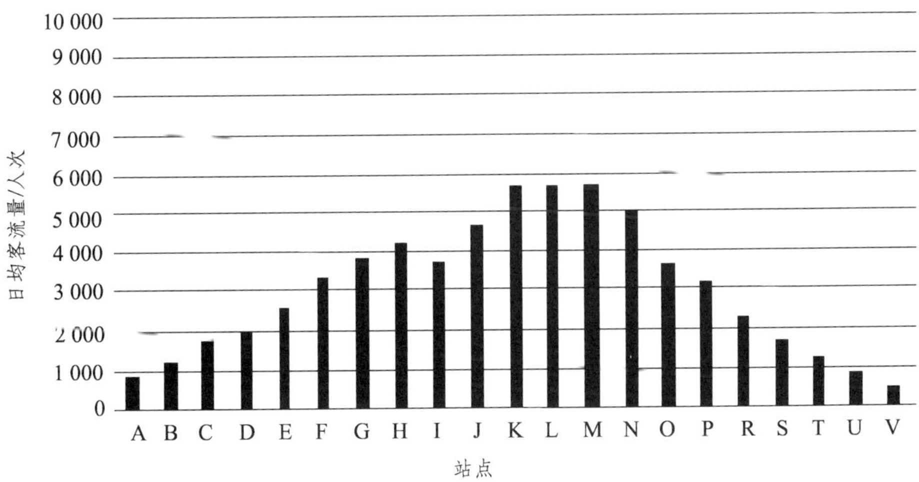

图 3-2-3　某城市地铁某条线沿线车站日均客流量分布呈两端萎缩型

（3）中间突增型：当城市轨道交通线路途经大型的对外交通枢纽、高密度开发地区或者车站利用常规公交线路辐射吸引范围广阔时，位于该区位上的车站上下车客流明显偏大，线路客流存在某个站或某几个站客流突增的情况，如图 3-2-4 所示。

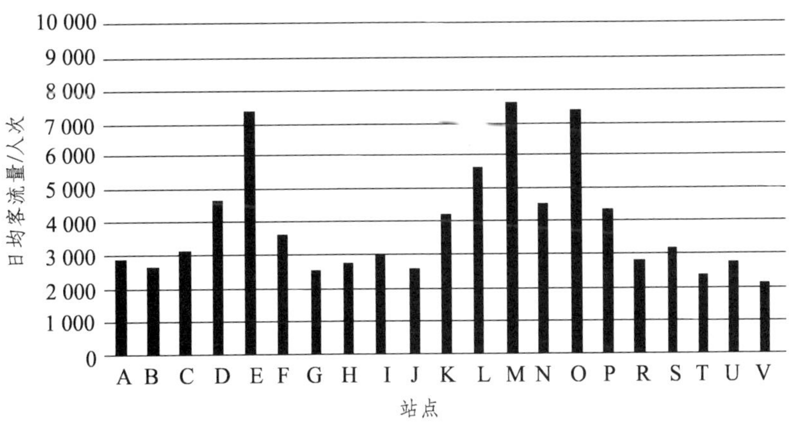

图 3-2-4　某城市地铁某条线沿线车站日均客流量分布呈中间突增型

（4）逐渐缩小型：城市轨道交通线路某一端的端点站位于大型对外交通枢纽附近或城市中心 CBD 地区时，随着线路向外延伸，线路上各站的客流逐渐缩小，如图 3-2-5 所示。

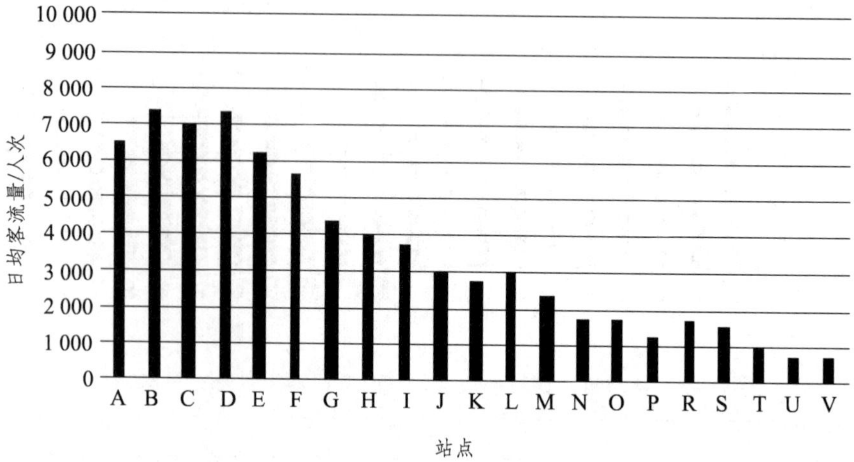

图 3-2-5　某城市地铁某条线沿线车站日均客流量分布呈逐渐缩小型

2. 站内乘降客流及不同区域客流分布特征

（1）车站乘降（进、出及换乘）客流分布。

轨道交通车站内的乘降人数不均衡，甚至相差悬殊的情况并不少见，即车站的上车人数（进站人数）和下车人数（出站人数）不均衡。新的居民区形成，新的轨道交通线路建成通车，既有轨道交通线路延伸，使一些车站由中间站变为换乘站或由终点站变成中间站，以及列车共线运营等都会使车站的乘降量发生较大的变化从而加剧不均衡，或者带来新的不均衡。某城市地铁车站进出站及换乘站客流量相差很大，如图 3-2-6 所示。

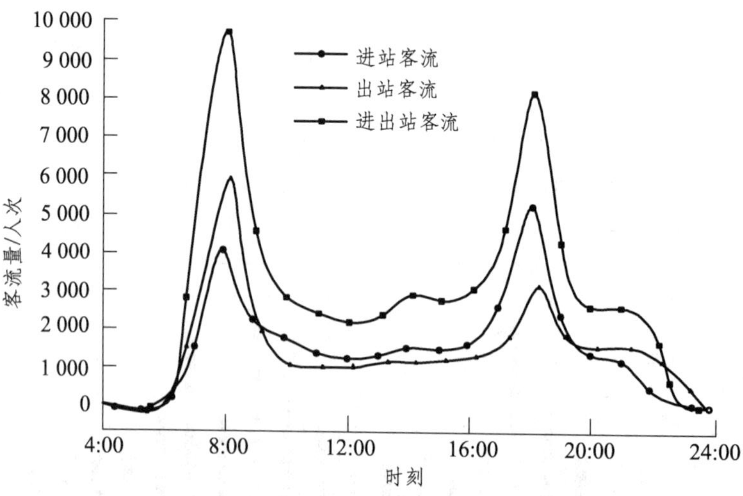

图 3-2-6　某城市地铁站进、出站及换乘站客流量对比图

根据 AFC 终端设备统计数据可以得到某城市地铁站在 2022 年 9 月 13 日平峰时段进站人数、出站人数及换乘人数，具体如表 3-2-5 所示。

表 3-2-5　某城市地铁站平峰时段客流量

时间段	进站人数	出站人数	换乘人数
9:00—10:00	85 388	28 255	102 777
10:00—11:00	76 437	38 986	102 777
11:00—12:00	67 999	30 620	102 653
12:00—13:00	67 753	31 138	102 348
13:00—14:00	59 056	31 622	105 718
14:00—15:00	61 214	32 584	111 885
15:00—16:00	65 218	30 594	121 984

（2）不同区域客流分布。

车站内客流在空间区域上的分布也存在不均衡现象，即由于车站不同出入口所处地理位置、各个出入口设置的乘降设备不同等特点造成各出入口的进出客流不均衡；同时，站厅两端与不同出入口的连接、两端设置的 AFC 设备数量及位置不同等特点则会造成站厅两端聚集的客流及其 TVM 前购票客流不均衡、不同检票机进出客流不均衡等现象出现；此外，从站厅到站台两端的乘降设备不同及站台两端离乘降设备的距离不同等也会造成站台两端乘客聚集的不均衡现象出现。

车站结构特点、车站的类型、车站所处的地理位置等都会影响车站的客流时间及空间分布特点，因此，针对某个车站的客流调查数据进行统计分析，找到车站客流动态变化的规律，为制定高效的客流组织方案奠定基础。

三、断面客流特征分析

断面客流特征分析
扫码观看

（一）断面客流时间分布特征

断面客流指一段时间内，在同一方向通过城市轨道交通线路某一区间的乘客数量。一般情况下，断面客流的时间分布特征通常根据研究目的来对某一线路不同方向（上、下行方向）全日断面客流量、高峰时段断面客流量及平峰时段断面客流量进行分析。更重要的是先对高峰时段断面客流量进行分析，然后找到高峰小时最大断面客流量以确定高峰时段列车开行对数，从而保证此线路高峰时段的运输能力。

各条线路上行和下行方向上的最大断面客流通常是不均衡的，尤其是早、晚高峰小时上下行方向的最大断面客流量。可采用上、下行方向不均衡系数 α_1 来描述其特征，其计算公式为

$$\alpha_1 = \frac{\max\{P_{\max,上}, P_{\max,下}\}}{\sum(P_{\max,上}, P_{\max,下})/2}$$

式中　α_1——上下行方向客流不均衡系数；

$P_{\max,上}$——上行方向最大断面客流量，人次；

$P_{\max,下}$——下行方向最大断面客流量，人次。

α_1 趋向于 1 表明上下方向客流比较均衡，α_1 越大表明上下行方向客流越不均衡。

如图 3-2-7 所示为某城市地铁 1 号线早高峰断面客流量柱状图。

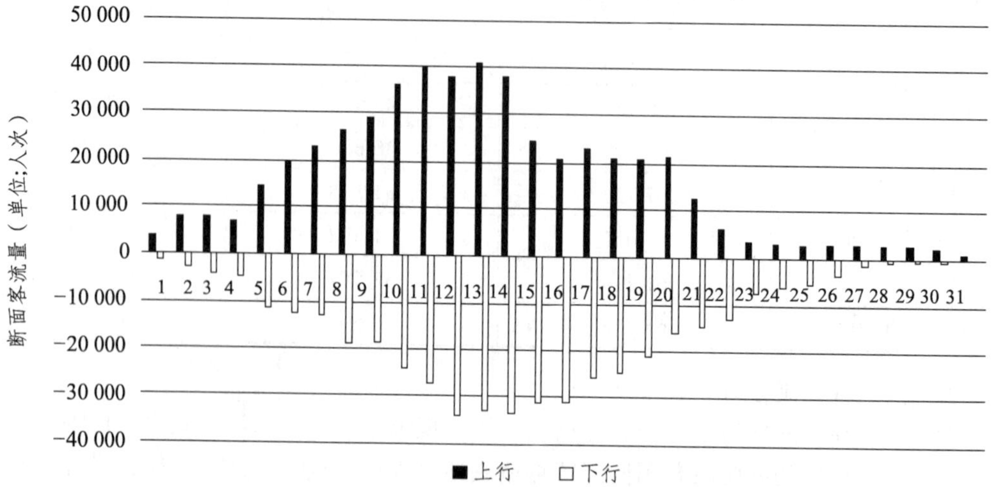

图 3-2-7 某城市地铁 1 号线早高峰断面客流量

从图 3-2-7 可以看出，此条线路上行方向早高峰最大断面客流发生在 12—13 断面（区间），下行方向最大断面客流也发生在 12—13 断面（区间）。高峰小时断面上下行客流量基本均衡。

同时，断面客流超高峰时段（即高峰小时内到达区间客流强度最大的时间段），是车站客流组织和运输组织难度最大的时间段，因此，对断面客流时间分布特征进行充分分析，才能编制更有效的车站客流组织方案及列车开行方案。如图 3-2-8 所示为某城市地铁 1 号线早高峰小时上行方向最大断面每 3 min 断面客流的变化情况。

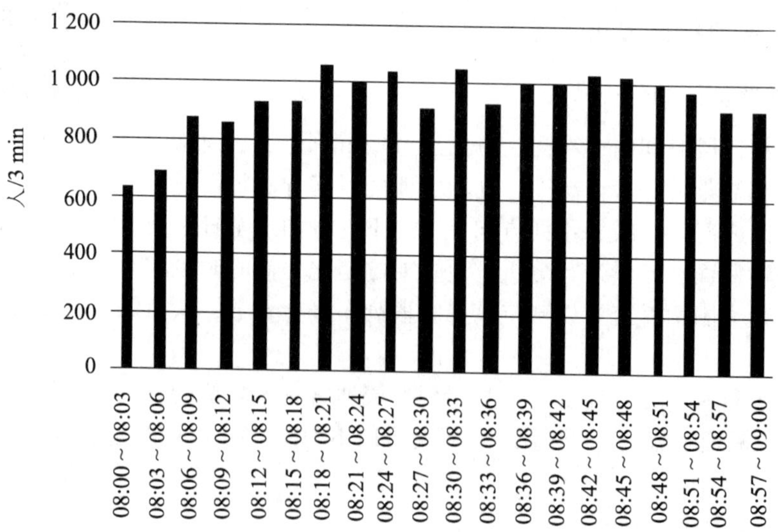

图 3-2-8 某城市地铁 1 号线早高峰小时上行方向最大断面每 3 min 断面客流的变化情况

从图 3-2-8 可以看出，此线路 1 号线早高峰小时上行方向最大断面的超高峰时段为 8:18～8:33 的 15 min。因此，这个时段称为最大断面的超高峰时段，列车为完成此时段的开行任务，需要提高列车行车密度以解决此时段所需要的运输能力，同时位于此断面的车站也应加强客流组织工作。

（二）断面客流空间分布特征

由于路网上每个车站上、下车乘客的数量不同，使得线路各断面客流量不尽相同，从而体现出断面的不同客流空间特征。因此，各条线路单向上各区间（断面）的客流量是有差异的，同一线路在同一断面不同方向的客流量也是不同的。如图 3-2-9 所示为某城市地铁 1 号线全日各断面客流量。

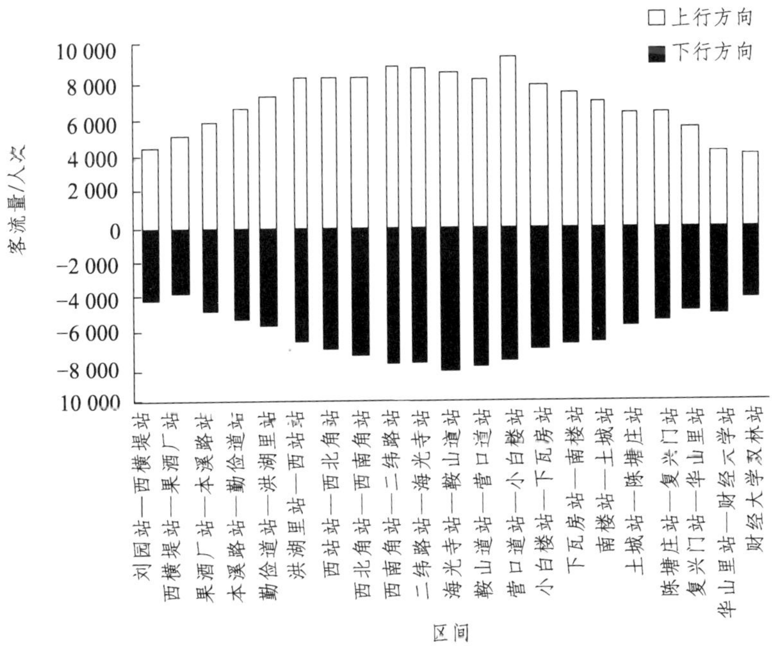

图 3-2-9　某城市地铁 1 号线上下行全日各断面客流量

通常情况下，以线路单向断面客流不均衡系数 α_2 来描述线路各断面的客流空间分布特征，具体计算公式为

$$\alpha_2 = \left(\sum P_i / K\right) / P_{\max}, i = 1, 2, \cdots, K$$

式中　α_2——单向断面客流不均衡系数；

P_i——单向某一断面客流量，人次；

$P_{\max}$——单向最大断面客流量，人次；

K——单向全线断面数。

通常情况下，以同一断面上、下行方向客流的不均衡系数来衡量同一断面的客流空间分布特征，具体计算公式为

$$\alpha_3 = \frac{\max(P_上，P_下)}{(P_上 + P_下)/2}$$

式中　α_3——此断面方向性客流不均衡系数；

$P_上$——此断面上行方向客流量，人次；

$P_下$——此断面下行方向客流量，人次。

【实训任务】

任务名称	分析成都地铁四河站日常客流变化特征		
任务描述	根据本项目任务一中实训任务的调查结果，统计成都地铁四河站工作日分时客流量，并绘制客流变化图，分析四河站全日分时客流变化特征		
实践目的	能运用相应统计表统计调查原始数据，培养精益求精的精神，增强理论联系实际的应用能力	实践场所	教室
任务要求	按需求制定调查数据统计表，统计原始数据，绘制客流变化图，分析客流变化特点，小组成员合理地分工		

【目标检测】

一、知识目标检测

1. 填空题

（1）乘客构成情况指标包括：按________、性别、职业、________等统计的乘客人数及所占百分比。

（2）车站客流时间分布特征根据单位时间的选择不同，有________特征、一周内全日客流分布特征、______________特征及高峰小客流分布特征。

（3）车站内客流空间分布通常是指______________及______________车站内不同区域客流分布的情况等。

（4）______________是确定车站设备容量或能力的基本依据。

（5）列车满载率反映______________的利用情况及列车内的______________。

2. 选择题

（1）以下属于车站客流时间分布特征的是（　　）。

A. 双向峰型　B. 两端萎缩型　C. 逐渐缩小型　D. 均等型

（2）以下属于一条线路上各车站客流空间分布特征的是（　　）。

A. 双向峰型　B. 单向峰型　C. 逐渐缩小型　D. 突增型

（3）（　　）是体现乘客运输能力的指标。

A. 客流量　B. 换乘比例　C. 列车满载率　D. 客运强度

（4）（　　）是直观体现两条线路间客流交互程度的值。

A. 客流量　B. 换乘比例　C. 列车满载率　D. 客运强度

（5）（　　）反映了运输能力与客流量的匹配程度。

A. 客流量　B. 换乘比例　C. 列车满载率　D. 客运强度

3. 判断题

（1）当列车到达某站时的满载率较高，说明该站可允许上车的人数较多。（　）

（2）换乘比例的大小体现了换乘客流量对本线或线网的影响程度。（　）

（3）客运强度在一定程度上体现运营效率。（　）

（4）城市轨道交通线路所处的交通走廊具有明显的潮汐特征或车站周边地区功能性质单

一时，客流在时间上将会呈现双向峰型。（　）

（5）断面客流的差异性主要体现在同一时段不同区段的断面客流差异化和同一区段在不同时段的断面客流差异化。（　）

二、技能目标检测

根据前述实训任务，分组汇报，以此来检验技能目标的达成度，具体检验的项目、标准及分值如下表所示。

序号	技能检测评价项目	评分标准	得分
1	团队分工情况（20分）	团队分工书面描述有依据（10分），可实施（10分）	
2	数据统计情况（20分）	数据统计全面（10分），统计表格填写规范（10分）	
3	客流量变化图绘制（30分）	客流量变化图绘制正确（30分）	
4	客流时间分布特征分析（30分）	客流时间分布特征分析正确（30分）	

三、素质目标检测

由教师根据学生课前预习情况、课中小组讨论及独立思考情况、课后作业完成情况、小组共同完成学习任务情况以及通过技能目标测试环节，对学生素质目标进行检测并评分。

序号	素质检测评价项目	评　分	备注
1	学习能力的提升度（20分）	课前预习（5分），课中主动回答问题（5分），课后作业（5分），小组作业（5分）	
2	团队协作的配合度（20分）	小组讨论发言频率（10分），小组成员之间的配合度（10分）	
3	语言表述的清晰度（20分）	汇报问题的逻辑性（10分），语言回答的流畅性（10分）	
4	思想意识的认知度（40分）	统计分析工作中精益求精的精神（20分），调查分析中理论联系实际的能力（20分）	

【知识拓展】

城市轨道交通运输计划

城市轨道交通运输计划是城市轨道交通系统进行运输组织的基础，主要包括客流计划、全日行车计划、车辆配备计划和列车交路计划。其中，客流计划是全日行车计划、车辆配备计划和列车交路计划编制的基础。客流计划是运输计划期间对轨道交通线路客流的规划。客流计划以站间到发客流量为编制基础，分步计算出各站上下车人数和断面客流量。

全日行车计划是营业时间内各小时开行的列车对数计划，它既规定了轨道交通线路的日常作业任务，是科学地组织运送乘客的办法，又是编制列车运行图、确定运营工作量和确定车辆配备数的基础资料。全日行车计划是根据营业时间内各小时的最大断面客流量、列车定员人数、车辆满载率及希望达到的服务水平综合考虑编制而成的。

车辆配备计划是为完成全日行车计划而制订的车辆保有数安排计划。用车辆配备计划可推算运用车辆数、在修车辆数和备用车辆数，确定在一定类型的设备和行车组织方法条件下为完成一定的运输任务而必须保有的车辆数量。运用车辆数是为完成日常运输任务而必须配备的技术状态良好的车辆数，与高峰小时开行的列车对数、列车的运行速度及在折返站停留时间等因素有关。

列车交路计划规定了列车的运行区段、折返车站和按不同列车交路运行的列车对数。由于轨道交通线路的各个区段客流量不均衡，因此要采用不同的列车交路相结合的列车运行方式。列车交路可分为长交路、短交路和长短交路 3 种形式。长交路是指列车在线路上全线运行；短交路是指列车在线路的某一区段内运行，在指定车站折返；长短交路是指线路上有两种交路并存的情况。

任务三　客流预测

【学习引入】

2023 年 1 月 1 日当天，某地铁 1 号线总进站客流量达到 296 795 人次，其中某车站的降负荷客流远超同期客流，对本站的客流组织工作造成了一定的压力，同时对本站安全存在较大隐患。为了更好地组织 2024 年、2025 年元旦节的本站和客流，可以根据 2024 年之前元旦节的客流数据进行客流预测。具体应如何进行预测？

【学习目标】

知识目标

1. 理解客流的预测作用及意义。
2. 了解客流预测模式。
3. 掌握时间序列客流预测方法。
4. 熟悉客流预测的主要内容及其程序。

技能目标

1. 能根据需求选择合理的预测方法。
2. 能运用选定的预测方法及其基础数据完成客流预测。
3. 能根据预测工作完成情况撰写报告。

素质目标

1. 锻炼吃苦耐劳精神。
2. 培养团队协作意识。

【必备知识】

一、客流预测意义

客流预测是城市轨道交通建设与运营阶段的重要环节，是各项设计、施工及运营工作的基础，预测结果的可靠与否直接关系到城市轨道交通的建设投资、运营效率和经济效益。根据客流预测期间的长短不同，客流预测可分为短期（1 ~ 5 年）、中期（6 ~ 10 年）和长期（10 年以上）。客流预测是以现行运输统计制度提供的基础资料为依据，辅以对城市、港口、车站等处的调查，然后在此基础上通过科学的方法推算得到的未来的客流量。

在城市轨道交通系统规划与设计的不同阶段，需要开展三次需求分析与预测工作，各阶段的重点工作不同。城市轨道交通网络规划阶段：主要进行全网客流估算，重点分析线网总体规模和各线路的需求规模。线路建设项目可行性研究阶段：根据线路具体情况，研究提出线路各运营期限的客流预测结果，重点要确定与相关工程建设规模有关的预测结果。线路建设项目总体设计阶段：研究各站点客流详细情况，重点分析车站内容功能布局和整体规模。

在城市轨道交通运营阶段，为了节假日或大型活动期间有效组织运送客流、编制行车计划、确定行车交路等，同样也要根据历年的节假日或大型活动期间客流调查统计的数据进行未来节假日客流预测。

因此，客流预测不仅是规划城市轨道交通网络、设计轨道交通车站规模、选择车站设备容量的重要环节，也是为轨道交通运营合理安排运力、编制运输计划、组织行车和分析运营效果的基础。

二、客流预测模式

城市轨道交通系统的规划、建设及运营，不但要以现状客流作为主要依据，还要以近、远期预测客流作为依据。同时，城市轨道交通系统是整个城市客运交通系统的组成部分，因此，轨道交通系统的客流预测不能脱离整个城市客运交通系统的客流预测。

城市轨道交通系统的客流预测结果应包括：站间到发客流量，各站方向分别上下车人数、全日和高峰小时的客流量、总客运量、乘降量、全日客流的时段和断面分布以及总客运量占全市公共总运量比重比例等。

当前，城市交通客流预测一般有以下几种模式：一是采用城市交通规划中的“四阶段”预测模式，分析和预测城市道路网和轨道交通系统的客流量；二是运用趋势外推的方法预测未来新建轨道交通线路的客流量；三是以车站确定的吸引区域来计算各站点、断面、线路的客流量。

（一）“四阶段”客流预测模式

“四阶段”是指交通的产生与分布、交通方式的分配和交通量在相关网络中的分配。交通的产生是确定各发点的总发送客流和各到点的总到达客流；交通的分布是确定各到发点间的客流；交通方式的分配是确定轨道交通网络分摊的客流；交通在相关网络中的分配是确定轨道交通系统各线路的客流。这是一种在现状交通起止点调查（又称 OD 调查或 OD 交通量调查，O 源于英文 Origin，指出行的出发地点，D 源于英文 Destination，指出行的目的地）以及未来城市发展规划、土地利用的基础上，定量预测城市远期客流的预测模式，能较好地反映城市客流与城市发展的关系。但当城市未能按发展规划实现轨道交通建设规模时，预测的客流分布与将来实际客流分布就会存在较大差异。

（二）趋势外推客流预测模式

趋势外推是指根据道路交通量和公共汽车线路的现状客流量资料，按时间序列采用数学方法，利用有关参数求出轨道交通线路的客流。这是一种基于现状的预测方法，能较好反映近期交通量的增长情况，但在预见轨道交通系统建成后的城市交通分布变化上，趋势外推客流预测的可靠性稍差。

（三）车站吸引区域客流预测模式

车站吸引区域是通过以车站为圆心、以一定的到达车站时间或到达车站距离为半径的圆来确定的。到达车站的方式可以分为步行、骑自行车和乘公共汽车三种。因此，车站吸引区域客流预测模式又称为三次吸引客流预测模式。该种客流预测模式认为，在合理确定车站吸引区域的前提下，能借助有关公式计算出通过三种方式到站乘车的人数。这种客流预测模式不以线路为单位，而以车站吸引区域范围半径及吸引区域内土地利用的性质对客流的影响来预测客流。

三、客流预测方法

客流预测的方法有许多种，但归纳起来无非是定量预测方法和定性预测方法两大类。定量预测方法又分为时间序列客流预测方法和因果关系客流预测方法两类。定性预测方法中使用较多的有德尔菲（Delphi）法等。

（一）时间序列客流预测方法

该类客流预测方法的基本思路是根据客流从过去到现在的变化规律来预测未来的客流。这类方法的主要优点是需要数据少，运用简便，只要采用时间段的统计客流数据变动趋势，没有大的异常波动，预测结果一般较好。这类方法的主要缺点是无法反映客流变动的原因，因而不能指明客流因素变动时客流的变化趋势与结果。

常用的时间序列客流预测方法有移动平均法、指数平滑法、月度比例系数法、自回归分析法和随机时间序列预测模型法等。

1. 移动平均法

移动平均法是借助移动平均数修匀原始客流时间数列的变动来描述其趋势的方法。所谓移动平均，就是按原始客流时间数列的一定项数计算移动平均数，逐项移动，边移动边平均，得出一组移动平均数，由这组移动平均数构成新的客流时间数列。新的客流时间数列可以把原始客流时间数列中的某些不规则变动，特别是周期性变动修匀，从而显示出客流长期变化的基本趋势。用移动平均法修匀原始客流时间数列比较客观，也比较容易得到客流变化的趋势。但移动平均法对原始客流时间数列两端的值无法进行修匀计算，因此每一次移动平均都会使数列变短，使进一步观察受到影响。另外，当原始客流时间数列的最后几项变动较大时，预测客流的可靠性也会受到一定影响。

2. 指数平滑法

指数平滑法也称时间数列的指数平滑法，它是通过修匀历史数据中的随机成分去预测未来的，但它所使用的修匀方法与移动平均法不同，它引入一个人为确定的系数以体现不同时期各因素在整个预测期中所占的权数。指数平滑法对实际客流时间数列的长度没有特别的要求，资料较少时也能进行预测，但一般仅适用于原始客流时间数列变化较稳定的情况，另外只要正确选择加权指数，也能对远近期数据的不同影响做出合理的反映。这种方法的局限性是无法考虑其他因素对客流变化的影响。

3. 月度比例系数法

月度比例系数法的基本思路是根据客流变化的月度循环特征和规律，预测未来月份的客流。它根据过去若干年的月度客流统计资料，计算出平均的每月客流在年度客流中所占的比例，进而在已经得出未来年度总预测客流的前提下，按比例系数计算该年度各月份的预测客流。使用月度比例系数法时，必须根据客流的实际变动不断对比例系数进行重新计算并加以调整。

4. 自回归分析法

自回归分析法是指通过分析原始客流时间数列的不同自相关系数来选择适当的预测模

型。当原始客流时间数列内的数值在某一固定间隔期具有较高的相关系数时，就可应用自回归模型来进行客流预测。自回归分析法在客流的短期预测方面具有一定的精度，因而得到了较广泛的应用。但该方法需要较多的历史数据和较深的数学知识，计算量较大，计算也较复杂。

5. 随机时间序列预测模型法

随机时间序列预测模型是把时间序列作为随机变量的序列加以处理，认为时间序列是时间的一组变量。其中，单个时间序列值的出现具有不确定性，但整个时间序列具有固有的规律。研究这些规律，进行简化，建立时间序列模型，可用于预测。对于平稳时间序列，主要有 3 种预测模型，即自回归移动平均模型（Auto Regressive and Moving Average Model，ARMA 模型）、自回归模型（Auto Regression Model，AR 模型）、移动平均模型（Moving Average Model，MA 模型）。对于非平稳时间序列，需用差分法进行处理使其平稳化。该方法的特点与自回归分析法类似，在客流的短期预测方面有较好的精度，但需要较深的数学知识，方法较复杂，同时需要较多的历史数据，计算工作量也较大。

（二）因果关系客流预测方法

由于客流的变动与经济的和非经济的因素之间存在密切的关系，并且这些因素之间又都是相互影响的，因此可以通过研究影响客流的因素来预测未来的客流。这类方法与时间序列客流预测方法的区别在于：前者的自变量是时间，而后者的自变量是除时间以外的其他因素。这类方法的主要优点是能够较多考虑可能对客流产生影响的因素，揭示了引起客流变化的原因。同时，在数据量足够多的情况下，常能得到较好的预测精度。这类方法的主要缺点是由于自变量的选择、有关参数的确定本身带有主观性和预测性，存在预测的准确性会受到影响的可能性。常用的因果关系客流预测方法有回归预测法、引力模型法和乘车系数法等。

1. 回归预测法

回归预测法是通过回归分析，建立一个合适的因变量和自变量之间的函数关系，来近似地表现客流和影响客流因素之间的平均变化关系。它包括一元线性回归预测、一元非线性回归预测、多元线性回归预测和逐步回归分析预测等方法。研究客流与一个影响客流因素之间的关系时，该方法称为一元回归预测；研究客流与多个影响客流因素之间的关系时，该方法称为多元回归预测。如果客流在函数关系式中表现为自变量的一次函数，该方法就称为线性回归预测，否则称为非线性回归预测。

2. 引力模型法

引力模型因数学关系式与物理学的万有引力定律近似而得名。在研究地区间人的流动问题时，研究者发现人的流动数量似乎都与地区人口的总数成正比，与地区间的距离成反比，这种现象正如物体之间的引力关系，于是提出了引力模型来预测客流。在对早期提出的引力模型进行修正的基础上，现在使用的一些引力模型既考虑了对地区间客流有影响的各种吸引因素，如人口等，又考虑了对地区间客流有影响的距离阻力因素。引力模型简单易懂，但在利用该模型进行客流预测时，参数的确定往往比较困难。

3. 乘车系数法

这是一种传统的客流预测方法。乘车系数法是一种以总人口和人均乘车次数来预测乘客发送量的方法。乘车系数是一定吸引范围内乘客发送量与总人口的比值，可根据历年资料和可能发生的变化进行确定。这种客流预测方法的局限性是乘车系数本身的变动有时难以预料。此外，在计算总人口时，间接吸引范围的人口确定也比较复杂。

（三）德尔菲法

在历史客流数据较少的情况下，借助预测者的专业知识和实际经验，并在综合考虑多种影响因素后对客流进行的预测称为定性预测。德尔菲法又称专家调查法，是目前采用较多的定性预测方法之一。虽然参加定性预测的专家意见是一种主观判断，受到对问题认识差异的影响，但主观判断并不等于主观随意。只要有相当数量的对问题有研究的专家参加定性预测（尽管各位专家的预测结果不会完全一样，但也会围绕一个中心值波动），这个中心值就是确定预测结果的客观基础。为了避免个人知识、经验和素质的局限性影响预测的精确度，德尔菲法选择一组专家作为征询意见的对象，同时为了防止他们互相影响而不能做到独立判断，专家的意见一般以匿名方式填写。调查的组织者将调查问卷寄给专家，征询他们的意见，在收到专家的意见后，对专家的意见进行归纳汇总，形成新的调查问卷，然后对专家进行再征询，对经过归纳汇总的意见进行分析、判断并提出新的意见。经过这样多次的反馈，当专家的意见逐步趋于一致时，预测的结果也就基本形成。

四、客流预测的主要内容及预测程序

（一）客流预测的主要内容

一般来说，城市轨道交通系统客流预测的主要内容包括以下几方面。

1. 预测条件界定

研究与具体项目相关的社会经济环境和区域地理条件，明确相关重要影响因素的增长状况，包括区域内其他相关运输方式的建设计划。

2. 远期年份运输需求总量及分布预测

分析预测远期年份区域内出行总量水平、各节点（小区）交通发生量和吸引量。根据规划与工程建设需要，可以选择不同详细程度的客流预测要求。

3. 不同建设方案下不同方式分担结构及网络分配结果

根据不同网络建设方案，选择相关的需求分配参数。结合客流预测结果，研究网络上的流量分配状况，按规划与建设的具体需要给出不同年度各种运输方式的客流分担比例及城市轨道交通线网上的 OD 分布，包括各具体路段上的 OD 构成、平均运距等参数。

4. 客流预测的灵敏度分析及评价

研究客流预测结果在不同票价方案、不同交通网形成条件、不同基础参数下的变化率。研究规划方案实施前后综合网络服务水平（负荷）的变化，确定能力不足或富余的区段，从而为规划方案优化提供依据。

（二）客流预测的基本程序

1. 确定范围，提出方案

确定城市轨道交通规划与建设项目涉及的区域范围、相关网络及项目建设方案，界定本次规划研究的区域范围，确定相关交通方式网络。通过分析，初步确定不同时期城市轨道交通建设项目覆盖的直接与间接范围，提出项目建设基本方案与备选方案。

2. 搜集并分析与项目相关的基础数据

根据项目需要，确定需要搜集的与既有网络方案和新方案相关的基础数据，对基础数据进行全面系统的分析，剔除冗余、矛盾的数据，建立具有良好一致性的基础数据库。

3. 选择客流预测的方法，建立客流预测模型

根据可用基础数据类型、网络特点和项目要求，选择适当的客流预测方法，建立相关的量化预测模型，形成满足项目需要的预测模型体系。

4. 选择并标定预测模型涉及的相关参数

利用具有良好一致性的基础数据库，对所建立的客流预测模型体系中的各类模型进行参数标定，采用有效方法检验并确定可用于不同预测年度客流量的各种参数值。

5. 预测模型的应用

利用选择的模型和相关参数计算相关预测年度的客流总量及不同交通方式网络分配量，根据预测结果分析总量数据和网络运量分配状况，并进行相关预测指标的统计工作。

6. 对客流预测结果进行灵敏度分析，确定预测结果的可信度。

分析不同预测参数和预测条件变化对预测结果产生的影响，以及不同规划及建设方案下的预测结果，为综合评价提供依据。

7. 结合预测结果对各种方案进行分析和评价

从技术、经济与财务角度对备选方案的客流预测结果进行综合分析，确定最为符合投资方、运营方和使用者利益的预测方案。

8. 确定推荐方案，整理数据结果并撰写相关的技术报告

综合分析并评价备选方案，确定推荐方案，整理所有相关数据、文件，建立详细的方案文档，提出需求预测的技术报告，作为可行性研究的依据。

五、不同阶段客流预测工作的要点

（一）线网规划阶段

线网规划阶段需要估算全线网的客流。在线网规划阶段有 4 项工作需要客流资料的支撑：一是规划、建设城市轨道交通系统的必要性论证；二是各规划线的运量等级、系统规模和相关的用地控制；三是线网方案的评价和选择；四是线网的分期发展实施方案的制定。

该阶段的客流研究工作之所以简称“全网客流估算”，其原因是远景年的用地规划资料不

易落实，各类车站（含道路公交）的站位不易确定，交通网络在发展中的可变因素难以确定（如道路公交线网与城市轨道交通的关系）。

全网客流估算的主要目标年是远景年。对远景年的解释有两种：其一，城市总体规划的远景年，大约50年；其二，规划用地按不同性质达到相对饱和容量的年份。根据客流资料的用途，可能还要做其他年份的全网客流估算。这些年份需要与总体规划一致或接近，以便对基础资料和参数进行推定。

在线网规划中，全网客流估算是城市轨道交通网与整体交通网联系的纽带，决定了整个网络中线间客流的交换。线网规划的出发点和归宿都是客流，构成线网框架的基础是主交通走廊和主要集散点，也都需要用出行量和方向来描述。因此，线网规划中，全网客流估算不是按几个线网方案测算几次就算完成任务，而是需要在供给与需求之间经过反馈迭代来寻找平衡。

该阶段应计算的指标包括全网和各线指标，除换乘站的换乘量之外，不需计算其他各站的乘降量。

（二）可行性研究阶段

可行性研究阶段的客流预测成果是可行性研究报告诞生的支撑条件，它可以为线路建设的必要性、紧迫性，工程分期计划，设备系统类别的选择，各子系统规模的确定，线路方案、车站设置的比选，各期车辆购置数量的确定，运营设计及经济评价与财务分析提供依据。

1. 预测年限

根据现行规范，可行性研究阶段预测年限：初期为运营后第3年，近期为运营后第10年，远期为运营后第25年。

上述年限的确定有一定的合理性，不过也存在一些问题，包括难以反映线路客流变化的动态趋势。例如，运营第5年线路可能向两端（或一端）延伸（二期工程开通）运营，此时客流将发生突变。因此，在客流预测中要关注客流量发生突变的那些年份，即城市交通网络的重大变化和对外交通设施变化的年份。

2. 客流分析报告

可行性研究阶段客流分析报告应包括的基本内容如下：

（1）城市总体规划、综合交通规划、交通发展战略和城市轨道交通线网简介（或评价）。

（2）城市交通现状分析。

（3）各预测年限的社会、经济资料。

（4）交通需求预测的技术路线和交通总量、客运交通系统结构。

（5）各预测年限的线网状况。

（6）客流预测的技术路线和主要参数。

（7）预测结果主要包括：各期站间OD表，各期全日、高峰小时客流表和客流图，各期各接乘站各方向之间的换乘量（分全日和高峰小时），全日客流量的时段分布，各项指标计算结果。

（8）交通需求发展的状态分析和敏感度分析。

（9）其他需要说明的内容。

3. 主要指标

该阶段需要计算的主要指标如下。

（1）客运量：年平均日客运量、年平均日高峰小时客运量、各站全日和高峰小时乘降量、换乘站各方向的换乘量。

（2）客流量：全日单向最大断面客流量、高峰小时单向最大断面客流量、客流密度（日客运量/运营里程）、客运周转量（人·千米/日）、客流强度（日客运周转量/运营里程）、平均运距（千米）。

（3）与交通系统结构有关的指标：该线承担的出行量占全市出行量的百分比、该线客运量占全市公交客运量的百分比。

（三）预可行性研究阶段

一般来说，从项目建议书到工程可行性研究可能经历较长的时间或各种情况的变动较大。因此，在项目的预可行性研究阶段（配合项目建议书）和工程可行性研究工作中，如果预可行性研究阶段客流研究资料的深度难以满足工程可行性研究的需要，且线路方案、车站设置有较大变动时，可以考虑做两次不同深度的客流预测。

（四）运营阶段客流预测

运营阶段客流预测的主要目的是根据实际客流数据来预测未来可能发生的客流，从而能制定合理的列车运行方案及车站客流组织方案、车站布局改造方案。其主要包括：根据实际线路、车站客流调查统计的数据来预测分析新线开通对线网客流的影响以及对其他既有线路、既有车站客流的影响，根据节假日实际发生的客流对未来同一节假日可能产生的客流进行分析和预测。

【实训任务】

<table>
<tr><td>任务名称</td><td colspan="3">某地铁线路运营期间客运量预测</td></tr>
<tr><td>任务描述</td><td colspan="3">假设你面临即将来临的 2025 年五一节，成都地铁 1 号线为了能给乘客一个舒适便捷的乘车环境，则需要对 1 号线五一节期间的客运量进行预测。请运用指数平滑法预测 2025 年五一节期间成都地铁 1 号线的客运量</td></tr>
<tr><td>实践目的</td><td>能查找相关文献资料，会运用预测方法，培养实事求是的精神，增强理论联系实际的应用能力</td><td>实践场所</td><td>教室</td></tr>
<tr><td>任务要求</td><td colspan="3">查找 2016 年至 2023 年成都地铁 1 号线五一节期间客流数据，研究指数平滑法，选择加权指数，预测客运量，小组成员合理地分工</td></tr>
</table>

【目标检测】

一、知识目标检测

1. 填空题

（1）客流预测是__________、设计轨道交通车站规模、____________的重要环节。

（2）客流预测的方法归纳起来就是_______和_________两大类。

（3）________的基本思路是根据客流从过去到现在的变化规律来预测未来的客流。

（4）_______是能够较多考虑对客流可能产生影响的因素，揭示引起客流变化的原因。

（5）德尔菲（Delphi）法属于__________。

2. 选择题

（1）下列不属于时间序列客流预测方法的有（　　）。

A. 移动平均法　　B. 指数平滑法　　C. 月度比例系数法　　D. 乘车系数法

（2）下列不属于因果关系客流预测方法有（　　）。

A. 回归预测法　　B. 引力模型法　　C. 指数平滑法　　D. 乘车系数法

（3）（　　）是确定各发点的总发送客流和各到点的总到达客流。

A. 交通产生　　B. 交通分布　　C. 交通方式分配　　D. OD 分布

（4）研究客流与多个影响客流因素之间的关系时运用的预测方法为（　　）。

A. 移动平均法　　B. 多元回归预测法　　C. 指数平滑法　　D. 乘车系数法

（5）全网客流估算属于（　　）阶段的客流预测。

A. 线网规划　　B. 可行性研究　　C. 施工图设计　　D. 投产运营

3. 判断题

（1）客流预测结果不会影响城市轨道交通的建设投资、运营效率和经济效益。（　）

（2）车站吸引区域客流预测模式又称为三次吸引客流预测模式。（　）

（3）指数平滑法就算正确选择加权指数，也不能对远近期数据的不同影响做出合理的反映。（　）

（4）自回归分析法在客流的短期预测方面具有一定的精度，因而得到较广泛的应用。（　）

（5）引力模型因数学关系式与物理学的万有引力定律近似而得名。（　）

二、技能目标检测

根据前述实训任务，分组汇报，以此来检验技能目标的达成度，具体检验的项目、标准及分值如下表所示。

序号	技能检测评价项目	评分标准	得分
1	团队分工情况（20分）	团队分工书面描述有依据（10分），可实施（10分）	
2	指数平滑预测方法预测工作方案（10分）	预测工作方案制定（10分）	
3	基础数据的查找情况（40分）	历年数据的查找方法（10分），数据查找全面真实可靠（25分）	
3	预测任务实施情况（10分）	任务分工按工作步骤顺利实施（10分）	
4	客流预测报告（20分）	内容逻辑性（10分），结构完整性（10分）	

三、素质目标检测

由教师根据学生课前预习情况、课中小组讨论及独立思考情况、课后作业、小组共同完成学习任务情况以及技能目标测试环节，对学生素质目标检测并进行评分。

序号	素质检测评价项目	评　分	备注
1	学习能力的提升度（20分）	课前预习（5分），课中主动回答问题（5分），课后作业（5分），小组作业（5分）	
2	团队协作的配合度（20分）	小组讨论发言频率（10分），小组成员之间的配合度（10分）	
3	语言表达的清晰度（20分）	汇报问题的逻辑性（10分），语言回答的流畅性（10分）	
4	思想意识的认知度（40分）	统计分析工作中精益求精的精神（20分），调查分析中理论联系实际的能力（20分）	

【知识拓展】

某城市地铁站扩能改造方案

一、实施背景

某城市地铁站前广场站临近国铁火车站、一环路快速公交、小商品批发市场等，为1、5、12号线三线换乘车站。站前广场站是12号线三期工程的起点站，车站北起站北路，南至火车站南广场，垂直铁路股道沿中轴线呈正南北向布置，如图3-3-1所示。

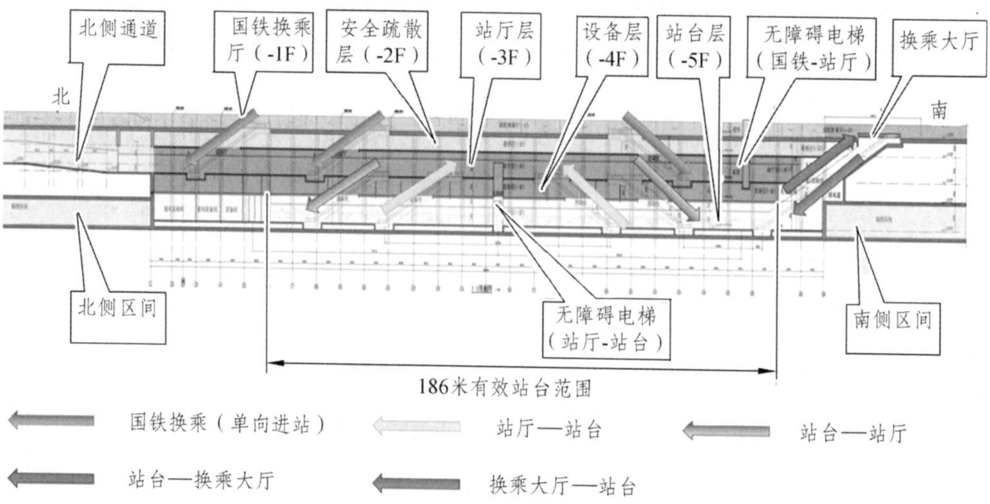

图3-3-1　站前广场站地面层布局平面图

目前，站前广场站为1、5号线换乘站，地下一层为1、5号线站厅层，设有A、C、D、E、F、H六个出入口，1号线为地下两层12 m岛式站台，沿群民北路南北向布置，5号线为地下三层13.8 m岛式站台，沿站前路东西向设置，1、5号线通过站台岛-岛十字换乘，已投入运营。12号线站前广场站主体位于国铁火车站站房及出站通道正下方，长266.3 m，宽23.5 m，埋深40 m，总建筑面积36 813 m^2。12号线共设4个乘客出入口和2个安全出口。其中，A、B、C出入口和疏散出口A位于国铁火车站站房北侧，D出入口和疏散出口B位于南侧，2组风亭，站房南北侧各一组，与站房立面结合设置。

受国铁层高控制，12号线为地下五层车站，区间位于5号线底板下方，车站北侧设通道与国铁火车站北侧配套交通连通，南侧部分延伸至国铁火车站南广场范围，并设换乘大厅与 1、5 号线换乘。改造后，地下一层为国铁出站层、1、5 号线车站站厅，地下三层为 12 号线站厅层，车站站台设在地下五层，如图 3-3-2 所示。

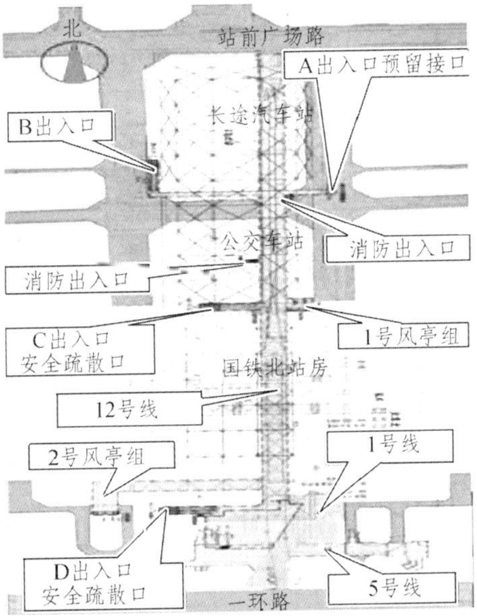

图 3-3-2　站前广场站 12 号线剖面图

二、客流分析

站前广场站客流主要以通勤和铁路到发旅客为主，工作日早晚高峰主要以换乘客流为主，平峰期、周末及节假日客流以铁路进出站客流为主。早高峰期间“5 换 1”的换乘客流较大，晚高峰期间“1 换 5”的换乘客流较大，具体客流数据如表 3-3-1 所示。

表 3-3-1　站前广场站目前工作日、周末、节假日客流统计表

工作日客流统计表

全日/人次			早高峰/人次			早高峰客流占比			晚高峰/人次			晚高峰客流占比		
进站	出站	换乘	进站	出站	换乘	进站	出站	换乘	进站	出站	换乘	进站	出站	换乘
40 834	32 428	48 170	4 344	2 214	3 584	11%	7%	7%	2 582	2 616	5 500	6%	8%	11%

周末客流统计表

全日/人次			高峰/人次			高峰客流占比		
进站	出站	换乘	进站	出站	换乘	进站	出站	换乘
38 401	40 863	36 663	3 617	3 459	2 652	9.5%	8.5%	8%

节假日客流统计表

全日/人次			高峰/人次			高峰客流占比		
进站	出站	换乘	进站	出站	换乘	进站	出站	换乘
54 313	63 630	37 664	4 805	6 030	2 713	9%	9%	7%

根据12号线三期初步设计研究阶段客流预测成果，站前广场站各期预测乘降量如表3-3-2所示。

表3-3-2　12号线站前广场站乘降量

初期			近期			远期		
全日/人次	早高峰/（人次/h）	晚高峰/（人次/h）	全日/人次	早高峰/（人次/h）	晚高峰/（人次/h）	全日/人次	早高峰/（人次/h）	晚高峰/（人次/h）
55 376	8 963	8 844	104 169	12 873	11 810	148 017	16 482	15 431

12号线为近、远期停靠站，根据客流预测资料，本站早晚高峰客流量如表3-3-3所示。

表3-3-3　12号线高峰小时客流量统计表　单位：人次/小时

<table>
<tr><th rowspan="3">年份</th><th colspan="6">早高峰</th><th rowspan="3">超高峰系数</th><th rowspan="3">车站名称</th><th colspan="6">晚高峰</th></tr>
<tr><th colspan="3">上行</th><th colspan="3">下行</th><th colspan="3">上行</th><th colspan="3">下行</th></tr>
<tr><th>上车</th><th>下车</th><th>断面</th><th>上车</th><th>下车</th><th>断面</th><th>上车</th><th>下车</th><th>断面</th><th>上车</th><th>下车</th><th>断面</th></tr>
<tr><td>初期</td><td>—</td><td>3 507</td><td>3 507</td><td>5 456</td><td>—</td><td>5 456</td><td rowspan="3">1.282</td><td rowspan="3">火车北站</td><td>—</td><td>4 912</td><td>4 912</td><td>3 932</td><td>—</td><td>3 932</td></tr>
<tr><td>近期</td><td>—</td><td>4 484</td><td>4 484</td><td>8 389</td><td>—</td><td>8 389</td><td>—</td><td>7 574</td><td>7 574</td><td>4 263</td><td>—</td><td>4 263</td></tr>
<tr><td>远期</td><td>—</td><td>6 326</td><td>6 326</td><td>10 156</td><td>—</td><td>10 156</td><td>—</td><td>9 969</td><td>9 969</td><td>5 462</td><td>—</td><td>5 462</td></tr>
</table>

站前广场站是1、5、12三线换乘的换乘站，根据预测，各个方向的换乘客流量数据如表3-3-4所示。

表3-3-4　站前广场站换乘客流预测值　单位：人次

换乘车站	换乘方向	初期			近期			远期		
		全日	早高峰	晚高峰	全日	早高峰	晚高峰	全日	早高峰	晚高峰
站前广场站	18—1	8 697	1 004	1 819	15 579	1 372	2 371	21 475	1 749	2 945
	1—18	8 032	1 938	909	14 102	2 651	1 184	19 833	3 377	1 679
	18—7	7 352	753	1 842	12 727	958	2 518	19 667	1 318	3 275
	7—18	7 484	1 952	657	13 593	2 610	764	20 021	3 414	1 167

分析车站布局及客流数据可知，远期站前广场站客流增长较大，根据客流预测数据及现有车站布局和客流组织方案进行客流仿真模拟分析，得知：车站现有设备的通过能力均能满足客流需求，但是设备设施的设置位置会影响客流流动速度，造成车站部分区域拥挤、乘客拥堵，从而存在安全隐患。因此，需要对车站进行改造来完善站内设备设施布局，以消除客流交叉造成的安全隐患。

三、改造方案

（一）调整地下一层南端换乘厅进闸机

负一层换乘厅处斜向布置进闸机到换乘扶梯距离仅有2.2 m，存在安全隐患，需要将其进行移位，具体方案如下：

将换乘扶梯旁斜向 7 通道进站闸机拆分为两部分，保留 5 通道调整为垂直方向并后退 2 m，另一部分设置为水平方向并与右边进站闸机齐平，同时新增加 2 通道预留位，拆分后的两部分闸机之间用栏杆连接，具体如图 3-3-3 所示。

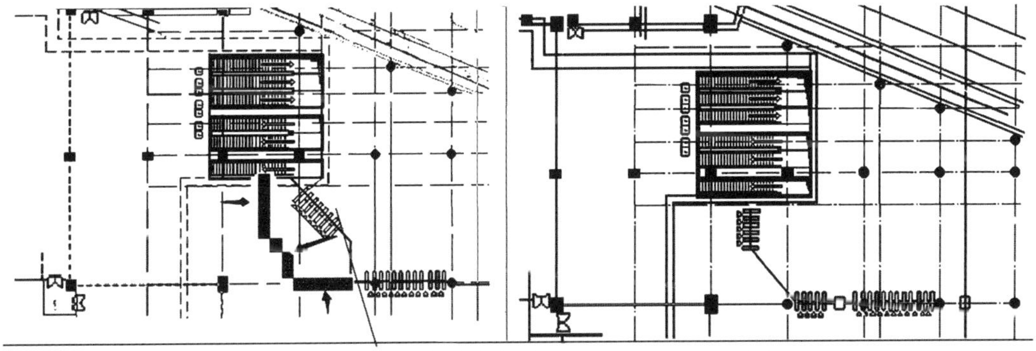

图 3-3-3　南端换乘大厅进站闸机改造前后对比

（二）调整 12 号线站厅 D 口处出站闸机及票亭

为避免出站客流在两组出站闸机处交叉造成拥堵，应将垂直方向出站闸机调整为水平方向，与旁边出站闸机并排布置，同步调整票亭及边门位置，减少出站闸机处交叉所造成的拥堵，具体如图 3-3-4 所示。

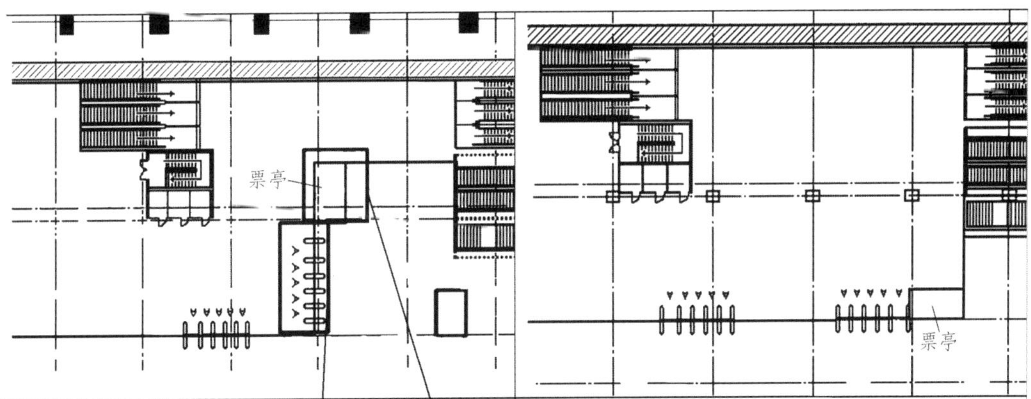

图 3-3-4　出站闸机及票亭改造前后对比图

【思政资料阅读】

精益求精的地铁工程设计师

——记天津市劳动模范、中铁六院隧道分公司第三分院院长刘鹏

工程师刘鹏参加工作的 14 年来，一直在地铁工程设计中追求完美。虽然只是 3 个车站的初步设计，但他作为青岛地铁 5 号线的项目负责人，带领职工为每个车站都精心设计了 5 至 6

个方案，顺利完成了青岛地铁 5 号线土建三标方案的初步设计。

刘鹏刚成为一名中铁新兵时，被分配到隧道领域集多项科技创新与先进工艺于一体的成功典范工程——胶州湾海底隧道，并成了一线技术员。这位朴实的青年学习专业技能，夯实专业基础，认真做好所负责的专业工作。2013 年青岛地铁 1 号线初步设计开始了，隧道分公司承担了 7 站 8 区间的设计任务，其中还包括了国内最长的地铁过海区间隧道——瓦屋庄站至贵州路站区间。面对设计任务繁重、设计人员不足等困难，刘鹏服从安排，默默接过担子，他鼓励职工："办法总比困难多。"就这样，刘鹏带领年轻的设计团队迎难而上。

持续一个多月的高强度工作，使他长时间睡眠不足，身体严重透支，一向健康的刘鹏出现了眩晕呕吐症状，医生诊断后建议他多休息。可是，他放心不下手头工作，第二天一如既往地第一个到项目部开始工作。在配合施工过程中，施工现场经常会出现险情，作为设计代表，他第一时间到达现场，不顾危险，到塌方隧道勘查。

刘鹏的书柜中有很多隧道、工程结构方面的专业书籍，他就是通过不断学习来充实提高自己的。这些年，他完成了"钻爆法海底隧道设计理论与关键技术研究""长大高水压胶州湾海底隧道结构设计关键技术研究""青岛地铁 1 号线过海区间隧道专题研究"等研究项目。刘鹏先后带领设计团队结合地质特点，完成了青岛首座地铁塔柱式车站、首座拱盖法施工的排水型车站、首条复合式盾构施工区间等的设计工作，另外还主持完成了青岛地铁 1 号、8 号线两条长大跨海区间工程的设计工作。

作为一名地铁工程设计师，刘鹏将精益求精的工作态度融入对隧道与地下工程事业的追求当中。凭借日益扎实的业务知识和不懈的创新精神，严把设计质量关，从不漏掉一个设计缺陷，也从不放过一个技术问题。他经常组织技术人员对设计工作中出现的问题进行总结和纠正，不断提高设计人员的风险意识。这些年，他参与完成了青岛地铁 1 号线、2 号线、4 号线、8 号线、6 号线工程的等设计工作，先后获得省部级科技进步二等奖 2 项，省部级优秀勘察设计一等奖 1 项，中国土木工程协会詹天佑奖 1 项，专利 4 项。

项目四　城市轨道交通日常客流组织

项目描述

城市轨道交通日常客流组织是站务人员工作的重要组成部分。日常客流组织是否合理，不但影响车站的工作效率和服务能力，同时也直接关系到客运设备的运用及乘客服务质量。

本项目要求同学们通过熟悉乘客流动的线路来掌握日常客流组织的内容方法及技巧，同时掌握不同类型车站的进站、出站及换乘流线中的关键引导点及引导方法从而达到能按作业标准有效地组织客流，提高轨道交通车站乘客服务质量的目标。

任务导航

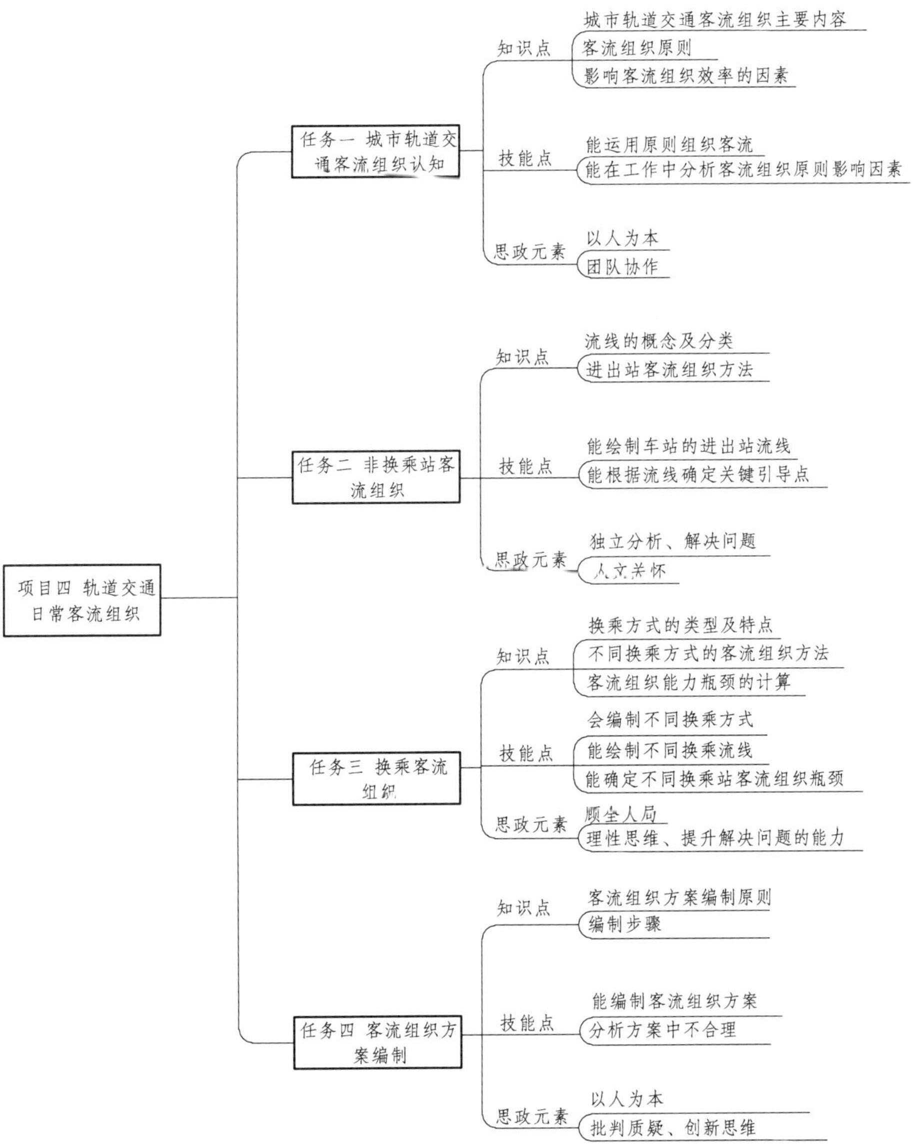

任务一　城市轨道交通客流组织认知

【问题引入】

城市轨道交通车站一般都具有空间狭小、密闭的特点，车站内有多条平行路径，路径间可能存在相互交叉的现象。当乘客从车站出入口进入后，如果没有设置合理的导向标志进行引导，或者也没有工作人员的组织引导，乘客将难以顺利完成本次出行。因此，车站客流组织工作是车站最基本的工作，也是保证乘客安全、迅速、便利、舒适、准时完成出行的重要保证。请思考，车站的客流组织工作的主要内容及原则是什么？

【学习目标】

知识目标

（1）掌握城市轨道交通车站客流组织的主要内容。

（2）掌握城市轨道交通车站客流组织原则。

（3）了解影响城市轨道交通车站客流组织效率的因素。

技能目标

（1）能在实际工作中运用客流组织原则进行客流组织。

（2）能在实际工作中分析影响客流组织的因素。

素质目标

（1）培养“以人为本”的服务意识。

（2）培养团队协作、高效率组织工作的意识。

【必备知识】

一、客流组织主要内容

城市轨道交通客流组织是通过合理布置客运有关设备、设施以及对客流采取有效分流或引导措施来组织乘客运送的过程。客流组织是否合理，不但影响车站的工作效率和服务能力，同时也直接关系到客运设备的运用及乘客服务质量。客流组织工作的主要内容如下。

（一）合理设置客运服务设备设施

客运服务设备设施的合理设置是指在车站的公共区，如站厅、站台、通道等区域，设置的售检票设备、导向标志、乘降设备、隔离栏杆等客运服务设备设施的数量要满足车站规模大小的需求，设置的位置要满足车站内乘客流动方向和流动速度的需要。

（二）合理配备客运服务人员

合理配备客运服务人员是指车站客运服务人员的数量应与车站客流量大小匹配，同时，客运服务人员要求专业技能高、应变能力强、服务技巧好，以便有充足的工作人员对车站客流进行组织和引导，且能根据乘客的不同乘车需求进行有效服务。

（三）合理制定管理制度及组织方案

为了满足车站的管理需求，还应制定符合车站客流组织特点的各项管理制度、岗位职责及作业标准。当车站有突发事件发生时，还应具备能采取相应的应急方案进行有效处理的能力，从而保证车站客运工作安全有序。

二、客流组织原则

城市轨道交通客运工作的特点决定客流组织应以保证乘客运送的安全，保证乘客运送过程的畅通，尽量减少乘客出行总时间，提高乘客出行的质量为目标。因此，车站在进行客流组织时应特别考虑以下几个原则。

（1）合理安排售检票位置、出入口、楼梯，使乘客流动路线简单明了。

（2）尽可能保证乘客与其他交通工具之间的换乘能顺利连接。

（3）完善车站诱导系统，使乘客能通过诱导系统快速分流。

（4）尽量满足乘客在站内适宜的步行距离，对特殊乘客应专门设计无障碍通道。

三、客流组织影响因素分析

城市轨道交通车站主要通过合理的客流组织措施及客运服务设备运用来完成其大量的乘客运输任务，而影响客流组织效率的因素较多，既有宏观因素，也有微观因素，此处主要从以下几方面的影响因素入手来分析。

（一）车站地理位置及周边环境

车站客流情况与车站所在地理位置及周边环境息息相关，如果站点附近多为住宅区，车站客流主要为小区居民，车站客流则会出现“早为进站晚为出站”的单向高峰特点；如果是邻近商圈的站点，客流主要为前往商圈上班或购物的人群，正常情况下会出现“早为出站晚为进站、中间时段络绎不绝”的全高峰特点，在商圈开展活动时也有突发性客流的出现。

（二）车站出入口及通道通过能力

车站地面出入口大小和数量、通道长度和数量以及位置等对车站集散乘客的能力有较大影响。一般情况下，城市轨道交通车站除了要考虑客流集散的需要，还应考虑消防疏散的需要，因此每个车站均设有两个及以上出入口。

（三）车站乘降设备通过能力

在实际客流疏散中，需要参照客流特征来确定客流的流向。通常情况下，城市轨道交通车站都会设置两组及以上乘客楼梯和自动扶梯，其具体的设置数量和宽度需要根据车站的客流情况来计算和确定。楼梯和自动扶梯的通过能力直接关系到站台的客流密度以及疏散效率，所以楼梯和自动扶梯是影响客流疏导的关键因素。

（四）自动售检票设备能力

自动售检票系统在很大程度上方便了乘客，减少营运成本，提高城市轨道交通服务质量。进出站闸机和隔离设施将车站站厅公共区分成了非付费区与付费区，乘客通过闸机进出付费区时，如果有大客流发生，由于乘客进出闸机的行为有错误或是由于自身的行为习惯造成进出速度较慢，则容易堵在进出闸机处，影响进出站的次序和闸机的通过能力。自动售票机为乘客购票提供了方便，客流大的时候，排队较长，影响正常购票。因此，售检票设备设置的合理与否，直接影响着客流的组织效率。

（五）临时疏导及客流控制措施

如果遇到客流非常大的情况，需要以临时合理的疏导措施来缓解人流，客流大时对出入口、站厅、站台扶梯、站台造成的压力也非常大，应通过设置临时售检票口、限制客流方向的措施，并充分预留出通道口，确保客流秩序、保证站台候车安全。当临时疏导措施不能缓解大客流时，则需要根据车站布局特点及客流特点采取合理的客流控制措施进行限流、控流，从而保证乘客安全，提高客流组织工作效率。

（六）列车运输能力

列车运输能力会影响车站的客流组织效率。列车编组大、行车密度大，则运输能力就大，从而将大客流发生时滞留在站台的客流快速运载；当列车运输能力较小时，则会造成滞留的客流越来越多，车站客流组织工作会越来越困难。列车运输能力会受到列车站点停靠时间、到达间隔时间以及列车荷载能力的影响。对列车的运行进行优化，可以提高列车的运输能力，有利于增强客流疏散能力。

【实训任务】

利用课余时间去地铁车站现场进行客运服务设备设施实物观察，分析判断所观察车站客运服务设备设施的配置是否合理。

<table>
<tr><td>任务名称</td><td colspan="3">分析车站站厅自动售检票设备配置的合理性</td></tr>
<tr><td>任务描述</td><td colspan="3">选择本城市某一地铁车站（可以选择已经进行客流调查的车站），画出站厅自动售检票系统终端设备平面布局图，并与本车站日常进出客流量大小进行匹配，观察车站乘客流动线路，分析车站自动售检票设备数量配备是否合理，位置设置是否合理，并提出改进建议</td></tr>
<tr><td>实践目的</td><td>能理解客流组织的内容，能遵循客流组织原则，能分析客流组织影响因素</td><td>实践场所</td><td>所在城市地铁站</td></tr>
<tr><td>任务要求</td><td colspan="3">按任务要求小组制定工作计划，选择适当的时间，进行小组成员合理的分工并确定小组各成员的工作任务，合作完成此项任务</td></tr>
</table>

【目标检测】

一、填空题

（1）客流组织是否合理，会影响车站和________。

（2）车站客运服务设备设施配备的数量要满足__________的需求，设置的位置要满足车站内和_________的需要。

（3）车站客流组织应尽可能保证乘客与_________之间的换乘能顺利连接。

（4）影响客流组织的因素有车站出入口及通道通过能力、___________、车站自动售检票设备通过能力、____________、列车运输能力。

二、不定项选择

1. 客流组织的主要内容包括（　　）。

A. 合理配置客运服务设备设施　　B. 合理配备客运服务人员

C. 配备完善的诱导系统　　D. 制定合理的管理制度及应急措施

2. 自动售检票设备能力包括（　　）。

A. 进站闸机通过能力　　B. 出站闸机通过能力

C. 自动售票机出票能力　　D. 自动售票机充值能力

3. 影响乘降设备通过能力的因素有（　　）。

A. 楼梯的宽度　　B. 楼梯的数量

C. 自动扶梯的数量　　D. 广播的数量

4. 以下不属于影响列车运输能力的因素有（　　）。

A. 列车载荷能力　　B. 列车停站时间

C. 出入口通过能力　　D. 自动扶梯通过能力

三、判断题

1. 当大客流发生时，临时疏导措施不得当会影响车站的客流组织效率。（　）

2. 合理设置售检票设备、导向标志、乘降设备不属于客流组织的内容。（　）

3. 尽量减少乘客出行总时间、提高乘客出行质量是客流组织的原则。（　）

4. 每个城市轨道交通车站均设有两个及以上出入口。（　）

四、技能检测

根据前述实训任务，分组汇报，以此来检验技能目标的达成度，具体检验的项目、标准及分值如下表所示。

序号	技能检测评价项目	评分标准	得分
1	工作计划制定（20分）	书面计划有逻辑（10分），可实施（10分）	
2	团队分工情况（20分）	团队分工书面描述有依据（10分），可实施（10分）	
3	平面布局图铺画（30分）	图纸干净整洁、有图示（10分），设备数量、位置准确（20分）	
4	改进建议（30分）	有问题分析（10分），有改进建议（20分）	

五、素质检测

由教师根据学生课前预习情况、课中小组讨论及独立思考情况、课后作业、小组共同完成学习任务情况以及技能目标测试环节，对学生素质目标检测并进行评分。

序号	素质检测评价项目	评　分	备注
1	学习能力的提升度（20分）	课前预习（5分），课中主动回答问题（5分），课后作业（5分），小组作业（5分）	
2	团队协作的配合度（20分）	小组讨论发言频率（10分），小组成员之间的配合度（10分）	
3	语言表达的清晰度（20分）	汇报问题的逻辑性（10分），语言回答的流畅性（10分）	
4	思想意识的认知度（40分）	精益求精的精神（20分），实事求是的精神（20分）	

【知识拓展】

某城市地铁车站客流组织分析

一、车站周边环境及客流特点

某城市地铁车站毗邻城市铁路车站，附近有部分居民住宅小区及商业广场。车站平日主要以上、下班人员及乘坐火车旅客的客流为主，具有早高峰以进站客流集中、晚高峰以出站客流集中的特点。节假日高峰客流较明显。

二、车站 AFC 设备数量及位置设置

车站设有 2 个客服务中心，分布在站厅 A、B 两端，共装有 BOM 2 台，主要办理车票的分析、赋值、异常处理等工作；设有 2 组共 6 台 TVM，分布于站厅 A 端、B 端。设有进站闸机共 6 台，出站闸机共 8 台，双向闸机 1 台，闸机分布情况如表 4-1-1 所示。

表 4-1-1　闸机分布情况

出入口	C 口	D 口
进站闸机数量	3	3
出站闸机数量	4	4
双向闸机数量	0	1
合计	7	8

三、车站日常人员岗位设置

车站日常工作人员有值班站长、行车值班员、客运值班员、售票岗站务员、厅巡岗站务员和站台岗站务员，同时设置了一名机动岗，共计 25 人，以轮班制来排班，值班站长和值班员为四班两运转制，站务员为三班两运转制，在满足轮班基本要求的情况下，车站可根据一定的情况增加定员。

具体人员岗位设置及基本职责如表 4-1-2 所示。

四、日常进出客流组织

（1）因车站乘客多使用城市一卡通，对出站闸机使用已熟悉，但从 C 口出的大部分乘客多使用单程票并且对出站闸机不熟悉，车站均安排厅巡在 C 口，另外售票员在票亭外没有人时兼做厅巡，引导乘客进出闸。

表 4-1-2 日常人员岗位设置及基本工作职责

<table>
<tr><th>序号</th><th>岗位名称</th><th>人数</th><th>上班时间</th><th>下班时间</th><th>职责</th></tr>
<tr><td>1</td><td>A1/A2 值班站长</td><td>5</td><td>8:00/19:00</td><td>19:30/9:00</td><td>负责车站整体工作</td></tr>
<tr><td>2</td><td>C1/C2 行车值班员</td><td>4</td><td>8:00/19:00</td><td>19:30/8:30</td><td>负责完成行车工作，监控 CCTV</td></tr>
<tr><td>3</td><td>B1/B2 客运值班员</td><td>4</td><td>8:30/19:30</td><td>20:00/9:00</td><td>负责当班票务工作</td></tr>
<tr><td>4</td><td>D1/D3 售票员</td><td rowspan="5">12</td><td>6:40/14:30</td><td>15:00/22:30</td><td>兑零、乘客事务处理等业务操作</td></tr>
<tr><td>5</td><td>D2/D4 售票员</td><td>7:00/14:30</td><td>15:00/22:30</td><td>兑零、乘客事务处理等业务操作</td></tr>
<tr><td>6</td><td>E1/E2 厅巡</td><td>7:00/14:30</td><td>14:30/22:20</td><td>引导乘客进/出站，引导车票有问题的乘客到客服中心处理，巡视车站</td></tr>
<tr><td>7</td><td>G 顶岗班</td><td>10:00</td><td>19:00</td><td>饭点顶岗客服中心，协助客值收票、换钱箱</td></tr>
<tr><td>8</td><td>F1/F2 站台岗</td><td>6:50/14:30</td><td>14:50/22:20</td><td>负责监控下行站台乘客动态，组织好乘客上下车</td></tr>
</table>

注：表中 A1 为白班值站，A2 为夜班值站；C1 为白班行值，C2 为夜班行值；B1 为白班客值，B2 为夜班客值；D1、D2 为早班售票岗，D3、D4 为中班售票岗；E1 为早班厅巡岗，E2 为中班厅巡岗；F1 为早班站台岗，F2 为中班站台岗；G 为机动岗。

（2）因车站靠铁路车站较近，车站进出的大多数乘客携带行李较大，站台 A、B 端电扶梯安全运营、承载能力是站台关键引导点，安排站台岗站务员在乘客携带大件行李时提醒乘客乘坐升降电梯，安排厅巡在有乘客集中出站时引导乘客流动并提醒注意安全。站厅进出站流线及工作人员所在关键点位如图 4-1-1 所示。站台进出流线及工作人员所在关键点位如图 4-1-2 所示。

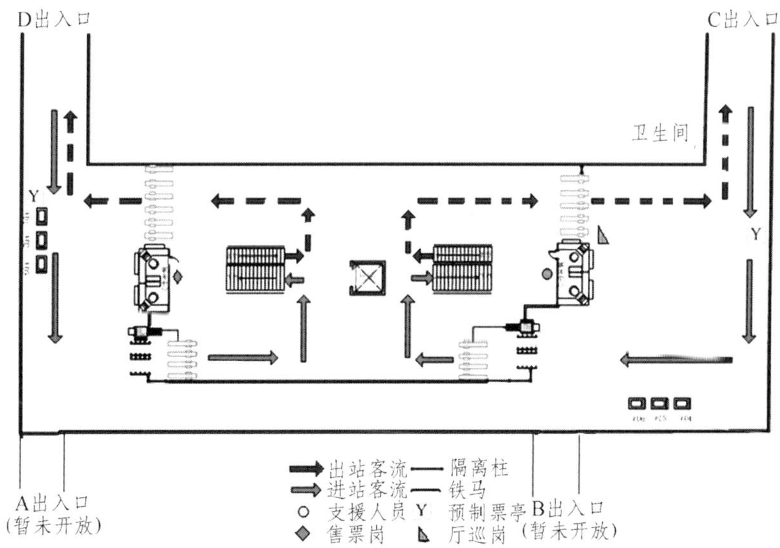

图 4-1-1 某地铁站日常情况站厅客流组织图

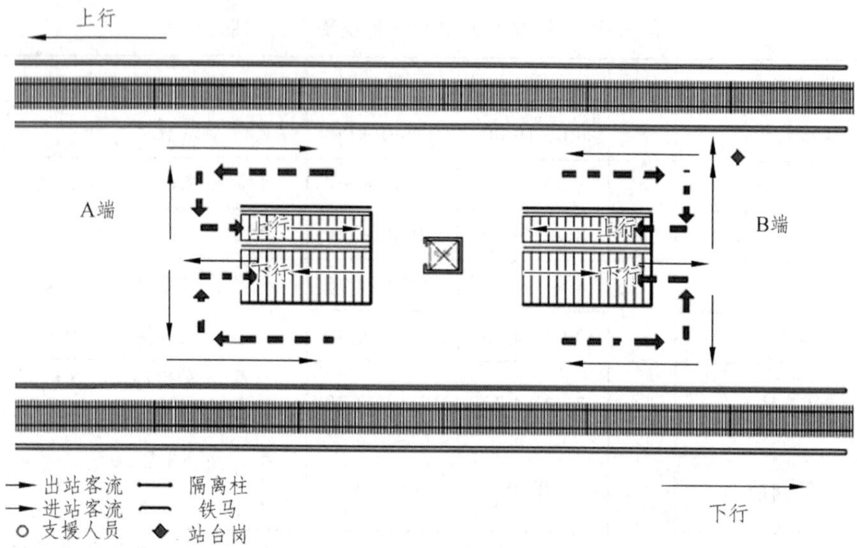

图 4-1-2　某地铁站日常情况站台客流组织图

五、高峰时间段及周末客流组织

车站日常的客流高峰集中在乘客上下班时段。高峰时段，值班站长及客运值班员应加强车站巡视及乘客引导，如需要加强售票能力，车站可及时组织顶岗班售票，站厅增加两个临时票亭售卖预制票。站台增加一人引导乘客上下车和保证搭乘扶梯时的安全，必要时增设临时导向标识和隔离设施，组织乘客进、出分流。

任务二　非换乘站客流组织

【问题引入】

一个城市轨道交通车站无论规模大小，日常客流多少，只要开站就会有进站客流和出站客流，特别是我们城市轨道交通线网上为数众多的中间站进出站客流日益增多。请思考，我们应如何将进站客流和出站客流进行合理高效地组织，使之快速、有序地流动，减少相互交叉干扰，避免拥堵呢？

【学习目标】

知识目标

1. 掌握流线的概念及分类。
2. 掌握进出站客流组织的方法。

技能目标

1. 能画出不同车站的进站、出站流线。
2. 能根据车站进出流线确定本站的进出关键引导点。

素质目标

1. 培养独立分析问题及解决问题的能力。
2. 树立以人为本的服务意识。

【必备知识】

一、流线及其分类

所谓流线是指人或物流动的路线。城市轨道交通车站的流线主要指乘客流线。乘客流线按流动方向不同分为进站、出站流线和换乘乘客流线；按性质不同又可分为普通乘客流线和特殊乘客流线。

流线及其分类扫码观看

（一）按流动方向不同分类

1. 进站乘客流线

进站乘客流线按照其流动过程来看，可分为以下两种主要类型。

（1）进入车站直接上车的乘客流线。

这种流线的乘客主要包括绝大多数持城市一卡通、储值票或体验现行阶段智慧票务等不需要在车站另行购票的乘客。这类乘客大部分属当地居民上班族，出行高峰往往在上下班时间出现，他们的流线如图 4-2-1 所示。

进入站厅 → 入闸检票 → 站台候车 → 上车旅行

图 4-2-1　进站乘客流线之一

（2）进入车站购票上车的乘客流线。

这种流线的乘客主要是不经常乘坐城市轨道交通出行的当地居民或从其他交通工具换乘过来的外地乘客，一般这类客流在节假日或周末比较集中，他们的流线如图 4-2-2 所示。

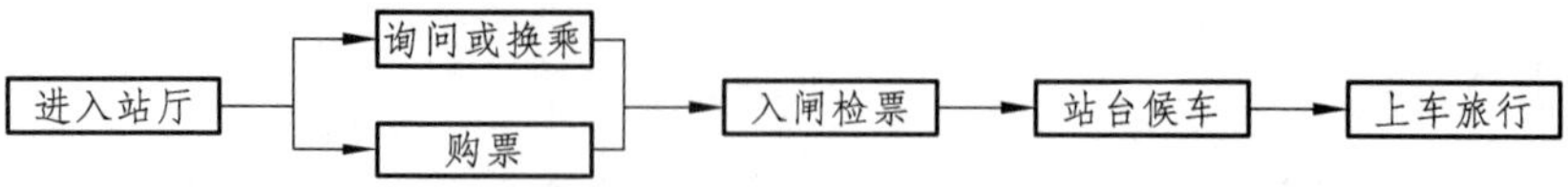

图 4-2-2　进站乘客流线之二

2. 出站乘客流线

出站乘客流线比进站乘客流线简单，主要是终到乘客形成的流线，乘客办理手续少，在车站停留时间短，该流线如图 4-2-3 所示。

其中，又有少部分终到乘客在出站后需要办理其他票务业务。

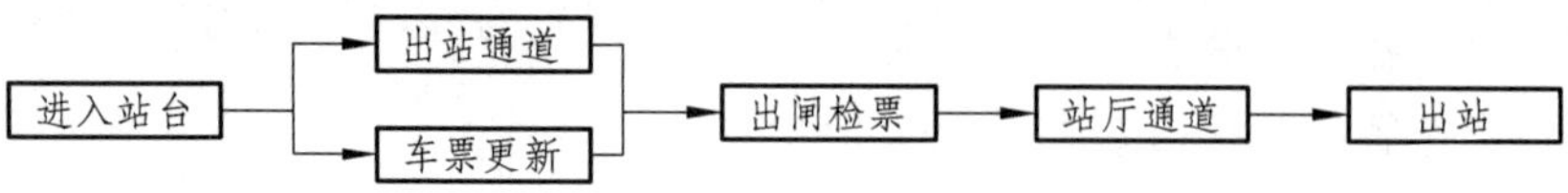

图 4-2-3　出站乘客流线

3. 换乘乘客流线

在一些城市客运枢纽站或城市轨道线路内的换乘车站存在大量的换乘乘客，他们的流动过程形成了换乘乘客流线，该流线如图 4-2-4 所示。

图 4-2-4　换乘乘客流线

（二）按性质不同分类

1. 普通乘客流线

普通乘客流线是人流中的主要流线，流量最大，对于这种流线，主要应考虑的还是通畅便利。普通进、出站乘客以及换乘乘客最基本的流线如图 4-2-5 所示。

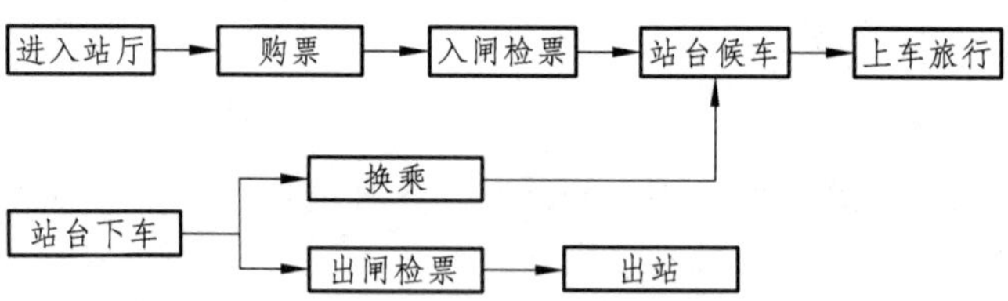

图 4-2-5　普通进、出站乘客以及换乘乘客流线

2. 特殊乘客流线

特殊乘客包括母婴、老弱病残、团体旅客等，其流线与普通乘客的流线相同。但考虑到其特殊性，可考虑开辟专用的检票口，并在相关位置设置相应的服务设施，以保证其优先、就近上车。

二、进出站客流组织

（一）进站客流组织

按照进站乘客流线，通过合理布置客运有关设备、设施以及对客流采取有效的分流或引导措施来组织乘客进站。

1. 进入站厅层非付费区

通过进站导向标识或在人工引导下组织乘客经出入口、楼梯、自动扶梯（或垂直电梯），通过通道进入站厅层非付费区。

2. 进入站厅层付费区

（1）通过购票导向标识或在人工引导下组织部分乘客在自动售票机、客服中心、临时票亭购票后，通过进站闸机入闸检票后进入付费区。

（2）组织引导部分持储值票、城市“一卡通”票、乘次票等乘客，直接通过进站闸机入闸检票后进入付费区。

（3）人工组织引导部分需充值、处理问题车票的乘客到客服中心处理车票后，通过进站闸机入闸检票后进入付费区。

3. 进入付费区站台层

通过乘车方向标识或在人工引导下组织乘客再通过楼梯、自动扶梯（或垂直电梯）进入站台层候车。

4. 在站台层组织候车、上车

（1）乘客到达站台，通过方向导向标识或乘客咨询系统选择乘车方向和了解列车到发时刻，在人工引导下组织乘客站在黄线内候车。

（2）列车到站停稳开门后，人工组织引导乘客按先下后上的顺序乘车。

（二）出站客流组织

按照出站乘客流线，通过合理布置客运有关设备、设施以及对客流采取有效的分流或引导措施来组织乘客。

1. 到达付费区站台层

列车到站停稳开门后，乘客在站台岗工作人员的引导下按先下后上的顺序下车，到达车站站台。

2. 进入站厅层付费区

通过出站导向标识或在人工组织下引导乘客经楼梯、自动扶梯（或垂直电梯），进入车站站厅层付费区。

3. 进入站厅层非付费区

（1）引导组织部分持单程票乘客，通过出站闸机在出闸检票、回收车票后进入非付费区。

（2）引导组织部分持储值票、城市“一卡通”票、乘次票等乘客，通过出站闸机出闸检票，扣除车费或乘次后进入非付费区。

（3）人工引导组织部分需补票、处理问题车票的乘客到客服中心补票或更新处理车票后，通过出站闸机出闸检票，回收车票或扣费后进入非付费区。

4. 引导出站

通过出站导向标识、出入口导向标识或人工引导组织乘客经通道、楼梯、自动扶梯（或垂直电梯）、出入口出站。

三、非换乘车站通过能力及客流瓶颈分析

（一）车站通过能力计算方法

车站通过能力，主要包括出入口、站厅通道、进出闸机、乘降设备（站厅至站台）四个部位的通过能力。

1. 出入口通过能力计算

出入口通过能力（S_1）为各出入口楼梯通过能力、自动扶梯通过能力以及直升电梯通过能力之和。

2. 站厅通道通过能力计算

站厅通道通过能力是指售票机前的通道通过能力（S_2），忽略购票排队客流，取理想值。

3. 进出闸机通过能力计算

进出闸机通过能力（S_3）为站厅的各台进出闸机通过能力之和。

4. 乘降设备通过能力计算

乘降设备通过能力（S_4）为站厅至站台的楼梯及自动扶梯通过能力之和。

（二）车站通过能力计算实例

1. 车站数据收集

某城市地铁非换乘站南北走向，共分为两层，负一层为站厅层，分为 A、B 端；负二层为岛式站台层，站台两侧为上下行正线，如图 4-2-6 所示。此站设有 3 个出入口 A 口、B 口和 C 口，分别设置有步行楼梯、自动扶梯和垂直电梯，具体设置如表 4-2-1 所示。

此站在站厅 A 端（B 口、C 口）、B 端（A 口）分别设有 1 个客服务中心，每个客服中心均设有 2 台 BOM；设置有 2 组 TVM，共 8 台，分布于站厅 A 端、B 端；设有进站闸机共 8 台，出站闸机共 10 台，双向闸机 2 台，具体如表 4-2-2 所示。

2. 车站通过能力计算

城市轨道交通车站各设施设备的通过能力根据《地铁设计规范》（GB 50157—2013）的相关标准计算得到，具体如表 4-2-3 所示。

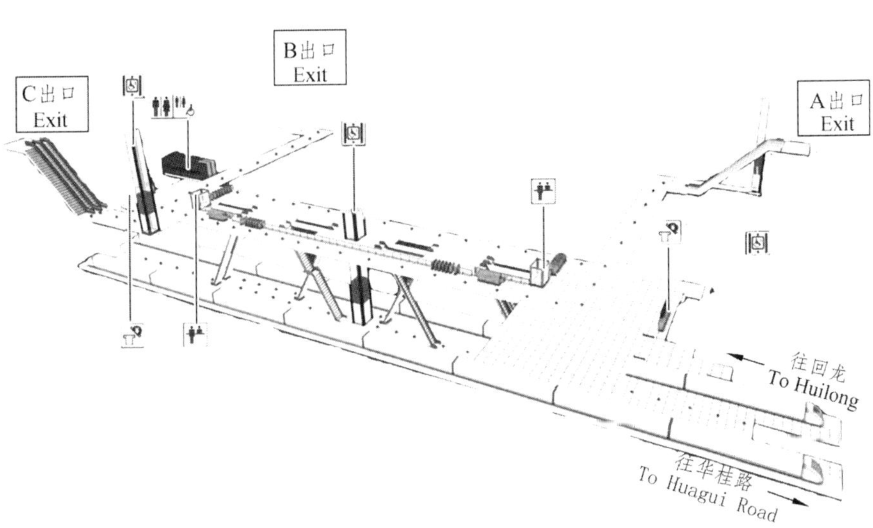

图 4-2-6　某城市地铁非换乘车站空间分布图

表 4-2-1　车站楼梯/自动扶梯/垂直电梯分布

名称	楼梯宽度/m	自动扶梯/个	垂直电梯/个
A 口	2	2	1
B 口	2	2	—
C 口	2	2	1
A 端付费区	—	2	—
B 端付费区	—	2	—
站厅中部	2	—	1

表 4-2-2　车站 AFC 终端设备闸机分布

出入口	B 口、C 口	A 口
进站闸机数量	4	4
出站闸机数量	5	5
双向闸机数量	1	1
合计	10	10

表 4-2-3　车站各设施通过能力（节选）

部位名称		最大通过能力/（人次/h）
1 m 宽楼梯	下行	4 200
	上行	3 700
	双向混行	3 200

续表

<table>
<tr><td colspan="3">部位名称</td><td>最大通过能力/（人次/h）</td></tr>
<tr><td colspan="2" rowspan="2">1 m 宽通道</td><td>单向</td><td>5 000</td></tr>
<tr><td>双向混行</td><td>4 000</td></tr>
<tr><td colspan="2" rowspan="2">1 m 宽自动扶梯</td><td>输送速度 0.5 m/s</td><td>6 720</td></tr>
<tr><td>输送速度 0.65 m/s</td><td>≤8 190</td></tr>
<tr><td colspan="2" rowspan="2">0.65 m 宽自动扶梯</td><td>输送速度 0.5 m/s</td><td>4 320</td></tr>
<tr><td>输送速度 0.65 m/s</td><td>5 265</td></tr>
<tr><td colspan="3">人工售票口</td><td>1 200</td></tr>
<tr><td colspan="3">自动售票机</td><td>300</td></tr>
<tr><td colspan="3">人工检票口</td><td>2 600</td></tr>
<tr><td rowspan="3">自动检票机</td><td>三杆式</td><td>非接触 IC 卡</td><td>1 200</td></tr>
<tr><td>扇门式</td><td>非接触 IC 卡</td><td>1 800</td></tr>
<tr><td>双向扇门式</td><td>非接触 IC 卡</td><td>1 500</td></tr>
</table>

（1）出入口通过能力计算。

根据表 4-2-3 中的相关数据，整理出本车站出入口各设施的通过能力，具体如表 4-2-4 所示。

表 4-2-4　出入口通过能力

位置	宽度/m	参考值/（人次/h）	通过能力/（人次/h）
出入口扶梯	1×6	8 190	49 140
A 口楼梯	2	3 200	6 400
B 口楼梯	2	3 200	6 400
C 口楼梯	2	3 200	6 400

该站共有 3 个出入口，其中含自动扶梯 6 个（每台宽 1 m），楼梯 6 个。垂直电梯通行能力忽略，则该站出入口通过能力 S_1=49 140+6 400+6 400+6 400=68 340（人次/h）。

（2）通道通过能力。

根据表 4-2-3 中的相关数据，整理出本车站通道的通过能力，具体如表 4-2-5 所示。

表 4-2-5　通道通过能力

位置	宽度/m	参考值/（人次/h）	通过能力/（人次/h）
站厅通道	2+2+2	4 000	24 000

该站共有三条站厅通道，每条通道售票机前留有 2 m 的购票区域，实际可通过宽度为 2 m，故单条通道的宽度为 2 m。

设该站通道通过能力为 S_2，则 S_2=（2+2+2）×4 000 =24 000（人次/h）

（3）进出闸机通过能力。

根据表 4-2-3 中的相关数据，整理出本车站进出闸机通过能力，具体如表 4-2-6 所示。

表 4-2-6　进出闸机通过能力

位置	宽度/m	参考值/（人次/h）	通过能力/（人次/h）
进站闸机	4+4	1 800	14 400
出站闸机	5+5	1 800	18 000
双向闸机	1+1	1 500	3 000

该站有两组进站闸机，每组 4 台；有两组出站闸机，每组 5 台；两组双向闸机，每组各 1 台。闸机均为扇门式设计，进出站闸机选用通过能力为 1 800 人次/h 的，双向闸机选用通过能力为 1 500 人次/h 的。

设该站进出闸机通过能力为 S_3，则 S_3=（4+4）×1 800+（5+5）×1 800+（1+1）×1 500=35 400（人次/h）

（4）站厅到站台的乘降设备通过能力。

根据表 4-2-3 中的相关数据，整理出本车站站厅到站台乘降设备的通过能力，具体如表 4-2-7 所示。

表 4-2-7　乘降设备通过能力

位置	宽度/m	参考值/（人次/h）	通过能力/（人次/h）
站厅楼梯	2	3 200	6 400
站厅扶梯	1×4	8 190	32 760

站厅至站台的乘降设备，共包括扶梯 4 台（宽度均为 1 m），楼梯 2 台（宽度为 1 m）。设该站乘降设备通过能力为 S_4，则 S_4=2×3 200+（1×4）×8 190=39 160（人次/h）

（三）车站客流瓶颈分析

1. 车站客流瓶颈分析方法

最小通过能力 $M=\min\{S_1, S_2, S_3, S_4\}$，其值即为客流瓶颈。

2. 车站客流瓶颈分析实例

（1）客流瓶颈分析。

根据前面车站通过能力的计算结果，对本站的客流瓶颈进行分析。

表 4-2-8　进站能力排序分析

序号	路径	通过能力/（人次/h）	通过能力排序
1	S_1：出入口	68 340	1
2	S_2：通道	24 000	4
3	S_3：闸机	35 400	3
4	S_4：站厅至站台	39 160	2

通过以上数据排序可知，车站最易发生堵塞的位置为自动售票机前面的进站通道。结合车站实际客运组织情况，可知该处的确是客流组织的瓶颈。

（2）解决客流瓶颈的组织措施。

根据前面对车站通过能力的分析，得到本站客流瓶颈为自动售票机（TVM）前通道处。针对这一客流瓶颈，车站制定相关措施如下。

① 在 TVM 前设置购票分隔区，畅通客流流线，避免进出站客流与排队购票客流交叉干扰。

② 及时补币补票，高峰期安排人员在 TVM 前引导乘客购票。

③ 由于车站常开 A 端客服中心，高峰期应同时开启 A、B 两端客服中心以引导购票乘客分散购票。

④ 定时监控进出站客流状态，加强对 TVM 的巡视力度，发现故障及时报修并督促尽快处理。

【实训任务】

<table>
<tr><td>任务名称</td><td colspan="3">分析车站客流组织瓶颈及制定解决措施</td></tr>
<tr><td>任务描述</td><td colspan="3">调查本城市某一非换乘站，根据车站设备设施设置数量计算本车站的通过能力，并分析车站客流组织瓶颈和拥堵关键点，再根据实际情况给该站制定解决拥堵点的措施</td></tr>
<tr><td>实践目的</td><td>能运用规范标准计算车站通过能力并分析关键客流组织引导点，提升同学们分析问题及解决问题的能力</td><td>实践场所</td><td>模拟车站综合实训室</td></tr>
<tr><td>任务要求</td><td colspan="3">根据前面客流调查的结果，分组分工协作，画出本车站的进出站流线，根据进出站流线分析车站设备设施布局的合理性，根据规范计算本车站的通过能力，并分析客流组织的瓶颈点。根据车站现有导流设施的配备及人员配备情况，提出解决瓶颈的措施，并进行本站进出站客流组织的优化</td></tr>
</table>

一、知识检测

1. 填空

（1）所谓流线是指________或_________流动的路线。

（2）乘客流线按流动方向不同分为___________、__________流线和_________流线。

（3）乘客流线按性质不同又可分为_________乘客流线和________乘客流线。

（4）引导出站客流是通过出站导向标识或人工组织，引导乘客经通道，通过________到达站厅________，然后再经由________出站。

（5）出入口通过能力为_________通过能力、_________通过能力以及________通过能力之和。

2. 单选题

（1）列车到站停稳开门后，人工引导组织乘客按（　　）的顺序乘车。

A. 同上同下　　B. 一起上下　　C. 先上后下　　D. 先下后上

（2）乘客到达站台，通过方向导向标识或乘客咨询系统选择乘车方向和了解列车到发时刻，人工组织引导乘客站在（　　）内候车。

A. 黑线　　B. 红线　　C. 黄线　　D. 绿线

（3）车站通过能力，主要分为（　　）、站厅通道、进出闸机、乘降设备（站厅至站台）

四个部位的通过能力。

A. 站厅　　B. 出入口　　C. 站台　　D. 列车开行对数

（4）在车站客流瓶颈分析中，客流瓶颈是取各部位最（　　）值。

A. 中　　B. 大　　C. 小　　D. 极

（5）出站乘客流线比进站乘客流线（　　）。

A. 简单　　B. 复杂　　C. 同等难度　　D. 长

3. 判断题

（1）客流组织的核心是流线的设计，所谓流线，是指车站内乘客的流动过程和流动路线。（　　）

（2）普通乘客流线是人流中的主要流线，人数最多，主要应考虑的还是通畅便利。（　　）

（3）出站乘客流线比进站乘客流线简单。（　　）

（4）进站乘客流线按照其流动过程来看，只有一种类型。（　　）

（5）进出闸机通过能力（S_3）为站厅的各台进出闸机通过能力之和。（　　）

二、技能目标检测

根据前述实训任务，分组讨论，完成相应要求，最后每一组选一名同学进行展示。

序号	技能检测评价项目	评分	备注
1	车站的进出站流线铺画的准确性（20%）		
2	是否正确计算车站各部分通过能力（20%）		
3	分析车站客流组织瓶颈和拥堵关键点（30%）		
4	提出解决关键引导点客流拥堵的优化措施是否可行（30%）		

三、素质检测

由教师根据学生课堂表现及技能目标测试环节，对学生素质目标进行检查并评分。

序号	素质检测评价项目	评分	备注
1	思维展示的逻辑性（30%）		
2	理论认知的准确性（30%）		
3	观点表达的清晰度（10%）		
4	相应实训任务的完成，思政元素的思考，实事求是分析问题及解决问题的态度等（30%）		

【知识拓展】

城市轨道交通车站客流仿真系统简介

国内外城市轨道交通车站仿真软件主要有 AnyLogic、Legion、STEPS、Sim Walk 等，本文主要以 AnyLogic 为例来简单介绍仿真系统在城市轨道交通车站客流组织中的实践应用。

一、AnyLogic 简介

AnyLogic 是一个专业虚拟原型环境，用于设计包括离散、连续和混合行为的复杂系统。AnyLogic 能帮助使用者快速地构建被设计系统的仿真模型（虚拟原型）和系统的外围环境，包括物理设备和操作人员。

AnyLogic 提供给客户独特的仿真方法,即在任何 Java 支持的平台或是 Web 页上运行模型仿真。AnyLogic 是唯一可以创建真实动态模型的可视化工具，即带有动态发展结构及组件间互相联络的动态模型。

使用 AnyLogic 的过程，用户并不需要另外再学习其他语言或图形语言。AnyLogic 所有的建模技术都是以 UML-RT、Java 和微分方程（若用户想要为连续行为建模）为基础的，这些也是目前大多数用户所熟悉的技术。如果用户比较喜欢快速的“拖-拉式”建模，AnyLogic 也能提供一系列针对不同领域的专业库。

AnyLogic 的动态仿真具有独创的结构，用户可以通过模型的层次结构，以模块化的方式快速地进行复杂交互式动态仿真。AnyLogic 的动态仿真是 100% Java 的，因此可以通过 Internet 访问并在 Web 页上显示。

二、仿真系统软件在车站客流组织中的应用

乘客在车站内走行的路线构成客流流线。前面已经介绍了进站流线和出站流线。城市轨道交通车站内往往会出现进、出站流线交叉的情况，高峰期的流线交叉更是会造成站内一定程度的拥堵现象。

（一）客流瓶颈识别方法

从前面的进站流线图和出站流线图中可以看出，车站内乘客的走行行为，可视为若干个独立走行节点的接续。一旦前面节点的通行能力大于后面节点的通行能力，车站内就不会出现排队或拥堵现象，这一方法被称为瓶颈识别方法，如图 4-2-7 所示，图中的 1、2、3 分别为地铁站内箭头指示方向上的 3 个不同节点，其通过能力分别为 C_1、C_2、C_3；当 $C_1<C_2<C_3$ 时，站内不会出现拥堵现象；若 $C_1>C_2$ 或 $C_2>C_3$，随着后面节点乘客数量的不断增加，站内会产生不同程度的拥堵现象。

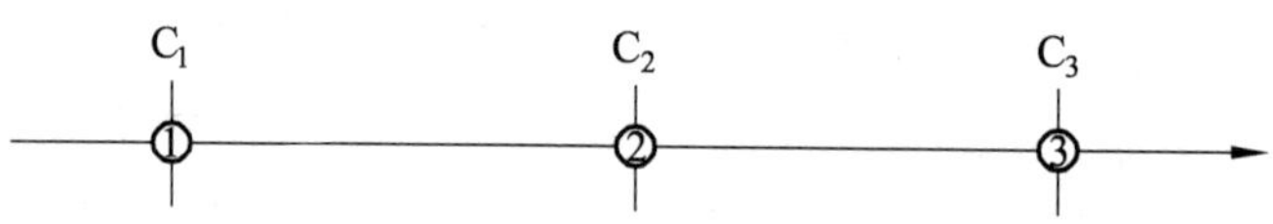

图 4-2-7　瓶颈识别方法示意图

（二）客流组织效果评价

城市轨道交通车站客流组织主要从流畅性、时效性以及舒适性 3 个方面评价客流组织效果的优劣性，对应的评价指标分别为乘客平均排队人数、平均逗留时间以及区域密度。

（1）平均排队人数：平均排队人数 L 指地铁站内某一单位时间内流线上的平均排队人数，表达式为

$$L=\frac{\sum_{i=1}^{n}L_i}{n}$$

其中，L_i为第 i 个设备的排队人数；n 为设备数量；L 值越小，代表此流线上流畅性越好。

（2）平均逗留时间：平均逗留时间 T 指某条流线上若干个乘客在指定范围内逗留时间的平均值，表达式为

$$T=\frac{\sum_{j=1}^{m}t_j}{n}$$

其中，t_j为第 j 个乘客在指定范围内的逗留时间；m 为乘客数量；T 越小，代表此流线上时效性越好。

（3）区域密度：区域密度 D 指单位面积内的乘客数量，表达式为

$$D=\frac{m}{s}$$

其中，s 为区域面积，m 为乘客数量；D 越小，代表该区域内行人舒适性越好。

（三）确定进出站客流组织能力瓶颈及关键引导点步骤

（1）调查实际客流量大小。

（2）安装 AnyLogic 软件并使用。

（3）根据车站实际布局图，在系统内进行车站模型的构建。

（4）完成模型构建后，在模型中输入客流量、评价指标等参数。

（5）系统将完成客流在车站流动的动态情景。

（6）寻找客流流动过程中拥堵点，即为关键引导点。

（7）根据车站现有导流设施的配备及人员配备情况，提出解决关键引导点客流拥堵的优化措施或建议。

任务三　换乘站客流组织

【问题引入】

由于乘客对城市轨道交通服务质量的要求越来越高，城市轨道交通企业也应转变思路，“以人为本”，从原本考虑“人的通行”转变为考虑“人的体验”。比如，成都地铁火车南站地铁站，由于是 1 号线、7 号线、18 号线的换乘站，三线换乘加之位于商务区，早晚高峰进出站客流与换乘客流交叉干扰严重，以前都是通过加隔离栏杆、铁马等设施硬性引导乘客绕行，以缓解换乘客流拥堵时带来的压力，2020 年该站增设了换乘不同线路的时间引导标志，给乘客提供了选择最佳换乘路径的信息，让乘客自主选择（绝大多数乘客选择时间较短线路换乘）换乘 1 号线还是 18 号线，提高了乘客乘坐体验，同时也减轻了换乘站的拥堵压力，提高了换乘的客流组织效率。

【学习目标】

知识目标

（1）掌握换乘方式的类型及特点。

（2）掌握不同换乘方式的客流组织方法。

（3）掌握车站换乘客流组织能力瓶颈的计算方法。

技能目标

（1）会识别各种换乘站的换乘方式。

（2）能画出不同换乘方式车站的换乘流线。

（3）能确定不同换乘站换乘客流组织能力瓶颈及关键点。

素质目标

（1）树立“以人为本”的服务意识。

（2）培养“顾全大局”的职业素养。

（3）提升解决问题的思维能力。

【必备知识】

一、换乘客流组织原则

换乘站一般客流比较大，同时客流流线复杂，客流组织相对于其他车站难度更高。换乘站根据不同的换乘方式在客流组织管理上应注意采用不同的方法，总的原则在于应组织好换乘客流，缩短换乘路径，减少换乘客流与进出站客流的交叉、干扰。

换乘站进行客流组织时除应满足客流组织的普遍原则外，还应特别考虑以下几个方面的要求：

（1）合理安排换乘站售检票位置、出入口、楼梯，使车站内的进站、出站及换乘流动路线简单、明确，尽量减少三种不同流线的交叉、对流、迂回。

（2）完善车站换乘导向标识等诱导系统，及时为乘客提供快速分流的换乘信息，减少车站内换乘客流集聚和过分拥挤的情况出现。

（3）满足特殊情况下换乘客流的方便性、安全性、舒适性等一系列基本要求，如适宜的换乘步行距离、对残疾人专门设计无障碍换乘通道等。

（4）乘客换乘其他交通工具时交通工具之间能顺利连接，使换乘客流与车流的行驶路线严格分开，以确保乘客通行与车辆行驶不发生交叉。

二、换乘方式

换乘站换乘方式及特点

扫码观看

（一）换乘地点

根据乘客换乘的地点不同，乘客可以在付费区实现换乘，也可在非付费区实现换乘。

1. 付费区换乘

乘客到达换乘站下车后，不需要通过出站闸机，直接在付费区内根据换乘导向标志或在人工引导下到达另一条线路的站台乘车。

2. 非付费区换乘

乘客到达换乘站下车后，根据换乘导向标识或在人工引导下到达站厅层付费区，然后通过出站闸机进入非付费区或出站，到另一条线路重新进入付费区或进站后进行换乘。

（二）换乘方式及客流组织方法

1. 换乘乘客流线

在一些综合型枢纽站或城市轨道线路间换乘车站，存在大量的换乘乘客，他们的流动过程形成了换乘乘客流线，如图 4-3-1 所示。

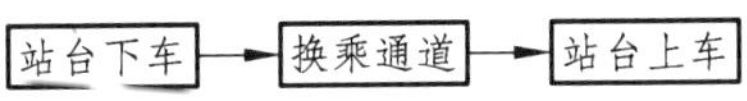

图 4-3-1　换乘乘客流线

不同换乘方式其换乘通道也不尽相同，下文将介绍不同换乘方式的客流组织方法。

2. 换乘方式及客流组织方法

根据乘客换乘的客流组织方式不同，可将车站换乘方式分为站台直接换乘、站厅换乘、通道换乘、站外换乘和组合式换乘，如图 4-3-2 所示。

（1）站台直接换乘。

站台直接换乘有两种方式：同站台换乘和上下层站台换乘。

① 同站台换乘。

同站台换乘是指两条不同线路的站线分设在同一个站台的两侧，乘客可在同一站台由 A 线换乘到 B 线。这种换乘方式适用于两条平行的线路，为方便客流组织宜采用岛式站台设计，要求站台能够满足换乘高峰客流量的要求，乘客无须换乘行走，换乘时间最短，但换乘方向受限。该换乘方式的车站既可以是双岛式站台，如图 4-3-3 所示；也可以是岛侧式站台，如图 4-3-4 所示。

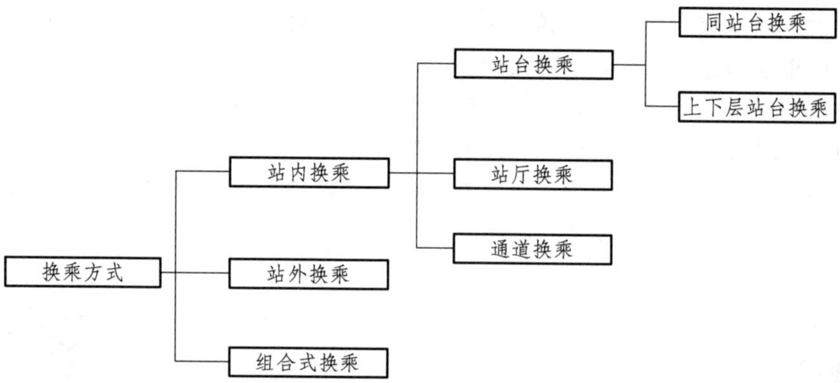

图 4-3-2　城市轨道交通不同线路间的换乘方式

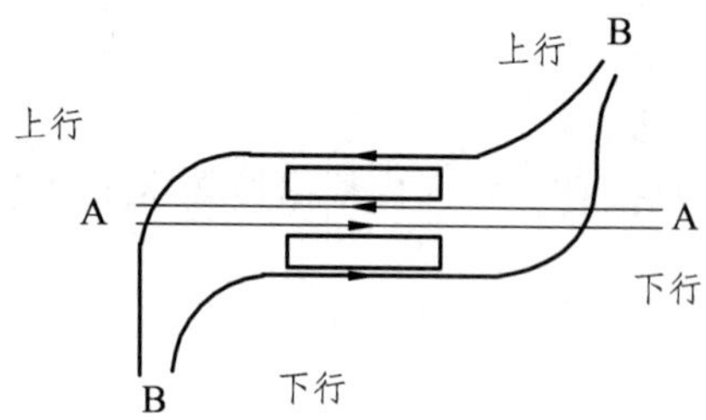

图 4-3-3　同站同平面双岛式换乘站

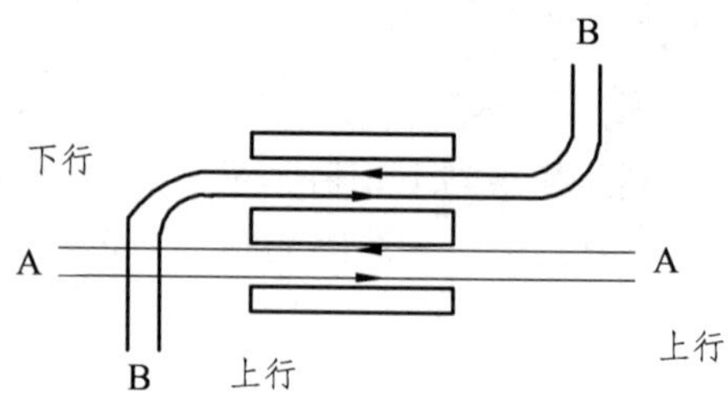

图 4-3-4　同站同平面岛侧式换乘站

双线双岛式站台能满足同站台两条线两个方向的换乘。双线岛侧式站台仅提供两线一个方向的换乘。这两种布置形式的其他换乘方向的乘客还需要通过站厅层或自动扶梯、楼梯进行换乘。

同站台直接换乘乘客流线如图 4-3-5 所示，此种换乘方式最为简便，乘客根据站台上工作人员的引导或者根据站台的导向标识在同一站台的另一侧等候上车，适用于两条平行的线路，乘客无须换乘行走，那么换乘时间最短，深圳地铁老街站、成都地铁西北桥站便是同站台换乘。

图 4-3-5　同站台直接换乘乘客流线

② 下层站台换乘。

上下层站台换乘是指乘客由车站的一个站台通过楼梯或自动扶梯到车站的另一个站台直接换乘。这种换乘方式要求换乘楼梯或自动扶梯应有足够的宽度，以免发生乘客堆积和拥挤的情况。

根据城市轨道交通线路交叉的情况及两个站台的相对位置，可形成站台与站台的十字换乘（见图 4-3-6）、T 形换乘、L 形换乘和平行换乘等模式（见图 4-3-7）。

上、下层站台换乘乘客流线如图 4-3-8 所示，乘客根据站台导向标识及在站台工作人员的引导下，选择相应的自动扶（楼）梯上或下，到达需要换乘线路的站台候车及上车。这种换乘方式易造成换乘的乘客随出站的乘客一起乘坐到达站厅的自动扶梯到达站厅，使换乘的乘客不能顺利完成换乘，此种换乘方式是目前城市轨道交通车站较为普遍的换乘方式，因此，站台上的人工引导起到了重要的作用。

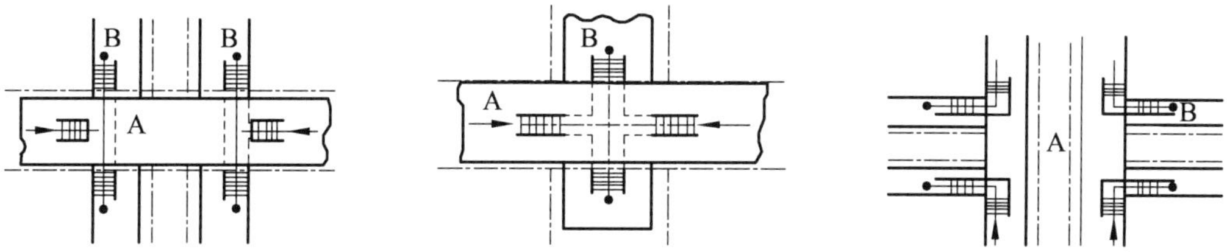

（a）　　（b）　　（c）

图 4-3-6　城市轨道交通车站十字换乘模式

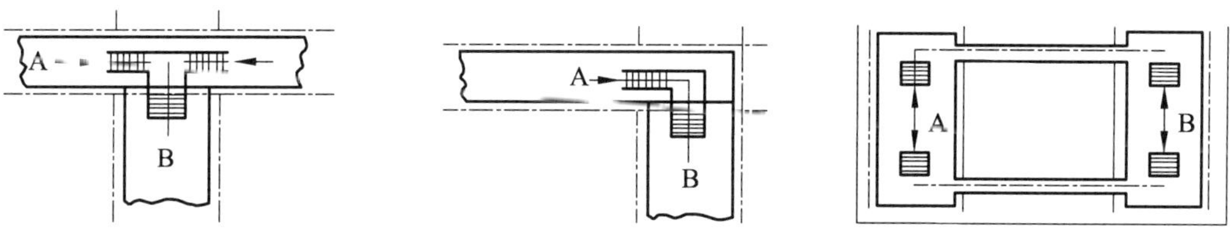

（a）　　（b）　　（c）

图 4-3-7　城市轨道交通车站 T 形、L 形、平行换乘模式

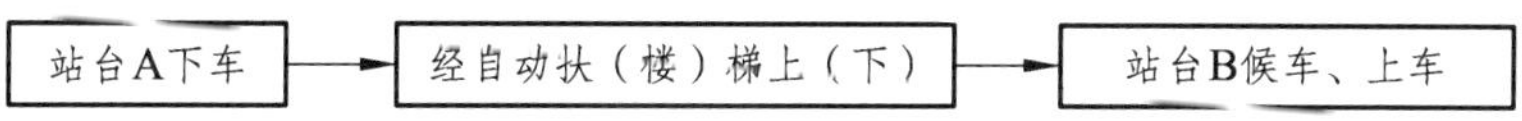

图 4-3-8　上下层站台换乘乘客流线

（2）站厅换乘。

站厅换乘是指乘客由一条线的站台通过楼梯或自动扶梯到达另一条线的站厅或两线共用的站厅，再由这一站厅通到另一条线站台的换乘方式。这种情况下，下车客流朝一个方向流动，从而减少了站台上人流的交织，乘客行进速度快。

两条线共用站厅付费区的换乘方式，其换乘流线如图 4-3-9 所示。选用这种换乘方式时，在共用站厅付费区的导向标志及人工引导显得极为重要。

图 4-3-9　两条线共用站厅换乘乘客流线

两条线不共用站厅的换乘方式，其换乘流线如图 4-3-10 所示。这种换乘方式，在两条线的站厅付费区均设置较明显的换乘导向标识，并配备一定的工作人员进行换乘引导，如深圳地铁布吉站为 3 号线及 5 号线的换乘站，3 号线站厅为高架一层、站台为高架二层，而 5 号线的站厅为地下一层、站台为地下二层，因此换乘乘客走行的距离较长。

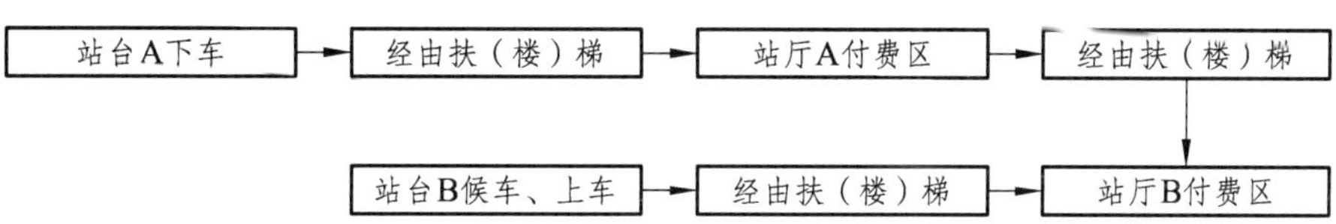

图 4-3-10　两条线不共用站厅的换乘乘客流线

（3）通道换乘。

两条线路的换乘可以通过设置单独专用的换乘通道帮助乘客进行线路间的换乘，通道换乘设计应注意上下行客流的组织，更应避免双方向的换乘客流与进出站客流的交叉紊乱。

换乘通道可以连接两条线的站厅付费区，如图 4-3-11 所示。

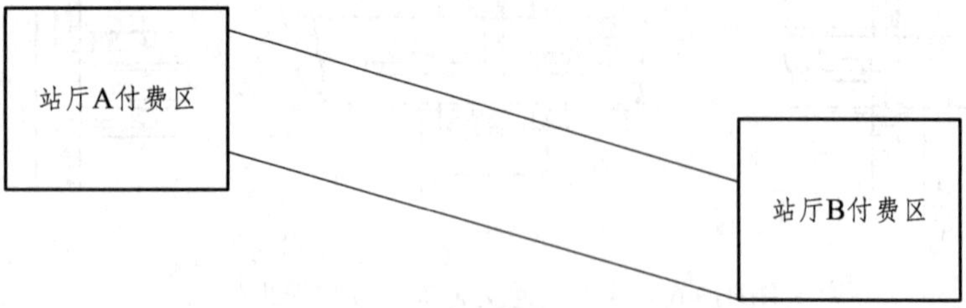

图 4-3-11　连接两个站厅付费区的专用换乘通道

采用这种换乘通道，乘客换乘距离相对较远，换乘时间较长，换乘流程如图 4-3-12 所示。

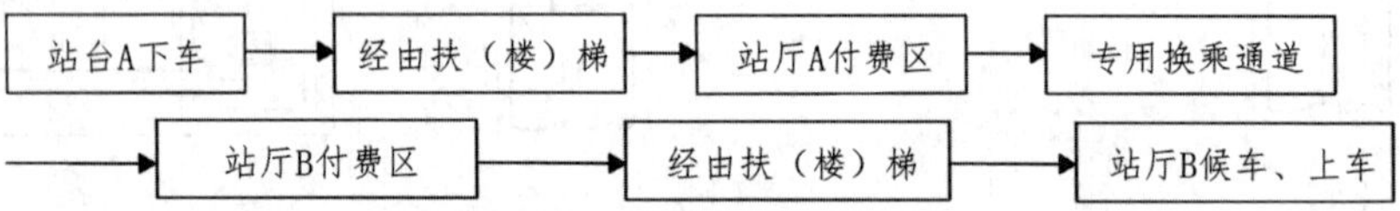

图 4-3-12　连接两条线路站厅付费区的通道换乘乘客流线

换乘通道可以直接连接两个站台，如图 4-3-13 所示。

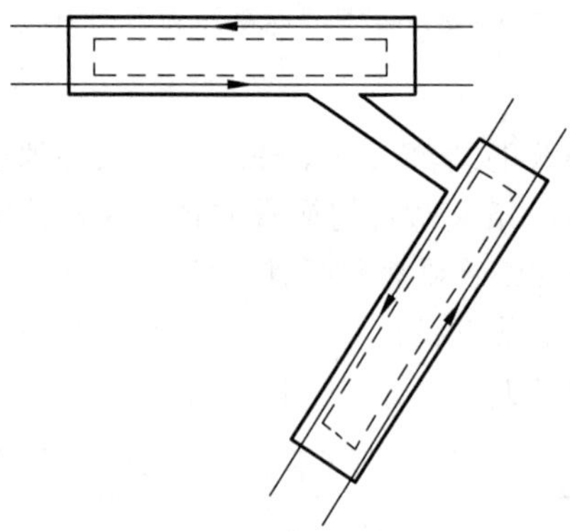

图 4-3-13　连接两个站台的换乘通道

这种连接两个站台的通道换乘，其换乘距离相对较近，换乘时间较短，换乘流程如图 4-3-14 所示。

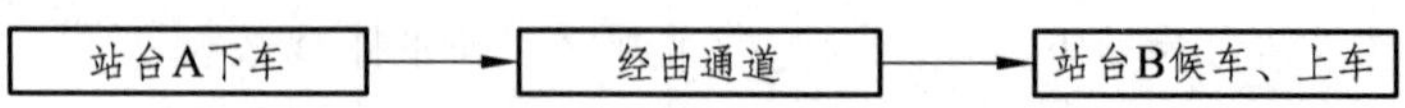

图 4-3-14　连接两个站台的通道换乘乘客流线

采用这种通道换乘，方式虽然没有同站台直接换乘方便、迅速，但设有专用通道，能给乘客提供明显的换乘方向。

（4）站外换乘。

站外换乘是指乘客在车站付费区以外进行换乘，实际上是一种没有专用换乘设施的换乘方式。采用站外换乘方式，往往是为了应对无线网规划所造成的后遗症，因此一般不予推荐。采取这种换乘方式时，由于乘客需增加一次进、出站手续，再加上在站外与其他人流交织和步行距离长，因而显得十分不便。对轨道交通自身而言，这是一种系统性缺陷的反映。因此，站外换乘方式是我们应尽量避免的。

（5）组合式换乘。

组合式换乘是上述两种及两种以上换乘方式组合而成的一种换乘方式（实践中往往是几种换乘方式的组合），以便所有换乘方向的乘客均能实现换乘。例如，同站台换乘方式辅以站厅或通道换乘方式，使所有的换乘方向都能换乘；上下层站台换乘方式在岛式站台中，必须辅以站厅或通道换乘方式，才能满足换乘能力；站厅换乘方式辅以通道换乘方式，可以减少预留工程量，等等。上述组合的目的，都是从功能上考虑的，不但要有足够的换乘通过能力，还要有较大的灵活性，为乘客乘车和工程实施提供方便。

三、换乘站通过能力及客流瓶颈分析

（一）换乘站通过能力计算方法

乘客进出站或是换乘时，理想状态下，会选取最直接的途径，即选择最近的闸机、楼梯、扶梯通行。

因此，由站台 A 至站台 B 的换乘模拟行径路线为

站台 A（T_1）→站台 A 至换乘平台（T_2）→换乘平台至站台 B（T_3）→站台 B（T_4）

1. 站台通过能力

换乘站的站台通过能力（T_1、T_4），为站台通道的通过能力之和。

2. 站台至换乘平台通过能力

站台至换乘平台通过能力（T_2、T_3），指站台至换乘平台楼梯及自动扶梯的通过能力之和。

根据《地铁设计规范》（GB 50157—2013），车站各设备设施最大通过能力标准（节选）如任务二中表 4-2-3 所示。

（二）换乘站通过能力计算实例

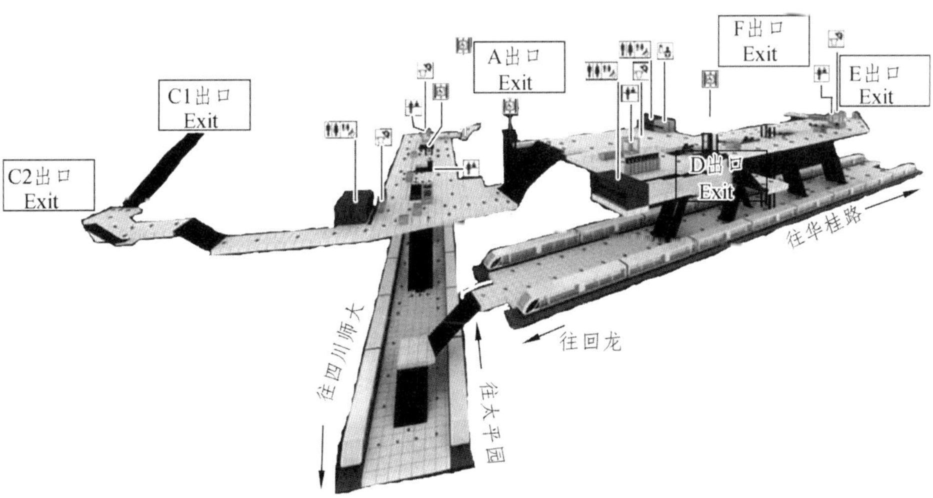

图 4-3-15　某城市地铁换乘站空间分布图

图 4-3-15 为某城市地铁换乘车站空间分布图，该车站一条南北走向线路与一条环线的交叉点上，共分为三层，负一层为站厅层，负二层为南北线站台层，负三层为环线站台层，两个站台均为岛式站台，站台两侧为上下行正线。共设有 6 个出入口 A、C1、C2、D、E、F，两线共用站厅，其中 A、C1、C2 口位于环线方向站厅，D、E、F 口位于南北线方向站厅。该案例中，取每米净宽的站台通道通过能力为 4 000 人次/h，每米净宽的楼梯通过能力为 3 200 人次/h，自动扶梯通过能力为 8 190 人次/h。

1. 站台 A 通过能力计算

根据《地铁设计规范》(GB 50157—2013) 中“岛式站台的最小宽度为 8 m”的规定，该案例中取 8 m。

设站台 A 通过能力为 T_1，则 T_1=8×4 000=32 000 (人次/h)

2. 站台 A 至换乘平台通过能力计算

站台 A 至换乘平台通过能力如表 4-3-1 所示。

表 4-3-1　站台 A 至换乘平台通过能力

位置	宽度/m	参考值/(人次/h)	通过能力/(人次/h)
站台 A 至换乘平台楼梯	21.8	3 200	11 520
站台 A 至换乘平台扶梯	14	8 190	32 760

该站站台 A 至换乘平台共 4 台自动扶梯 (均为 1 m 宽)，2 台楼梯 (宽度 1.8 m)。

设站台 A 至换乘平台通过能力为 T_2，则 T_2=11 520+32 760=44 280 (人次/h)

3. 换乘平台至站台 B 通过能力计算

换乘平台至站台 B 通过能力如表 4-3-2 所示。

表 4-3-2　换乘平台至站台 B 通过能力

位置	宽度/m	参考值/(人次/h)	通过能力/(人次/h)
换乘平台至站台 B 楼梯	21.8	3 200	11 520
换乘平台至站台 B 扶梯	14	8 190	32 760

该站换乘平台至站台 B 共 4 台自动扶梯 (均为 1 m 宽)，2 台楼梯 (宽度 1.8 m)。设该站换乘平台至站台 B 通过能力为 T_3，则 T_3=11 520+32 760=44 280 (人次/h)

4. 站台 B 通过能力计算

根据《地铁设计规范》(GB 50157—2013) 中“岛式站台的最小宽度为 8 m”的规定，该案例中取 8 m。设站台 B 通过能力为 T_4，T_4=8×4 000=32 000 (人次/h)

(三) 换乘站客流瓶颈分析

1. 换乘站客流瓶颈分析方法

最小通过能力 $N=\min\{T_1, T_2, T_3, T_4\}$，其值即为客流瓶颈。

2. 换乘站客流瓶颈分析实例

（1）客流瓶颈分析。

根据前面的通过能力计算结果，对本换乘站的客流瓶颈进行分析。

表 4-3-3　某站换乘能力排序分析

序号	路径	通过能力/（人次/h）	通过能力排序
1	T_1：站台 A	32 000	2
2	T_2：站台 A 至换乘平台	44 280	1
3	T_3：换乘平台至站台 B	44 280	1
4	T_4：站台 B	32 000	2

通过以上数据排序可知，换乘站的站台通过能力 T_1+T4=32 000+32 000=64 000（人次/h），站台至换乘平台通过能力 T_2+T_3=44 280+44 280=88 560（人次/h），$T_2+T_3>T_1+T_4$。该换乘车站容易在站台 A 和站台 B 上发生客流拥堵现象。而根据车站实际客运组织情况，该处会在早晚高峰期出现拥堵，的确是客流组织的瓶颈。

（2）解决客流瓶颈的组织措施。

根据前面对车站换乘通过能力的分析，得到本换乘站客流瓶颈为两条线路的站台处。针对这一客流瓶颈，车站制定措施如下：

① 高峰期增加站台人工引导，使乘客尽量平均分布在各车门处候车，而不是就近在楼梯或者扶梯口排队候车。

② 可临时设置分流或者隔离设施，避免不同方向客流发生交叉干扰。

③ 优化站台部分客运服务设备设施，如休息座椅等，以扩大站台通行范围。

四、与其他交通方式的换乘衔接

（一）与公交的衔接与换乘

城市轨道交通有大运量、快捷、准时、舒适的特征，以解决城市主要客流走廊、主要干道的中远距离客流出行为主。常规公交虽然运能小，但方便灵活，可将乘客送往四面八方，是解决中、短途交通问题的主力。因此，两者之间的优势互补、有效衔接在城市公共客运交通发展中起着重要的作用。

由于常规公交线路比城市轨道交通线路建设早，也使得在城市轨道交通线路越来越完善的背景下，线路的重合率越来越高。在重合率较高的线路中，出现了浪费资源和效益较低的问题；在重合率较低的线路中，普遍存在公交车站和城市轨道交通车站换乘距离较大的问题，从而降低了城市公共客运交通的整体服务水平和衔接效率。因此，需要完善城市轨道交通与常规公交的衔接与换乘系统，具体措施如下。

（1）尽可能为客流量大的综合枢纽站提供衔接公交的站场用地，设置公交换乘枢纽，通过立体换乘通道实现立体化衔接和“零换乘”；还可根据城市轨道交通站点周边公交停靠站的位置，在不影响道路交通的前提下，调整公交停靠站与轨道交通出入口的距离，必要时设置立体步行换乘通道，缩短换乘距离，方便客流换乘。

（2）结合道路结构和功能，从“线、面、点”三方面优化重组城市公共交通系统资源。调整与城市轨道交通线路平行且重叠的公交线网，保持适当规模作辅线，在局部客流大的轨道交通线路的某一段上，保留一部分公共汽车线，起分流作用，但重叠部分不宜过长。以放射的形式组织与轨道交通站点衔接的公交线路，不仅要抽疏与单独一条轨道线重叠的公交线路，还要抽疏与“十字”相交轨道网重叠的公交线路。同时，在城市新建区、客流较大边沿地区以及新建道路增加送达公交线路，加强轨道交通与主要客流吸引源的客运关系，加大轨道交通对沿线客流的吸引力。将轨道交通线路两端的地面常规公共交通线路的终点尽可能地汇集在轨道交通终点，组成换乘站。

（3）以轨道交通车站为核心，组织短途接驳公共汽车，加强对大型工业区、商业区、行政区、主要居住区等客流的收集与疏散，延伸网络的辐射。

（二）与铁路的衔接与换乘

与铁路车站的衔接与换乘，可通过以下两种方式实现：

（1）在既有火车站站前广场或站内站台地下单独建设城市轨道交通车站，利用出入口通道或站台立体通道与铁路车站衔接。

（2）在新建和改建火车站的过程中，将城市轨道交通车站一并纳入考虑，形成综合性交通枢纽，方便乘客换乘。

（三）与私人交通的衔接与换乘

城市轨道交通线路与私人交通工具的衔接与换乘主要表现在与小汽车的衔接与换乘、与自行车的衔接与换乘、与步行方式的衔接三个方面。

1. 与私人机动车的衔接与换乘

随着社会的发展，人们的生活质量越来越高，私家车变得越来越普及，同时出租车之外的利用手机 APP 和“小程序”预约的网约车也越来越多，大中城市的道路拥堵问题因此越来越严重，大中城市不仅通过汽车尾号限行的方式来缓解城市交通压力，停车换乘也是一种交通管理的重要手段，城市轨道交通与小汽车的衔接主要就是通过“P+R”（换乘停车场）的方式实现的。其具体措施如下：

在市区边缘的城市轨道交通换乘车站，设计时或预留了较大面积的机动车停车场，鼓励小汽车用户停车换乘城市轨道交通，促使个体交通向公共交通转化。这类停车场一般应布置于联系中心城区易造成交通拥挤的轨道交通车站附近和外围城区的主要道路一侧或高等级道路出入口处，这样容易被乘客所接受，同时在促使人流以小汽车交通向公共交通转移方面发挥了重要作用。

2. 与自行车的衔接与换乘

近几年，共享单车因其方便快捷、操作简单被越来越多的居民所选择，但因为其兴起较晚，所以城市轨道交通与其的衔接尚不够完善，主要表现在早晚高峰上。早高峰人们利用共享单车到达轨道交通车站出入口附近换乘，但是因为自行车停车场地用地不足和对出站口的自行车管理不到位而出现侵占盲道、人行道，无序摆放的现象，此类现象大大降低后续换乘的便捷性和舒适性。晚高峰人们倾向于利用共享单车来解决“最后一公里”的问题，但往往存在出站较晚的乘客无车可骑的问题，所以共享单车投放的具体数量也会影响其与轨道交通的换乘效率。调查表明，自行车的换乘客流来源一般在距车站 500 ~ 2 000 m 的范围内，因此在居民区和市区主要交叉口的车站均应设置一定规模的自行车停车场地，为自行车换乘轨道交通提供方便。

3. 与步行方式的衔接

目前，与城市轨道交通的衔接方式中，步行的占比是最高的。坚持以人为本，确保人的安全性和畅达性是最基本的。在已经建设完成的直接与大型商场、大型游乐场所及大型办公建筑衔接的轨道交通车站的地下通道，存在导向标识不够清晰明了等问题，会使资源利用率达不到预期的效果。因此，需要完善优化轨道交通车站出入口外一定范围内导向标识的设计与设置。

五、城市轨道交通一体化换乘体系规划

城市客运交通枢纽一般包括机场、铁路客运站、长途汽车客运站等。城市轨道交通与其他交通枢纽的有效衔接可以提高城市客运交通系统内各种方式的换乘效率，提升城市客运交通服务的整体水平，同时实现城市客运交通一体化发展。

（一）一体化换乘困难简介

城市轨道交通站点与其他交通设施一体化建设具有系统性强、时间要求高、专业面广、协调难度大等特点。城市轨道交通在一体化的基础设施建设方面会涉及不同的行业或建设管理部门，且每个工程项目从规划、立项到实施及运营都要经过不同部门的审批环节，而且这些部门之间往往会以不同项目的用地或道路红线为界来划分管理权限，而不以提高城市居民出行的便利性为标准来进行统筹管理，因此会造成各项工作进展不一致，最终给一体化换乘改复建或新建带来困难。某城市轨道交通与其他交通方式一体化换乘建设所涉及的基础设施类型所归属的职业管理部门如表 4-3-4 所示。

表 4-3-4　一体化建设设施及其管理部门划分

其他交通设施类型	行业部门	建设部门	建设形式
周边道路	城管	城建或地方政府等	新建或复建
常规公交站台	交通	城建或轨道	新建或复建
公交首末站	交通	城建或开发商	新建或改建
公共自行车	交通	交通及属地政府	新建
社会自行车	城管	城建或其他	新建

续表

其他交通设施类型	行业部门	建设部门	建设形式
出租车（网约车）招呼点	交管	城建	新建或改建
“P+R”停车场	城管	城建或开发商	新建或配建
步行环境	城管	城建或轨道	新建或改建
站点场地复建	城管	轨道	复建

（二）一体化换乘系统规划思路

依据城市总体规划、综合交通规划等，在换乘设施规模预测的基础上，结合公交线网规划、城市停车场规划、城市主干道整治规划、公交专用道规划、轨道交通详细规划等专项规划，编制轨道交通换乘接驳系统规划，结合轨道建设后边界条件的变化，整合轨道站点周边各类交通设施的空间布置和建设时序。

（三）一体化换乘系统建设原则

1. 临时与永久结合

公交首末站、“P+R”停车场等工程工程量大、建设周期长，往往难以与轨道交通站点同步建设，可以因地制宜采用临时站、过渡站等方式，以满足功能为优先考虑，预留永久工程实施条件。

2. 近期与远期结合

在轨道交通新线开通时，客流需要培育和增长，乘客对换乘接驳的需求也会在数量上和分布方式上发生变化。因此，针对站点周边不同交通设施规模，可以按近期和远期需求分别规划，建设时优先考虑近期需求，预留远期土地、延伸条件。

3. 复建与新建结合

各类交通设施的用地大多是轨道交通站点周边的施工场地，在轨道交通结束后实施场地复建时，统筹考虑不同交通设施的建设需要，统一设计与施工，防止设计冲突、重复施工，降低工程浪费，提高实施效率。对于沿线主干道新建或提升整治，轨道交通实施单位要与道路实施单位做好配合协调，有条件时可将站点恢复的局部工程委托道路整治的线性工程单位统一实施。

4. 环境与设施结合

乘客便捷地在轨道与其他交通方式之间换乘，不仅有赖于各类接驳交通设施的硬件，还需要各类配套设施之间良好的环境。在建设接驳交通设施的同时，要同步进行周边环境的提升整治工作，为乘客的视觉环境、步行环境提供安全、便捷、舒适的条件。

【实训任务】

<table>
<tr><td>任务名称</td><td colspan="3">确定所在城市某地铁换乘站换乘客流组织能力的瓶颈及关键点</td></tr>
<tr><td>任务描述</td><td colspan="3">根据车站的平面布局情况分析车站的换乘方式，画出换乘流线，分别分析现有换乘方式流线中的瓶颈和拥堵关键点，并提出改进建议</td></tr>
<tr><td>实践目的</td><td>培养分析问题、解决问题的思维和团结协作的能力，提高理论联系实际的应用能力</td><td>实践场所</td><td>模拟车站综合实训室</td></tr>
<tr><td>任务要求</td><td colspan="3">分组分工协作确定换乘站换乘方式，调查换乘设备设施布局数量，各线换乘客流数据；寻找客流流动过程中的拥堵点，即为关键引导点；根据车站现有导流设施的配备及人员配备情况，提出解决关键引导点客流拥堵的优化措施</td></tr>
</table>

【知识检测】

1. 单选题

（1）地铁换乘站日常客流组织主要由进站客流组织、出站客流组织、（　　）三部分组成。

A. 换乘客流组织　　B. 大客流组织

C. 火灾发生时客流组织　　D. 毒气发生时客流组织

（2）站台换乘可分为上下层站台换乘和（　　）。

A. 同站台换乘　　B. 站厅换乘　　C. 通道换乘　　D. 站外换乘

（3）城市轨道交通与小汽车的衔接主要通过（　　）换乘。

A. P+C　　B. R+R　　C. P+P　　D. P+R

（4）城市轨道交通站点与其他交通设施一体化建设具有系统性强、时间要求高、专业面广、（　　）等特点。

A. 协调难度大　　B. 协调难度小　　C. 协调难度中　　D. 协调难度一般

（5）换乘客流组织总的原则在于应组织好换乘客流，（　　）换乘路径，减少换乘客流与进出站客流的交叉、干扰。

A. 延长　　B. 缩短　　C. 考虑　　D. 忽略

2. 填空题

（1）城市轨道交通上下层站台换乘有________、________、________和______等几种形式。

（2）按照换乘地点的不同，客流换乘主要有两种：________、________。

（3）根据换乘流线的不同，可以划分为站台换乘______、______、______。

（4）同站台换乘的优点是适用于两条平行的线路，______换乘时间最短。

（5）换乘客流组织应考虑从“人的通行”转变为“________”，体现________理念。

3. 判断题

（1）十字换乘只有一种形式。（　　）

（2）同站台换乘能实现所有方向乘客的换乘。（　　）

（3）站厅换乘一般有两种形式。（　　）

（4）城市轨道交通与其他交通方式的高效衔接不仅能发挥其骨干运输功能和建立良好的

交通秩序，也可以更好地推进城市交通一体化的发展，促进城市的可持续发展。（ ）

（5）乘客换乘时只能在付费区实现换乘。（ ）

【技能检测】

根据前述实训任务，分组讨论，完成相应要求，每一组选一名同学进行展示。

序号	技能检测评价项目	评分	备注
1	确定换乘站换乘方式，调查换乘设备设施布局数量，绘制该站换乘流线（20%）		
2	是否正确计算各部分通过能力（20%）		
3	分析现有换乘方式流线中的瓶颈和拥堵关键点（30%）		
4	提出解决关键引导点客流拥堵的优化措施是否可行（30%）		

【素质检测】

由教师根据学生课堂表现及技能目标测试环节，对学生素质目标进行检查并评分。

序号	素质检测评价项目	评分	备注
1	思维展示的逻辑性（30%）		
2	理论认知的准确性（30%）		
3	观点表达的清晰度（10%）		
4	“以人为本”服务理念的理解（30%）		

【知识拓展】

城市轨道交通换乘站未来发展趋势

在城市轨道交通网络建设的规模下，两线换乘站、三线换乘站越来越多，甚至在一些大型综合的换乘枢纽，有多达五条线路间的交叉换乘，它们的出现对提高轨道交通服务和提高城市整体经济效益有重要意义。国内外各个城市轨道交通车站都在做一些既符合自身特点，又对其他车站有参考价值的尝试。

上海市轨道交通汉中路站地处上海市中心，是上海轨道交通1号、12号、13号的换乘站。随着客流的不断增长，车站也面临巨大的挑战。汉中站尝试打造智慧车站，其主要核心思想是聚焦“客运管理、设备管理、人员管理”三类核心业务，根据其关键要素特征和管理需求，有重点、分阶段地实现各模块的功能。客运管理上，采用实时监测和乘客异常行为智能视频识别技术开发辅助管理系统，实现客流状态的“全息感知、智能诊断”；将“互联网+”、智能技术应用到面向乘客的服务中，提出建设“无人值守客服中心”的理念，研发出乘客自助服务设施，用以改善乘客服务体验；车站设备管理上，增加了设施、设备的前端数据采集装置，将设备状态数据传输到综合监控平台进行数据集成，并挖掘设备数据的特征，以数据驱动实现车站设备的“智能诊断”。通过系统联动实现关键设备的远程控制，提升设备管理质量，减少车站现场业务的人工作业量；人员管理上，通过采集各业务系统的关联数据和信息，实现工作区人员的安全管理。未来还可获取设施设备操作记录等客观数据，运用大数据来分析人员的工作效能，有针对性地提出提升工作效能的管理建议。探索出更符合未来发展趋势的智慧化、智能化的一体化车站运营管理模式。

综上所述，首先在未来发展方面，换乘站应考虑运营管理的模式，为了提高工作效率，提升为乘客服务的水平，主要采取的是一体化运营管理模式。在该模式下，车站的所有资源都应该由车站站长管理，换乘车站是作为一个单位存在的，不同运营公司在管理车站时可以采取主值班制、副值班轮换制等形式。同时，将每条地铁线路划成几个中心站区，每一个中心站又分别负责几个车站。其次，资源共享理念应得到强化，在线网节点资源管理方面，通过资源共享的实现促使管理集约化、规模化发展。再次，在换乘车站及其型式设计方面，要综合考虑周边的土地规划，使得线网节点车站规划设计和周边各开发项目结合起来，实现一体化设计与发展，这样可以提高城市土地使用的集约化，并带动区域的项目开发和经济发展。最后，在未来发展方面，为了使乘客出行更加高效方便，同站台换乘设计会更加受设计人员的欢迎，这样乘客不需要出站点就可以在本站点上换乘另一条地铁线路。

任务四　客流组织方案编制

【问题引入】

随着城市轨道交通建设的迅速发展，一个城市的轨道交通作为城市居民出行的主要方式，必须采取由点到线及由线到面的多元网络发展模式，才能实现规模效应，成为城市客运交通的主干。在城市轨道交通线网中，越来越多的出现两条及其以上的线路的换乘站。换乘站除了要组织进出站客流外，还要组织换乘客流，当车站发生突发大客流时，如何才能及时有效地对车站的客流进行合理、有效的组织呢？又该如何提升客流组织的效率呢？

【学习目标】

知识目标

（1）掌握客流组织方案编制原则。

（2）掌握客流组织方案编制步骤。

技能目标

（1）能编制某车站客流组织方案。

（2）会分析客流组织方案中存在的不合理性。

素质目标

（1）树立“以人为本”的服务意识。

（2）培养“顾全大局”的职业素养。

【必备知识】

一、客流组织方案编制目的及依据

客流组织方案编制是通过科学管理方法，根据运营企业的不同需求制定车站工作日、节假日、重要活动以及突发事件的客流组织预案，以保证车站能利用科学的引导措施及时地做好客流组织运送的全过程。在制定客流组织方案之前，首先要分析车站的客流特点，明确职责及客流等级等，然后再进行具体方案的编制。

客流组织方案的编制应依据《城市轨道交通客运组织与服务管理办法》(交运规〔2019〕15 号)、《城市轨道交通运营管理规定》《国家城市轨道交通运营突发事件应急预案》等相关国家行业法规及企业相关法规、车站规模及客流特点、车站设备设施布局及岗位设置等进行，应做到“一站一方案”，并根据车站实际客流变化情况及时对方案进行修订完善。

二、客流组织方案编制原则

1. 内容清晰易懂

（1）结构逻辑清晰，语言表述简单易懂，避免出现口语。

（2）能用图形示意的尽量不用文字。

2. 考虑充分，深入挖掘

（1）作为客流组织预案，应从客流、设备设施及运营组织方法等方面全面考虑。

（2）深入挖掘组织方法和措施，保证客流运送的安全畅通。

三、客流组织方案编制步骤

（1）分析车站周边环境。

分析车站周边环境时，应选取社区、学校、写字楼、商圈、休闲场所等具有代表性的建筑物进行调查了解。

（2）分析车站客流特点。

① 客流成分特点。

根据车站周边环境特点，采取乘客情况抽样调查方式，来调查客流成分特点。

② 客流量变化特点。

运用站点调查法，进行车站不同时段及不同区域客流量调查，统计调查数据，分析客流时间分布特征及空间分布特征。

（3）分析车站平面布局设备设施能力。

① 分析出入口通过能力。

② 分析乘降设备通过能力。

③ 分析 AFC 终端设备通过能力。

（4）分析行车组织方案。

（5）分析车站客运组织关键点或瓶颈。

（6）分析正常情况下的客流组织措施。

（7）分析大客流情况下的客流组织措施。

（8）分析突发事件客流组织措施。

（9）形成完善的客流组织方案。

四、客流组织方案校验

1. 车站实作演练进行校验

在车站客流组织方案编制完毕后，为确保方案的可靠性和准确性、可行性，还应对方案进行校验。一般情况下，是通过车站情景模拟进行实战演练，尤其针对车站发生大客流、火灾等特殊情况下的客流组织方案，车站会通过实践效果来检验方案的可行性，并根据演练过程中的经验教训不断完善方案。

2. 运用仿真软件进行检验

依据客流组织预案，构建车站的二维仿真模型，包括出入口、乘降设备、通道、站厅及站台、AFC 终端设备等。然后输入车站各设备设施的单位售票能力、站厅站台单位容纳能力，列车到站的频率及载运量等。再输入车站各出入口的实际客流进出情况，建立不同环境下个体选择的群体行为模型，进行集群事件临界条件突发分析、疏散过程统计分析和不确定性因素研究等，模拟出乘客在车站不同布局下的群体行为动态模型。最后根据车站设备布局（包括铁马、隔离带摆放），结合不同行车组织及客流量情况，通过动态仿真，生成空间利用率分布图，直观地展示车站的实际客流组织情况，并分析车站各部位的服务水平和现有布局下的最佳客流流线布局。

五、客流组织方案优化

客流组织方案优化是指在根据仿真模拟及实战演练等掌握车站在某些区域发生客流拥挤、交叉严重的情况后，工作人员从宏观与微观层面提出解决问题方法并优化方案的过程。宏观层面主要是从本线行车组织及线网客运组织等方面提出优化建议，如调整本线路及线网的列车开行方案以减小车站客流拥挤度。微观层面主要是从车站层面对设备设施进行调整，如通过拓宽车站通道、改造车站乘降设备和调整车站 AFC 终端设备布局、调整车站隔离设备改善车站的流线等来优化客流组织方案。

六、日常客流组织方案编制实例

下面以某城市地铁西博城站为例介绍车站日常客流组织方案的编制。

（一）地理位置及周边环境

西博城站位于本市新区蜀州路与福州路交会处东侧，地域范围属于新区核心区。目前为 1 号线、6 号线、18 号线三线换乘站，后期为 1、6、16、18 号线四线换乘站。西博城站共分为四层：-1F 为站厅层，-2F 为 1 号线、18 号线站台层、16 号线站台（未开放），-3 层为换乘层，-4 层为 6 号线站台。车站设 C、D、E 口共 3 个出入口，均在 1 号线区域。出入口外地面环境如表 4-4-1 所示。

表 4-4-1　西博城站出入口情况

出入口	C	D	E
位置	蜀州路	国际博览城展览展示中心 1 号门	蜀州路与福州路交叉口东北方
地面情况	西部国际博览城 1 号门和 2 号门之间	西部国际博览城 1 号门	西部国际博览城 1、16 号门

（二）客流分析

西博城站周边除博览城外无大型居住小区、写字楼、大商业等配套设施，仅有一个五星级酒店，也无常规性节假日客流，工作日早晚高峰车站客运压力不大。本站客流主要以展会客流为主，展会期间客流较大，非展会时段客流较小，在展会期间呈现上午出站乘客高峰，下午进站乘客高峰，其余时段均为客流低峰，不存在进出站同时发生大客流的情况。

西博城站工作日及周末客流量大小如表 4-4-2 和表 4-4-3 所示。

表 4-4-2　工作日客流统计表

全日/人次			早高峰/人次			早高峰客流占比			晚高峰/人次			晚高峰客流占比		
进站	出站	换乘	进站	出站	换乘	进站	出站	换乘	进站	出站	换乘	进站	出站	换乘
760	760	14 170	19	72	2 670	2.5%	9.5%	19.3%	96	26	2 294	12.7%	3.4%	16.2%

周末日均进站量 696 人次，日均出站量 696 人次，日均换乘量 10 511 人次，集中进站时段为 17:00 ~ 19:00，集中出站时段为 10:00 ~ 13:00。

表 4-4-3　周末客流统计表

全日/人次			高峰/人次			高峰客流占比		
进站	出站	换乘	进站	出站	换乘	进站	出站	换乘
696	696	10 511	90	34	1 187	12.9%	4.9%	11.3%

节假日日均进站量 458 人次，日均出站量 458 人次，日均换乘量 10 929 人次，集中进站时段为 17:00 ~ 19:00，集中出站时段为 10:00 ~ 13:00。

（三）分析设备设施能力

表 4-4-4　节假日客流统计表

全日/人次			高峰/人次			高峰客流占比		
进站	出站	换乘	进站	出站	换乘	进站	出站	换乘
458	458	10 929	78	21	1 209	17.0%	4.6%	11.1%
西博城站—秦皇寺站			374			551		

西博城站站厅站台布局及设备能力如下。

（1）AFC 及安检设备能力。

西博城站设置 TVM 45 台，进站闸机 32 台，出站闸机 47 台（其中包括 14 台双向闸机），具体如表 4-4-5 所示。

表 4-4-5　西博城站 AFC 及安检设备表

设备名称	区域	位置	数量/台	合计	能力/（人次/小时）	备注
BOM	1 号线区域	南端	4	9	1 000	
		北端	1			
	18 号线区域	南端	2		800	
		北端	2			
SBOM	18 号线区域	南端	3	6	1 200	
		北端	3			
TVM	1、6 号线区域	南端	21	45	5 100	
		北端	13			
	18 号线区域	南端	11		1 650	
		北端	0			
进站闸机	1、6 号线区域	1 号线站厅	11（6 个双向）	32	27 000	其中 4 个为宽通道
		6 号线站厅	7（1 个双向）			
	18 号线区域	站厅中部	7（1 个双向）		21 000	
		南端	7（1 个双向）			

续表

设备名称	区域	位置	数量/台	合计	能力/（人次/小时）	备注
出站闸机	1、6 号线区域	南端（近 C 口）	19（2 个双向）	47	32 800	其中 5 个为宽通道
		北端（近 E 口）	9（1 个双向）			
	18 号线区域	站厅中部	8（1 个双向）		22 200	
		北端	11（1 个双向）			
安检机	1、6 号线区域	1 号线站厅	2	3	3 900	其中 1 台为落地通道式安检机，大客流情况下最多可安排 14 台安检机
		6 号线站厅	0			
	18 号线区域	站厅中部	0		0	
		站厅南端	1		2 000	

（2）楼扶梯能力。

西博城站共设置 29 部自动扶梯，其中，出入口设 13 部，付费区设 16 部；设置直升梯 9 部、步行楼梯 15 部，车站具体客运服务设备数量及分布如表 4-4-6 所示。

表 4-4-6　西博城站楼扶梯数量及分布

位置	电扶梯	步梯	直升电梯	能力/（人次/小时）	备注
543 路公交站	1（上）	1（1.3 m）	1	9 970	步梯以双向混行能力计算，未包含直升梯
450 路公交站	1（上）	1（1.3 m）	1	9 970	步梯以双向混行能力计算，未包含直升梯
C 口	8（4 上 4 下）	2（步梯宽：11 m/9 m）	1	113 400	步梯以双向混行能力计算，未包含直升梯
D 口	0	1（合计宽：3.6 m）	0	10 440	步梯以双向混行能力计算
E 口	3（2 上 1 下）	1（合计宽：4 m）	0	30 200	步梯以双向混行能力计算
1 号线站厅至站台	2	2（合计宽：2.6 m）	1	19 940	步梯以双向混行能力计算，未包含直升梯
1 号线站台至站厅	2	2（合计宽：2.6 m）	0	19 940	步梯以双向混行能力计算，未包含直升梯
6 号线站台至站厅	3（2 上 1 下）	0	0	10 800	步梯以双向混行能力计算，未包含直升梯
6 号线站台至 18 号线站厅	2	1（1.3 m）	0	10 210	步梯以双向混行能力计算，未包含直升梯
18 号线站厅至站台	3	2（合计宽：2.6 m）	2	26 140	步梯以双向混行能力计算，未包含直升梯
18 号线站台至站厅	4	2（合计宽：2.6 m）	2	32 340	步梯以双向混行能力计算，未包含直升梯
6 号线站台至换乘层	0	0	1	0	未包含直升梯

（3）换乘通道通行能力（见表 4-4-7）。

表 4-4-7　换乘通道通行能力

位置	宽度/m	能力/（人次/小时）	备注
1 号线站台换乘通道	6.6	20 460	其中 4 台扶梯（2 上 2 下）
18 号线站台换乘通道	6.6	20 460	其中 4 台扶梯（2 上 2 下）
6 号线站台换乘通道	5.3	16 430	其中 4 台扶梯（2 上 2 下）

（4）站台容纳能力（见表 4-4-8）

表 4-4-8　西博城站站台容纳能力

站台序号	站台类型	面积/m²	最大容纳人数
1 号线站台	岛式站台	1 500	5 000
6 号线站台	岛式站台	2 600	8 666
18 号线站台	岛式站台	2 900	9 666

备注：V——最大容纳人数，S —站台面积，s——每位乘客平均占用面积（取值 10 人/3 m^2）计算公式为

$$V=S/s$$

（四）西博城站设备设施能力分析

根据西博城站日常客流特点及大客流特点，对本站设备设施的能力进行分析，可以得出大客流时西博城站的售票和安检能力都能满足大客流需求，瓶颈主要体现在站台容纳能力。

（五）西博城站客运组织风险点及应对措施

西博城站的主要风险点在于活动客流集中进出站，为了应对该种情况，车站常有 3 台安检机备岗，站内还存放有伸缩栏杆及铁马以应对突发客流下的客运组织工作，具体应对措施如表 4-4-9 所示。

表 4-4-9　客运组织风险点及应对措施

风险类别	风险名称	风险分析	防范措施
可接受风险	突发性活动客流	1. 进出站集中且瞬时客流大； 2. 客流主要集中在 1 号线且难以分散	提前与组织单位沟通，掌握客流情况； 做好客流统计工作，根据客流情况提前准备好应对措施； 提前做好分流措施； 关键点位安排专人值守引导

（六）日常客流组织措施

正常情况下，日常客流组织较为简单，只有在高峰时段才会安排 3 名值班站长分别在对应线路站台进行引导，早高峰时段为 7:30 ~ 09:00，晚高峰时段为 17:30 ~ 19:00。

【实训任务】

<table>
<tr><td>任务名称</td><td colspan="3">优化所在城市某地铁车站日常客流组织方案</td></tr>
<tr><td>任务描述</td><td colspan="3">分析车站客流特点、车站设备设施平面布局及其通过能力，分析本站日常客流组织方案的特点，并进行优缺点分析，提出改进建议，使之更为合理</td></tr>
<tr><td>实践目的</td><td>培养分析问题、解决问题的思维和团结协作的能力，提高理论联系实际的应用能力</td><td>实践场所</td><td>客运实训室</td></tr>
<tr><td>任务要求</td><td colspan="3">分组分工协作，确定换乘站换乘方式，调查客流特点、车站设备设施布局现状及通过能力，分析客流流动过程中拥堵点，根据车站现有客流组织方案分析客流组织方案的优缺点，提出方案的改进建议</td></tr>
</table>

【知识检测】

1. 填空题

（1）客流组织方案的编制应依据________、《城市轨道交通运营管理规定》、_________等相关国家法律法规。

（2）客流组织方案的编制应做到“__________”，并根据车站实际客流变化情况及时修订完善。

（3）客流组织方案编制时要求能用_________的尽量不用文字。

（4）客流组织方案编制时要求结构_________，语言表述_________。

（5）客流组织优化可以从_________层面和_________层面进行优化。

2. 不定项选择题

（1）车站完善的客流组织方案应包括（　　）。

A. 日常客流组织措施　　B. 大客流组织措施

C. 应急情况下客流组织措施　　D. 站务员岗位职责

（2）依据客流组织预案，构建车站的二维仿真模型的客流组织方案的检验方法属于（　　）。

A. 仿真软件检验　　B. 车站实践检验　　C. 政府检验　　D. 乘客检验

（3）以下优化措施中，属于从宏观层面进行优化的是（　　）。

A. 调整线网列车开行方案　　B. 调整本线路列车开行方案

C. 调整车站 AFC 设备布局　　D. 拓宽车站通道宽度

（4）以下优化措施属于从微观层面进行优化的是（　　）。

A. 协调难度大　　B. 协调难度小

C. 协调难度中　　D. 协调难度一般

3. 判断题

（1）车站客流组织方案编制完毕后不需要检验即可使用。（　）

（2）编制某一车站客流组织方案时不需要分析 AFC 终端设备通过能力。（　）

（3）编制某一车站客流组织方案时必须分析车站岗位设置。（　）

（4）通过动态仿真，生成空间利用率分布图，直观地展示车站的实际客流组织情况。（　）

【技能检测】

根据前述实训任务，分组讨论，完成相应要求，每一组选一名同学进行展示。

序号	技能检测评价项目	评分	备注
1	确定换乘站换乘方式，调查换乘设备设施布局数量，获各线换乘客流数据（20%）		
2	是否熟练运用仿真软件，是否能根据车站布局图在系统内进行车站换乘行人逻辑模型的构建（20%）		
3	在动态情景中正确寻找客流流动过程中的拥堵点（30%）		
4	提出解决关键引导点客流拥堵的优化措施是否可行（30%）		

【素质检测】

由教师根据学生课堂表现及技能目标测试环节，对学生素质目标检查进行评分。

序号	素质检测评价项目	评分	备注
1	思维展示的逻辑性（30%）		
2	理论认知的准确性（30%）		
3	观点表达的清晰度（10%）		
4	结合相应实训任务的完成情况和对思政元素的思考（30%）		

【思政资料阅读】

雪山下幸福的城市有地铁助力

当崭新的地铁列车奔驰在雪山下的公园城市，城市的幸福生活画卷，正在徐徐铺陈。

幸福是成都一张重要的城市名片。成都已连续 13 年登顶“中国最具幸福感城市”名单榜首。2022 年 9 月，成都再度入围“2022 中国最具幸福感城市”候选名单。

公园骑行露营，上班通勤，健身运动，成都的幸福感从何而来？以下几个成都地铁“上新”的幸福瞬间给了我们答案。

1. 母婴候车室“焕新亮相”

这是一个温馨的画面——成都地铁母婴候车室（哺乳室）里，一位小朋友坐在干净的婴儿床内，此时她已经吃饱喝足，等待妈妈小憩后，带着自己解锁“未知的旅途”。

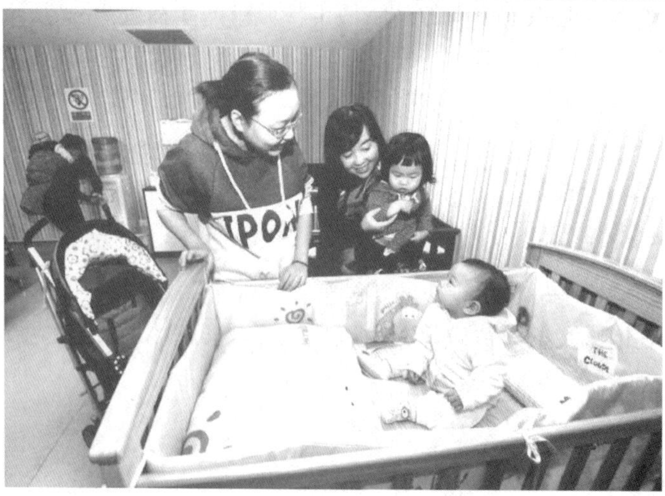

这也是一组温暖的数据——成都地铁自2013年起，陆续在车站布局母婴候车室(哺乳室)，如今全线网已有80个温馨的母婴候车室（哺乳室），累计服务孕妈、宝妈乘客逾20万人次。

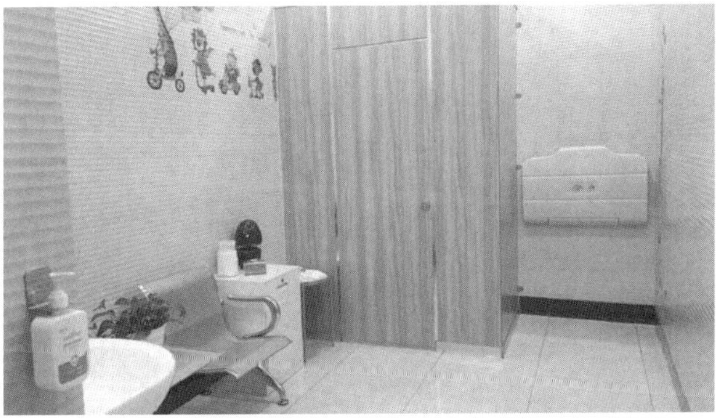

上图为成都地铁站内干净、整洁的母婴候车室（哺乳室）。

近期，这份幸福感升级，为给孕妈、宝贝、宝妈提供更好的出行体验，成都地铁结合母婴候车室（哺乳室）使用情况不断进行环境优化、服务升级，对线网所有母婴候车室（哺乳室）增配了清新宜人、生机盎然的绿植。

“母婴候车室里的绿植一上新，我就发现了，虽然是一个很小的举动，但是十分暖心。”何女士是一名新晋宝妈，产假结束后，她成了“背奶一族”。在她看来，地铁母婴候车室（哺乳室）在保护宝宝与宝妈隐私的同时，也为他们带去了方便与快捷。

“母婴候车室设置很温馨，专门的休息区里，放置着婴儿床、打理台、暖奶消毒器、饮水机等设施，需要帮助的话，工作人员还会积极地询问、帮助解决。”何女士体验过几次之后，很快“安利”给了身边的宝妈。

上图为 5/7 号线神仙树站母婴候车室（哺乳室）一角。

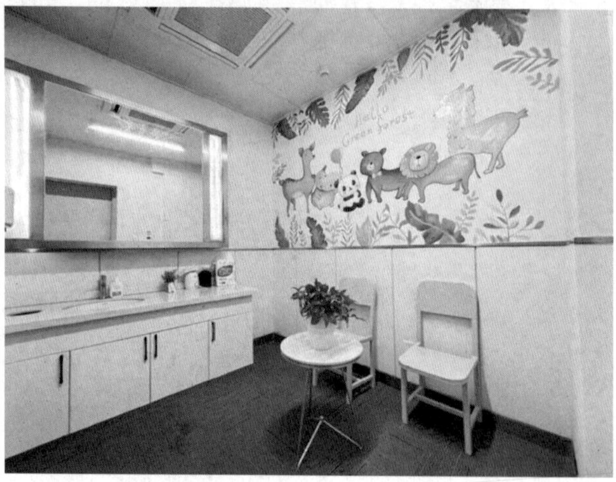

上图为 9 号线太平寺站母婴候车室（哺乳室）一角。

上图为 17 号线市五医院站母婴候车室（哺乳室）一角。

“我时常在通勤时，感受到来自这座城市的温柔。”这是赵女士孕期地铁通勤时的最大感受。

当妈妈后的她，每次通勤会格外注意和小朋友相关的设备设施：母婴候车室（哺乳室）、公共卫生间儿童洗手台、爱心专座……地铁里暖心的设置让她感受到城市的美好。她说，“一座城市的地铁，能够把妈妈和孩子放在心上，真的很人性化。”

当前，成都地铁以全龄阶段乘客多层次需求为导向，聚焦“一老一小”群体，将柔性关照渗透到地铁运营各个环节，把人文关怀落实到地铁服务每个细节，让每一个人都感受到幸福。

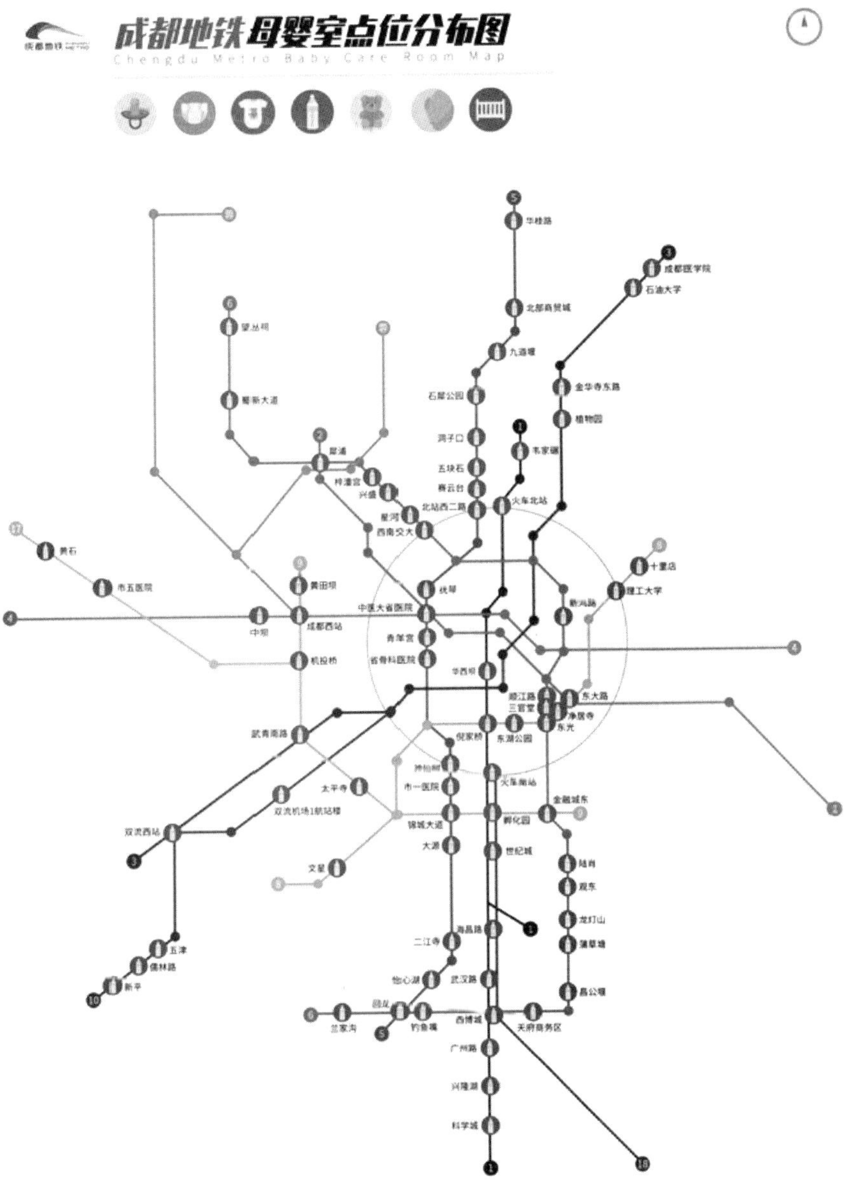

※ 2013年，成都地铁在华西坝站打造完成西南地区轨道交通行业第一间母婴候车室

※ 截至2020年12月18日，成都地铁全线网母婴候车室（哺乳室）已发展到80间

“无障碍渡板”温馨上线

地铁建设时，在列车与站台间留有一定的安全空隙，之后“无障碍渡板”的上线，在一“展”一“铺”之间，架起一座“爱心桥梁”，“抚平”站台与车厢之间的高低差和空隙，帮助使用轮椅的乘客平稳安全地上下车，提升出行体验。

上图为成都地铁上新“无障碍渡板”。

“乘坐地铁通勤 5 年里，我经常看到工作人员陪伴在残障乘客身边。几乎每一位轮椅乘客身后，都有成都地铁工作人员陪伴的身影。”陈先生是一名“蓉漂”，来成都之前，他经常听闻成都“幸福之名”，在地铁里，他说自己发现了成都的“幸福之实”。

无障碍电梯、无障碍卫生间……除了“无障碍渡板”，成都地铁始终致力于为有需要的乘客提供暖心的无障碍服务，用一系列方便特殊乘客出行的硬件设施和贴心服务，构筑市民乘客的便捷出行路。

驷马桥站工作人员连续三年护送视障老人回家路、金星站工作人员守护视障姑娘通勤路……“幸福之城”的内涵里，是每一个人的需求被尊重，每一个人都能更舒适地出行，更美好地生活！

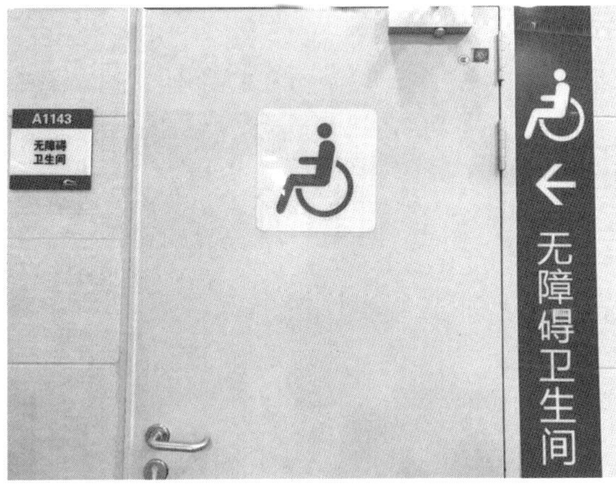

“幸福咨询舱”上新服务

在日常的城市生活和通勤过程中，随手翻开手机的照片，我们不难发现，总有一两张有关幸福的画面和成都地铁有关。

早上上班途中，购买一杯热乎乎的咖啡；下班途中，从鲜花机购得一束新鲜的玫瑰……我们在城市里努力地生活，不时为工作焦虑，也偶尔被生活一隅治愈。

“上班之后，我发现自己的时间几乎被工作占满了，偶尔想看看书提升一下，回到家却只想躺着。”何先生在一次通勤途中，发现了“世纪城·上闲里”红领生活党群服务站。“这里

地方不大，但是有书桌、有会议室、有电，最近准备考研，所以每天早上我会提前到这里看一会书，再去上班。”

红领生活党群服务站的“妙用”，让何先生在自我提升的充实感中，找到属于自己的幸福，“细心观察，会发现成都地铁不只是一个交通工具，它早已延展到我们生活的方方面面，承载着越来越多的人对幸福的期盼。”

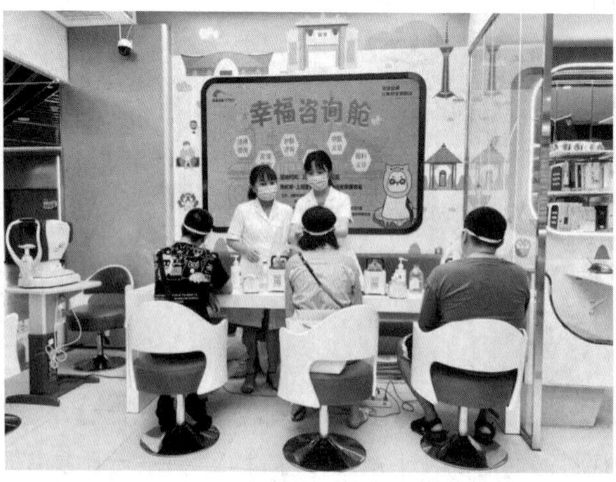

前不久，成都地铁红领生活党群服务站还上线了“幸福咨询舱”，每周二到周五，为需要

的市民乘客提供公益法律咨询、心理咨询、口腔义诊、眼科义诊、中医义诊等服务。便捷的服务，让何先生感受到城市的暖心，他说，“因为地铁，我爱上了这座城市。”

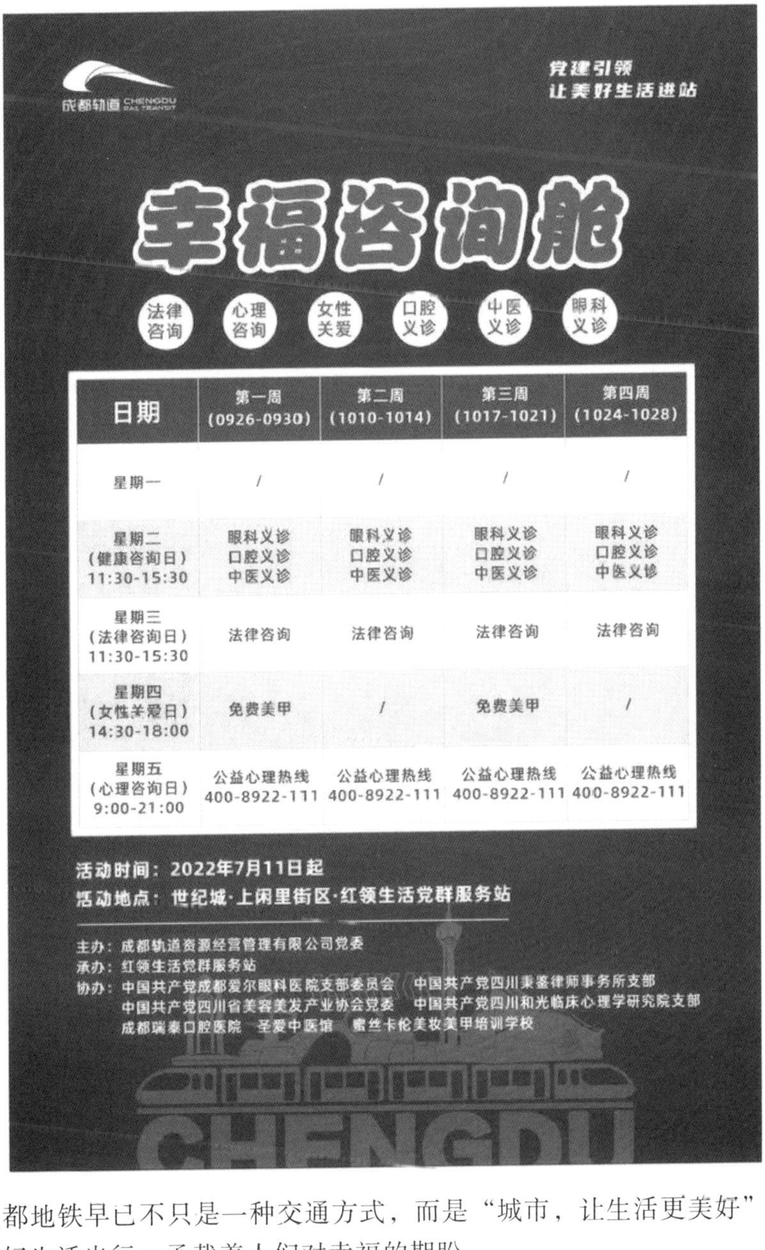

如今的成都地铁早已不只是一种交通方式，而是“城市，让生活更美好”的具体体现，连接着市民美好生活出行，承载着人们对幸福的期盼。

来源：成都地铁

项目五　城市轨道交通特殊客流组织

项目描述

正常情况下车站的客流有一定的变化规律，但当城市举行大型活动或突发公共安全事件、自然灾害等特殊情况时，车站客流的变化没有明显的规律性，此时产生的客流组织称为特殊客流组织，包括大客流组织及突发事件客流组织。

任务导航

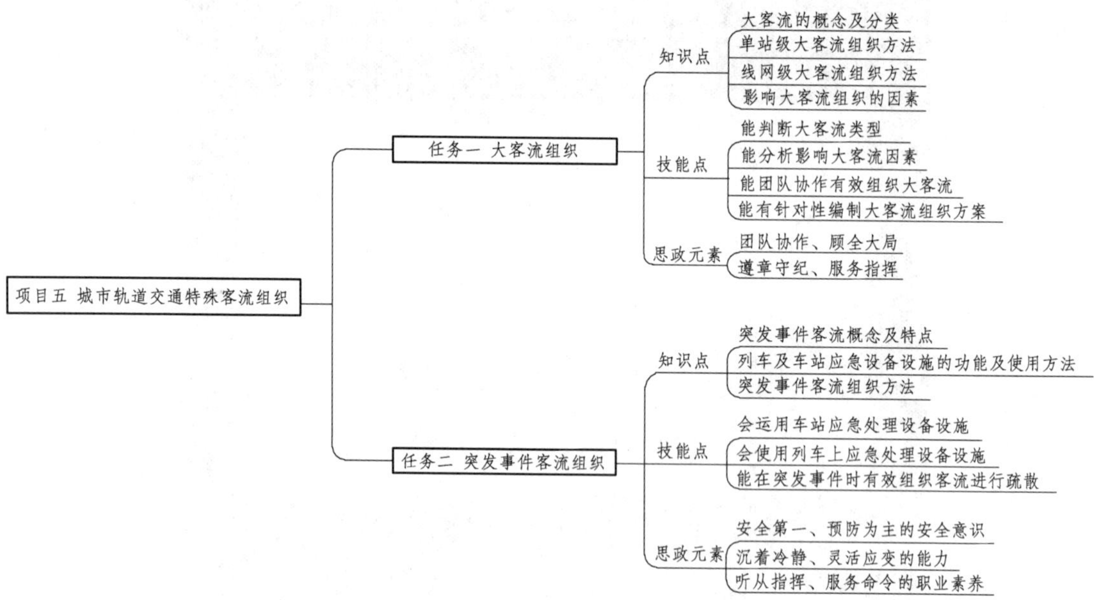

任务一　大客流组织

【问题引入】

2018 年 5 月 19 日 22 时 40 分许，成都草莓音乐节散场后，6 500 余名市民同时进入成都地铁 4 号线非遗博览园站乘坐地铁，因该车站短时间内迅速聚集客流较大，造成车站发生进站大客流。此时，有 112 名乘客在进站时由于不愿意按车站客流组织方案的组织引导措施进行等待，出现翻越出站闸机进入车站的不文明行为。面对这种情形，你作为车站的站务人员，应该从哪方面进行工作改进呢?

【学习目标】

知识目标

（1）掌握大客流定义及分类。

（2）掌握大客流特点及组织原则。

（3）掌握大客流组织措施。

技能目标

（1）能判别大客流类型。

（2）能迅速有效控制进站大客流和有效组织出站大客流。

（3）能编制车站大客流组织方案。

素质目标

（1）培养服务领导、听从指挥的意识。

（2）培养顾全大局、团队协作的意识。

【必备知识】

认识人客流的相关内容

扫码观看

一、大客流定义及分类

（一）定义

大客流是指车站在某一时段集中到达的，客流量超过车站正常客运设施或客运组织措施所能承担的客流量时的客流。

（二）分类

（1）根据大客流产生的影响和后果不同，大客流可分为一级大客流和二级大客流。

一级大客流是指车站根据本站的正常乘客数量进行比较，站台聚集人数达到或大于站台有效区域的 80%，并且持续时间大于实际行车间隔时间。

二级大客流是指车站根据本站的正常乘客数量进行比较，站台聚集人数达到或大于站台有效区域的 70%，并有持续不断上升的趋势。

（2）根据大客流的产生是否可预见又可分为可预见性大客流和不可预见性大客流。

可预见性大客流是指大客流发生的时间、增加的客流量可通过历年的客流统计资料或者通过新闻等媒体信息进行提前预测的大客流，如节假日大客流、暑期大客流、大型活动大客流及恶劣天气大客流等。

不可预见性大客流也称突发性大客流，是指大客流发生的时间及增加的客流量是不可能预见的，如天气的突然变化发生的大客流、民间自发的聚集活动导致的大客流、城市轨道交通突发设备故障或其他紧急事故造成的大客流等。

（3）根据大客流流动的方向不同可分为进站大客流、出站大客流和换乘大客流。

进站大客流是指某车站的进站客流大小在一定的时间段超过了本站正常情况下进站客流最大的组织能力，需要另行采取其他客流组织措施（如流线分流、增加人员及临时导向引导、控制客流进站、增加列车行车密度等）的进站客流量。

出站大客流是指某车站的出站客流在一定的时间段超过了本站正常情况下出站客流组织的能力，需要另行采取其他客流组织措施（如增加人员及临时导向引导、打开闸门放行等）的出站客流量。

换乘大客流指某换乘站的换乘客流量超过了本站正常情况下换乘客流组织的能力，需要另行采取其他客流组织措施（如增加人员及临时导向引导、增加换乘流线、开行大站空车等）的换乘客流量。

（4）根据大客流影响的范围不同可分为车站大客流、线路大客流及线网大客流。

车站大客流指的是某一个车站发生的可预见或不可预见的进站、出站大客流，是换乘站时还存在换乘大客流。

线路大客流是指某线路发生的可预见或不可预见的全线路的进站、出站及换乘大客流。

线网大客流是指整个轨道交通线网发生的可预见或不可预见的全线网的进站、出站及换乘大客流。

二、大客流特点分析及组织原则

（一）大客流特点

（1）客流聚集时间相对集中，持续时间较短，影响车站空间客流分布。

（2）乘客流动速度明显减缓、客流交叉干扰严重，设备使用能力明显不足。

（3）客流集聚较多，流动速度较慢会影响乘客的心理状态，使乘客产生焦躁情绪，容易发生打架斗殴等治安事件。

（4）车站的客流组织压力较大，会对运营安全造成较大威胁。

（二）大客流组织原则

在保证安全组织乘客的前提下，尽快地疏散客流，以“安全、顺畅”为主线，根据具体情况建立切实可靠的大客流组织方案，合理安排各岗位执行具体工作，迅速缓解客流。

三、大客流组织措施

（一）增加列车运能

大客流组织措施扫码观看

列车的运能是大客流安全有序组织的关键。在车站发生大客流前，应根据大客流发生的方向和区段，通过调整部分列车运行交路、在特定车站存车线组织列车运行、实施增开临时列车等方法来调整列车运行计划来增加大客流发生方向或区段的列车运能，从而保证车站的大客流能得到有序组织。

（二）提高售、检票能力

售、检票能力不足是大客流有效组织的主要障碍。车站在发生进站大客流前，应提前做好票务服务的准备工作，主要包括以下几个方面的内容。

1. 售检票设备的准备

在大客流发生前，设备维修人员应事先对车站全部售检票设备进行维护、检修，确保在大客流发生时售检票设备能正常使用。

2. 车票、零钞及售检票人员的准备

车站应根据客流预测和以往大客流所消耗的车票和零钞数，在大客流发生前，向票务部门申领和准备足够的车票（如预制票、纸票）、零钞，并准备好数量足够的售检票人员。

3. 临时售票亭的准备

车站根据进站大客流聚集的方向，选择在进站客流较集中的地面、通道、站厅或某个集中进站人数较多的出入口外增加设置临时售票亭。

（三）充分准备好客运设备设施和疏导人员

在车站发生大客流前，应保证客流流动的通道通畅，同时准备好临时疏导使用的客运服务设备设施，以保证大客流发生时能有效组织和疏散，具体准备工作如下。

1. 自动扶梯和垂直电梯的准备

车站应事先通知厂商对车站全部自动扶梯和垂直电梯进行维护、检修。重点检查自动扶梯的毛刷、梳齿板和扶手带，确保在进行大客流控制时，自动扶梯能正常开启转换。

2. 临时导向标志和隔离设备的准备

车站应储备一些临时导向标志、告示牌、铁马、伸缩铁围栏、隔离带等隔离设备，在大客流发生前，根据大客流的进出方向和客流组织的要求，选择适当的位置张贴和摆放临时导向标志、告示牌、铁马、伸缩铁围栏、隔离带，来有序地引导客流，图 5-1-1 就是两个用于临时疏导客流的设施（铁马和伸缩隔离带）。

铁马

隔离带

图 5-1-1　临时疏导设施

3. 其他客运服务设备设施的准备

大客流发生前，车站还应准备人工语音广播和语音合成广播词、乘客咨询系统发布信息及急救药品、担架等，并根据车站工作人员的情况，相应地增加手提广播、对讲机等客运设备。

（四）采取临时疏导措施

在大客流组织中，临时合理地疏导和对客流方向进行引导、逐步限制是一项很重要的组织措施，主要包括出入口、站厅层的疏导以及站台扶梯、站台层的疏导。

1. 出入口、站厅的疏导

根据临时售、检票位置的设置，引导、限制客流流动的方向。临时售、检票位置宜设置在站外或站厅层较空旷的位置，应为排队购票的乘客留出充分的空间，确保通道的畅通，以维护出入口、站厅客流的秩序。

2. 扶梯以及站台的疏导

为了尽量保证客流均匀、安全地上下扶梯和尽快上下列车，并能均匀进入车厢，保证站台候车的安全，站务人员应在靠近楼梯、扶梯处站岗并分散在站台前、中、后部疏导乘客，采取的疏导措施主要有：设置临时向导（如临时导向牌、告示）、设置警戒绳或隔离栏杆、采用人工引导以及通过广播宣传引导等。

（五）采取客流控制

客流控制是指当城市轨道交通车站内设施设备负荷超过其承载能力，或车站服务水平超过乘客所能接受的范围时，为了使进站、出站和换乘的乘客能够在车站内安全顺畅地流动，车站根据大客流发生的特点及其平面布局特点，对进站客流或换乘客流制定合理的客流限制措施。客流控制根据大客流发生后影响的范围不同，分为单站级客流控制、单线级客流联合控制及线网级客流联合控制。

四、单站级客流控制

当单个车站发生进站大客流时，可以提前做好组织进站大客流的准备工作，采取临时疏导完成大客流组织工作。当临时疏导，不能有效缓解车站的客流压力时，则需要启动三级客流控制。

（一）三级客流控制原则

1. 坚持“由下至上、由内到外”的原则

在车站的三个区域，即车站出入口、车站入闸机、站厅与站台的楼梯（电扶梯口）三处重点控制进站的客流，组织乘客上车，尽量保证客流均匀、安全地上下扶梯和尽快上下列车，保证站台候车环境的安全。

2. 坚持“分工明确、点控和线控相结合”的原则

根据站区层级管理职责，由值班站长或站区长负责指挥客流控制，在大客流流动线路上安排相关人员实施点控制措施，引导进站客流有序进站、进闸、候车、上车，保证乘客的乘

车安全。当车站实施客流控制无法缓解时，则由控制中心负责本线的客流控制。

3. 坚持“集中领导、统一指挥”的原则

车站在启动三级客流控制之前，必须向控制中心行调报告，在值班站长/站区长的统一领导和指挥下执行客流控制程序。

（二）三级客流控制方法

1. 第一级：控制站台客流，控制点在站厅付费区到站台的楼梯/自动扶梯处

第一级客流控制是指为达到减缓乘客到达站台速度和降低站台乘客数量的目的，在付费区采取措施控制乘客进入站台的客流组织行为。

第一级客流控制由车站值班站长决定实施，实施时应向控制中心及站区长通报，并请求车站保安协助。其具体措施有：控制楼梯/自动扶梯通行方向、在向下方向的楼梯/自动扶梯前设置控制点、在站厅付费区设置迂回线路等。同时，站务人员应分散在站台的各部位维持候车、出站秩序，协助驾驶员开关车门，确保乘客安全上下车。

2. 第二级：控制付费区客流，控制点在进站闸机处

第二级客流控制是指在站厅非付费区采取措施控制进入付费区乘客数量的客流组织行为，以达到减缓乘客进入付费区速度和减少付费区乘客数量的目的。

第二级客流控制是由车站值班站长决定实施的，实施时应向控制中心及站区长通报，并请求车站保安协助。其具体措施有：控制进站闸机开放数量、在进站闸机口设置控制点、关闭部分自动售票机、在站厅非付费区设置迂回线路等。同时，站务人员应在控制区域做好引导和解释工作，确保乘客有序进闸。

3. 第三级：控制非付费区客流，控制点在车站出入口处

第三级客流控制是指在出入口采取措施控制进站乘客数量的客流组织行为，以达到减缓乘客进入车站的速度和减少车站乘客数量的目的。

第三级客流控制由车站站区长决定实施，实施时要向控制中心汇报，并请求车站公安协助。其具体措施有：在出入口外设置迂回线路，人为地控制出入口乘客的进站速度，必要时可关闭部分出入口，以最大程度缓解车站内客流压力。同时，站务人员及公安应做好引导和解释工作，确保乘客有序进站。

五、线网客流联合控制

（一）相关概念

1. 线网联控

线网客流联合控制是指大客流车站在启动单站级客流控制后，客流组织压力无法缓解时，需要通过本线或其他线路车站的客流控制才能缓解大客流车站的客流组织压力。

2. 主控站

主控站为大客流车站或连续几个高满载率区段中最高载率的车站。在启动本站的客流控制措施后无法缓解客流压力，需通过在本线或者邻线其他车站实施客流控制来配合客流疏导。

3. 辅控站

辅控站为配合主控站实施客流控制的本线或邻线车站，所以有本线辅控站及邻线辅控站区分。

4. 单线级客流联控模式（线控）

单线级客流联控为当主控站出现大客流时，本线辅控站采取客流控制措施限制进站乘客人数，缓解主控站或高满载率区段客流压力的客流组织方式。

5. 线网级客流联控模式（网控）

线网级客流联控为当主控站大客流实施单站及单线级客流联控后，仍无法缓解客流压力时，必须通过在邻线辅控站采取客流控制措施限制进站乘客人数，以缓解主控站客流压力的客流组织方式。

（二）线网联控原则

1. 优先满足主控站原则

在大客流发生需要开展线网联控时，以优先满足主控站的客流疏导，缓解高满载率区段的客流压力为原则，保证主控站及高满载率区段的客流组织顺畅。

2. 先线控再网控原则

当某主控站出现大客流或连续多个区段满载率偏高时，先实施本线控制，即通过本线辅控站的客流控制来缓解此主控站或连续多个满载率偏高区段的客流压力；当本线控制无法缓解时，再实施网控，即在控制本线辅控站客流的同时控制邻线辅控站客流，以控制换乘客流对主控站的冲击。

（三）单线级客流联控

1. 单线级客流联控原理

单线级客流联控原理是提高通过主控站或满载率偏高的连续区段的列车运能来缓解客流压力，即通过控制本线辅控站进站客流量，以减少往主控站或满载率偏高连续区段方向运行的列车的上车人数，留有足够的列车运能来满足有客流压力的主控站或满载率偏高的多个区段的乘客乘车需要。

2. 单线级客流联控程序

（1）确定本线辅控站。

当大客流发生站 i（主控站 i）采取单站级客流控制无法缓解时，需要限制前方车站 1 至车站（i-1）的进站客流，以减少通过主控站 i 的客流量，如图 5-1-2 所示。此时，可在车站 1 至车站（i-1）中，通过 OD 客流量来判断哪些车站进站客流对主控站影响较大，并选择这些车站作为辅控站。

（2）计算辅控站需要控制的满载率。

当确定好本线辅控站后，就要通过限制辅控站进站客流来降低列车的满载率。同时，当列车通过主控站后，车站也需要预留一定的列车冗余，因此需要计算辅控站需要控制的满载率。

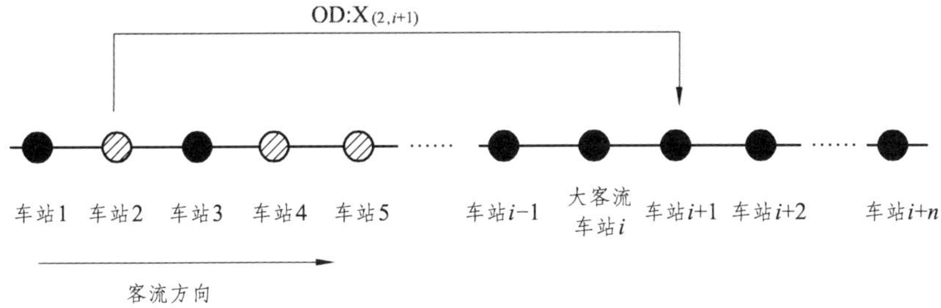

图 5-1-2　单线客流分配示意图

（3）计算辅控站单位时间限流值。

辅控站需要控制的满载率按照越过主控站 OD 客流量的比例进行分配，客流分配所得比例乘以线路运能即可得到该车站该方向单位时间允许上车的人数，再通过上下行客流之比便可得另一方向的允许上车人数，继而得出各辅控站的限流值。

（四）线网客流联控

1. 线网客流联控原理

使用单线级客流联控的目的在于均衡进站客流，但对于换乘站，除进站客流外还包括换乘客流。单线级客流联控无法对邻线的换乘客流起到限制作用，而单站级的客流控制方式仅能缓解换乘客流在站内的流速，无法减少邻线源源不断的换乘客流量。此时，需根据本线的客流压力限制邻线的换乘客流，并将此限制要求在邻线车站进行分配，目的是降低邻线车站对主控站的客流影响。由于现阶段各条线路客流潮汐特点显著，因此，线网级的客流控制方案可根据早、晚高峰及上、下行方向分别制定。

2. 线网客流联控程序

首先选取实施客流分配的邻线车站，并根据本线的运能情况设定邻线不能上车的换乘客流量。将这些客流量按邻线各站通过大客流车站的换乘客流量比例进行分配，最后根据各站换乘客流量与进站客流量的比例计算出邻线各站所分配的进站客流值，如图 5-1-3 所示。

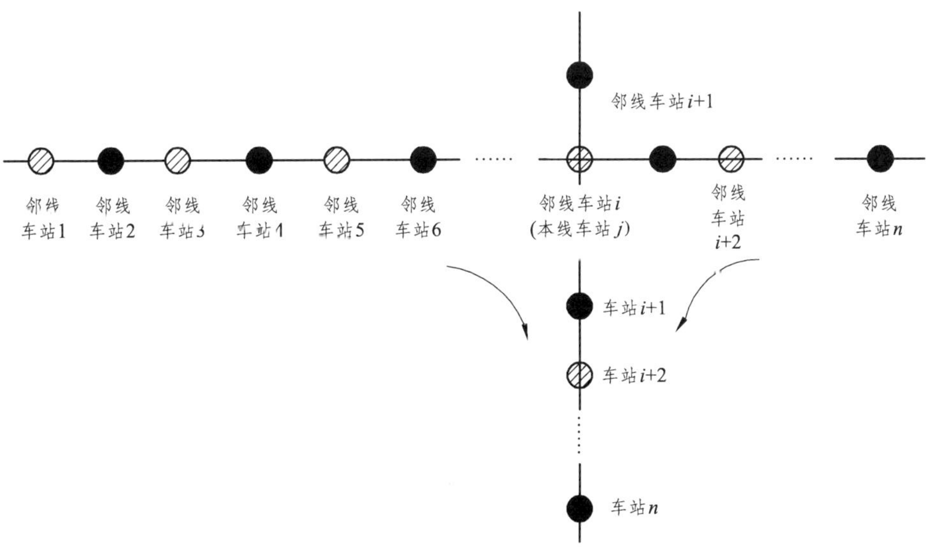

5-1-3　线网客流分配示意图

（1）通过 OD 客流量选取邻线辅控站。

邻线对主控站的影响体现在换乘客流，因此对邻线高峰时段单位时间内换乘进入本线的 OD 客流量进行分析，判断邻线各车站进站并通过主控站某方向的客流量大小，从而选取出辅控站。

（2）计算辅控站需控制的总换乘人数。

与单线级客流分配的计算不同，线网级客流控制数量不通过满载率分配进行计算，而是按照现场需要限制换乘的客流量，即需控制的换乘客流量按照控制运能的一个百分比来计算，如本线上行 15 min 早高峰运能为 Y，即需控制邻线换乘至本线某方向的上行不能上车的客流为 $C=a\%\times Y$，此数值需通过控制所选取的辅控站进站客流达到。

（3）计算各个辅控站需控制的换乘人数。

将邻线需控制的换乘客流量按照各辅控站换乘客流的比例进行分配。例如，各辅控站通过主控站换乘至某方向的人数为 A_1、A_3、A_5，总进站人数分别为 B_1、B_3、B_5，计算公式如下。

邻线车站 1 需控制的换乘人数：$H_{辅控站\ 1}=C\times[A_1/(A_1+A_3+A_5)]$

邻线车站 3 需控制的换乘人数：$H_{辅控站\ 3}=C\times[A_3/(A_1+A_3+A_5)]$

邻线换乘 5 需控制的换乘人数：$H_{辅控站\ 5}=C\times[A_5/(A_1+A_3+A_5)]$

（4）计算辅控站需控制的总人数。

根据辅控站的换乘客流占辅控站进站客流的比例，通过辅控站需控制的换乘人数推算出辅控站需控制的总人数。

辅控站换乘人数占总进站人数的比例 D=辅控站换乘人数/辅控站总进站人数

邻线车站 1 需控制的总人数 $K_{辅控站\ 1}=H_{辅控站\ 1}/D$

邻线车站 4 需控制的总人数 $K_{辅控站\ 3}=H_{辅控站\ 3}/D$

邻线车站 5 需控制的总人数 $K_{辅控站\ 5}=H_{辅控站\ 5}/D$

（5）计算辅控站单位时间限流值。

得出辅控站需控制的总人数后，在辅控站进站客流量中扣除需控制的总人数即为单位时间限流值。

邻线车站 1 限流值 $X_{辅控站\ 1}=A_1-K_{辅控站\ 1}/D$

邻线车站 3 限流值 $X_{辅控站\ 3}=A_3-K_{辅控站\ 3}/D$

邻线车站 5 限流值 $X_{辅控站\ 5}=A_5-K_{辅控站\ 5}/D$

【实训任务】

任务名称	模拟单站级客流控制（三级客流控制）		
任务描述	在学习小组内根据车站三级客流控制所需的车站各岗位来分配岗位角色，设计三级客流控制的情景，实施角色扮演，并实况录制		
实践目的	熟悉三级客流控制的流程，锻炼临危不乱和团结协作的能力，提高理论联系实际的应用能力	实践场所	模拟车站综合实训室
任务要求	分组分工协作，确定各岗位作业流程及作业内容，模拟某车站发生进站大客流需要执行三级客流控制时的情景，要求运用标准的作业用语，并进行实际模拟情景的录制；根据各组模拟情况由教师进行考评		

【目标检测】

一、知识目标检测

1. 填空题

（1）大客流是指车站在某一时段集中到达的，客流量超过车站____________或客运组织措施所能____________的客流量时的客流。

（2）根据大客流产生的影响和后果不同，可分为__________和__________。

（3）大客流组织原则是以“______、______”为主线。

（4）三级客流控制应坚持________________的原则。

（5）线网客流联合控制是指大客流车站在启动_________________后，客流组织压力无法缓解时采取的客流控制方式。

2. 判断题

（1）一级大客流时站台聚集人数达到或大于站台有效区域的 70%。（ ）

（2）三级客流控制的第二级客流控制的控制点在出站闸机处。（ ）

（3）单线级客流联控目的在于均衡进站客流。（ ）

（4）单线级客流联控原理是提高通过主控站或满载率偏高的连续区段的列车运能来缓解客流压力。（ ）

（5）当某主控站出现大客流或连续多个区段满载率偏高时，先实施邻线控制。（ ）

3. 不定项选择题

（1）三级客流控制应遵循（　　）等原则。

A. 由上至下　　B. 由下至上

C. 由内至外　　D. 由外至内

（2）三级客流控制中第一级控制（　　）的客流。

A. 站厅付费区　　B. 站厅非付费区

C. 站台　　D. 出入口

（3）三级客流控制中第三级控制（　　）的客流。

A. 站厅付费区　　B. 站厅非付费区

C. 站台　　D. 出入口

（4）在大客流发生，需要开展线网联控时，应优先满足（　　）的客流疏导。

A. 主控站　　B. 辅控站

C. 中心站　　D. 卫星站

（5）仅能缓解换乘客流在站内的流速的客流控制方式属于（　　）。

A. 单站级客流控制　　B. 单线级客流控制

C. 线网联合客流控制　　D. 组团式联合控制

二、技能目标检测

根据前述实训任务，分组讨论，完成相应要求，各组派组员向全班进行模拟展示。

序号	技能检测评价项目	评分	备注
1	岗位配置是否合理（20%）		
2	岗位职责和作业标准是否准确（20%）		
3	模拟过程中各角色标准用语展示是否正确（30%）		
4	小组在情景设计中对于突发小细节的处置是否妥当（30%）		

三、素质目标检测

由教师根据学生课堂表现及技能目标测试环节，对学生素质目标进行检查并评分。

序号	素质检测评价项目	评分	备注
1	思维展示的逻辑性（30%）		
2	理论认知的准确性（30%）		
3	观点表达的清晰度（10%）		
4	结合相应实训任务的完成，对本任务中思政元素的思考（30%）		

【知识拓展】

多站连续换乘的组团联控

一、组团联控的概念

线网联控是以一个换乘站为主体进行辅控站的选取及限流值的计算，但是城市轨道交通现阶段处于快速发展期，网络化运营成为城市轨道交通发展的必然趋势，多条线路相连，出现多个换乘站的情形在所难免，与单个换乘站相比，相邻的连续换乘站中客流对车站影响的复杂程度大大增加，同时连续换乘站之间有高度独立性，信息互通较少，连续换乘站未能同步实施客流控制，难以形成合力，客流控制成效不理想。而且线、网联控预案中的换乘站都有一套独立预案，辅控站点及限流数值都具有独立性，部分车站被纳入作为多个换乘站的辅控站点，基于既有换乘站线、网控预案的独立性，不同的预案的辅控站点及限流数值都不相同，预案繁多且复杂，不利于车站与调度对于预案的实施。

面对新的线网格局及线、网联控存在的问题，考虑把与客流来源有高度相关性的换乘站组合起来，共同制定换乘站组团客流控制方案（即组团防控），来重新选取客流联控的辅控站点，以缓解多站连续换乘区段大客流的组织压力。

二、同源客流及其系数

换乘站担负着线网大量换乘客流的集散、中转功能，是城市轨道交通网络的重要节点。为掌握连续换乘站之间的相关程度，研究组团内连续换乘站同源客流的相关性，引入同源客流系数作为衡量相关性的一个指标，相关性高的组团可作为一个整体，开展单线级、线网级客流控制。

连续换乘站的客流由本线、邻线注入连续换乘站的客流组成，所以按客流来源不同来划分，可分为本线同源客流和邻线同源客流。

图 5-1-4 中，A_1、A_2 为连续换乘站组团，本线上下行方向汇入并途经这一组团的客流会对该组团造成影响，即该组团上行方向受前方 $S_1 \sim S_i$ 各站的汇入客流影响，下行方向受前方 $X_1 \sim X_i$ 各站的汇入客流影响。

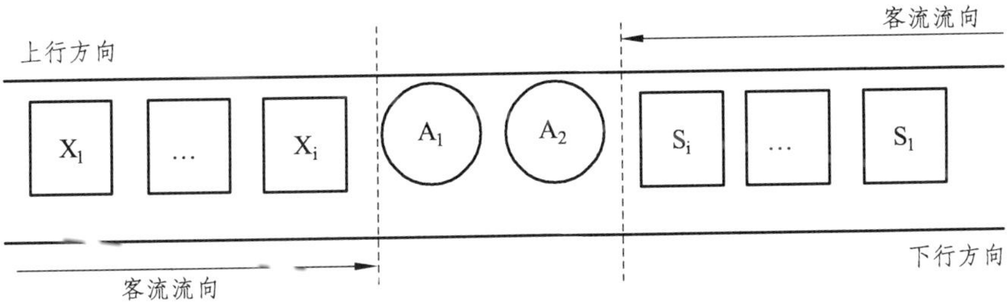

图 5-1-4　本线连续换乘站客流来源

本线同源客流系数 α 是衡量本线换乘站之间关联度的一个关键指标，当本线同源客流系数大于 0.6 时，表示本线连续换乘站的客流组成具有较高的同源性，说明连续换乘站关联度较高。

图 5-1-5 中，A_1 和 A_2 为两个相邻换乘站，L_1、L_2、L_3 分别为 3 条相邻的线路，A_1 为 L_1 与 L_2 的换乘站，A_2 为 L_1 与 L_3 的换乘站。A_1、A_2 为 L_1 线的连续换乘站组团，L_2 及 L_3 两条相邻线路汇入并途经这一组团的客流会对 A_1、A_2 及 L_1 造成影响。L_2、L_3 换入 L_1 的客流包含上、下行换入客流。连续换乘站的邻线同源客流由邻线车站单位时间进站换入连续换乘站的客流组成。

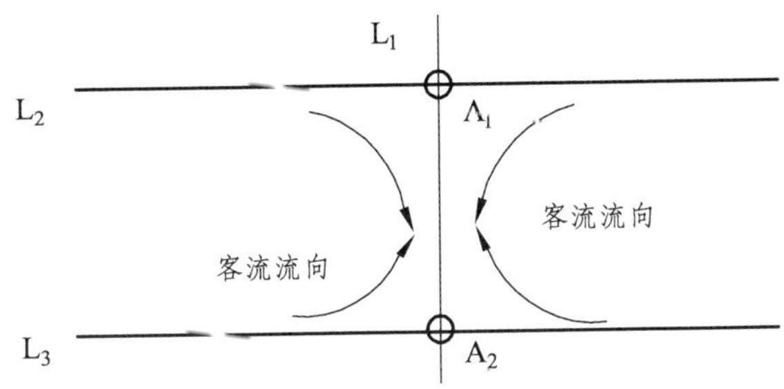

图 5-1-4　邻线连续换乘站客流来源

邻线同源客流系数是衡量邻线换入客流对连续换乘站影响程度的一个关键指标，当存在某一邻线换入本线的同源客流系数大于 0.6 的情况时，表示邻线换入连续换乘站的换乘客流组成具有较高同源性，即连续换乘站关联度较高。

三、组团客流控制

（一）措施

（1）将与本线、邻线客流来源均高度相关的换乘站视为一个整体来制定线控、网控预案，以缓解组团内换乘站的客流压力。

（2）当组团所在线路出现大客流，组团内的任意换乘站无法通过本站开展客流控制缓解时，启动换乘站组团线控、网控预案，通过预案中的其他换乘站及其辅控站采取限流措施来缓解组团内连续换乘站的客流疏导压力。

（二）优点

（1）由缓解单个换乘站的客流压力转变为缓解多站连续换乘区段的复合客流压力。

（2）换乘站组团客流控制预案的车站选取原则是选择本线或邻线对连续多个换乘站均带来较大客流冲击的站点实施客流联控，组团内换乘站同步实施客流控制，容易形成合力，达到同时缓解组团内换乘站客运压力的效果。

（3）制定换乘站的组团客流控制预案，辅控站点及限流数值应保持一致，对比现有的线控、网控的预案效果有所优化，有利于车站与调度对于客流控制预案的实施。

任务二　突发事件客流组织

【问题引入】

2017 年 2 月 10 日 19 时 11 分，香港地铁一辆列车由金钟开往荃湾，在开往尖沙咀期间，车上突然有浓烟冒出。警方拘捕了一名 40 岁男子，怀疑其与纵火有关，初步调查显示该男子曾有案底，受家庭问题困扰而犯案，疑犯在车厢内点燃助燃剂导致事故。此次事故造成 18 人受伤，其中 4 人严重烧伤，事故没有造成其他人员死亡。当发生这种突如其来的灾害时，我们作为一名地铁工作人员应如何参与应急工作，有效组织客流进行疏散呢？

【学习目标】

知识目标

（1）掌握突发事件客流定义。

（2）熟悉突发事件应急设备功能及其操作。

（3）掌握突发事件客流组织措施。

技能目标

（1）能识别各种应急设备并会适时运用。

（2）能在事件突发时有效组织客流疏散。

素质目标

（1）树立“安全第一、预防为主”的安全意识。

（2）培养紧急情况下沉着冷静、灵活应变的素质。

（3）培养“听从指挥、服从命令”的职业素养。

【必备知识】

一、突发事件客流及特点

突发事件是指没有发生任何征兆的情况下，在城市轨道交通车站内、列车上或其他设备设施内突然发生的危及人身安全的事件，如自然因素（地震、洪水、台风等）、人为因素（火灾、爆炸、毒气袭击等）、设备因素（火灾、停电、列车运营故障等）和社会因素。突发事件发生时在车站内或列车上的客流均称为突发事件客流。

当城市轨道交通车站或区间发生突发事件时，突发事件的客流特点：因事发突然，客流的规模、持续时间长短等都无法提前预测，无法进行充分的准备，也无法及时根据客流规模启动相应级别的应急预案进行应对。

二、突发事件应急设备及操作

为了应对可能突发的状况，保护乘客的安全，城市轨道交通运营企业一般在列车和车站内都安装了一定的应急设备，当出现突发事件时，站务人员和乘客均可以通过应急设备进行报警或自救。

（一）车站应急设备及操作

1. 车站应急设备组成

车站应急设备分为事故救援应急设备和车站机电设备应急装置。

车站救援应急设备有呼吸器、逃生面具、应急灯、担架、存尸袋、便携式扶梯、湿毛巾、抢险锤、防汛铁锹、挡水板、草垫子、编织袋等。车站应急抢险器材必须指定专人保管，不得随意挪作他用。车站应定期组织员工演练，定期进行设备的检查，及时发现损坏和数量不足的情况，以确保突发情况发生时设备能够正常使用。

车站机电设备应急装置主要有紧急停车按钮、火灾报警器、自动扶梯紧停装置、站台门自动解锁装置及站台门应急门，如图 5-2-1 所示。各种设备的安装位置和数量均因不同系统的建设要求不同而有所不同，各类应急设备的启用时间也不同，必须在发生危及列车行车安全或人身安全的紧急情况下使用。

（a）紧急停车按钮

（b）火灾报警器

（a）站台门应急门

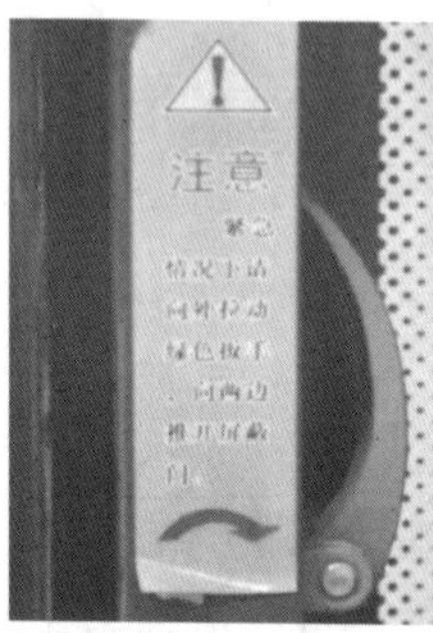

（b）站台门解锁装置

（c）自动扶梯紧停装置

图 5-2-1　车站应急设备

2. 车站常用应急设备功能及操作

（1）火灾紧急报警器。

火灾紧急报警器通常安装在车站的站台、站厅和通道的墙上，在车站内发生火警时使用。常见的报警器有三种，第一种是拉下手柄即可报警，第二种是击碎玻璃即可报警，第三种是按压报警按钮即可报警，如图 5-2-2 所示。

车站应急设备操作
扫码观看

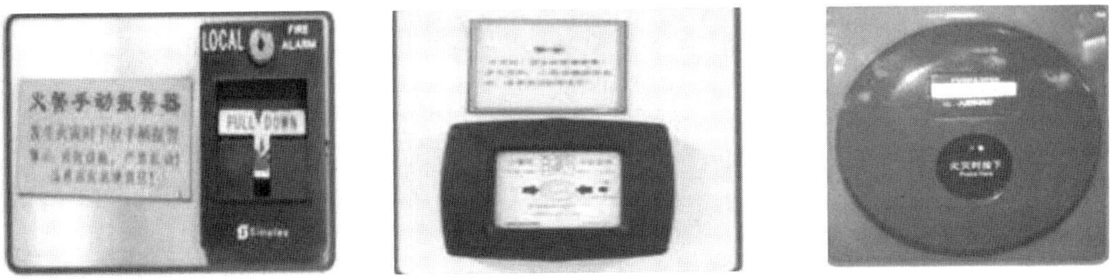

（a）拉下手柄报警　　（b）击碎玻璃报警　　（c）按压按钮报警

图 5-2-2　三种不类型火灾报警器

（2）自动扶梯紧停装置。

在自动扶梯的两端都安装有自动扶梯紧停装置，有些较长的扶梯，在扶梯的中央也有安装。城市轨道交通车站内所有自动扶梯都安装有紧急停止装置。当自动扶梯上发生紧急情况需要人工停止运行时，可按下自动扶梯紧急停止按钮。

（3）紧急停车按钮。

城市轨道交通车站每侧站台两端的墙上各装有一个“紧急停车按钮”。在危及列车安全或危及列车人员安全的情况下，应击碎玻璃后按压按钮 3 ~ 4 s，此时列车会接收到这个紧急信号并立即停止运行。

（4）站台门手动解锁装置。

城市轨道交通车站站台均安装有站台门，可以有效防止乘客发生意外跌落轨道，从而保证乘客候车安全。列车进站后无法自动开启时，可使用站台门手动解锁装置，按照步骤手动打开。由于站台门种类的不同，站台门手动解锁装置可打开方式通常有三种：第一种是按下绿色按钮，将门往两边拉开；第二种是先扳起手柄，再把门往两边拉开；第三种是翻开绿色手柄后，把门往两边拉开，如图 5-2-3 所示。

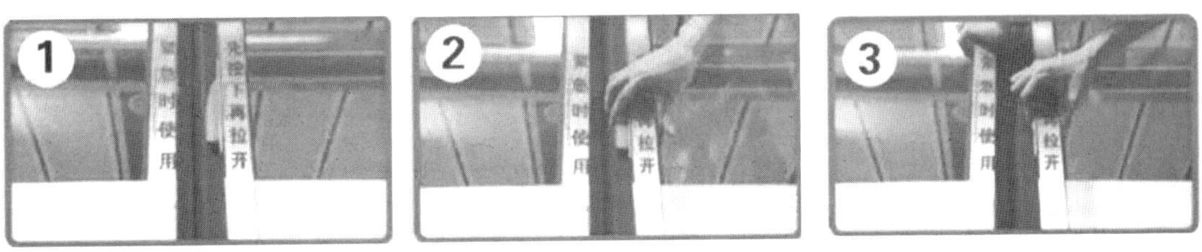

（a）按下绿色按钮将门往两边拉开

（b）先扳起手柄再把门往两边拉开

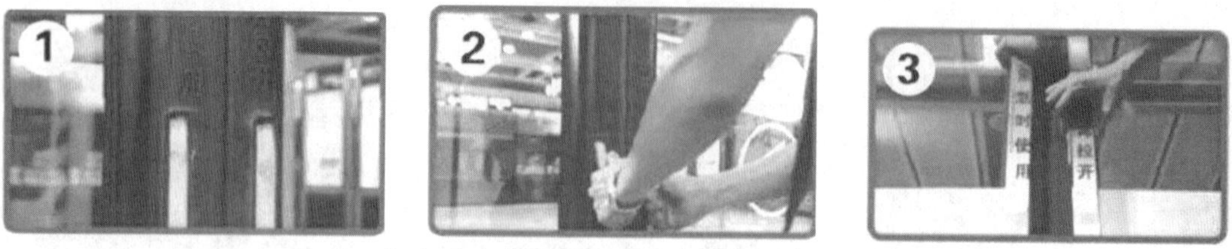

（c）翻起绿色手柄再把门往两边拉开

图 5-2-3　站台门不同类型手动解锁装置操作

（5）站台门应急门。

站台门应急门被称为特别通道，通常安装在每侧站台的两端。发生紧急情况，列车进站停车，车门没有对准站台门的滑动门时，乘客可以通过设置在站台两端或中部的站台门应急门离开车厢进入站台。当需要使用应急门时，只需按压绿色或白色推杆手柄，推开站台门应急门，就可以有序逃出列车进入站台。

3. 车站气灭系统

（1）定义及组成。

气体灭火系统是指灭火剂以液体、液化气体或气体状态存贮于压力容器内，灭火时以气体（包括蒸汽、气雾）状态喷射灭火的灭火系统。且该灭火系统能在防护区空间内形成各方向浓度均一的气体，并至少能保持该灭火浓度达到规范规定的浸渍时间，扑灭该防护区的空间、立体火灾。气灭系统主要由手自动转换盒、就地控制盘、多线控制盘和气瓶间等组成，如图 5-2-4 所示。

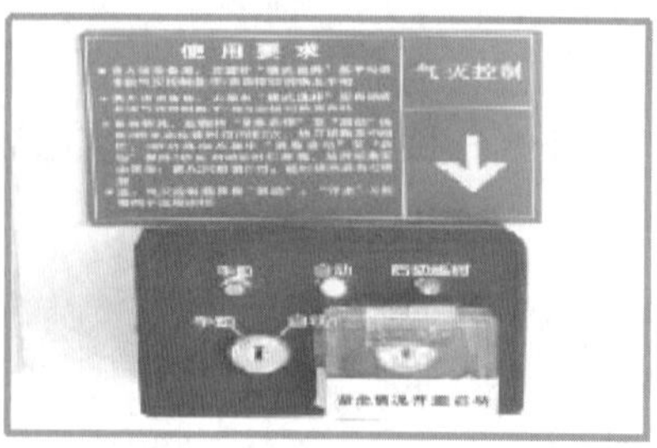

就地控制盘

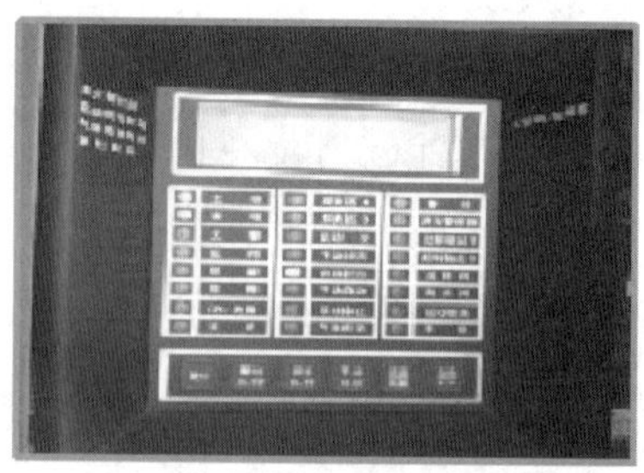

手自动转换盒

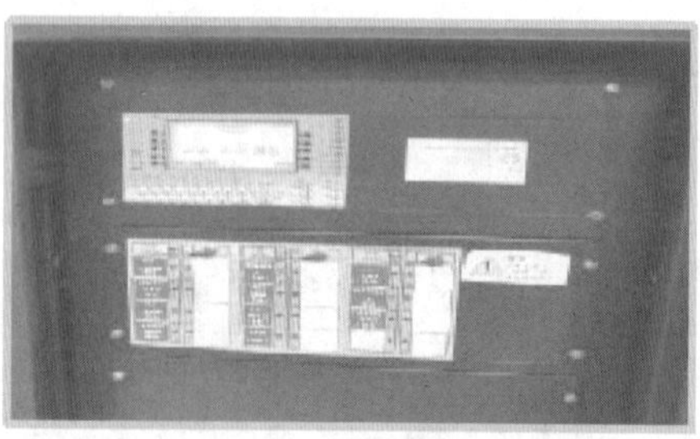

多线控制盘

气瓶间

图 5-2-4　气灭系统组成

（2）气灭系统作用流程。

状态 1：气体保护房间火灾预报警信号，当任意 1 个回路报火警提示时，警铃响起进入 1

级报警。

状态 2：气体保护房间火灾确认报警信号，当 2 个独立的回路都报火警提示时，若手自动转换在自动位，即自动进入 30 s 倒计时，同时伴有声光 2 级报警。

状态 3：气体释放信号，30 s 倒计时后进入释放阶段，此时气体保护房间门头 GAS 释放灯会闪亮，提示正在进行气体释放，人员请勿进入。

状态 4：手/自动控制转换信号，如图  所示。通过钥匙插入插孔 1 进行切换；当使用手动启动气体释放倒计时，钥匙插入插孔 2 操作，当钥匙扭到停止后，30 s 倒计时开始计数。

状态 5：气体灭火系统故障信号，当发生故障后气灭操作盘会发出故障报警声，故障指示灯会显示黄色灯光，FAS 主机也会报警。

气灭系统的作用流程如图 5-2-5 所示。

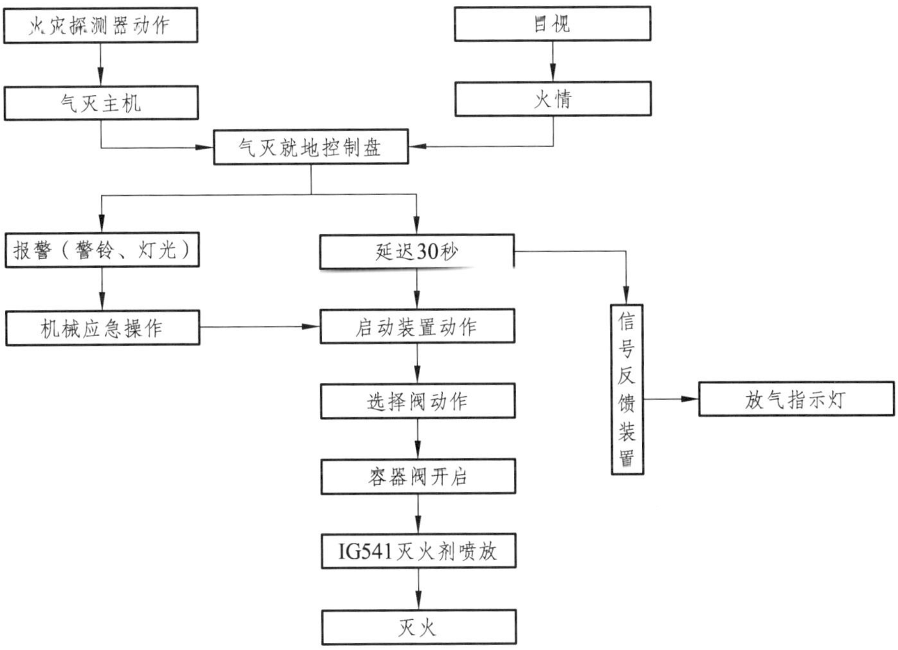

图 5-2-5　气灭系统作用流程

（3）气灭系统手动操作。

① 手/自动转换旁紧急启停按钮：按压紧急启动按钮，延时灯闪烁，松开按钮，8 s 内再次按压启动按钮。

图 5-2-6　手/自动转换旁紧急启停按钮

② 气灭控制盘紧急启停按钮：撕掉封条，按压紧急启动按钮，延时灯闪烁，松开按钮，8 s 内再次按压启动按钮。

图 5-2-7　气灭控制盘紧急启停按钮

③ 气灭主机紧急启停按钮：通常情况下车站不操作。

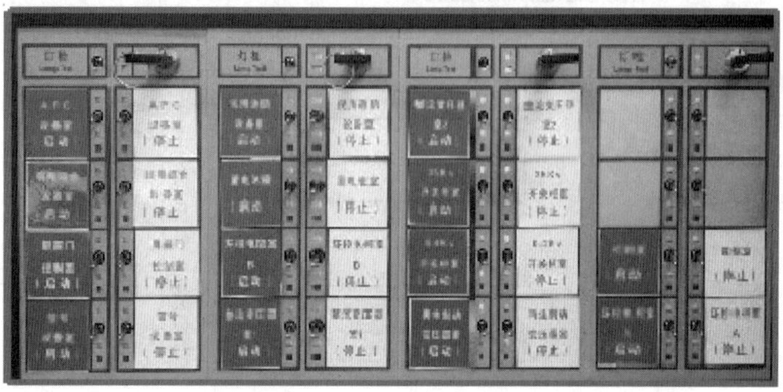

图 5-2-8　气灭主机紧急启停按钮

（4）气灭系统机械应急操作。

① 进入对应气瓶间后，首先找到气体保护房间的管道（管道上有房间名称或铭牌），如图 5-2-9 所示。

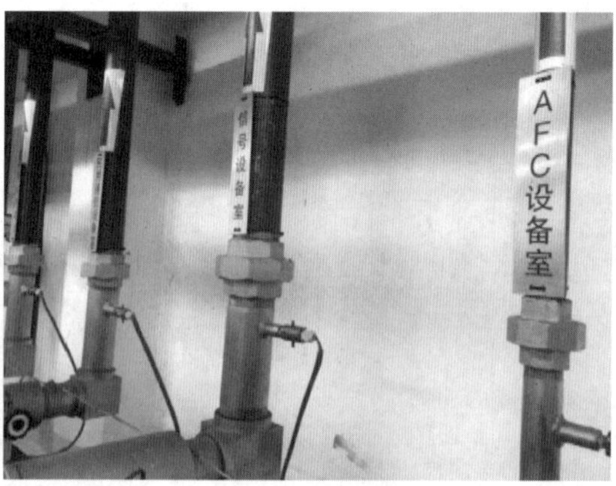

图 5-2-9　找到对应房间管道

② 确认对应的氮气启动瓶编号，如图 5-2-10 所示。

图 5-2-10　确认启动瓶编号

③ 拔掉对应的氮气启动瓶安全栓，然后拍压开关，如图 5-2-11 所示。

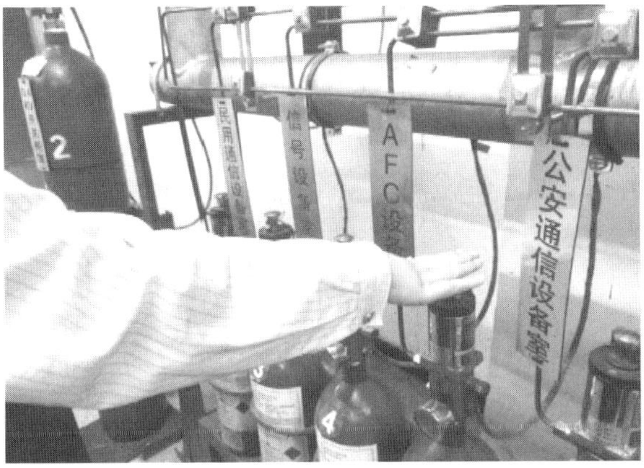

图 5-2-11　拍压启动瓶开关

④ 氮气启动瓶启动成功则电磁阀上的螺丝会移动到另一端，且管道和气瓶瓶身上会有凝结的小水珠并伴有刺耳的气体喷洒声，如图 5-2-12 所示。

图 5-2-12　启动瓶启动成功

⑤ 若气动启动失败，则首先将对应气体保护房间的管道上的选择阀开关转到全开位置，如图 5-2-13 所示。

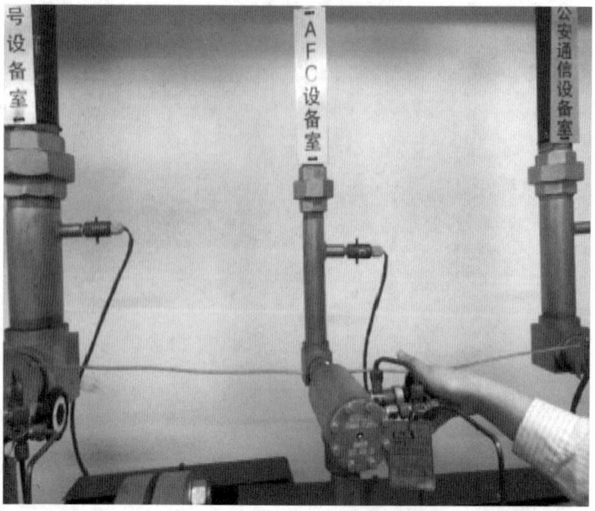

图 5-2-13 确认选择阀开关

⑥ 根据对应房间铭牌上标注的 IG541 瓶编号，按顺序拍压对应的 IG541 气瓶，如图 5-2-14 所示。

图 5-2-14 拍压 IG541 气瓶

（二）列车常用应急设备功能及操作

1. 列车常用应急设备组成

在城市轨道交通列车上，常用的应急设备有五种，即列车紧急报警按钮及紧急对讲按钮、紧急开门装置、灭火器以及安全疏散门，具体如图 5-2-4 所示。当列车在区间发生紧急情况时，列车上的乘客可以操作报警及对讲装置向司机报警，同时还可以通过正确操作其他应急设备完成自救逃生。

（a）紧急报警及对讲按钮

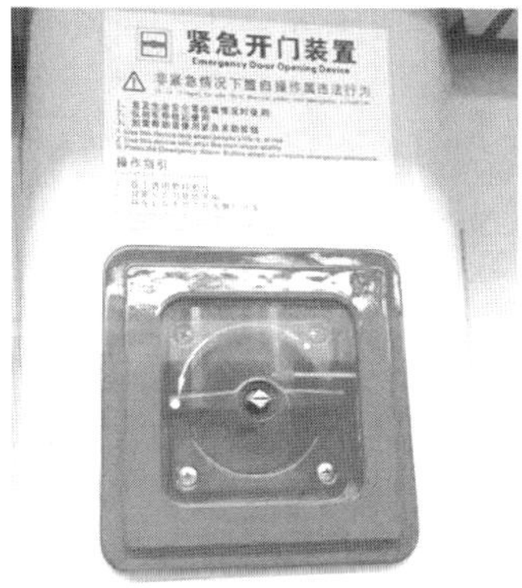

（b）车门紧急开门装置

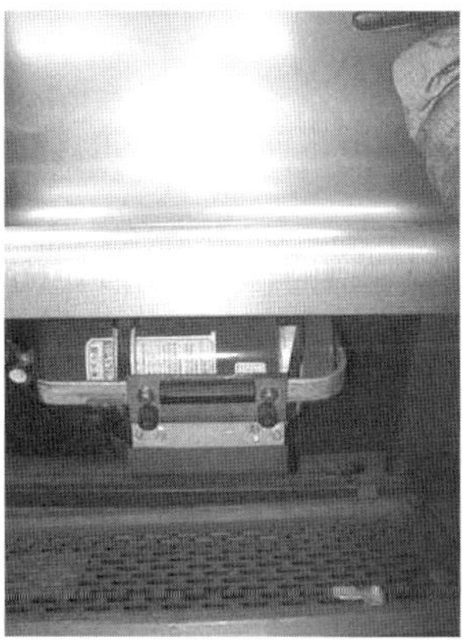

（c）列车灭火器

（d）列车安全疏散门

图 5-2-15　列车常用五种应急设备

2. 列车常用应急设备功能及操作

（1）紧急报警按钮和紧急对讲按钮。

列车应急设备操作
扫码观看

一般情况下，城市轨道交通列车的每节车厢都安装有两至三个紧急报警或紧急对讲按钮，它们通常设置在车门的上方或侧边。当车厢内发生人员伤害、火警等紧急情况时，可使用紧急报警和对讲按钮通知司机或与司机对话，司机收到报警信息后，会立即通知工作人员上车了解和处理。在操作紧急报警按钮时，可直接按压按钮，司机便可收到报警信息；在操作紧急对讲按钮时，可直接按压一次面板上的红色按钮，稍等片刻即可实现与司机的对话。

（2）车门紧急开门装置。

列车车门的紧急开门装置一般情况设置在城市轨道交通列车的每个车门正上方或侧边，紧急情况下可使用此装置就地手动解锁打开车门。不同城市的轨道交通列车紧急开门装置都有所不同，但是其操作方法是大致相同的，一般只用先拉下手柄或旋转手柄来解锁车门，然后手动拉开车门即可。

（3）列车灭火器。

城市轨道交通列车每节车厢都安放有多个灭火器，一般都设置在列车座椅下边，有些直接用两个固定皮带固定住，有些则是放置在座椅下的护板内。当列车上发生火灾等紧急情况时，可直接解开两个固定皮带或先旋动两个旋柄、取下盖板、拉出托架上的灭火器，然后拔出灭火器的安全销、按下压把、对准火焰根部进行灭火。

（4）列车安全疏散门。

列车安全疏散门设置在列车两端，即车头或车尾。当列车在区间内发生紧急情况需要执行区间疏散时。工作人员或乘客可以打开通往司机室的门进入司机室，然后按照安全疏散门上方的操作指引，解锁打开安全疏散门，并通过该门离开列车进入区间（隧道）的安全疏散平台，在工作人员的指引下通过疏散平台进行疏散。

三、突发事件客流组织

（一）突发事件处理原则

（1）参与应急事件处理的各岗位员工都应紧急行动起来，及早汇报，及时抢救，迅速开展工作。

（2）坚持“先救人，后救物；先全面，后局部”的原则，优先组织人员疏散、伤员抢救，同时兼顾重点设备和环境的防护，力争将损失降到最低。

（3）兼顾现场的保护工作，以利于公安、消防和事件调查部门的现场取证。

（4）员工处理现场应急事件时应沉着冷静，反应迅速，做到早发现、早报告、早控制。严格执行规定的标准和程序时，做好乘客疏导和安抚工作，维持乘客秩序和减少乘客工恐慌。要注意使用统一代号通知车站员工执行紧急疏散程序，以免发生恐慌。

（5）员工在处理应急事件时，坚持对外宣传口号归口管理的原则，不得擅自发布相关信息。

（6）突发事件发生时，遵循就近处理的原则。

在上一级应急处理负责人到达现场前，员工应按表 5-2-1 中的规定担任现场临时应急处理负责人。

表 5-2-1　应急处理临时负责人

序号	发生处所	现场临时负责人
1	列车上（列车在区间）	本列车驾驶员
2	列车上（列车在车站）	所在站值班站长
3	车站	所在站值班站长
4	区间线路上	行车调度员指定的值班站长
5	车厂	车厂调度
6	其他场所	现场职务最高的员工

（二）突发事件客流组织措施

突发事件发生后，应及时组织乘客采取各种措施进行自身防护，快速、有序地离开车站、列车。突发事件客流组织的方法有疏散、清客和隔离。

1. 疏散

疏散是指在紧急情况下，利用一切通道和出口迅速将乘客从危险区域全部转移到安全区域，包括车站疏散和区间疏散。

（1）车站疏散。

车站疏散需要各个岗位密切高效配合，争取在最短的时间内尽快疏散乘客。各岗位具体的作业内容及程序如下：

值班站长宣布车站执行疏散程序，在上级领导未到达前担任现场临时指挥，指挥抢险或乘客疏散；疏散完毕后，检查是否还有乘客滞留，并关闭出入口；如危及员工安全，应组织员工到紧急出入口或后备紧急出入口集中；如有乘客被困在站台，行调应安排一列空车前往车站疏散乘客，安排工作人员安抚和维持站台秩序；如需要外部支援，应安排一名站务员到紧急出入口引导支援人员进站。

行车值班员报告行调疏散的原因、列车的运行情况，视情况请求支援并通知公安维持秩序，让 AFC 系统进入紧急放行模式，开启相应的环控模式并通过 PIS 发布疏散信息。

其他各岗位人员应在值班站长的统一指挥下在指定的地点或区域指引或引导乘客从危险的区域到安全的区域。

（2）区间疏散。

当区间内或列车上发生突发事件后，司机要立即向行车调度员报告请求执行区间疏散。当车站接到行车调度员或列车驾驶员需要区间疏散的通知后，值班站长担任临时应急负责人，通知各岗位员工执行车站疏解程序，指定客运值班员负责组织疏散车站乘客；此时开启隧道灯，需要时开动通风设备，并带领站务员或保安，穿好装备，到区间疏散现场负责引导乘客往车站疏散；在确认乘客疏散完毕和线路出清后，报告行车调度员，关闭车站。

2. 清客

清客是指车站或列车出现异常时（如停电、列车停止运行等），需要将乘客从某一区域全部转移到另一区域，包括车站清客和列车清客。

（1）车站清客。

车站清客的主要作业内容及程序如下：

值班站长组织车站员工对车站乘客进行清客，引导乘客退票；检查车站内是否有滞留的乘客，无滞留乘客时及时关闭出入口，并召集所有员工等待恢复运营，同时安排人员到紧急出入口执勤。

行车值班员通知各岗位员工车站停止服务，执行清客程序，并使 AFC 系统进入紧急放行模式；通过乘客信息系统发布车站停止服务信息，在关站后执行节电照明模式。

客运值班员引导乘客办理退票或出站，并根据需要为售票员配备零钞；统计退票数量，并将回收单程票封好后上交票务中心。

其他人员在指定的地点做好乘客引导和办理退票手续，并维持好秩序。

（2）列车清客。

列车清客的主要作业内容及程序如下：

行车值班员接到列车清客命令后，立即通知值班站长、厅巡和站台岗站务员执行列车清客程序，并通过 PIS 发布相关服务信息；厅巡和站台站务员在规定的时间内完成对列车上乘客的清客工作，同时引导乘客退票或在同站台或另一站台等候下一趟列车；值班站长要做好乘客的解释和安抚工作，将情况汇报给站长；清客完毕后，行车值班员应及时将完毕时间汇报行调。

（三）隔离

隔离是指采用某种方式或设备人为地隔开人群或封闭某个区域。根据造成隔离的原因不同，分为非接触式纠纷隔离、接触式纠纷隔离、客流流线隔离和疫情隔离。

四、突发事件客流组织实例

（一）车站内有序疏散措施

当公安或上级部门要求车站退出运营服务，或者车站发生影响人员安全的突发事件导致车站必须临时退出运营服务时，车站各岗位各司其职，按车站清客措施组织车站内乘客有序疏散，下面以某城市地铁三线换乘站为例，各岗位职责如表 5-2-2 所示。

表 5-2-2　某城市地铁三线换乘站内客流有序疏散时各岗位职责

岗位	应急处置职责
所在线路值站	1. 接到疏散通知后，担任现场指挥，做好初期现场指挥工作并宣布车站执行疏散模式，组织人员疏散，做好处置过程安全监控及乘客安抚工作。 2. 疏散完毕后对车站进行全面检查，确保乘客全部疏散出站。 3. 需撤离时，至应急出入口安全区域集中，并清点工作人员。 4. 抢险队伍赶赴现场后，协助开展抢险工作。 5. 处置完毕，组织本站运营恢复工作。 6. 组织形成事件现场处置书面材料
另一线路值站	1. 接到疏散通知后，到本线站台协助站台岗疏散，与站台岗共同确认站台乘客疏散完毕后报行值，至站厅协助疏散。 2. 疏散完毕后，与另一值站共同对车站进行全面检查，确保乘客全部疏散出站。 3. 需撤离时，至应急出入口安全区域集中。 4. 接到恢复运营通知后，返回工作岗位，组织本线恢复运营
所在线路行值	1. 接疏散命令，通知各岗位，并报本线行调、站区管理人员、生产调度，出现伤亡趋势报地铁公安、119、120 等救援力量援助，并指派人员接应。 2. 播放广播组织乘客疏散，按 OCC 命令做好退票等后续处置及配合工作。 3. 做好人员调配。 4. 乘客疏散完毕，报本线行调。 5. 需撤离时，携带 800 M 对讲机至应急出入口安全区域。 6. 接到值站恢复正常的通知后，报告行调，广播通知各岗位恢复运营
另一线路行值	1. 接疏散命令，通知各岗位，并报本线行调，协助另一线路行值上报信息。 2. 播放广播组织乘客疏散，按 OCC 命令做好退票等后续处置及配合工作。 3. 乘客疏散完毕，报本线行调。 4. 需撤离时，携带 800 M 对讲机至应急出入口安全区域集中。 5. 接到值站恢复正常的通知后，报告行调，广播通知各岗位恢复运营

续表

岗位	应急处置职责
行值协岗（若无，由另一线路值站担任）	接通知后，监控行值操作，协助做好信息报送、记点工作及人员安排
客值（若无，由另一线路值站担任）	1. 接到通知后赶赴现场协助值站组织疏散。 2. 做好车站客运组织、票务服务及票务应急准备。 3. 需撤离时，至应急出入口安全区域集中。 4. 接到恢复运营通知后，返回工作岗位，协助组织恢复运营
厅巡（若无此岗，由客值兼任）	1. 接通知后，前往 A 出入口接应救援人员，拦截乘客进站。 2. 需撤离时，至应急出入口安全区域集中。 3. 接到恢复运营通知后，返回工作岗位
票亭岗	1. 根据命令办理退票业务，做好协助疏散乘客的准备。 2. 锁好钱箱，关闭票亭，协助乘客疏散。 3. 确认站厅乘客疏散完毕，报行值。 4. 需撤离时，至应急出入口安全区域集中。 5. 接到恢复运营通知后，协助组织恢复运营
站台岗	1. 关停站台向下运行的电扶梯并引导乘客至站厅。 2. 确认本线站台疏散完毕后报本线行值，至站厅指引乘客疏散。 3. 需撤离时，至应急出入口安全区域集中。 4. 接到恢复运营通知后，协助组织恢复运营
保安	1. 协助车站维持秩序，组织乘客疏散。 2. 需撤离时，至应急出入口安全区域集中。 3. 接到恢复运营通知后，返回工作岗位
安检	1. 接撤离通知，暂停安检。 2. 值守各出入口，拦截乘客进站。 3. 其余安检听从车站安排，协助组织乘客疏散。 4. 需撤离时，至出入口安全区域集中。 5. 接到恢复运营通知后，返回工作岗位
保洁	1. 到车控室领取告示张贴于各出入口，拦截乘客进站。 2. 其余保洁协助组织乘客疏散。 3. 需撤离时，至应急出入口安全区域集中。 4 接到恢复运营通知后，撤除告示，返回工作岗位
驻站工班	1. 服从现场指挥，必要时协助组织乘客疏散。 2. 接到恢复运营的通知后，返回工作岗位

（二）车站内紧急客流疏散

当车站发生火灾、爆炸、毒气袭击等严重威胁车站内人员生命安全的突发事件时，乘客须立即疏散出车站。此时，车站各岗位各司其职，按车站疏散程序组织乘客紧急疏散，离开车站，现以某城市地铁三线换乘站为例，组织紧急疏散时各岗位的职责如表 5-2-3 所示。

表 5-2-3　某城市地铁三线换乘站内紧急客流疏散时各岗位职责

岗位	应急处理职责
所在线路值站	1. 接到疏散通知后，担任现场指挥，做好初期现场指挥工作并宣布车站执行疏散模式，前往本线站台开始组织人员疏散，做好处置过程安全监控及乘客安抚工作。 2. 疏散完毕后对车站进行全面检查，确保乘客全部疏散出站。 3. 需撤离时，至应急出入口安全区域集中，并清点工作人员。 4. 抢险队伍赶赴现场后，协助开展抢险工作。 5. 处置完毕，组织本站运营恢复工作。 6. 组织形成事件现场处置书面材料
另一线路值站	1. 接到疏散通知后，到本线站台协助站台岗疏散，与站台岗共同确认站台乘客疏散完毕后报行值，至站厅协助疏散。 2. 疏散完毕后，与另一值站共同对车站进行全面检查，确保乘客全部疏散出站。 3. 需撤离时，至应急出入口安全区域集中。 4. 接到恢复运营通知后，返回工作岗位，组织本线恢复运营
所在线路行值	1. 接疏散命令，通知各岗位，并报本线行调、站区管理人员、生产调度、地铁公安，出现伤亡趋势报 119、120 等救援力量援助，并指派人员接应。 2. 操作车站疏散模式，通知安检撤除进站闸机及站厅疏散门处隔离的铁马，按 OCC 命令做好退票等后续处置及配合工作。 3. 做好人员调配。 4. 乘客疏散完毕，报本线行调。 5. 需撤离时，携带 800 M 对讲机至应急出入口安全区域集中。 6. 接到值站恢复正常的通知后，报告行调，广播通知各岗位恢复运营
另一线路行值	1. 接疏散命令，通知各岗位，并报本线行调，协助另一线路行值上报信息。 2. 操作车站疏散模式，按 OCC 命令做好退票等后续处置及配合工作。 3. 乘客疏散完毕，报本线行调。 4. 需撤离时，携带 800 M 对讲机至应急出入口安全区域集中。 5. 接到值站恢复正常的通知后，报告行调，广播通知各岗位恢复运营
行值协岗（若无，由另一线路值站担任）	接通知后，监控行值操作，确认闸机、门禁、广播、PIS 等设备联动，协助做好信息报送、记点工作及人员安排
客值（若无，由另一线路值站担任）	1. 接到通知后赶赴现场协助值站组织疏散。 2. 做好车站客运组织、票务服务及票务应急准备。 3. 需撤离时，至应急出入口安全区域集中。 4. 接到恢复运营通知后，返回工作岗位，协助组织恢复运营
厅巡（若无此岗，由客值兼任）	1. 接通知后，前往应急出入口接应救援人员，拦截乘客进站。 2. 需撤离时，至应急出入口安全区域集中。 3. 接到恢复运营通知后，返回工作岗位

续表

岗位	应急处理职责
票亭岗	1. 根据命令办理退票业务，做好协助疏散乘客的准备。 2. 锁好钱箱，关闭票亭，打开边门，协助乘客疏散。 3. 确认站厅乘客疏散完毕，报行值。 4. 需撤离时，至应急出入口安全区域集中。 5. 接到恢复运营通知后，协助组织恢复运营
站台岗	1. 关停站台与下行方向电扶梯并引导乘客至站厅。 2. 疏散本线站台，确认站台疏散完毕报本线行值，至站厅指引乘客疏散。 3. 需撤离时，至应急出入口安全区域集中。 4. 接到恢复运营通知后，协助组织恢复运营
保安	1. 协助车站维持秩序，组织乘客疏散。 2. 需撤离时，至应急出入口安全区域集中。 3. 接到恢复运营通知后，返回工作岗位
安检	1. 接撤离通知，暂停安检，撤除进站闸机及站厅疏散门处隔离的铁马。 2. 值守各出入口，拦截乘客进站。 3. 其余安检听从车站安排，协助组织乘客疏散。 4. 需撤离时，至出入口安全区域集中。 5. 接到恢复运营通知后，返回工作岗位
保洁	1. 到车控室领取告示张贴于各出入口，拦截乘客进站。 2. 其余保洁协助组织乘客疏散。 3. 需撤离时，至应急出入口安全区域集中。 4. 接到恢复运营通知后，撤除告示，返回工作岗位
驻站工班	1. 服从现场指挥，必要时协助组织乘客疏散。 2. 接到恢复运营的通知后，返回工作岗位

（三）列车站台紧急疏散

当某一列车或区间发生突发事件，威胁列车乘客生命安全时，必须执行列车站台紧急疏散。此时，车站各岗位应各司其职，按车站疏散程序组织乘客紧急疏散，离开车站，现以某城市地铁三线换乘站为例，组织列车站台紧急疏散各岗位的职责如表 5-2-4 所示。

表 5-2-4　某城市地铁三线换乘站组织列车站台紧急疏散时各岗位职责

岗位	应急处置职责
所在线路值站	1. 接到疏散通知后，担任现场指挥，做好初期处置现场指挥工作并宣布车站执行列车站台疏散模式，组织人员疏散列车及站台乘客，做好处置过程安全监控及乘客安抚工作。
所在线路值站	2. 疏散完毕后对车站进行全面检查，确保站台乘客无遗留。 3. 需撤离时，至应急出入口安全区域集中，并清点工作人员。 4. 抢险队伍赶赴现场后，协助开展抢险工作。 5. 处置完毕，组织本站运营恢复工作。 6. 组织形成事件现场处置书面材料

续表

岗位	应急处置职责
另一线路值站	1. 接到现场指挥执行列车站台疏散模式命令后，组织人员在站厅进入事发线路扶梯口值守，阻止乘客进入事发站台。视情况组织进站限流。 2. 负责站厅客运服务秩序维护和退票工作，组织人员开启边门在现场值守，引导受影响线路的乘客退票出站，换乘其他交通工具
所在线路行值	1. 接疏散命令，通知各岗位，并报本线行调、站区管理人员、生产调度、地铁公安，出现伤亡趋势报地铁公安、119、120等救援力量援助，并指派人员在A出入口接应。 2. 在站台区域播放广播组织乘客疏散，按OCC命令做好退票等后续处置及配合工作。 3. 做好人员调配，按照OCC指示做好公交接驳工作。 4. 站台乘客疏散完毕，报本线行调。 5. 接到现场指挥恢复正常的通知后，报告本线行调，广播通知各岗位恢复运营
另一线路行值	1. 接到疏散命令后，将线路受影响情况，报本线行调。 2. 在站厅及本线站台播放停止换乘广播，指引乘客退票换乘其他交通工具。 3. 接到现场指挥恢复正常的通知后，报告本线行调
行值协岗（若无，由另一线路值站担任）	接通知后，监控行值操作，协助做好信息报送、记点工作及人员安排
客值（若无，由另一线路值站担任）	1. 做好车站票务服务及票务应急准备。 2. 执行退票时，协助票亭岗处理，做好确认。 3. 接到恢复正常的通知后，协助组织恢复正常运营。
厅巡（若无此岗，由客值兼任）	1.接通知后，赶赴事发站台，关停下行方向电扶梯，协助站台疏散。 2. 站台疏散完毕后，到站厅协助客运组织、引导。 3. 接到恢复运营通知后，返回工作岗位
票亭岗	1. 根据命令办理退票业务。 2. 接到恢复运营通知后，协助组织恢复运营
所在线路站台岗	1. 疏散列车上乘客，确认列车清客完毕报司机和本线行值。 2. 疏散本线站台乘客，引导乘客至站厅，确认本线站台疏散完毕报本线行值。 3. 接到恢复运营通知后，协助组织恢复运营
另一线路站台岗	做好乘客引导、解释工作
保安	1. 协助车站维持秩序，听从车站安排，阻止乘客进入事发站台。 2. 其余保安听从车站安排到TVM前值守，防止乘客购买事发线路车票。 3. 接到恢复运营通知后，返回工作岗位
安检	接到现场指挥执行列车站台疏散模式命令后，告知进站乘客不能乘坐事发线路，做好乘客解释工作
保洁	1. 到车控室领取告示张贴于各安检点与站厅中部。 2. 其余保洁协助进行乘客引导。 3. 接到恢复运营通知后，撤除告示，返回工作岗位
驻站工班	1. 服从现场指挥，做好乘客引导。 2. 接到恢复运营的通知后，返回工作岗位

（四）列车区间有序疏散

当列车区间迫停时间预计达 30 min 以上，且无法采用列车救援措施，也不具备临线区间列车转运乘客条件时，须执行列车区间有序疏散。此时，车站各岗位各司其职，按区间疏散程序组织乘客有序离开列车，现以某城市地铁三线换乘站为例，组织列车区间有序疏散时各岗位的职责如表 5-2-5 所示。

表 5-2-5　某城市地铁三线换乘站列车区间有序疏散时各岗位职责

岗位	应急处置职责
所在线路值站	1. 接到区间疏散通知后，立即穿好“现场指挥”荧光衣，宣布本线执行疏散模式，组织人员疏散，并安排成立现场指挥部。 2. 带领厅巡岗、保安等人员，赶至现场组织乘客向本站方向疏散。 3. 与司机做好沟通配合，确认车上乘客疏散完毕，无人员遗留在疏散平台和线路上，向行值汇报。 4. 疏散完毕后对本线站台进行全面检查，确保乘客在本线站台无遗留。 5. 抢险队伍赶赴现场后，协助开展抢险工作。 6. 处置完毕，组织本站运营恢复工作。 7. 组织形成事件现场处置书面材料
另一线路值站	1. 接到现场指挥执行列车区间疏散通知后，组织人员在站厅进入事发线路楼扶梯口值守，阻止乘客进入事发站台。视情况组织进站限流。 2. 负责站厅客运服务秩序维护和退票工作，组织人员开启边门在现场值守，引导受影响线路乘客退票出站，换乘其他交通工具
所在线路行值	1. 接区间疏散命令，通知值站、客值或厅巡岗赶赴站台，并报站区管理人员、生产调度、地铁公安，出现伤亡趋势报 119、120 等请求救援力量。 2. 接到可以进入隧道疏散乘客的命令后，通知值站进入相应轨行区组织人员疏散。 3. 播放广播，指引乘客退票，根据行调命令组织公交接驳。 4. 安排专人前往出入口接应抢险人员，保洁至各出入口张贴告示，安检值守各出入口，拦截乘客进站。 5. 接值站区间乘客疏散完毕、线路出清的通知后，报行调。 6. 需撤离时，携带 800 M 对讲机至应急出入口安全区域集中。 7. 接到值站恢复正常的通知后，报告行调，广播通知各岗位恢复运营
另一线路行值	1. 接到区间疏散命令后，将本线路受影响情况报本线行调。 2. 在站厅及本线站台播放停止换乘广播，指引乘客退票换乘其他交通工具。 3. 接到现场指挥恢复正常的通知后，报告本线行调
行值协岗（若无，由另一线路值站担任）	接通知后，监控行值操作，协助做好信息报送、记点工作及人员安排
客值（若无，由另一线路值站担任）	1. 做好车站票务服务及票务应急准备，执行退票时，协助票亭岗处理，做好确认。 2. 接到恢复运营通知后，返回工作岗位

续表

岗位	应急处置职责
厅巡（若无，由客值兼任）	1. 接通知后，携带相关备品，协助值站至区间列车疏散乘客。 2. 到达区间列车后，带领乘客向本站方向疏散。 3. 接到恢复运营通知后，返回工作岗位
票亭岗	1. 根据命令办理退票业务。 2. 接到恢复运营通知后，协助组织恢复运营
所在线路站台岗	1. 配合抢险人员进出端门，向行值准确汇报进出端门人员及数量。 2. 引导疏散乘客从站台落轨梯到达站台，避免乘客误入站线。 3. 疏散站台，确认本线站台疏散完毕报本线行值。 4. 接到恢复运营通知后，返回工作岗位
另一线路站台岗	做好乘客引导、解释工作
保安	1. 协助车站维持秩序，听从车站安排，阻止乘客进入事发站台。 2. 其余保安听从车站安排到 TVM 前值守，防止乘客购买事发线路车票。 3. 接到恢复运营通知后，返回工作岗位
安检	接到现场指挥执行区间疏散通知后，告知进站乘客不能乘坐事发线路，做好乘客解释
保洁	1. 到车控室领取告示张贴于各安检点与站厅中部。 2. 其余保洁协助进行乘客引导。 3. 接到恢复运营通知后，撤除告示，返回工作岗位
驻站工班	1. 服从现场指挥，做好乘客引导。 2. 接到恢复运营的通知后，返回工作岗位

（五）列车区间紧急疏散

当列车或区间发生火灾、爆炸、毒气袭击等严重威胁列车内人员生命安全突发事件，乘客须立即疏散出列车。此时，车站各岗位各司其职，按区间疏散程序组织乘客有序离开列车，现以某城市地铁三线换乘站为例，组织列车区间紧急疏散时各岗位的职责如表 5-2-6 所示。

表 5-2-6　某城市地铁三线换乘站列车区间紧急疏散时各岗位职责

岗位	应急处置职责
所在线路值站	1. 接到区间疏散通知后，立即穿好“现场指挥”荧光衣，宣布本线执行疏散模式，组织人员疏散，并安排成立现场指挥部。 2. 带领厅巡岗、保安等人员，赶至现场组织乘客向本站方向疏散。 3. 与司机做好沟通配合，确认车上乘客疏散完毕，无人员遗留在疏散平台和线路上，向行值汇报。 4. 疏散完毕后对本线站台进行全面检查，确保乘客在本线站台无遗留。 5. 抢险队伍赶赴现场后，协助开展抢险工作。 6. 处置完毕，组织本站的运营恢复工作。 7. 组织形成事件现场处置书面材料

续表

岗位	应急处置职责
另一线路值站	1. 接到现场指挥执行列车区间疏散通知后，组织人员在站厅进入事发线路楼扶梯口值守，阻止乘客进入事发站台。视情况组织进站限流。 2. 负责站厅客运服务秩序维护和退票工作，组织人员开启边门在现场值守，引导受影响线路乘客退票出站，换乘其他交通工具
所在线路行值	1. 接区间疏散命令，通知值站、客值或厅巡岗赶赴站台，并报站区管理人员、生产调度、地铁公安，出现伤亡趋势报 119、120 等救援力量。 2. 接到可以进入隧道疏散乘客的命令后，通知值站进入相应轨行区组织人员疏散。 3. 播放广播，指引乘客退票，根据行调命令组织公交接驳。 4. 安排专人前往出入口接应抢险人员，保洁至各出入口张贴告示，安检值守各出入口，拦截乘客进站。 5. 接值站区间乘客疏散完毕、线路出清的通知后，报行调。 6. 需撤离时，携带 800 M 对讲机至应急出入口安全区域集中。 7. 接到值站恢复正常的通知后，报告行调，广播通知各岗位恢复运营
另一线路行值	1. 接到区间疏散命令后，将本线路受影响情况，报本线行调。 2. 在站厅及本线站台播放停止换乘广播，指引乘客退票换乘其他交通工具。 3. 接到现场指挥恢复正常的通知后，报告本线行调
行值协岗（若无，由另一线路值站担任）	接通知后，监控行值操作，协助做好信息报送、记点工作及人员安排
客值（若无，由另一线路值站担任）	1. 做好车站票务服务及票务应急准备，执行退票时，协助票亭岗处理，做好确认。 2. 接到恢复运营通知后，返回工作岗位
厅巡（若无此岗，由客值兼任）	1. 接通知后，携带相关备品，协助值站至区间列车疏散乘客。 2. 到达区间列车后，带领乘客向本站方向疏散。 3. 接到恢复运营通知后，返回工作岗位
票亭岗	1. 根据命令办理退票业务。 2. 接到恢复运营通知后，协助组织恢复运营
所在线路站台岗	1. 配合抢险人员进出端门，向行值准确汇报进出端门人员及数量。 2. 引导疏散乘客从站台落轨梯到达站台，避免乘客误入站线。 3. 疏散站台，确认本线站台疏散完毕报本线行值。 4. 接到恢复运营通知后，返回工作岗位
另一线路站台岗	做好乘客引导、解释工作
保安	1. 协助车站维持秩序，听从车站安排，阻止乘客进入事发站台。 2. 其余保安听从车站安排到 TVM 前值守，防止乘客购买事发线路车票。 3. 接到恢复运营通知后，返回工作岗位

续表

岗位	应急处置职责
安检	接到现场指挥执行区间疏散通知后，告知进站乘客不能乘坐事发线路，做好乘客解释
保洁	1. 到车控室领取告示张贴于各安检点与站厅中部。 2. 其余保洁协助进行乘客引导。 3. 接到恢复运营通知后，撤除告示，返回工作岗位
驻站工班	1. 服从现场指挥，做好乘客引导。 2. 接到恢复运营的通知后，返回工作岗位

【实训任务】

任务名称	车站站厅设备区火灾客流疏散应急演练		
任务描述	城市轨道交通灾害中发生频率最高造成损失最大的就是火灾事故。由于特殊的位置，加之空间密闭，车站一旦发生火灾，人员疏散难度大，所以火灾等应急事件的预案和演练也是车站组织工作的重要内容		
实践目的	熟悉火灾等突发事件应急预案流程，锻炼临危不乱和团结协作的能力，提高理论联系实际的应用能力	实践场所	模拟车站综合实训室
任务要求	分组分工协作确定某车站站厅站台具体布局，各设备设施的位置；熟悉设备区发生火灾组织客流疏散时各岗位职责；各组分配各岗位角色；各组模拟某车站站厅设备区火灾客流疏散应急预案流程；各组向全班进行情景模拟展示；根据各组模拟情况由教师进行考评		

【目标检测】

一、知识目标检测

1. 填空题

（1）疏散是指紧急情况下，利用一切通道和出口迅速将乘客从危险区域全部转移到安全区域，疏散包括_____和______。

（2）隔离是指采用某种方式或设备人为地隔开人群或封闭某个区域。根据举例分析造成隔离的原因分为非接触纠纷隔离、______、______和疫情隔离。

（3）突发事件发生的原因有自然因素、_____和_____设备因素等。

（4）突发事件是指没有任何征兆的情况下，在城市轨道交通车站内、列车上或其他设备设施内突然发生的危及______的事件。

（5）当发生突发事件时，站务人员和乘客均可以通过应急设备进行_____或_____。

2. 判断题

（1）车站的应急救援设备里有草垫子。（　）

（2）地铁列车无论是在乘客车厢，还是车辆驾驶室内都安装应急设备，主要包括应急疏散门、紧急报警装置、灭火器和紧急开门装置等。（　）

（3）城市轨道交通运营企业只在车站内安装一定的应急设备，当出现突发事件时，站务人员和乘客均可以通过应急设备进行报警或自救。（ ）

（4）自动扶梯紧停装置属于车站救援应急设备。（ ）

（5）疏散是指在紧急情况下，利用一切通道和出口迅速将乘客从危险区域全部转移到安全区域，包括车站疏散和区间疏散。（ ）

3. 单选题

（1）现代地铁车厢无论是在乘客车厢还是在车辆驾驶室内都安装应急设备，主要包括应急疏散门、紧急报警装置、紧急开门装置和（ ）等。

A. 便携式扶梯 B. 挡水板 C. 编织袋 D. 灭火器

（2）根据造成隔离的原因不同，隔离分为（ ）类。

A. 2 B. 3 C. 4 D. 5

（3）突发事件发生时在车站内或（ ）上的客流均称为突发事件客流。

A. 列车 B. 站台 C. 站厅 D. 出入口

（4）不属于车站机电设备应急装置的有（ ）。

A. 紧急停车按钮 B. 自动扶梯紧停装置

C. 屏蔽门自动解锁装置 D. 存尸袋

（5）突发事件客流组织的方法有疏散、清客和（ ）。

A. 关站 B. 关闭自动售票系统

C. 列车停止运行 D. 隔离

二、技能目标检测

根据前述实训任务，分组讨论，完成相应要求，各组派组员向全班进行模拟展示。

序号	技能检测评价项目	评分	备注
1	是否对车站站厅站台各设备设施位置熟悉（20%）		
2	是否熟悉设备区发生火灾要组织客流疏散时各岗位的职责（20%）		
3	模拟过程中各角色表演展示是否正确（30%）		
4	小组在情景创作中突发小细节处置是否妥当（30%）		

三、素质目标检测

由教师根据学生课堂表现及技能目标测试环节，对学生素质目标检查进行评分。

序号	素质检测评价项目	评分	备注
1	思维展示的逻辑性（30%）		
2	理论认知的准确性（30%）		
3	观点表达的清晰度（10%）		
4	结合相应实训任务的完成，思政元素的思考，如“安全第一”、预防为主的安全意识；听从指挥，服从命令的职业素养等（30%）		

【知识拓展】

地铁微型消防站及气灭系统认知

目前，在一些地铁车站内设有微型消防站和气灭系统，现简单介绍一下。

一、微型消防站

（一）定义

微型消防站是以救早、灭小和“三分钟到场”扑救初起火灾为目标，配备必要的消防器材，依托单位志愿消防队伍和社区群防群治队伍，在消防安全重点单位和社区建设的最小消防组织单元。

（二）主要装备

1. 战斗消防服套装

战斗消防服套装具备防热辐射、防静电、防穿刺等保护消防人员人身安全，降低火场环境对消防人员危害的性能（含头盔、上衣、裤子、手套、腰带、靴子），如图 5-2-16 所示。

5-2-16　战斗消防服套装

2. 安全腰带、安全绳

安全腰带主要用于灭火人员登高作业时的安全保护，特点为耐磨、阻燃，工作拉力 4 500 N。安全绳主要用于在灾害现场中营救被困人员或者自救，如图 5-2-17 所示。

3. 多用途强光手电筒

多用途强光手电筒具备光源清晰、使用寿命长、漏电率低、防水、耐高温、高湿性能好等特点，如图 5-2-18 所示。

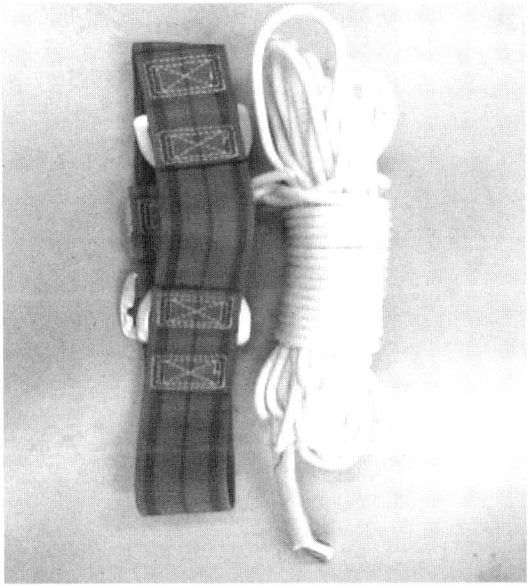

图 5-2-17　安全腰带、安全绳

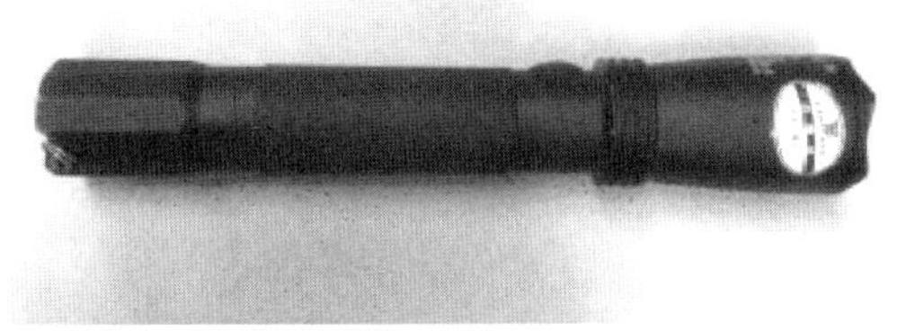

图 5-2-18　多用途强光手电筒

4. 消防腰斧

消防腰斧具备火场破拆救援、救助的性能，如图 5-2-19 所示。

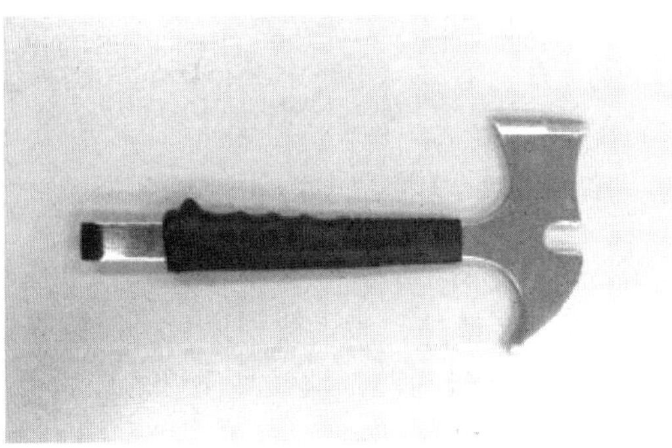

图 5-2-19　消防腰斧

5. 空气呼吸器

空气呼吸器的容积 7 L，最大工作压力 30 MPa，低于 25 MPa 时需要进行充气。持续使用时间 30 min，报警压力 4 ~ 6 MPa，残气报警器报警后可继续使用 5 min，如图 5-2-20 所示。

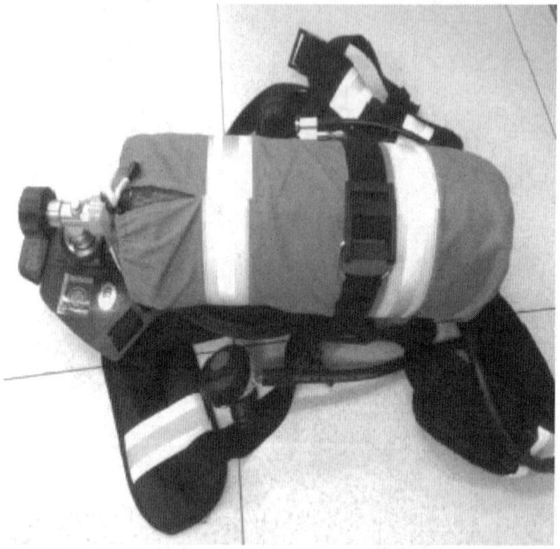

图 5-2-20　空气呼吸器

6. 呼救器

呼救器主要用于灭火人员在火场定位和自救报警（呼救器静止 30 s 便会响起），其外形如图 5-2-21 所示。

图 5-2-21　呼救器

【思政材料阅读】

地铁员工弘扬工匠精神

为深入贯彻习近平总书记和党中央、国务院关于技能人才工作的一系列重要指示精神，大力弘扬劳模精神、劳动精神、工匠精神，激励公司广大员工以身边的高技能人才为榜样，刻苦钻研技术，努力提升技能水平，积极为首都地铁高质量发展做贡献，北京地铁公司于 2022 年 7 月 28 日，举行北京地铁大工匠暨第十七届“金手柄奖”表彰会，对 11 名“北京地铁大工匠”和 64 名“金、银、铜手柄奖”获得者进行表彰。

“北京地铁大工匠”是地铁公司技能人才的最高荣誉称号，授予范围覆盖公司各主要工种。本次受到表彰的 11 名“大工匠”全部工作在运营生产一线，都有过硬的业务本领。他们有技术精湛、精检细修的车辆、设备检修工；有执着专注、安全驾驶的地铁司机；有严谨细致、作业精准的车站综控员；有不惧风雨、守护桥隧的铁路桥隧工。

北京地铁运营一分公司 7 号线检修中心修程主控杜峰便获得了“大工匠”称号。他主要负责门控系统的维修。作为门控器维修基地主控，他先后完成了门控器自主化维保图纸绘制、7 号线门控器通信试验台搭建、列车乘客信息系统客室 LCD 屏幕自主化改造、7 号线 LED 尾灯驱动板维修及替换等重点工作，提高了门控器自主化维修能力。

北京地铁运营三分公司回龙观乘务中心的金运是地铁 13 号线列车的驾驶员，是本次“金手柄”获得者之一。金运有 18 年的驾驶经验，是一名老司机，有 71 万千米的安全驾驶经验。此前，受疫情影响，地铁 13 号线多车站封闭，且因疫情变化，封站信息也经常变化。驾驶员在出车前，需要背熟更新的列车时刻表，时刻谨记不能按照惯性每站开门。因为金运多了这一份心，在疫情期间，13 号线列车的运营没有出现过任何一点问题。

北京地铁公司各单位扎实实施“强基、提升、头雁”三大工程，以培育知识型、技能型、创新型、复合型高技能人才为重点，统筹技能人才工作资源，开展员工素质技能提升培训；开展面向全体新员工的入职技能培训、面向全体在岗员工的技能提升培训和创新发展培训；不断完善培训机制、丰富培训内容、创新培训载体、实施培训效果评估。

“北京地铁大工匠”将继续发扬工匠精神，勤学苦练、深入钻研，团结带动更多员工苦练技术、提升技能、提高创新能力。示范带动广大员工立足本职、刻苦钻研、精益求精、争创一流，为建设人民满意、保障有力和国际最先进水平的首都地铁贡献智慧和力量。

项目六　城市轨道交通客运安全管理

项目描述

城市轨道交通是城市运输庞大体系中的一种运输方式，承担着干线运输的责任。一般一条城市轨道交通的设计运量都在 40 万人次/日以上，一旦形成了城市轨道交通网络，则其承担的客运量会超过百万。同时，城市轨道交通系统一般都处在地下或高架桥的半封闭空间里，具有隐蔽性、封锁性、设备高度密集等特点，一旦发生事故，会造成较大的人员伤亡、经济损失，以及产生较严重的社会问题。因此，城市轨道交通运输安全，尤其是乘客的安全是保证运输服务质量的根本。客运安全是运营安全的重中之重，提高客运安全管理水平，确保人员安全、财产安全不受损失是城市轨道交通客运安全管理的首要任务。

本项目学生通过对客运安全及安全管理的认知，了解影响客运安全的因素，能够对车站的客运风险点进行识别，并形成居安思危的安全管理意识。通过对客伤处理产生的原因及处理原则、流程等的学习，能分析出车站易产生客伤的风险点，能对客伤事故进行处理，并按流程进行客伤调查和客伤责任认定。通过学习乘客携带品的相关规定，乘客遗失物品的处理流程，能判断乘客携带品的安全性，并对乘客遗失品进行处理；通过学习车站各种突发事件的应急处置程序，能多岗位协作完成自然灾害、公共卫生事件、设备故障、公共安全事件等突发事件的应急处理。

任务导航

- 项目六 城市轨道交通安全管理
  - 任务一 客运安全管理认知
    - 知识点
      - 影响客运安全的因素
      - 客运应急处理原则及汇报程序
      - 客运突发事件分类
    - 技能点
      - 对车站客运风险点进行识别
      - 完成突发事件的信息汇总
    - 思政元素
      - 以人为本
      - 居安思危
  - 任务二 客伤管理
    - 知识点
      - 客伤处理原则及流程
      - 客伤处理方法及技巧
      - 客伤调查及责任认定
    - 技能点
      - 正确汇报客伤事件
      - 有效处理客伤事件，并进行现场保护
      - 及时救助受伤乘客
    - 思政元素
      - 以人为本
      - 顾全大局
  - 任务三 乘客携带品安全管理
    - 知识点
      - 乘客携带品的相关规定
      - 乘客遗失品处理流程
      - 乘客物品掉入轨行区的处理
    - 技能点
      - 有效制止乘客携带违禁品进入车站
      - 对乘客遗失品进行规范管理
      - 按规定进行乘客物品掉入轨行区处理
    - 思政元素
      - 以人为本
      - 按章作业
  - 任务四 车站突发事件应急处理
    - 知识点
      - 火灾应急处理流程
      - 防洪涝应急处理流程
      - 高温天气应急处理流程
      - 公共卫生事件应急处理流程
      - 突发电梯事件应急处理流程
      - 车站大面积停电应急处理流程
      - 区间疏散应急处理流程
      - 列车临时清客应急处理流程
      - 公交接驳应急处理流程
      - 车站发现可疑物品应急处理流程
      - 车站发生毒气袭击应急处理流程
      - 车站发生劫持人质事件应急处理流程
    - 技能点
      - 根据相应突发事件发展阶段启动相应应急处理程序
      - 按所处岗位做好突发事件时应完成的任务
    - 思政元素
      - 安全第一、预防为主的安全意识
      - 临危不乱、镇定自如的应急处理能力
      - 遵章守纪、服从指挥的责任意识

任务一　客运安全管理认知

【案例引入】

2017 年 4 月 3 日，俄罗斯“北方之都”圣彼得堡发生地铁爆炸事件，造成至少 14 人死亡。2017 年 9 月 15 日早晨，英国伦敦帕森格林（Parsons Green）地铁站发生爆炸，部分乘客在爆炸后发生的踩踏事故中受伤，也有人面部被烧伤，该事故已造成至少 29 人受伤。2018 年 10 月 23 日意大利首都罗马市中心一地铁站的自动扶梯发生事故，造成至少 24 人受伤，1 人面临截肢风险。2022 年 1 月 22 日，上海地铁 15 号线站台门夹人动车导致 1 名乘客受伤送医抢救无效死亡，同年 3 月 11 日台北捷运新埔站一上行自动扶梯突然逆转失速下滑，30 名乘客摔成一团，致多人受伤。

城市轨道交通是大城市公共交通系统的骨干，是便民惠民的重大民生工程，其运营安全与服务水平对于保障人民群众生命财产安全、维护社会稳定以及提升人民群众的获得感具有重要意义。

【学习目标】

知识目标

1. 掌握影响客运安全的因素。
2. 熟悉突发事件应急处理原则、汇报程序及事件分类。

技能目标

1. 能对车站的客运风险点进行识别。
2. 能完成运营突发事件的信息报告。

素质目标

1. “以人为本”的服务意识。
2. 居安思危及安全防范的意识。

【必备知识】

一、客运安全管理内容及意义

城市轨道交通客运安全有两层含义，一是在运送乘客的过程中，乘客的人身、财产安全，二是城市轨道交通企业内部的人、财、物、设备、环境等要素的安全。前者是城市轨道交通运营的基本要求，后者是乘客安全出行的重要保障。

目前，我国的城市轨道交通企业主要通过“是否发生轨道交通人员伤亡事故事件”以及“运营过程中乘客受伤比例”两个指标来对城市轨道交通客运安全质量进行评价。“轨道交通人员伤亡事故事件”是指在轨道交通运输运营服务场所，由于在运营过程中，发生列车撞轧人员、与其他车辆碰撞等情况或由于其他原因导致人员伤残死亡的事故事件。“运营过程中乘客受伤比例”是一定时间内在轨道交通运输运营服务场所，发生的人员受伤人数与轨道交通运输客运总量的比值，统计单位为“件/百万人次”。

城市轨道交通客运安全管理不仅与运输企业的设备管理、设备功能安全、客运组织、行车组织等有关，同时也与乘客自身的素质、安全意识等因素相关。因此，城市轨道交通企业要想提升客运安全管理质量，不仅仅要从自身设备和客运组织水平入手，同时也要加强对服务对象的管理，加强对乘客乘车安全意识的灌输，加强对乘客安全乘车习惯的培养。

二、客运安全影响因素分析

（一）人为因素

人为因素主要包括城市轨道交通工作人员及乘客的生理、心理及技术能力等三个方面的内容。

据不完全统计，在国内外城市轨道交通发生的安全事故中，因乘客因素导致的安全事故占比高达 25%，在国外地铁行业中这一比例更是高达 37%。

轨道交通提供大运量的运输服务，乘客的组成较为复杂。老弱病残乘客及对轨道交通乘坐要求不熟悉的乘客，其自身安全防护能力或者保护意识不强，可能出现运输过程中受伤较多的情况。在乘坐城市轨道交通时，不能安全使用扶梯和冲撞车门屏蔽门是乘客经常会出现的两种典型的不安全行为。扶梯是轨道交通车站常见的一种运输设备，使用时需要乘客站稳扶好，但是在实际运营的过程中有部分乘客不遵守规定，在扶梯上奔跑、追逐、逆向行走，或者携带大件行李物品搭乘自动扶梯，利用扶梯运送推车等，导致本人或者周边乘客受伤。而在站台抢上抢下、冲撞车门屏蔽门则是另一种较多发生的由于乘客个人行为导致受伤的情况。

2014 年 11 月 6 日晚高峰，北京地铁 5 号线，驶往天通苑北方向的惠新西街南口站，33 岁的潘女士，被夹在闭合的屏蔽门和车门中。随后车子开动，潘女士被挤后跌落站台，被送至医院不久后宣布死亡。

由此可见，乘客作为城轨运营的参与者，其安全意识和掌握的相关应急知识，在城轨运营安全管理中起着非常重要的作用。乘客乘车安全意识和应急知识既可以通过在乘车过程中的警示提醒来培养，还可以通过电视、报纸、宣传手册等传播的安全乘车信息来培养。

除了因乘客未遵守安全乘车规则而导致发生安全事故外，工作人员工作措施不当或工作中出现疏忽也可能会引发安全事故。

2003 年 2 月 18 日，韩国大邱市地铁一号线一男子在 1079 号列车上纵火，随即引起中央路站站台起火。在中央路站已经发生火灾的情况下，当事行车调度员仍然命令 1085 次列车驾驶员驾驶列车进入烟雾弥漫的站台，在车站已经断电、列车不能行驶的情况下，1085 号驾驶员崔某没有采取果断措施将车门打开，疏散乘客，却紧闭车门并在不久后逃跑，熊熊烈火吞噬了 1079 和 1085 两列地铁列车，一共造成了 198 人死亡，146 人受伤，还有 298 人失踪。

地铁控制人员不负责任、有侥幸心理的行为让 1085 号列车成为了被殃及的池鱼，再加上贪生怕死、操作不当的司机崔某拔走了万能钥匙，后进站的 1085 号列车上的死亡人数甚至比 1079 号列车还要多。可以说，在此次安全事故中，地铁驾驶员和控制中心有关人员有着不可推卸的责任。

因此，城市轨道交通运营企业应当注重工作人员素质的培养工作，通过采取各种培训形式，全面提高工作人员专业知识水平、技能及相关法律的掌握程度，并采取定期考核的方式，确保工作人员掌握到位，仅当培训考核通过后，才允许员工上岗。同时，重点对全体员工进行安全教育，提高员工对安全的重视程度，确保其已掌握相关安全救护的知识及技能。

（二）设备因素

根据某城市轨道交通企业对 2011 年乘客受伤数据的统计，全年发生的 1 236 件乘客伤害事件中，扶梯、车门、屏蔽门导致的受伤，以及站内摔伤的事件共发生 1 000 件，占总量的 81%。其中，乘客由于搭乘电扶梯造成身体伤害的事件占总的乘客伤害事件的一半以上。2022 年 3 月 11 日台北捷运新埔站站台通往站厅的上行电扶梯无预警下滑且随即停机导致多人受伤，而故障原因则为刹车回路异常。

因此，在设备因素导致乘客受伤的事件中，对于扶梯设备的管理将是减少乘客轨道交通车站内受伤情况出现的重点。

城市轨道交通设施设备系统庞大，结构复杂，包括了通风设备、供电设备、通信设备、供冷设备等。这些设备在一定程度上都不是独立运行的，所以一旦部分设备出现问题，会影响轨道交通的整体运行，导致出现安全隐患。比如，如果供电设备出现了问题，不仅会引起人员恐慌，还可能发生触电事故，严重的甚至还会发生火灾。由此可见，设备的运行状态是影响城市轨道交通安全的重要因素。

同时，城市轨道交通网络化运行形成的系统的复杂化趋势会越来越明显。系统越复杂，其中潜在的不可测风险就越多，发生安全问题的可能性就越大。在管控设施设备风险的实践中，人们形成了一个共识：故障导向安全原则，即设施设备一旦发生故障应能自动导向安全，具体指发生故障的情况下，应具有导致减轻以至避免损失的功能。

（三）管理因素

管理因素主要是指客运组织管理对安全的影响。客运组织对于客运安全的影响主要与客运强度和客运量有关。

在客运量较大，人流密集的情况下，客运组织是否顺畅合理是影响客运安全的关键。由于城市轨道交通车站使用的客运设备的运输能力不同，或者现场自动售票机、闸机等客运设备的布局不够合理导致客流在某一区域出现瓶颈，这些情况将会导致客流冲突或者运输能力的不匹配，从而引发乘客受伤。例如，在换乘平台或者换乘通道位置，进入通道设备的输送能力与离开通道设备的输送能力不匹配，在大客流情况下，很可能造成大量的乘客聚集在换乘通道或者平台内。如果现场没有及时地控制或者管理，则容易发生人员拥挤甚至踩踏的严重事件。

同时，在客运组织过程中要尽量避免出现客流的交叉和冲突，在大客流情况下，如果没有组织者有效地对客流进行管理，导致出现乘客逆行交叉的情况，也容易导致乘客出现受伤。因此在空间狭窄、客流密集的区域，一般采用分流栏杆将不同流向的客流分开以避免交叉，这是最常见的一种客流组织方式。

（四）环境因素

城市轨道交通系统除了有以上提到的设施设备及管理等形成的会影响客运安全的内部环境因素外，自然环境和社会环境等外部环境因素对轨道交通运营所产生的影响也不可忽视。

自然环境中会发生地震、海啸、台风及暴风雪等自然灾害，社会环境中会发生的社会治安（恐怖袭击等）问题，以及因相关法律、规范不完善而引发的对城市轨道交通系统安全产生重大影响的事件均是影响城市轨道交通运营安全的外部环境因素。

例如，1995 年 3 月 20 日，日本东京地铁遭受邪教组织“奥姆真理教”施放沙林毒气，造成 13 人死亡，至少 5 510 人受伤。

三、客运应急管理系统认知

按照风险管理理论，发生突发事件的可能性是一定存在的。城市轨道交通作为重要的城市基础设施，必须建立相应的应急管理系统。

（一）应急管理阶段

应急管理是一个过程，包括预防、准备、响应和恢复 4 个阶段。在这 4 个阶段中，预防和准备工作尤其重要，这两方面工作的重要性体现在应急预案和演练两个环节中。

1. 预防

应急预案是指对可能发生的应急事件，为保证迅速、有序、有效地开展应急救援行动，控制、减轻和消除应急事件引起的危害，规范各类活动应预先制定的应急方案，包括综合应急预案、专项应急预案及现场处置方案。

综合应急预案是从总体上阐述处理事故的应急方针、政策，应急组织结构及相关应急职责，应急行动、措施和保障等基本要求和程序，是应对各类事故的综合性文件。

专项应急预案是针对具体事故类别、危险源和应急保障而制定的计划或方案。在专项应急预案中应制定明确的救援程序和具体的应急救援措施。城市轨道交通车站专项应急预案包括处置乘客恐慌及踩踏事件专项应急预案、大面积停电事件专项应急处置方案、应急公交接驳预案、恐怖袭击专项应急预案、消防专项应急预案、特殊气象及自然灾害专项应急预案、突发公共卫生事件专项应急预案等。

现场处置方案是针对具体的装置、场所、设施、岗位所制定的应急处置措施。现场处置方案应做到相关人员应知应会，熟练掌握，并通过应急演练，做好迅速反应，正确处置。应急演练是指针对可能发生的应急事件情境，依据应急预案而模拟开展的应急活动。演练应设置具体场景，定期组织实战演练，重点磨合和检验各单位和部门间的协同联动机制。同时，演练组织部门应当建立健全的应急演练评估工作机制，全面评估应急演练工作，及时总结经验教训。演练评估内容应包括演练准备、组织与实施的效果，演练主要经验，演练中发现的问题和意见建议等，重点包括应急预案是否科学、联动组织是否高效、人员操作是否熟练、应急保障是否充分等。

2. 应急准备

应急准备指针对可能发生的事故，为迅速、有序地开展应急行动而预先进行的组织准备和应急保障。

3. 应急响应

应急响应是指应急事件发生后，有关组织或人员采取的应急行动。有效的应急响应可以避免事故扩大并减少事故损失。根据运营突发事件的严重程度和发展态势，可将应急响应设定为Ⅰ级、Ⅱ级、Ⅲ级、Ⅳ级四个等级。初判发生特别重大、重大运营突发事件时，分别启动Ⅰ级、Ⅱ级应急响应，由事发地省级人民政府负责应对工作；初判发生较大、一般运营突发事件时，分别启动Ⅲ级、Ⅳ级应急响应，由事发地城市人民政府负责应对工作。对跨城市运营的城市轨道交通线路，有关城市人民政府在建立跨区域运营突发事件应急合作机制时应明确各级应急响应的责任主体。

运营突发事件发生后，运营单位必须立即实施先期处置，全力控制事件发展态势。各有关地方、部门和单位根据工作需要，积极组织人员搜救，进行现场疏散、乘客转运、交通疏导、医学救援、抢修抢险，维护社会稳定，并及时回应社会关切，澄清不实信息，正确引导社会舆论。

4. 恢复运营

恢复运营指应急事件的影响得到初步控制后，为使生产、工作、生活和生态环境尽快恢复到正常状态而采取的措施或行动。

（二）应急管理工作原则

运营突发事件应对工作应坚持统一领导、属地负责，条块结合、协调联动，快速反应、科学处置的原则。

1. 以人为本、预防为主

坚持“人民至上，生命至上”，把保障人民群众生命财产安全作为运营突发事件应急处置工作的首要任务，千方百计确保最大限度减少人员伤亡和财产损失；坚持事前预防与应急处置相结合，牢固树立底线思维，加强风险防范和隐患识别，最大程度控制风险和消除隐患。

2. 统一领导、协调联动

在省处置城市轨道交通运营突发事件应急指挥部的统一领导下，有关单位各司其职、积极配合、密切协作、信息共享，共同做好城市轨道交通运营突发事件应急处置工作。

3. 分级负责、属地为主

城市轨道交通所在地城市人民政府及城市轨道交通运营单位负责运营突发事件的先期处置，通过建立联动机制，及时启动应急响应，确保应急处置工作规范有序、落实到位。在运营突发事件的应急处置过程中，实行层级明确、统一指挥的应急处置指挥体系，各应急救援成员机构分级响应、逐级负责。各救援力量在实施应急处置工作的过程中应严格服从本级指挥命令，快速反应，积极投入抢险救灾工作。

4. 快速反应、科学处置

发生运营突发事件，各相关单位立即按照职责分工和相关预案开展应急处置工作，并积极运用先进科学技术手段，充分发挥专家决策咨询作用，确保应急处置工作快速高效。

（三）突发事件信息报告程序

突发事件发生后，事件现场作业人员或者其他人员应当立即向调度员、邻近车站和相关单位负责人报告。调度员接到事故报告后立即向值班主任报告，值班主任向部门负责人及应急指挥部办公室报告，并指派人员向轨道公司相关领导及部门负责人通报。发生Ⅲ级及以上突发事件，应急指挥部办公室应在 1 h 内向市城市轨道交通运营突发事件应急指挥部办公室通报。

报告内容包括：

（1）发生时间（年、月、日、时、分）。

（2）发生地点（区间、车站、上行线或下行线等）。

（3）报告人和关系人姓名、职务、联系方式，事故概况及初步判断的原因。

（4）人员伤亡及车辆、线路等设备损坏情况。

（5）是否影响正线运营及预计恢复时间。

（6）处置情况及措施（处置关键信息及处置进度、指挥人员变更信息）。

（四）突发事件等级

依据城市轨道交通运营突发事件可能造成的危害程度、波及范围、影响力大小和人员伤亡、财产损失及中断运营时间等情况，由高到低分为特别重大（Ⅰ级）、重大（Ⅱ级）、较大（Ⅲ级）、一般（Ⅳ级）四个级别。

1. 特别重大运营突发事件（Ⅰ级）

特别重大运营突发事件是指造成 30 人以上死亡，或者 100 人以上重伤，或者直接经济损失 1 亿元以上的事件。

2. 重大运营突发事件（Ⅱ级）

重大运营突发事件是指造成 10 人以上 30 人以下死亡，或者 50 人以上 100 人以下重伤，或者直接经济损失 5 000 万元以上 1 亿元以下，或者连续中断行车 24 h 以上的事件。

3. 较大运营突发事件（Ⅲ级）

较大运营突发事件是指造成 3 人以上 10 人以下死亡，或者 10 人以上 50 人以下重伤，或者直接经济损失 1 000 万元以上 5 000 万元以下,或者连续中断行车 6 h 以上 24 h 以下的事件。

4. 一般运营突发事件（Ⅳ级）

一般运营突发事件是指造成 3 人以下死亡，或者 10 人以下重伤，或者直接经济损失 50 万元以上 1 000 万元以下，或者连续中断行车 2 h 以上 6 h 以下的事件。

特别指出：上述分级标准有关数量的表述中，“以上”含本数，“以下”不含本数。

四、城市轨道交通运营突发事件应急响应

运营突发事件发生后，运营单位必须立即实施先期处置，全力控制事件发展态势。各有关地方、部门和单位应根据工作需要，组织采取以下措施。

1. 人员搜救

调派专业力量和装备，在运营突发事件现场开展以抢救人员生命为主的应急救援工作。现场救援队伍之间要加强衔接和配合，做好自身的安全防护工作。

2. 现场疏散

按照预先制订的紧急疏导方案，有组织、有秩序地迅速引导现场人员撤离事发地点，疏散受影响城市轨道交通沿线站点乘客至城市轨道交通车站出口；对城市轨道交通线路实施分区封控、警戒，阻止乘客及无关人员进入。

3. 乘客转运

根据疏散乘客数量和发生运营突发事件的城市轨道交通线路运行方向，及时调整城市公共交通路网客运组织，利用城市轨道交通其余正常运营线路，调配地面公共交通车辆运输，加大发车密度，做好乘客的转运工作。

4. 交通疏导

设置交通封控区，对事发地点周边交通秩序进行维护疏导，防止发生大范围交通瘫痪；开通绿色通道，为应急车辆提供通行保障。

5. 医学救援

迅速组织当地医疗资源和力量，对伤病员进行诊断治疗，根据需要及时、安全地将重症伤病员转运到有条件的医疗机构加强救治。视情况增派医疗卫生专家和卫生应急队伍、调配急需医药物资，支持事发地的医学救援工作。提出保护公众健康的措施建议，做好伤病员的心理援助。

6. 抢修抢险

组织相关专业技术力量，开展设施设备等的抢修作业，及时排除故障；组织土建线路抢险队伍，开展土建设施、轨道线路等的抢险作业；组织车辆抢险队伍，开展列车抢险作业；组织机电设备抢险队伍，开展供电、通信、信号等抢险作业。

7. 维护社会稳定

根据事件影响范围、程度，划定警戒区，做好事发现场及周边环境的保护和警戒，维护治安秩序；严厉打击借机传播谣言制造社会恐慌等违法犯罪行为；做好各类矛盾纠纷化解和法律服务工作，防止出现群体性事件，维护社会稳定。

8. 信息发布和舆论引导

通过政府授权发布、发新闻稿、接受记者采访、举行新闻发布会、组织专家解读等方式，借助电视、广播、报纸、互联网等多种途径，运用微博、微信、手机应用程序（APP）客户端等新媒体平台，主动、及时、准确、客观向社会持续动态发布运营突发事件和应对工作信息，回应社会关切，澄清不实信息，正确引导社会舆论。信息发布内容包括事件时间、地点、原因、性质、伤亡情况、应对措施、救援进展、公众需要配合采取的措施、事件区域交通管制情况和临时交通措施等。

9. 运营恢复

在运营突发事件现场处理完毕、次生灾害后果基本消除后，及时组织评估。当确认具备运营条件后，运营单位应尽快恢复正常运营。

【实训任务】

<table>
<tr><td>任务名称</td><td colspan="3">城市轨道交通车站客运风险点调研分析</td></tr>
<tr><td>任务描述</td><td colspan="3">（1）2014 年 11 月 6 日，北京地铁 5 号线惠新西街南口站站台门夹人动车导致 1 名乘客受伤送医院抢救无效死亡。
（2）2015 年 1 月至 7 月，上海地铁全网络共发生电梯伤人事故 300 起。
（3）2022 年 1 月 22 日，上海地铁 15 号线祁安路站上行站台站台门夹人动车致 1 名乘客受伤，随后送医院抢救无效死亡。
分析上述 3 起城市轨道交通客运安全事故中的安全因素，并进行事故报告。
通过文献检索、实地调研等形式调研某一城市轨道交通车站客运风险点有哪些，并给出应对策略</td></tr>
<tr><td>实践目的</td><td>能对城市轨道交通客运安全因素进行识别和分析，培养居安思危的安全意识，提升学生的信息素养和理论联系实际的应用能力</td><td>实践场所</td><td>城市轨道交通企业</td></tr>
<tr><td>任务要求</td><td colspan="3">1.分析案例中的事故因素。
2.小组成员合理分工，检索文献，实地调研并形成调研报告</td></tr>
</table>

【目标检测】

一、知识检测

1. 填空题

（1）客运安全影响因素包括______________、设备因素、客运组织因素和____________。

（2）_____________是指针对可能发生的应急事件情境，依据应急预案而模拟开展的应急活动。

（3）应急预案包括综合应急预案、专项应急预案及__________。

（4）根据运营突发事件的严重程度和发展态势，城市轨道交通将应急响应设定为______个等级。

（5）运营突发事件应对工作坚持__________、属地负责，条块结合、__________，快速反应、科学处置的原则。

2. 选择题

（1）某城市轨道交通站台突发火灾，造成 1 人死亡，5 人重伤，直接经济损失 60 万元以下，则该安全事故属于（　　）。

A. Ⅰ级特别重大运营突发事件　　B. Ⅱ级重大运营突发事件

C. Ⅲ级较大运营突发事件　　D. Ⅳ级一般运营突发事件

（2）经预判，运营突发事件将造成 24 h 以上的行车中断，则应启动（　　），由事发地省级人民政府负责应对工作；初判发生较大、一般运营突发事件时，分别启动Ⅲ级、Ⅳ级应急响应，由事发地（　　）负责应对工作。

A. Ⅰ级、Ⅱ级应急响应　省级人民政府　　B. Ⅰ级、Ⅱ级应急响应　市级人民政府

C. Ⅲ级、Ⅳ级应急响应　省级人民政府　　D. Ⅲ级、Ⅳ级应急响应　市级人民政府

（3）某城市轨道交通突发踩踏事件，造成 100 人死亡，则该安全事故属于（　　）。

A. Ⅰ级特别重大运营突发事件　　B. Ⅱ级重大运营突发事件

C. Ⅲ级较大运营突发事件　　D. Ⅳ级一般运营突发事件

（4）下列不属于地铁运营突发事件报告内容的是（　　）

A. 发生时间（年、月、日、时、分）

B. 发生地点（区间、车站、上行线或下行线等）

C. 处置情况及措施

D. 事故整改措施落实情况

（5）演练评估时，重点评估的内容不包括（　　）

A. 应急预案是否科学　　B. 联动组织是否高效

C. 演练总结是否到位　　D. 人员操作是否熟练

3. 判断题

（1）城市轨道交通的客运安全就是乘客的人身和财产安全。（　）

（2）某城市轨道交通突发列车脱轨，造成 2 死亡，70 人重伤，连续中断行车 8 h 以上，则这起安全事故属于Ⅲ级较大运营突发事件。（　）

（3）专项应急预案是针对具体的装置、场所、设施、岗位所制定的应急处置措施。（　）

（4）发生Ⅲ级及以上突发事件，应急指挥部办公室应在 1 h 内向市城市轨道交通运营突发事件应急指挥部办公室通报。（　）

（5）应急演练完成后应对应急演练工作进行全面评估，及时总结经验教训。演练评估内容应包括演练准备、组织与实施的效果、演练主要经验、演练中发现的问题和意见建议等，重点包括应急预案是否科学、联动组织是否高效、人员操作是否熟练、应急保障是否充分等。（　）

二、技能检测

根据前述实训任务，分组汇报，以此来检验技能目标的达成度，具体检验的项目、标准及分值如下表所示。

序号	技能检测评价项目	评分标准	得分
1	案例事故因素分析（20 分）	事故因素分析准确、全面（20 分）	
2	案例事故信息报告（20 分）	事故信息报告内容准确（10）、要素齐全（10 分）	
3	团队分工情况（10 分）	团队分工书面描述有依据、可实施（10 分）	
4	客运风险点调研报告（50 分）	调研报告格式正确（5 分），语言描述简单明了（5 分），调研报告信息准确、全面（20 分），应对措施合理有效（20 分）	

三、素质检测

由教师根据学生课前预习情况、课中小组讨论及独立思考情况、课后作业、小组协作完成学习任务情况及技能目标测试环节，对学生素质目标进行评分。

序号	素质检测评价项目	评分标准	得分
1	学习能力提升度（20 分）	课前预习（5 分），课中主动回答问题（5 分），课后作业（5 分），小组作业（5 分）	
2	团队协作的配合度（20 分）	小组讨论发言频率（10 分），小组成员之间的配合度（10 分）	
3	语言表达的清晰度（20 分）	汇报问题的逻辑性（10 分），语言回答的流畅性（10 分）	
4	思想意识的认知度（40 分）	实事求是的精神（20 分），居安思危的安全意识（20 分）	

【知识拓展】

城市轨道交通运营突发事件监测预警和信息报告

一、监测和风险分析

运营单位应当建立健全城市轨道交通运营监测体系，根据运营突发事件的特点和规律，加大对线路、轨道、结构工程、车辆、供电、通信、信号、消防、特种设备、应急照明等设施设备和环境状态以及客流情况等的监测力度，定期排查安全隐患，开展风险评估，健全风险防控措施。当城市轨道交通正常运营可能受到影响时，要及时将有关情况报告当地城市轨道交通运营主管部门。

城市轨道交通所在地城市及以上地方各级人民政府城市轨道交通运营主管部门，应加强对本行政区域内城市轨道交通安全运营情况的日常监测，会同公安、国土资源、住房城乡建设、水利、安全监管、地震、气象、铁路、武警等部门（单位）和运营单位建立健全定期会商和信息共享机制，加强对突发大客流和洪涝、气象灾害、地质灾害、地震等信息的收集，对各类风险信息进行分析研判，并及时将可能导致运营突发事件发生的信息告知运营单位。有关部门应及时将可能影响城市轨道交通正常运营的信息通报同级城市轨道交通运营主管部门。

二、预警

（一）预警信息发布

运营单位要及时对可能导致运营突发事件的风险信息进行分析研判，预估可能造成影响的范围和程度。城市轨道交通系统内设施设备及环境状态异常可能导致运营突发事件发生时，要及时向相关岗位工作人员发出预警；因突发大客流、自然灾害等原因可能影响城市轨道交通正常运营时，要及时报请当地城市轨道交通运营主管部门，通过电视、广播、报纸、互联网、手机短信、楼宇或移动电子屏幕、当面告知等渠道向公众发布预警信息。

（二）预警行动

研判可能会发生运营突发事件时，运营单位视情采取以下措施：

1. 防范措施

对于城市轨道交通系统内设施设备及环境状态预警，要组织专业人员迅速对相关设施设备状态进行检查确认，排除故障，并做好故障排除前的各项防范工作。

对于突发大客流预警，要及时调整运营组织方案，加强客流情况监测，在重点车站增派人员加强值守，做好客流疏导，视情况采取限流、封站等控制措施，必要时申请启动地面公共交通接驳疏运。城市轨道交通运营主管部门要及时协调组织运力疏导客流。

对于自然灾害预警，要加强对地面线路、设备间、车站出入口等重点区域的检查巡视，加强对重点设施设备的巡检紧固和对重点区段设施设备的值守监测，做好相关设施设备停用和相关线路列车的限速、停运准备。

2. 应急准备

责令应急救援队伍和人员进入待命状态，动员后备人员做好参加应急救援和处置工作的准备，并调集运营突发事件应急所需的物资、装备和设备，做好应急保障工作。

3. 舆论引导

预警信息发布后，及时公布咨询电话，加强相关舆情监测，主动回应社会公众关注的问题，及时澄清谣言传言，做好舆论引导工作。

（三）预警解除

运营单位研判可能引发运营突发事件的危险已经消除时，宣布解除预警，适时终止相关措施。

三、信息报告

运营突发事件发生后，运营单位应当立即向当地城市轨道交通运营主管部门和相关部门报告，同时通告可能受到影响的单位和乘客。

事发地城市轨道交通运营主管部门接到运营突发事件信息报告或者监测到相关信息后，应当立即进行核实，对运营突发事件的性质和类别做出初步认定，按照国家规定的时限、程序和要求向上级城市轨道交通运营主管部门和同级人民政府报告，并通报同级其他相关部门和单位。运营突发事件已经或者可能涉及相邻行政区域的，事发地城市轨道交通运营主管部门应当及时通报相邻区域城市轨道交通运营主管部门。事发地城市及以上地方各级人民政府、城市轨道交通运营主管部门应当按照有关规定逐级上报，必要时可越级上报。对初判为重大以上的运营突发事件，省级人民政府和交通运输部要立即向国务院报告。

任务二　客伤管理

【问题引入】

近年来，我们常在各种新闻中看到各城市的地铁出现乘客摔倒、闸机夹伤人、站台门夹人等事件，也偶发车站内持刀伤人或洪水灾害事件，当出现此类情况，造成人员不同程度的伤亡，作为车站站务人员，应该如何面对和处理呢？

【学习目标】

知识目标

1. 掌握客伤处理原则和客伤处理流程。
2. 熟悉客伤调查及责任认定标准。
3. 掌握客伤事件现场保护技巧和取证技巧。

技能目标

1. 能及时报告客伤事件。
2. 能有效疏散围观群众，保护现场并取证。
3. 能有效安抚和救助受伤乘客。

素质目标

1. 培养团队协作、顾全大局的职业意识。
2. 培养“以人为本”的服务意识。

【必备知识】

认识客伤扫码观看

一、客伤及其产生的原因

（一）轻微客伤及客伤

1. 轻微客伤

轻微客伤指在城市轨道交通系统范围内，地铁外部人员及非在岗作业的地铁员工发生的，不需送往医院抢救、检查和治疗，可在现场进行简单包扎处理的乘客伤害。

2. 客伤

客伤指在列车运输过程中或在地铁正线区间、线路轨道两侧限界范围、站厅、站台、地铁拥有产权的通道、出入口等分公司管理范围内出现的乘客人身伤亡事件。

（二）客伤产生的原因

城市轨道交通系统一般建立在地下或高架桥的半封闭空间里，具有隐蔽性、封锁性、人员和设备高度密集等特点，一旦发生突发事件，如行车事故、设备事故、自然灾害、人员纠纷或乘客自身疾病等，则会造成人员伤害和财产损失。因此，客伤产生的原因大体可分为四个方面：人为因素、设备因素、社会因素和自然灾害因素。

1. 人为因素

城市轨道交通系统的相关人员有乘客和工作人员，因此人为因素主要指乘客自身和工作人员工作措施不当等两方面的内容。乘客自身原因是指乘客未遵守安全乘车规则或自身疾病导致事故发生从而造成的人身伤害，如车站发生的乘客不慎掉入轨道或使用自动扶梯不当造成的摔伤、乘客冲闸或抢上抢下造成的夹伤、乘客自身疾病突发造成乘客的摔伤等；工作人员工作措施不当原因指因工作人员工作措施不当或因疏忽引发事故从而造成的乘客伤害，如驾驶员未按行车组织作业标准行车造成行车事故从而导致乘客受到人身伤害、站务人员未及时处理站厅地面的杂物或因积水造成乘客摔伤等。

2. 设备因素

城市轨道交通系统是一个大的联运机，由几十个专业系统组成，设备包罗万象，任何一个系统设备尤其是与行车有关的设备发生故障，都可能导致地铁无法正常运转，甚至造成巨大生命财产损失。例如，供电系统发生故障则会造成停电、列车停止运行等事故，这类事故发生时如工作人员不能及时有效地疏散乘客则会给乘客带来人身伤害；行车通信信号发生故障则会造成行车事故，有可能发生列车追尾从而造成乘客伤亡。

3. 社会因素

城市轨道交通车站是乘客集散的地点，列车是人流密集的场所，故车站和列车一旦发生意外极容易引起较大伤亡，影响力巨大。一些心理扭曲的恐怖分子、不法分子会基于此特殊性，将车站和列车作为其报复社会的作案场所，实施作案，引发规模化客伤，如 1995 年 3 月 20 日上午 7 时 50 分发生的东京地铁沙林毒气事件。

4. 自然灾害因素

自然灾害因素指由于强降雨、强台风、地震等不可抗的自然因素从而造成的乘客人身伤害。

二、客伤的处理原则及流程

（一）客伤的处理原则

客伤处理原则及流程
扫码观看

1. 优先抢救伤者原则

现场处理应本着以人为本的原则，优先抢救伤者，及时将伤者送医院救治。

2. 避免二次伤害原则

现场处理应当确保伤者、工作人员等的人身安全，避免发生二次伤害。

3. 尽量避免影响正常运营秩序

现场处理应当疏散周围围观乘客，维持好现场秩序。

4. 尽快恢复运营原则

现场处理应当尽快出清线路，尽快恢复行车运营。

5. 尽力获取证据原则

现场处理人员应尽力收集和保存事故的证据，挽留证人、保存证词。

（二）客伤的处理流程

车站现场工作人员，发现或接到乘客求救时，须立即汇报当班值班站长（或站长），并疏散围观群众，安抚和救助受伤乘客，保护事故现场，寻找目击证人，劝留证人或留下证人联系方式。当班值班站长（或站长）担任临时应急处理负责人，应立即安排其他员工携带急救医药箱赶赴现场，流程如图 6-2-1 所示。

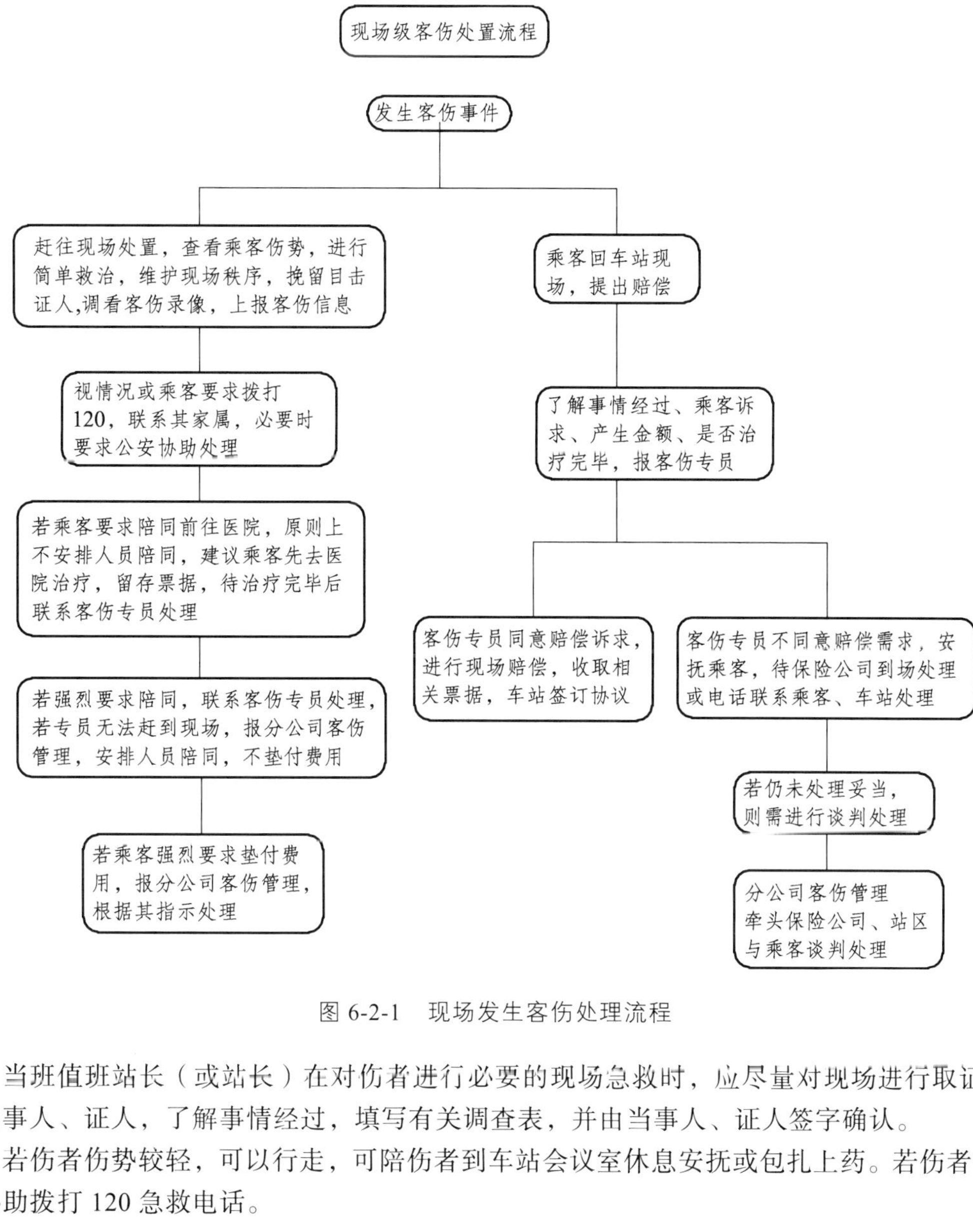

图 6-2-1　现场发生客伤处理流程

当班值班站长（或站长）在对伤者进行必要的现场急救时，应尽量对现场进行取证，询问当事人、证人，了解事情经过，填写有关调查表，并由当事人、证人签字确认。

若伤者伤势较轻，可以行走，可陪伤者到车站会议室休息安抚或包扎上药。若伤者需要，可协助拨打 120 急救电话。

若初步判断乘客受伤属于地铁责任时，车站应立即向有关部门、单位汇报。伤者提出要求去医院检查时，车站可安排车站员工陪同伤者前往医院，伤者在医院所花费用，经请示同意后，由车站在有关处理经费中垫付。

三、客伤调查及责任认定

（一）企业承担责任的客伤

乘客自验票进入闸机时起至出闸机时止（付费区范围内的乘客），对运输期间因设备设施故障或缺陷、运营管理不善、人员操作不当等原因造成的乘客人身伤害，企业应承担运输责任。以某城市地铁客伤发生时是否应由企业承担运输责任为例来分析哪些原因造成的客伤企业承担责任，哪些原因造成的客伤企业不承担责任。

企业承担运输责任的客伤包括（但不限于）以下情况：

（1）地铁设备设施损坏未及时修复且未设置警示、防护造成的。

（2）地铁施工作业造成的。

（3）列车紧急制动造成的。

（4）地铁系统范围内的垂直电梯、自动扶梯突然停止运行或突然启动造成的。

（5）屏蔽门、车门夹人造成的（属乘客强行上、下列车情况的除外）。

（6）地铁设备设施突然发生故障造成的。

（7）闸机夹人造成的（乘客强行出闸、无票尾随出闸的情况除外）。

对于在地铁付费区范围内发生的由于以上情况造成的无票人员人身伤亡事件比照乘客标准办理；对于无票人员和已购票的乘客在地铁非付费区范围内发生的人身伤亡，因地铁设备设施或管理所致的，比照乘客办理；因自身原因造成的，原则上不予承担责任。

因乘客自身疾病、故意或重大过失、不可抗力等原因造成的人身伤害，企业不承担运输责任，具体情况如下：

（1）违反“地铁运营管理办法”而造成的乘客本人或他人伤害。

（2）不可抗力造成的乘客人身伤害。

（3）自身健康原因造成的乘客本人或他人伤害。

（4）能证明是故意、重大过失造成的乘客本人或他人伤害。

（5）因第三者责任（包括斗殴或制止斗殴）造成乘客人身伤害时，受害者直接向施害的第三者索赔，公司原则不予承担责任。

（6）利用地铁站通道穿行或在车站逗留、休息等无票人员因自身原因造成的伤亡，地铁车站只提供基本援助，原则上不予承担责任。

（7）依据相应法律法规不由运营公司承担法律责任的。

（二）客伤事故（件）调查

处理事故（件）要以事实为依据，以规章为准绳，按照“四不放过”原则（没有查清不放过，事故责任者没有严肃处理不放过，防范措施没有落实不放过，广大员工没有受到教育不放过）处理事故，认真调查分析

城市轨道交通企业根据客伤事故（件）造成的人员伤亡、经济损失等后果的不同将事故分为特别重大事故、重大事故、较大事故、一般事故、险性事件、一般事件、事故苗子。一般事故及以上的事故按照《生产安全事故报告和调查处理条例》和企业的相关规定进行等级划分和调查处理，发生的险性事件及以下的事件则由地铁运营公司根据相关法律法规和规章

制度开展调查工作。

客伤事故调查的流程如下。

1. 成立调查组

客伤事故（件）发生后，事故现场调查组立即成立。事故（件）调查组的组成应当遵循精简、高效能的原则，根据具体情况，由安全生产部门负责组织相应人员参加，调查组成员应当具有事故调查所需要的知识和专长，并与所调查的事故（件）没有直接的利害关系。

2. 现场调查

调查组在组长的领导下到现场进行事故（件）调查。当事故（件）调查组到达事故现场前，车站值班站长、列车司机、行车值班员要保护现场，挽留事故见证人，保存可疑物证，查找事故线索及原因，做好记录，积极协助事故调查组做好事故调查工作。

3. 召开事故分析会

事故（件）调查组接到书面报告后，召开事故（件）分析会。客伤处理主管部门根据事故（件）分析会的有关情况起草险性事件、一般事件调查报告，报公司安全生产委员会审核。

（三）调查报告的撰写

事故（件）调查组应当在事故（件）发生之日起 60 日内提交事故调查报告，特殊情况下可以适当延长。

事故（件）调查报告应包括以下内容：

（1）事故（件）发生单位概况。

（2）事故（件）发生的经过和事故救援情况。

（3）事故（件）造成的人员伤亡和直接经济损失。

（4）事故（件）发生的原因和事故性质。

（5）提交事故（件）调查报告。

（6）事故责任的认定以及对事故责任者的处理建议。

（7）事故防范和整改措施。

（四）客伤责任判定及处罚

1. 判定客伤事故（件）责任

客伤事故（件）的责任可划分为全部责任、主要责任、同等责任、次要责任、一定责任、无责任。全部责任是指负有事故（件）损失及其不良影响 100%的责任；主要责任是指负有事故（件）损失及其不良影响 60%~90%的责任；同等责任是指各方负有事故（件）损失及其不良影响的相同份额的责任；次要责任是指负有事故（件）损失及其不良影响 30%~40%的责任；一定责任是指负有事故（件）损失及其不良影响 10%~20%的责任；如果造成事故（件）的全部原因为运营公司外部单位或人员，则运营公司相关中心或部门定为无责任，该事故（件）统计为其他事故（件）。

事故（件）责任判定的依据是各种规章制度、办法及规定等。

2. 客伤事故（件）的处罚与赔偿

为教育和警示广大干部职工，避免和减少事故（件）的发生，凡造成各类事故（件）的责任部门的主管，直接、相关负责人和事故（件）直接、主要责任人，均应按有关规定给予经济处罚或行政处分。导致事故（件）的有关责任人，给予警告、记过或记大过处分，情节较重的，给予降级、撤职或者留用察看处分；情节严重的，给予开除处分。

客伤事故（件）发生后，车站应积极处理，如现场处理结果乘客不满意，则乘客可能会向公司索赔，要求以经济补偿的方式赔偿乘客的损失。对于乘客提出的索赔要求，企业要依据《合同法》《侵权责任法》或《消费者权益保护法》等法律法规来确定是否进行赔偿，同时要在保护企业利益最大化的基础上，以人为本，与乘客协商赔偿标准。

【实训任务】

实训任务书		
实训目的	1. 能根据案例判断客伤事件类型或根据客伤类型自行编写相应案例。 2. 能正确完成客伤事件责任划分。 3. 能合作讨论客伤处理流程。 4. 能判定客伤处置全过程所涉及的岗位及配备物资。 5. 能分角色合作模拟演练各岗位客伤事件联合处置流程。 6. 能完整撰写事件调查报告	
实训要求	1. 根据所分配的客伤情境，合理编写处置流程和细节，制定突发事件处置方案。 2. 岗位及相关人员角色分工明确，无遗漏，各岗位职责及处置程序清晰。 3. 处置客伤相关物资准备齐全且合理。 4. 相关文档资料内容充分、要素齐全、表述严谨、格式正确。 5. 模拟过程中态度严肃认真，操作严谨专业，演练凸显效率	
实训情境	1. 乘客下雨天在站厅非付费区滑倒。 2. 母亲带小孩通过闸机，母亲被闸机门夹伤。 3. 乘客突发癫痫。 4. 2018 年 12 月 25 日晚，上海曹杨路地铁站一女子翻越安全门，被夹在列车与屏蔽门之间	
实训任务	判定客伤类型	
	明确责任认定	
	分析岗位及职责	
	梳理物资清单	
	设计各类取证表格	另附 Word/Excel 文档
	编写模拟脚本	另附 Word 文档
	撰写调查报告	另附 Word 文档
	录制模拟视频	另附视频文件

【目标检测】

一、知识目标检测

1. 填空题

（1）客伤产生的原因有人为因素、__________、__________和自然灾害。

（2）客伤事故调查的流程依次为__________、现场调查和______________。

（3）事故（件）调查组应当在事故（件）发生之日起_____日内提交事故调查报告，特殊情况下可以适当延长。

2. 判断题

（1）地铁员工在城市轨道交通系统范围内发生伤亡不能称为客伤。（ ）

（2）车站现场工作人员，发现或接到乘客求救时，须马上汇报当班值班站长（或站长），并疏散所有围观群众。（ ）

（3）乘客小腿被屏蔽门夹伤可直接界定为客伤。（ ）

（4）车站在处理客伤事件时要以维护公司形象、保护公司最大利益为原则。（ ）

（5）若因乘客强行进入轨行区导致列车紧急制动从而造成车内乘客客伤，企业可以免责。（ ）

（6）客伤事故（件）发生后，车站应积极处理，如现场处理结果乘客不满意并向公司索赔，要求以经济补偿的方式赔偿乘客的损失，车站应维护企业形象避免事态扩大故而同意乘客诉求。（ ）

二、技能检测

根据前述实训任务，分组汇报，以此来检验技能目标的达成度，具体检验的项目、标准及分值如下表所示。

序号	技能检测评价项目	评分标准	得分
1	案例事故原因分析（20分）	事故因素分析准确、全面（20分）	
2	案例事故信息报告（20分）	事故信息报告内容准确（10）、要素齐全（10分）	
3	团队分工情况（10分）	团队分工书面描述有依据、可实施（10分）	
4	案例风险点调查报告（50分）	调研报告格式正确（5分），语言描述简单明了（5分），调查报告信息准确、全面（20分），应对措施合理有效（20分）	

三、素质检测

由教师根据学生课前预习情况、课中小组讨论及独立思考情况、课后作业、小组协作完成学习任务情况及技能目标测试环节，对学生素质目标进行评分。

序号	素质检测评价项目	评分标准	得分
1	学习能力提升度（20 分）	课前预习（5 分），课中主动回答问题（5 分），课后作业（5 分），小组作业（5 分）	
2	团队协作的配合度（20 分）	小组讨论发言频率（10 分），小组成员之间的配合度（10 分）	
3	语言表达的清晰度（20 分）	汇报问题的逻辑性（10 分），语言回答的流畅性（10 分）	
4	思想意识的认知度（40 分）	实事求是的精神（20 分），居安思危的安全意识（20 分）	

【知识拓展】

现场保护及证据采集

一、现场保护

现场保护是指对事故发生现场，保持发现的原样状态，防止遭受变动而采取的保护措施。事故现场是追溯判断发生事故原因和事故肇事者责任的客观物质基础。

（一）现场保护的基本原则

原则一是不移动、不破坏现场，必要时可设置警戒线。

原则二是万不得已、必须移动现场时，应先做必要的、基本的证据采集，如拍摄现场照片、视频，油漆（喷漆）记录被移动的人（物）原先的位置。

（二）现场保护技巧

（1）应由两人或两人以上协同处理，一人负责安抚乘客，另一人着重于保护现场，但应尽量在完成基本取证工作的前提下挪动、搀扶受伤乘客。

（2）如有必要，应在现场周围划出一定的警戒范围，避免围观群众靠近现场，破坏现场痕迹物证。事故处理人员自身也应尽量减少隔离带内的行动。

（3）用照相器材及油漆（喷漆）等，记录被移动的人（物）原先的位置；必要时可制作现场图。

（4）及时要求当事人陈述事件经过并妥善保留相关资料，如口述录音、视频、书面记录等，并注意在资料中体现当事人身份信息。

（5）积极寻找至少两名现场目击证人，记录证人证言（录音、视频、书面证词），留下证人资料以供日后联络之用。

（6）在必要的取证工作完成之前，应派专人留守现场，避免现场被破坏。

二、客伤事件证据

能佐证城市轨道交通企业内发生的客伤事件事实的材料均可作为客伤事件证据。

（一）客伤事件证据类型

城市轨道交通企业内发生的客伤事件大部分属于民事案件。根据《民事诉讼法》规定，民事案件的证据类型主要有 7 种：书证、物证、视听资料、证人证言、当事人陈述、鉴定结论与勘验笔录。城市轨道交通企业内发生客伤事件后，可参照相关标准完成这 7 种类型证据的采集。

（1）书证：是指以文字、符号、图案所反映出来的思想内容来证明案件事实的证据。书证往往存在于一定的物质载体之上，如纸张、石碑、布等，以其记载或者表示的内容、含义来证明案件事实。

（2）物证：是以物品本身所具备的外部特征和物质属性来证明案件事实的证据，如物品的形状、质量、痕迹等特征。在实践中，同一物体，可能既是书证，也是物证。

（3）视听资料：是指利用录像、录音磁带反映出的图像和音响，或以电脑储存的资料来证明待证事实的证据。

（4）证人证言：是指案件知情人所做的关于案情事实的陈述。

（5）当事人陈述：是指案件当事人所做的关于案件事实的叙述。

（6）鉴定结论：是指对某些专门性问题，经当事人申请，有权机关同意，指定具有专业资格的机关进行鉴定，从而做出科学的分析，提出结论性的意见。

（7）司法机关的专业人员为了查明案情，对与争议有关的现场或者物品，亲自进行勘查检验，进行拍照、测量，将勘验情况和结果制成笔录，称为勘验笔录。

就行业惯例和常态而言，城市轨道交通行业自行收集的证据主要为书证、物证、视听资料、证人证言和当事人陈述。

（二）证据采集技巧

1. 确认客伤案件发生的地点，根据适用的归责原则，确定证据采集要点

（1）旅客上下列车及列车运行过程中发生客伤时，一般适用无过错责任原则。

例如，旅客落轨、进入线路、车内受伤、因车门/屏蔽门开关受伤等。如证明乘客有故意行为或因自身健康原因，车方可免责或减轻责任。因此，证据重在采集旅客的自身情况，可通过现场视频、当事人调查、目击者证词、旅客的医学诊断等收集证据。

（2）旅客在站厅、站台等城市轨道企业负有管理责任的区域发生客伤时，一般适用过错责任原则。

如扶梯摔伤、站内摔伤、闸机夹伤/刮伤等，车方、旅客方依据过错程度按比例承担相应责任，即有过错才有责任，无过错则无责任。因此，证据采集的重点是过错情形及免责情形。

2. 一般证据采集要点

（1）乘客过错情形。

① 自身原因，如突发疾病、行为不当（如在扶梯、站台奔跑，强行阻拦车门或屏蔽门关闭、乘坐电梯时未拉扶手等）导致的案件。主要通过采集现场视频资料、目击者证词等来收集证据。

② 特殊人群缺失基本陪护，如幼儿、70 岁以上老人、重症病人等，缺少监护照管人员。而对以上情况，主要通过采集监控视频资料、当事人陈述、目击者证词等来收集证据。应注

意的是，陈述中应先明确当事人身份信息。

③ 携带过长过大行李，妨碍行动便利。注意收集行李件数、尺寸等资料，应由当事人确认行李信息（签字），可拍照（人和行李）。

④ 第三方蓄意伤害或过失导致的案件。应收集监控视频资料、当事人陈述、目击者证词。如构成治安案件或刑事案件，移交有关机关处理。

（2）车站方免责要点。

① 列车按标准作业流程开关门的资料。

② 完善的扶梯检修记录，可随时备检。

③ 扶梯及其他设施正常运行的视频证据。

④ 尽到警示义务。如在事故多发部位设置警示标志，设置警示人员（可用现场拍照、摄像方式采集，资料中应同时包括当事人和警示标识，确保图片证据的效力）。

⑤ 确认客伤点有无障碍物，有无水渍、油渍等，地面扶梯处有无异状。

⑥ 在事故发生后，及时采取应急措施，起到救助义务。

以上采集的所有资料，均应为原始资料，不可任意删改。音频、视频、图片资料不得做任何编辑。

任务三　乘客携带品安全管理

【问题引入】

2021 年 9 月 1 日，成都地铁智慧乘客服务平台正式上线，平台包含智慧安检、智慧票务、智慧测温 3 个子系统。其中，智慧安检系统由智慧检物、智慧检人、智慧监控、安检信息化等系统共同组成，通过 AI 判图、智能检测、智能告警等技术快速甄别，排查可疑风险，以技术手段全面提升检物、检人效率与准确度，从而在安检层面持续守护乘客出行安全、提高通行效率。请思考，乘客乘坐地铁时有哪些物品是不能带进地铁站的。

【学习目标】

知识目标

1. 熟悉乘客携带品的相关规定。
2. 熟悉乘客遗失品的处理流程。
3. 熟悉乘客物品掉入轨道后的拾回流程。

技能目标

1. 能判断乘客携带品是否符合乘坐城市轨道交通的相关规定。
2. 能根据遗失品的处理流程，进行乘客遗失品登记、招领、交还及保管上交。
3. 能根据乘客掉入轨道的物品，确定拾回时机，并能根据拾回流程用拾物钳为乘客拾回物品。

素质目标

1. 培养“以人为本”的服务意识。
2. 培养换位思考的沟通交流能力。
3. 培养规范准确、谨慎细致的工作作风和责任心。

【必备知识】

一、乘客携带品规定

轨道交通车站及列车是既人员密集的场所，也是消防重点单位，乘客携带危险品进站乘车将对轨道交通运营服务带来严重影响。各个轨道交通企业为了防止乘客携带危险品进站，都采取了各类行之有效的措施。城市轨道交通车站主要通过人员巡视检查和设备监测并用的方式来防止危险品入站，即使用车站的监控系统对进站客流情况进行监控，掌握乘客携带行李物品进站的情况；在乘客集中进站区域设置人员巡视并检查乘客携带物品情况；使用自动安检机对乘客携带物品进行安全检查；使用金属探测仪、气体探测仪等设备对乘客随身物品或可疑液体等进行检查；使用警犬巡逻的方式对特殊物品进行搜寻辨识。

为加强和规范城市轨道交通安检工作，保障城市轨道运行安全和公共安全，根据国家有关法律法规、《城市轨道交通运营管理规定》（中华人民共和国交通运输部令 2018 年第 8 号）

和《城市轨道交通客运组织与服务管理办法》（交运规〔2019〕15 号），各个城市均制定了城市轨道交通运营管理办法和城市轨道交通禁止、限制乘客携带物品目录。

其中，《城市轨道交通运营管理规定》中第三十六条规定：禁止乘客携带有毒、有害、易燃、易爆、放射性、腐蚀性以及其他可能危及人身和财产安全的危险物品进站、乘车。运营单位应当按规定在车站醒目位置公示城市轨道交通禁止、限制携带物品目录。

《成都市城市轨道交通管理条例》中第四十二条规定禁止乘客携带以下物品和动物进站乘车：（1）爆炸性、易燃性、毒害性、腐蚀性、放射性等物品；（2）非法持有的枪械弹药和管制器具；（3）易污损、有严重异味、刺激性气味、无包装易碎和尖锐的物品；（4）运货推车、自行车、以电池为动力的代步工具（不包括残疾人助力车）；（5）导盲犬、军警犬之外的其他动物；（6）长、宽、高之和超过 1.8 m 或长度超过 1.6 m 的物品；（7）其他影响安全运营的物品。

《济南市城市轨道交通禁止、限制乘客携带物品目录》包括禁止乘客携带物品目录和限制乘客携带物品目录两大部分，其中禁止乘客携带物品目录包括 10 大类（含 20 小类）共计 150 个具体名称；限制乘客携带物品目录包括 3 大类（含 8 小类）共计 21 个具体名称。

表 6-3-1　济南市城市轨道交通禁止、限制乘客携带物品目录表

序号	物品分类	禁止携带物品
1	枪支、子弹（含主要零部件）	（1）军用枪、公务用枪：手枪、步枪、冲锋枪、机枪、防暴枪等以及各类配用子弹
		（2）民用枪：气枪、猎枪、运动枪、麻醉注射枪等以及各类配用子弹
		（3）其他枪支：发令枪、道具枪、钢珠枪、催泪枪、电击枪、水弹枪等
		（4）上述物品的样品、仿制品
2	爆炸物品	（1）弹药：炸弹、手榴弹、手雷、地雷、照明弹、燃烧弹、烟幕弹、信号弹、催泪弹、毒气弹等
		（2）爆破器材：炸药、雷管、导火索、导爆索、震源弹、爆破剂等
		（3）烟火制品：礼花弹、烟花（含冷光烟花）、鞭炮、摔炮、拉炮、砸炮等各类烟花爆竹，发令纸、黑火药、烟火药、引火线以及“钢丝棉烟花”等具有烟花效果的制品等
		（4）上述物品的仿制品
3	管制器具	（1）管制器具：根据《管制刀具分类与安全要求》（GA 1334—2016），认定为管制刀具的专用刀具（匕首、刺刀、佩刀、三棱刮刀、猎刀、加长弹簧折叠刀等）、特殊厨用刀具（加长砍骨刀、加长西瓜刀、加长分刀、剔骨刀、屠宰刀、多用刀等）、开刃的武术与工艺礼品刀具（武术刀、剑等），以及其他管制刀具[超过《日用刀具分类与安全要求》（GA/T 1335—2016）规定的尺寸规格限制要求的各种刀具]
		（2）其他器具：警棍、军用或警用匕首、刺刀、催泪器、电击器、防卫器、弩、弩箭等
4	易燃易爆物品	（1）压缩气体和液化气体：氢气、甲烷、乙烷、环氧乙烷、二甲醚、丁烷、天然气、乙烯、氯乙烯、丙烯、乙炔（溶于介质的）、一氧化碳、液化石油气、氟利昂、氧气（供病人吸的袋装医用氧气除外）、水煤气等

续表

序号	物品分类	禁止携带物品
4	易燃易爆物品	（2）易燃液体：汽油（包括甲醇汽油、乙醇汽油）、煤油、柴油、苯、酒精、酒精体积百分含量大于70%或者标志不清晰的酒类饮品、1,2—环氧丙烷、二硫化碳、甲醇、丙酮、乙醚、油漆、稀料、松香油等
		（3）易燃固体：红磷、闪光粉、固体酒精、赛璐珞、发泡剂H、偶氮二异庚腈等
		（4）自燃物品：黄磷、白磷、硝化纤维（含胶片）、油纸及其制品等
		（5）遇湿易燃物品：金属钾、钠、锂、碳化钙（电石）、镁铝粉等
		（6）氧化剂和有机过氧化物：高锰酸钾、氯酸钾、过氧化钠、过氧化钾、过氧化铅、过醋酸、双氧水、氯酸钠、硝酸铵等
5	毒害物品	氰化物、砒霜、硒粉、苯酚、氯、氨、异氰酸甲酯、硫酸二甲酯等高毒化学品以及剧毒农药等
6	腐蚀性物品	硫酸、盐酸、硝酸、氢氧化钠、氢氧化钾、有液蓄电池（含氢氧化钾固体、注有酸液或碱液的）、汞（水银）等
7	放射性物品	指含有放射性核素，并且其活度和比活度均高于国家规定豁免值的物品
8	感染性物质	包括可感染人类的高致病性病原微生物菌（毒）种和感染性样本，详见《人间传染的病原微生物名录》中危害程度分类为第一类、第二类的病原微生物，如乙肝病毒、炭疽杆菌、结核杆菌、艾滋病病毒等
9	其他危害公共卫生或运行安全的物品	（1）硫化氢及有粪臭、腐败臭等强烈刺激性的气味或者有恶臭等异味的物品，能够损坏或者污染车站、列车服务设施、设备、备品的物品
		（2）容易引起乘客恐慌情绪的，以及不能判明性质，但是可能具有危险性、妨碍公共安全或公共卫生的物品（含活动物，导盲犬除外）
		（3）可能干扰列车信号的强磁化物
		（4）单品额定能量大于160 Wh或标识不清、不能确定能量值的锂电池
		（5）以电能为驱动方式的代步交通工具（包括但不限于折叠电动车、电动滑板车、电动平衡车、电动独轮车等，但无障碍用途的电动轮椅除外）
10	国家法律、法规规定的其他禁止携带的物品	

序号	物品分类	限制携带物品解读
1	民用生活、生产工具类	（1）大件行李物品，长、宽、高之和不得超过1.8 m，重量不得超过30 kg
		（2）非管制刀具类的水果刀、餐刀、剪刀等生活用刀具，不得裸露携带，且餐刀等厨用刀具要保持原包装完好
		（3）斧头、锤子、钢（铁）锉、锥子（尖锐物）等生产工具，长度不得超过35 cm，并且应当用工具包或工具盒等装载
2	含有易燃、易爆物质的生活用品类	（1）酒类饮品，酒精体积百分含量大于或者等于24%、小于或者等于70%的累计不得超过3 000 mL，并且应当原包装密封完好、标识清晰，开封或散装的酒类饮品禁止携带

续表

序号	物品分类	限制携带物品解读
2	含有易燃、易爆物质的生活用品类	（2）含易燃成分的喷雾、凝胶等非自喷压力容器日用品，单体容器容积不超过100 mL，每种限带 1 件
		（3）摩丝、发胶、杀虫剂等自喷压力容器，单品不超过 750 mL，累积不超过 1 500 mL
		（4）普通打火机限带 5 个，安全火柴限带 10 盒
		（5）标识完整清晰的锂电池或含有锂电池的器具（包括但不限于充电宝、电动工具、电动玩具等）需满足如下要求： ① 单品额定能量小于或等于 100 Wh 的限带 5 个。 ② 单品额定能量大于 100 Wh、小于等于 160 Wh 的限带 2 个（如未直接标注额定能量 Wh，则可以按照 Wh=$V\times m$Ah/1 000 计算）
3	国家法律法规和政府规定的其他限制携带进站的物品	

对于轨道交通车站检查发现的危险品，车站人员应当交由公安或相关专业人员，对于携带物品的当事人应按照具体情况交由公安人员妥善处理。

对于乘客乘车安全管理的另一项重点工作是对乘客乘车安全意识的宣传和教育。城市轨道交通作为公共交通系统，其安全管理受到相关治安管理条例的支持和保护。城市轨道交通企业应当通过新闻媒体、宣传报道等方式加大对乘客安全乘车的宣传，同时《城市轨道交通运营管理规定》（中华人民共和国交通运输部令 2018 年第 8 号）第三十六条规定：运营单位应当按规定在车站醒目位置公示城市轨道交通禁止、限制携带的物品目录。图 6-3-1 为《武汉轨道交通禁止乘客携带物品目录》。

图 6-3-1　武汉轨道交通禁止乘客携带物品目录

二、乘客遗失品处理

遗失物品，是指车站站务人员、其他工作人员及乘客转交的在轨道交通运营范围内拾到的他人遗留的各类有形或有价的物品。

1. 遗失物品接收

车站员工在发现或收到遗失物品时，首先从外观、声音、气味等方面确认物品是否可疑，如无法确认或有可疑迹象，立即按危险品、违禁品及可疑物品处理程序处理。

在确认为正常遗失物品后，车站员工将遗失物品移交当班值班站长；列车司机或车场内人员拾得乘客遗失物品后，应及时上交就近车站或终点站；乘客拾获遗失物品时，接待员工立即通知值班站长。

2. 检查登记

值班站长与失物拾获人当面检查、核对遗失物品，并详细填写“车站遗失物品处理登记表”（以某轨道交通车站遗失物品登记表为例），注明失物名称、件数、特征。双方签名确认。现金、贵重物品应拍照证明并在“备注”栏内注明，对于遗失物品，需妥善保存。

表 6-3-2　车站遗失物品处理登记表

填表单位　　　　站　　　年　　月　　日　　　编号：××××××××××

<table>
<tr><td>失物名称</td><td></td><td>物品类别</td><td></td><td>拾获时间</td><td colspan="2"></td></tr>
<tr><td>拾获地点</td><td></td><td>拾获人</td><td></td><td>联系方式</td><td colspan="2"></td></tr>
<tr><td>接受人</td><td></td><td>员工号</td><td colspan="4"></td></tr>
<tr><td colspan="7">具体经过：</td></tr>
<tr><td rowspan="4">失物清单
及描述</td><td>1</td><td colspan="2"></td><td>5</td><td colspan="2"></td></tr>
<tr><td>2</td><td colspan="2"></td><td>6</td><td colspan="2"></td></tr>
<tr><td>3</td><td colspan="2"></td><td>7</td><td colspan="2"></td></tr>
<tr><td>4</td><td colspan="2"></td><td>8</td><td colspan="2"></td></tr>
<tr><td rowspan="4">认领事项</td><td colspan="6">经本人确认，以上所列物品，现已如数领回。如有冒领，本人承担相关一切责任。特此声明</td></tr>
<tr><td>领取人</td><td></td><td>证件名称号码</td><td colspan="3"></td></tr>
<tr><td>联系电话</td><td></td><td>联系地址</td><td colspan="3"></td></tr>
<tr><td>领取时间</td><td></td><td>经办人</td><td></td><td>证明人</td><td></td></tr>
<tr><td colspan="7">备注：</td></tr>
</table>

根据“车站遗失物品处理登记表”填写“失物标签”，并粘贴在遗失物品上。失物标签使用标签纸，填写遗失物品编号，编号与“车站遗失物品处理登记表”一致，采用10位数编制，前8位为当天日期，后2位以当天拾获遗失物品数量顺序编号，如：2022080301。

有“特快专递”“挂号”“机密”“绝密”等字样或未付邮资的信（文）件、图纸、重要证件，军用物品（包括枪支、弹药）、汽油、硫酸等易燃、易爆、腐蚀、剧毒物品等违禁物品、危险物品以及其他可疑物品，一般不予开封检查，在填写“车站失物处理登记表”后要立即交站内地铁公安签收处理，同时，若危险品、违禁品已经对乘客服务区安全构成迫切的威胁或发现无法辨识的可疑物品，车站人员应按照相关应急预案处理。已付邮资的一般信件由车站代为投寄。

3. 招领及查找

车站收到乘客遗失物品时，应尽量设法归还失主。对各类证件或有线索的物品应及时通知失主到车站认领失物；若无失主联系方式，则可通过人工广播通知失主到车控室认领，同时及时通知服务热线报备，以备乘客查询。

各车站有帮助乘客寻找遗失物品的义务。乘客遗失物品，向车站工作人员或公司客服热线请求查找，有关人员接到请求时，必须积极帮助查找。

4. 交还

失主认领物品前，由认领人提供失物名称、遗失地点、遗失时间，车站初步确认是否有与认领人所提供的特征相符物品。如有，则请认领人提供两项以上最能表现失物特征的证明，如特征相符，则由车站值班站长确认并办理认领手续。

认领时，认领人需出示身份证等有效证件办理领取手续，必要时可由单位出具介绍信，并要求认领人如实填写失主姓名、身份证号码、通信方式等相关资料，并由双方在“车站失物处理登记表”上签名确认，在领取贵重物品时留存乘客有效证件复印件。

5. 保管及上交

客运部应加强对车站乘客遗失物品工作的检查、指导，并将该项工作作为车站的基础管理工作之一。当天无人认领的遗失物品，值班站长应在当日运营结束后统计分类，统一存放于指定位置，并填写“××站每日新增遗失物品统计表”，如表6-3-3所示。

表 6-3-3　××站每日新增遗失物品统计表

日期：　　　年　　月　　日

序号	拾获物品类型/数量	拾获人员	存放地点	备注

若有乘客咨询非当日遗失物品，车站或服务热线应查询当日遗失物品统计结果，通知乘客相关信息及认领车站，并及时告知当事车站，乘客认领失物后，当事车站及时填写“××站每日领取遗失物品统计表”，如表6-3-4所示。

表 6-3-4　××站每日领取遗失物品统计表

日期：　　　年　　月　　日

序号	领取物品类型/数量	领取人姓名及联系方式	备注

食品与易腐物品不移交公安，由车站自行处理。有包装食品保管期限为 72 h，如无人认领则由车站自行处理；无包装食品及易腐物品（如肉类、蔬菜等），保管到当天运营结束后由车站自行处理，同时在“车站遗失物品处理登记表”上及时予以注明。

车站拾得食品以外的物品时，10 日内无人认领，车站应及时上交轨道交通公安处理，并报备客服热线，有乘客咨询的，请乘客与轨道交通公安联系。

对拾得物品，任何单位和个人不得借用、挪用、调换和侵占，如有违反，按照运营公司有关规定严肃处理，情节严重的交公安部门处理。同时，不得收取乘客给予的现金或物品酬谢。客运部要制定详细的奖惩制度，确保遗失物品得到及时有效的处理。

三、乘客物品掉入轨行区的处理

物品掉入轨行区的处理扫码观看

城市轨道交通轨行区有很多带电设备且行车间隔较短，若乘客贸然进入，将带来极大的安全隐患，轻则影响运营秩序，重则出现列车撞击造成的死伤事故。一般来说，设置了站台门的车站可以最大程度避免此类事故发生，但由于列车行驶时车身会左右小幅摆动，为确保列车安全通过，站台与列车之间必须留有一定的空隙。为缩小缝隙，通常会在车站的站台边缘加装橡皮条，但就算这样也无法做到完全无缝，且站台与列车之间有高度差，在乘客上下车厢时，手机、地铁车票、钥匙、钱包等随身小物品掉落轨道的情况时有发生。

当乘客物品掉入轨道时，应首先判断物品是否影响行车，再分别处理。

1. 乘客物品掉落轨道影响行车

（1）当站台岗发现乘客物品掉落轨道或接到乘客物品掉落报告后，立即赶往现场查看，若该物品影响行车，如物品高出轨面，则应立即按压站台侧紧急停车按钮。

（2）及时向行车值班员、值班站长汇报该物品影响行车需立即处理，并安抚乘客，防止乘客跳下轨道拾物。

（3）行车值班员立即向行车调度员报告，经行车调度员批准后通知站务人员可以进行拾物处理。

（4）站务人员立即携带拾物钳（见图 6-3-2）、隔离带到现场，在值班站长的指挥下，隔离该处屏蔽门，用拾物钳进行拾取。不能立即拾取的利用拾物钳先拨至线路旁不影响行车处，以不耽误列车运行为原则，待列车通过后利用行车间隔下区间拾取。若需下区间进行拾物处理，相应程序如下：

值班员接站台岗报告后根据需要按压异物侧或者上下行两侧紧急停车按钮，向行调申请下区间拾物。若为第三轨供电，则根据需要要求接触轨断电。经行调批准后，且确认接触轨已断电后，值班站长派人下到区间将异物拾起。视情况对异物形态及位置进行拍照留证。站台岗做好站台防护。处理完毕线路出清后向车控室汇报，行车值班员要通过 CCTV 全程监控，密切关注处理过程，随时向上级汇报。

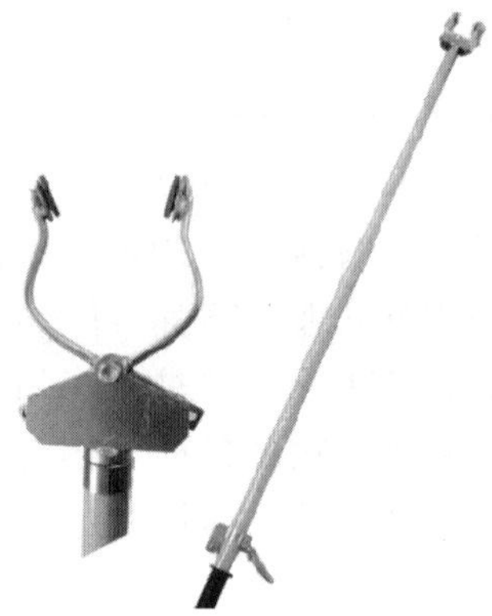

图 6-3-2　拾物钳

（5）物品拾回后，值班站长要确认线路出清不影响行车，恢复屏蔽门的使用，并向行车值班员报告。

（6）行车值班员向行调汇报，经行调批准后及时取消紧停。

（7）将物品归还乘客，并做好相关记录。

2. 乘客物品掉落轨道不影响行车

当站台岗发现乘客物品掉落轨道或接到乘客物品掉落报告后，立即赶往现场查看，若该物品形态较小，不影响行车，站台岗应立即安抚乘客，同时向车控室汇报掉落物不影响行车，同时告知乘客将在运营结束后下轨道拾回物品，请乘客第二日到车站领回。车控室通过 CCTV 观察到有物品掉下轨道，应立即询问站台线路安全情况，确认后及时向行调汇报，并说明物品不影响行车安全。

若掉落轨道的物品较为贵重，如手机、相机、钱包等物品，为避免乘客财产受损失及防止其他乘客跳下站台拾取影响运营，应及时用拾物钳拾取，如拾物钳不能拾取的，应利用行车间隔拾取。马上拾回物品时的操作程序如下：

（1）当列车未进站时，行车值班员经行调同意，按压 IBP 盘上紧急停车按钮，做好站台防护后，用拾物钳拾起物品，夹不起的物品则下轨道拾回。线路出清后经行调同意，按压 IBP 盘取消紧停按钮，恢复行车。

（2）列车已进站时，待列车开离车站后，行车值班员经行调同意，按压 IBP 盘上紧急停车按钮，做好站台防护后，用拾物钳拾起物品，夹不起的物品则下轨道拾回。线路出清后经行调同意，按压 IBP 盘取消紧停按钮，恢复行车。

【实训任务】

<table>
<tr><td>任务名称</td><td colspan="3">乘客携带品安全管理</td></tr>
<tr><td>任务描述</td><td colspan="3">分角色扮演车站值班站长、站务员和乘客。
1. 乘客携带违禁物品上地铁并拒绝上交。
2. 乘客拾到钱包交车站。
3. 站务员拾到身份证交值班站长。
4. 乘客来领取 2 天前遗失在车站的水杯。
5. 乘客手机掉落轨道。
6. 乘客行李箱掉落轨道</td></tr>
<tr><td>实践目的</td><td>能对乘客携带品进行判断，能对乘客携带品遗失按处置流程进行处理，并进行相关台账填写，能使用拾物钳为乘客拾回物品，培养“以乘客为本”的服务意识和良好的沟通交流能力，提升学生的理论联系实际的应用能力</td><td>实践场所</td><td>城市轨道交通实训室</td></tr>
<tr><td>任务要求</td><td colspan="3">劝阻乘客将违禁品带上地铁，并出示相关文件劝说乘客；乘客遗失品登记、招领、交还及保管上交；确定乘客掉落品拾回时机，用拾物钳拾回物品</td></tr>
</table>

【目标检测】

一、知识检测

1. 填空题

（1）城市轨道交通车站主要通过______________和______________并用的方式对乘客携带物品进行安全检查。

（2）《城市轨道交通运营管理规定》中第三十六条规定：禁止乘客携带有毒、有害、易燃、易爆、______________、腐蚀性以及其他可能危及人身和财产安全的危险物品进站、乘车。

（3）______________不移交公安，由车站自行处理。

（4）乘客物品掉落轨道影响行车，则车站工作人员应立即按压___________。

（5）若乘客掉落物品形态较小，不影响行车，则在________拾回物品。

2. 判断题

（1）夏季乘客为防止晒伤或者被蚊虫叮咬，可以将花露水、防晒喷雾等夏季常用物品带上地铁。（　　）

（2）为保证乘客的物品不受损害，乘客物品一旦掉入轨道，车站应立即下轨道帮助乘客拾回。（　　）

（3）车站员工在拾到遗失物品后应立即将遗失物品移交当班值班站长。（　　）

（4）车站对于拾到的遗失品，若当日无乘客认领，则车站可自行处理。（　　）

（5）当有乘客来认领遗失物品时，车站可以直接将物品交还乘客。（　　）

二、技能检测

根据前述实训任务，分组演练并录制视频 ，以此来检验技能目标的达成度，具体检验的项目、标准及分值如下表所示。

序号	技能检测评价项目	评分标准	得分
1	乘客携带违禁物品上地铁并拒绝上交（20分）	能准确判断乘客携带物品是否属于违禁品（10分），能用相关规定成功劝阻乘客（10分）	
2	乘客拾到钱包交车站（10分）	遗失钱包接收、检查登记、招领、保管上交流程清楚完整（5分），相关台账填写正确（5分）	
3	站务员拾到身份证交值班站长(10分)	遗失身份证接收、检查登记、招领、交还流程清楚完整（5分），相关台账填写正确（5分）	
4	乘客来领取 2 天前遗失在车站的水杯（10分）	遗失水杯交还流程清楚完整（5分），相关台账填写正确（5分）	
5	乘客公交卡掉落轨道（20分）	公交卡拾回时机正确（5分），拾物钳使用熟练（5分），安全防护准确到位（10分）	
6	乘客行李箱掉落轨道（15分）	行李箱拾回时机正确（5分），下轨行区安全防护准确到位（10分）	
7	团队分工情况（5分）	角色扮演分工合理（5分）	
8	提交视频（10分）	视频清晰（5分），角色清楚（5分）	

三、素质检测

由教师根据学生课前预习情况、课中小组讨论及独立思考情况、课后作业、小组协作完成学习任务情况及技能目标测试环节，对学生素质目标进行评分。

序号	素质检测评价项目	评分标准	得分
1	学习能力的提升度（20分）	课前预习（5分）；课中主动回答问题（5分）；课后作业（5分）；小组作业（5分）	
2	团队协作的配合度（20分）	小组成员之间的配合度（20分）	
3	语言表达的清晰度（20分）	问题处置的逻辑性（10 分），语言表达的流畅性（10分）	
4	思想意识的认知度（40分）	“以乘客为中心”的服务意识（20分），规范准确、谨慎细致的工作作风和责任心（20分）	

【知识拓展】

城轨智慧安检系统

基于北京城轨安检能力不足、乘客出行体验差、安检人员工作能力与安检要求存在差距等，在满足安检效率与安检质量、乘客高效与便捷出行、安检工作水平提升等需求的基础上，构建基于乘客信用的，符合城轨大客流特点的，“智能化精准检物、智能化快速检人、安检信息化管理”的智慧安检系统。

1. 智能化精准检物子系统

利用禁限带品智能识别及自学习等技术，在 X 光机上增加图像识别、实时提示报警功能，进而构建可实现本地机器判图的智能化精准检物子系统。检物模式由过去单一人工识别转变为设备自动识别提示报警，从而提高了检物精准度，减少值机员个人能力和状态对安检质量的影响，提高物品安检的效率和可靠性。

2. 智能化快速检人子系统

参照铁路及民航等行业信用体系建设经验，结合城轨乘客信用体系建设的工作基础，建立基于乘客信用的智能化快速检人子系统。

乘客可通过 APP（应用程序）客户端，注册成为实名信用乘客。安检设备基于人脸识别等技术，在乘客通过安检门时能快速识别乘客属性，并对实名信用乘客采取快速安检措施，对普通乘客依旧严格安检。

这一举措可引导广大乘客重视个人信用，不断扩大实名信用乘客群体数量，以加强安检对象针对性，减少安检工作量，提升安检质量。

3. 安检信息化管理子系统

利用大数据及云计算等技术，建立安检信息化管理子系统。通过该子系统可实现乘客分类信息部署、识别结果汇总分析、禁带品智能识别模型升级、在线系统保障、应急协同处置、事件备份存储及查询、系统功能和技术升级、大数据统计分析和通信网络运营等功能，为智慧安检系统提供运营数据采集及分析功能。

任务四　车站突发事件应急处理

【案例引入】

2023 年 5 月 29 日下午，北京地铁 7 号线的车厢内一女子携带的充电宝突然发生爆炸。2023 年 7 月 20 日上午 10 时 46 分，兰州轨道交通 1 号线东方红广场站 2039 次列车接站作业时，一名乘客乘车时突发急症晕倒在地铁车厢内。青岛地铁 1 号线井冈山路站站台上一名三岁女童异物卡喉导致呼吸困难。请思考，遇到各种地铁突发事件时的应急处理流程是怎样的呢?

【学习目标】

知识目标

1. 掌握突发事件的处理原则。
2. 熟悉各种突发事件的启动条件。
3. 熟悉各种突发事件发生时各岗位工作人员的应急处理程序。

技能目标

1. 能根据具体场景判断车站应启动的突发事件应急处理程序。
2. 能根据车站发生的不同类型突发事件与其他岗位协同完成应急处理。

素质目标

1. 培养“安全第一，预防为主”的安全意识。
2. 培养“沉着冷静、镇定自如”的应急能力。
3. 培养“遵章守纪、服从指挥”的职业意识。

【必备知识】

城市轨道交通车站突发事件包括地震、洪涝、气象灾害等自然灾害，及毒气泄漏、突发疫情、电梯事故、大面积断电、大面积淹浸、重大设备故障、大客流爆满、恐怖袭击等公共安全事件。

车站突发事件应急处理应遵循“高度集中，统一指挥，逐级负责”的原则，坚持“先救人、后救物”，优先组织人员疏散、伤员抢救，同时兼顾通信、供电等重点设备和环境的防护，将损失降至最低限度。在发生突发事件时，应按“速报情况，慎报原因”的原则及时上报并处理，事后按公司规定填报相关事件报告，报相关部门；在应急事件处理时，坚持对外宣传归口管理的原则，不擅自发布相关信息。

一、火灾

当车站发生火灾时，首先是保障乘客和员工的人身安全，其次在保证员工自身安全的情况下尝试扑灭火灾。车站应遵循通报迅速的原则，及时向 119、110、120、OCC 和地铁公安报告。在执行紧急疏散时，尽可能稳定乘客情绪，组织乘客尽量绕开火灾区域疏散到站外安全地点，要特别关注老、幼、残等人士，防止踩踏等次生灾害事件发生；车站保洁、银行、商铺等工作人员应到紧急出入口或后备紧急出入口集合，设备区工作人员由车站通过人工广播通知撤离。如果火灾发生在站厅，火势较大，影响到整个站厅公共区，站台乘客无法从站厅向站外疏散时，立即请求行车调度员安排空车疏散站台乘客，站台保安到站台和站厅之间的通道处阻拦乘客进入站厅。如果火灾发生在站台，行车调度员应及时扣停有关列车；来不及扣停的应退回后方站，避免产生更大的影响，若接到车站请求派空车疏散时，即安排邻站列车清客，到事发站接载站台滞留的乘客。火势很大时，在乘客疏散完毕后，应组织车站员工疏散，并做好消防人员的导向指引工作。值班站长在上级领导到来之前担任事故处理临时负责人。

1. 值班站长应急处置程序

（1）立即做好个人防护（穿戴防烟面具等），携带 800 M 对讲机等，第一时间赶赴现场确认，将起火范围、人员伤亡等通报行车值班员，并担任现场指挥。

（2）组织人员利用灭火器、消防水进行灭火处置，并迅速组织设置安全隔离带，劝离围观乘客。

（3）火势超出车站处置能力时，宣布车站执行火灾应急疏散，组织人员疏散。

（4）需撤离时，立即组织从业人员疏散至应急出入口安全区域集中，并清点工作人员，确保无站内工作人员遗留。

（5）救援队伍赶赴现场后，协助开展救援工作。

（6）处置完毕，组织本站恢复运营工作。

2. 行车值班员应急处置程序

（1）做好自身防护，通知值班站长、客运值班员、地铁公安，赶赴现场确认、处置。

（2）根据值班站长反馈信息报电调，必要时向行调申请列车在本站通过。

（3）接报火灾超出车站处置能力时，车站执行火灾应急疏散，得到电调同意后，在综合监控上点击“确认火灾”，确认环控模式、闸机、PIS、PA、门禁联动，若未联动则手动操作执行。

（4）乘客疏散完毕，报行调。

（5）需撤离时，立即全区域播放紧急疏散广播，通知从业人员撤离，确认通往站外的疏散通道门门禁常开，所有闸机门已打开，安排工作人员及从业人员进行紧急疏散，随身携带与行调联系的 800 M 对讲机至应急出入口安全区域集中。

（6）接到值班站长恢复正常的通知后，报告行车调度，广播通知各岗位恢复运营。

3. 客运值班员应急处置程序

（1）做好自身防护，到达现场协助值班站长进行灭火，救助伤员，并劝离围观乘客，做好乘客解释工作。

（2）接报火势超出车站处置能力后，疏散乘客，须关停站厅至出入口与疏散方向不一致电扶梯，引导乘客从步梯或与疏散方向一致的电扶梯疏散。

（3）确认乘客疏散完毕后，报行车值班员，并准备撤离（紧急出入口集中）。

（4）接到恢复运营通知后，协助组织恢复运营。

4. 厅巡岗应急处置程序

（1）接报火势超出车站处置能力时，关停与站厅至出入口疏散方向不一致电扶梯，引导乘客从步梯或与疏散方向一致的电扶梯疏散，以及关闭站内所有直升梯，自动停在基站，打开电梯门。

（2）做好个人防护（穿戴防烟面具等），根据值班站长要求指引站厅乘客疏散或前往出入口接应救援人员，拦截乘客进站。

（3）确认乘客疏散完毕后，报告行车值班员，并准备撤离（紧急出入口集中）。

（4）接到恢复运营通知后，返回工作岗位。

5. 站台岗应急处置程序

（1）接到火灾应急疏散通知后做好自身防护，关停站台与疏散方向不一致电扶梯，引导乘客从步梯或与疏散方向一致的电扶梯疏散，并引导乘客至站厅。

（2）负责站台乘客疏散，将乘客往安全区域引导。

（3）确认站台乘客疏散完毕后，报行车值班员后至站厅协助疏散。

（4）站厅疏散完毕报行车值班员，并准备撤离（紧急出入口集中）。

（5）接到恢复运营通知后，返回工作岗位。

6. 售票岗应急处置程序

（1）接到火灾应急疏散通知后做好自身防护，立即暂停售票，锁好票盒，关闭电源，关闭票亭岗，开启边门，在票亭岗附近引导乘客疏散。

（2）若闸机未释放成功，报行车值班员并人工释放闸机。

（3）做好个人防护（穿戴防烟面具等），指引站厅乘客疏散，确认站厅乘客疏散完毕后，报行车值班员，并准备撤离（紧急出入口集中）。

（4）接到恢复运营通知后，返回工作岗位。

二、车站防洪涝应急处理

车站应根据政府气象等部门发布预警信息加强车站水浸黑点、周边施工工地及与外单位合建部位的检查力度，做好防暴雨工作，密切监视车站出入口积水情况、隧道区间的水位状况，将因下雨出现漏水、水浸情况及时报告 OCC 组织相应处理。当出入口有大量雨水飘入时，车站做好警示，并根据对设备的影响情况关闭出入口的扶梯，必要时用沙包围堵出入口，并引导乘客从其他出入口进出车站；将积水情况报市排水中心和线路控制中心，并做好聚集在车站及出入口乘客的疏导工作，必要时疏散站内乘客，向行车调度请求关闭车站及负责关闭车站的工作。在积水水位回落到警戒线以下并且气象部门已发布洪峰通过该区域中心城区的信息，同时水位回落到钢轨轨面以下并且水源得到有效封堵，设备设施恢复正常，地铁可以恢复正常行车后防洪涝的响应方可解除。

1. 值班站长应急处置程序

（1）到现场确认发生险情后，通知行车值班员，并组织抢险。

（2）组织人员关停相应区域的扶梯、电梯等设备，关闭相应的水阀。

（3）安排人员搬运沙袋堵水抗洪。

（4）组织做好现场的控制，疏散现场的乘客，指引乘客从安全的通道行走。

（5）必要时关闭出入口，现场不可控制时，疏散站内乘客，关闭车站。

（6）发生车站被淹没的可能时，关闭所有电源，组织所有人员撤退到出口外的安全地带，并保持与行调的联系。

2. 行车值班员应急处置程序

（1）通知值站到现场确认。

（2）确认现场险情后，立即报告行调、环调。

（3）安排人员关停相应区域的扶梯、电梯，相应的水阀等设备，通知客运值班员、巡视岗搬运沙袋，广播通知保洁等驻站人员协助抢险。

（4）根据现场情况，操作 AFC 紧急模式，播放广播，指引乘客疏散。

（5）发生车站被淹没的可能时，需要离开车站时，关闭电源并携带 800 M 对讲机保持与行调的联系。

3. 客运值班员应急处置程序

（1）接到险情通知后，及时到达现场，协助值站处理。

（2）维持好现场秩序，组织乘客从安全通道疏散。

4. 巡视岗应急处置程序

（1）关停相应区域的扶梯、电梯等设备，关闭相应的水阀，维持车站秩序。

（2）及时与值站沟通，协助值班站长处理。

（3）如需封站，协助车站进行乘客疏散工作。

5. 售票岗应急处置程序

（1）认真值守岗位，做好抗洪抢险的准备。

（2）如需封站疏散，锁好钱箱，关闭票亭。

（3）开启边门，指引乘客安全疏散。

6. 站台岗应急处置程序

（1）关停相应区域的扶梯，做好抗洪抢险的准备。

（2）如需封站，指引乘客安全疏散。

三、高温天气应急处理

当最高气温将达到 35 °C 或以上，在高架站站台等处开展室外作业时应配备饮用水和防暑药品，做好防中暑措施，向室外作业人员发放防暑降温用品并督促正确使用；当最高气温将达到 37 °C 或以上，白天 10 ~ 16 时停止烈日下作业，提高高架站站台岗人员轮换频次。把确保乘客安全和正常运营作为应急处置的出发点，最大限度地避免乘客伤亡及减少对正线运营的影响，若出现受伤人员，车站需做好初期救助。以“先通后复”为原则，灵活选择“更有利、更快恢复”处置措施，处置过程中，应做好自身防护，各履其责、服从指挥，按章操作、果断处置，严禁擅离职守，做好处置过程续报工作。

1. 值班站长应急处置程序

（1）加强所辖区域设备巡查，持续组织做好生产区域环境实际温度监控，加强巡视，防止高温引发人员中暑及设备故障，同时将信息上报站区管理人员。

（2）做好现场作业人员防暑降温用品的发放及领用记录工作，并督促正确使用。

（3）做好现场人员岗位轮换安排，提高站台岗人员轮换频次。

2. 行车值班员应急处置程序

（1）接高温天气预警信号后，上报值班站长，通知各岗位做好高温天气下的准备工作。

（2）根据行车调度指令，加强车站环控、供电、信号等设备运行状态监控。

（3）发生人员伤亡等突发事件时，协助值班站长做好突发事件应急处置。

3. 客运值班员应急处置程序

加强票务设备状态的巡视巡查，发生应急事件时至站厅维持现场秩序，做好乘客安抚、引导。

4. 巡视岗应急处置程序

（1）对出入口进行检查、巡视。

（2）发生突发事件时做好乘客安抚工作。

5. 售票岗应急处置程序

听从车站安排，做好支援准备。

6. 站台岗应急处置程序

（1）高温天气下正确使用防暑降温用品，执行防暑措施。

（2）应急情况下，听从车站安排，做好支援准备。

四、公共卫生事件应急处理

当车站出现重大传染病疫情时，将信息通报至本单位全员，组织全员做好自身安全防护工作。加强对车站、列车乘客的巡视工作，针对发现症状者，上报线网指挥中心，报请并配合地铁公安处置。依据线网指挥中心命令组织做好环控模式调整、封站、停运、疏散等工作，并持续做好信息的收集、上报工作。组织配合卫生部门做好地铁列车消毒、车站消毒、疫区封锁、人员隔离及卫生检疫、伤员转移、人员疏散等工作，并做好现场舆情监控工作，发现散布谣言、拉横幅等扰乱社会秩序的行为立即上报地铁公安、线网指挥中心，并协助地铁公安处置。

1. 值班站长应急处置程序

（1）赶赴现场确认，并将现场情况通报行车值班员，同时将信息上报。

（2）若病人在车上，按行车调度要求对该趟列车清客，配合专业人员做好乘客的隔离工作，并要求同车乘客请勿离开，做好配合检查工作，若病人在车站内，则与地铁公安、保安等合力阻止其进站乘车，并及时控制隔离病人。

（3）如需封站，宣布车站执行疏散模式，组织人员疏散，成立现场指挥部。

（4）疏散完毕后对车站进行全面检查，确保乘客全部疏散出站。

（5）需撤离时，撤离至安全区域集中，并清点工作人员。

（6）抢险队伍赶赴现场后，协助开展抢险工作。

（7）处置完毕，组织本站运营恢复工作。

2. 行车值班员应急处置程序

（1）通知值班站长、客运值班员赶赴现场，并报行车调度、信息调度，视情况拨打 120。

（2）如需封站，播放广播组织乘客疏散，启动退票处置程序。

（3）利用综合监控系统监控站厅、站台、出入口等区域情况，密切关注乘客动态，发现异常及时上报。

（4）需撤离时，携带 800 M 对讲机至安全区域集中。

（5）接到值班站长恢复正常的通知后，报告行车调度、信息调度，广播通知各岗位恢复运营。

3. 客运值班员应急处置程序

（1）赶赴现场协助值班站长做好应急处置工作。

（2）做好车站客运组织、票务服务及票务应急准备。

（3）需撤离时，撤离至安全区域集中。

（4）接到恢复运营通知后，协助组织恢复运营。

4. 巡视岗应急处置程序

（1）关停站台与疏散方向不一致电扶梯，引导乘客从步梯或与疏散方向一致的电扶梯疏散，到车控室协助行车值班员工作。

（2）根据值班站长安排，前往出入口接应救援人员，拦截乘客进站。

（3）需撤离时，撤离至安全区域集中。

（4）接到恢复运营通知后，返回工作岗位。

5. 售票岗应急处置程序

（1）听从车站安排，做好支援准备。

（2）需撤离时，撤离至安全区域集中。

（3）接到恢复运营通知后，返回工作岗位。

6. 站台岗应急处置程序

（1）维持好站台乘客秩序。

（2）需要疏散时，配合值班站长做好疏散工作。

（3）需撤离时，撤离至安全区域集中。

（4）接到恢复运营通知后，返回工作岗位。

五、电梯应急处理

当电梯（自动扶梯、垂直电梯、残疾人牵引机）故障引发事故时，值班站长必须尽快到达现场，并安抚好乘客使其保持镇定。在确认当事人的伤势情况后，进行紧急救助（简单的包扎等)，视现场情况决定是否报 120。如果是液压梯困人，应等候救援人员到现场处理，并暂停相应设备的使用，待相关专业人员检测后才能投入使用。

(一)车站垂直电梯事故应急处理

1. 值班站长应急处理程序

(1)及时赶赴现场实施救助。

(2)车站无法救助时，求助专业人员进行救助。

(3)了解电梯轿厢所停的位置、是否有病人或其他危险因素、被困人数等情况，并安抚乘客，禁止乘客擅自采取行动。

2. 行车值班员应急处理程序

(1)立即通知值班站长、客运值班员到现场处理。

(2)及时将现场情况报告行车调度、维修调度、公安、120(根据现场情况)。

(3)安排人员做好现场防护，禁止操作该梯。

(4)保持与现场的联系。

(5)如维修人员 30 min 未到达现场处理应再次报维修调度。

3. 客运值班员应急处理程序

(1)维持现场秩序，协助值班站长处理。

(2)安抚电梯内的乘客，防止乘客自行救助，以免事态扩大。

4. 站务员应急处理程序

(1)在使用中发生事故时，应保持镇定，安抚好乘客，及时利用警铃、对讲设备等报警。

(2)发现电梯发生安全事故时，应立即到梯前确认梯内是否有乘客及确认乘客状态(人数、有无受伤等)，并通过对讲电话安抚乘客，使乘客保持镇定，禁止乘客擅自采取行动。

(3)报告车站控制室。

(4)等候救助。

(二)车站自动扶梯事故应急处理

1. 行车值班员应急处理程序

(1)通知值班站长、客运值班员到现场处理，安排人员到现场维持秩序，封锁现场。

(2)报行车调度、维调、公安、120(视现场情况而定)。

(3)暂停扶梯的使用，并做好防护，未得到事故处理负责人的允许，严禁任何人动用该扶梯。

(4)如维修人员 30 min 未到达现场处理应再次报维调。

2. 客运值班员应急处理程序

(1)到现场负责专项跟进目击证人工作，并将目击证人带到会议室书写目击经过。

(2)必须请目击证人写下个人的真实资料并做好保管。

(3)需要时移交给公安处理。

3. 站务员应急处理程序

（1）现场发现或接收到扶梯发生人员伤亡事故的信息后，立即到现场处理。

（2）视情况按下紧急停止按钮（按下前大声通知乘客“紧急停止，请站稳扶好”）。

（3）请现场的其他乘客协助救助当事人，将当事人平抬出扶梯，并挽留至少两名目击者做证人。

（4）报告车站控制室。

（5）将目击证人移交给客运值班员处理。

（6）协助值班站长处理。

（7）使用铁马把扶梯上、下端围起进行防护等待维修。

（三）车站残疾人牵引机故障应急处理

1. 行车值班员岗位应急处理程序

（1）通知值班站长到现场处理。

（2）报告维调。

（3）如维修人员 30 min 未到达现场处理应再次报维修调度。

2. 客运值班员岗位应急处理程序

（1）维持好现场秩序，协助值班站长处理。

（2）服从值班站长的安排。

3. 站务员应急处理程序

（1）报告车站控制室。

（2）安抚乘客保持镇定。

（3）与其他员工一起抬乘客到牵引机乘坐终点。

六、车站大面积停电应急处理

在城市轨道交通供电系统中牵引用电负荷为一级负荷，动力照明等用电负荷可分为一级、二级、三级负荷。

（1）一级负荷：中断供电造成的后果十分严重的重要负荷，如通信系统、信号系统、牵引供电系统、电力监控系统、防灾报警系统、机电设备监控系统、站台门、防淹门、消防泵、废水泵、雨水泵、事故风机及其风阀、排烟风机及其风阀、站厅和站台照明、事故照明等。

（2）二级负荷：中断供电造成的后果较严重的重要负荷，如非事故风机及其风阀、排污泵、自动扶梯、设备区照明和管理区照明、自动售检票、楼梯升降机、民用通信电源、冷冻机组控制器电源、维修电源等。

（3）三级负荷：不属于一、二级负荷的一般电力负荷，如冷水机组、冷冻水泵、冷却水泵、冷却塔风机、广告照明、电开水器、清扫电源等。

（4）大面积停电：受地铁外部供电系统影响或地铁设备故障造成单个车站或车辆段及以上范围的交流电全部停电（不考虑直流逆变成的交流电）。

车站大面积停电时，要贯彻“先通后复”的原则，积极采取各种措施，控制事态发展，迅速抢救，尽快恢复运营，尽量减少人员伤亡和财产损失。车站应加强检查紧急照明的启动情况，巡查各部位如升降电梯中是否有人员被困等，根据控制中心命令清站和关闭车站，加强事故照明装置的检查，确保两事损状态下事故照明装置的良好动作。

（1）值班站长应急处理程序。

① 及时赶赴现场，组织乘客安全疏散。

② 接到行调发布大面积停电、车站关闭的命令后，组织关闭各出入口。

③ 安排员工检查电梯是否困人，做好车站巡视工作。

④ 收集各岗位情况，做好停运安排。

⑤ 接到供电恢复的通知后，做好恢复运营的准备至投入运营。

（2）行车值班员应急处理程序。

① 报行车调度，通知值班站长及车站工作人员、公安。

② 向行车调度了解停电的原因及恢复时间，并及时汇报现场情况。

③ 接到行车调度发布大面积停电、列车停运、车站关闭的命令后，立即通知值班站长。

④ 广播宣布执行大面积停电疏散应急处理程序，反复广播指引乘客疏散，并将闸机设为紧急模式。

⑤ 确认站内乘客疏散完后报行车调度。

⑥ 接到恢复供电的通知后，检查客运服务设备、票务设备是否恢复正常，并通知各岗位做好恢复运营的准备。

⑦ 检查车站控制室设备情况，向行车调度报车站运营准备工作，并向行车调度了解列车运行恢复情况，报值班站长。

（3）客运值班员岗位应急处理程序。

① 带齐备品（应急照明灯、探照灯），到站厅组织乘客安全疏散。

② 确认疏散完毕后，报车控室。

③ 组织巡视岗到出口张贴停止服务的告示，关闭出入口。

④ 与车站控制室保持联系，负责巡视出入口并做好解释工作。

⑤ 收到恢复供电的通知后，检查 AFC 设备、各种服务设备设施是否正常，并报车站控制室。

⑥ 接到恢复运营的通知后，组织撤除告示，开启出入口。

（4）巡视岗应急处理程序。

① 做好乘客解释工作，指引乘客安全出站。

② 接到供电恢复的通知后，检查 AFC 设备、服务设备设施是否正常，并报车控室。

③ 接到恢复运营的通知后，组织撤除告示。

④ 开启出入口，引导乘客进站。

（5）售票岗应急处理程序。

① 收到执行大面积停电应急处理程序的通知后，收好票款和车票，关闭票亭，开启闸机门和边门，指引乘客出站。

② 带应急灯（或手电筒）在楼梯、扶梯或光线不足等关键处引导疏散乘客出站。

③ 确认站内乘客疏散完后，协助客运值班员关闭各出入口，并张贴停止服务的告示。

④ 与车控室保持联系，负责巡视各出入口并做好解释。

⑤ 收到供电恢复的通知后，检查 AFC 设备、服务设备设施是否正常，关闭边门并报车控室。

⑥ 接到恢复运营的通知后，撤除停止服务的告示，打开出入口，引导乘客进站。

（6）站台岗应急处理程序。

① 收到执行大面积停电应急处理程序的通知后，组织站台乘客疏散，并安抚乘客。

② 确认站台疏散完后，报车站控制室。

③ 收到供电恢复的通知后，检查站台扶梯、站台门等设备设施情况和线路情况，并报车控室。

④ 接到恢复运营的通知后，恢复正常运作。

七、乘客区间有序疏散应急处理

当列车区间迫停预计 30 min 以上，且无法采用列车救援措施，也不具备临线区间列车转运乘客条件，需从区间有序疏散乘客时，司机应播放广播安抚乘客，由车站人员带好备品（应急灯、探照灯、手电筒等），穿戴好防护用品进入隧道，指挥乘客向车站方向有序疏散。

1. 值班站长应急处理程序

（1）接报安排成立现场指挥部，担任事故处理主任。

（2）通知行车值班员广播宣布执行"区间乘客疏散应急处置预案"，通知相关人员到车控室带备品（应急灯、探照灯、手电筒等），穿戴好防护用品。

（3）接到可进入区间疏散列车上乘客的通知后，与客运值班员、巡视岗进入隧道疏散乘客，在进入区间时，在下轨楼梯处设置应急灯。

（4）到达区间列车位置后，与司机联系开门，指挥乘客向本站方向疏散。

（5）确认车上的乘客疏散完毕后，报车控室、行调，与司机沟通好后，返回车站，并确认无人员遗留在线路、疏散平台上，报车控室线路出清。

（6）确认所有乘客疏散完毕，组织好站内的票务、客运服务工作。

（7）处置完毕，组织本站运营恢复工作。

2. 行车值班员应急处理程序

（1）接区间疏散命令，通知值班站长、客运值班员、厅巡岗赶赴站台，并报行车调度。

（2）接到可以进入轨行区疏散乘客的命令后，通知值班站长进入相应轨行区组织人员疏散。

（3）广播安抚疏散的乘客，根据行车调度命令组织公交接驳。

（4）接值班站长区间乘客疏散完毕、线路出清的通知后，报行车调度。

（5）接到值班站长恢复正常的通知后，报告行车调度，广播通知各岗位恢复运营。

3. 客运值班员岗位应急处理程序

（1）接到区间疏散乘客的通知后，立即到车控室穿戴好防护用品，带备品，与值班站长到区间列车上疏散乘客。

（2）到达区间列车位置后，负责带领乘客向本站方向疏散。

（3）到达站台后，负责在端墙门处引导乘客疏散出站。

（4）组织好车站退票、公交驳运等客运服务工作（按 OCC 组织）。

（5）接到恢复运营通知后，返回工作岗位。

4. 巡视岗应急处理程序

（1）接通知后，立即到车控室穿戴好荧光衣，携带相关备品，协助值班站长至区间列车疏散乘客。

（2）到达区间列车后，带领乘客向本站方向疏散。

（3）确认列车上乘客疏散完后，跟随最后一名乘客疏散到站台，并确认无乘客遗留在区间。

（4）回到车站在出入口摆放服务告示，参与车站退票、公交接驳等客运服务工作。

（5）接到恢复运营通知后，返回工作岗位。

5. 售票岗应急处理程序

（1）收到执行区间乘客疏散的通知后，做好乘客退票及解释工作。

（2）做好公交接驳客运服务工作。

（3）接到恢复运营的通知后，恢复正常运作。

6. 站台岗应急处理程序

（1）配合抢险人员进出端门，向行车值班员准确汇报进出端门人员及数量。

（2）引导疏散乘客从站台落轨梯到达站台，避免乘客误入站线。

（3）引导站台乘客往站厅疏散，站台疏散完毕再次检查确认后报行车值班员。

（4）接到恢复运营的通知后，恢复正常运作。

八、列车临时清客应急处理

因突发事件或设备故障导致电客车不满足载客运行标准时，由线网指挥中心组织开展电客车清客下线工作。原则上，自线网指挥中心下达清客命令开始，清客完成时间须控制在 2 min 之内。执行清客工作时，应严格按照清客流程执行，确保无乘客遗留列车上。

1. 值班站长应急处理程序

（1）接到清客通知后，与行值核对命令内容，若有疑问及时联系行调核对。

（2）携带备品赶赴站台。

（3）列车到站，与司机核对车次正确后，通知站台人员开始进行清客。

（4）如遇拒不下车的乘客，通知保安、地铁公安协助处理，并报车控室。

（5）清客完毕后向行值汇报，监控站台乘客动态，做好乘客解释工作。

2. 行车值班员应急处理程序

（1）接行调列车临时清客命令，及时通知值站、地铁公安，在列车到达前，到站台做好清客准备。

（2）清客列车到达车站后，播放广播，必要时通知值站采取客流控制措施。

（3）清客完毕后报行调。

3. 客运值班员岗位应急处理程序

（1）赶赴站台维持客流秩序。

（2）做好车站客运组织、票务服务及限流准备。

4. 巡视岗应急处理程序

（1）赶赴站台配合清客工作，接值站确认车次正确的通知后，开始清客作业。

（2）做好乘客解释工作，维护客流秩序。

5. 售票岗应急处理程序

（1）负责票亭乘客事务处理等业务操作，票亭前无人时进行引导。

（2）听从车站安排，做好支援准备。

6. 站台岗应急处理程序

（1）参与清客工作，接值站确认车次正确的通知后，开始清客作业。

（2）做好宣传、解释工作，疏导乘客下车。

（3）清客完毕后，向司机发出“好了”信号，并报告行车值班员。

九、公交接驳应急处理

公交接驳是“设备出故障”时的一种人性化服务举措，是联合地面公交对地铁车站内滞留的客流进行沿地铁线路输运的一种客运组织。在地铁某一区段行车预计可能中断或晚点一定时间或单向行车间隔较大，行车能力降低一定程度时，给乘客出行造成较大影响，可启动公交接驳。在受影响的区段恢复行车条件或滞留乘客疏散完毕时，可取消公交接驳。在进行公交接驳时，应把确保乘客安全和正常运营作为应急处置的出发点，最大限度地避免乘客伤亡及减少对正线运营的影响。

1. 值班站长应急处理程序

（1）接启动公交接驳的通知后，宣布车站执行公交接驳，组织人员疏散。

（2）组织车站人员，摆放好公交接驳告示牌。

（3）安排车站人员，开放边门，指引乘客疏散。

（4）指引乘客疏散到公交接驳点。

（5）做好乘客解释工作，维持好公交接驳时的候车秩序。

（6）接驳的公交车到达接驳地点后，与司机沟通行驶路线，将接驳车数量、行驶方向和第一趟车到达时间报行车值班员。

（7）处置完毕，组织本站运营恢复工作。

2. 行车值班员应急处理程序

（1）接启动公交接驳的调度命令后，通知值班站长及各岗位。

（2）安排车站人员，协助值站工作。

（3）播放广播，指引乘客疏散至指定的公交接驳点，等候接驳公交车。

（4）加强与邻站、值站、行调的联系及信息通报。

（5）必要时远程关闭 TVM。

（6）人员疏散完毕后报行车调度。

（7）接到值班站长恢复正常的通知后，报告行车调度，广播通知各岗位恢复运营。

3. 客运值班员应急处理程序

（1）携带接驳牌，引导乘客到接驳点候车。

（2）做好乘客的解释工作，维持好候车秩序，接驳公交车到达后组织乘客有序乘降。

（3）接到恢复运营通知后，返回工作岗位。

4. 巡视岗应急处理程序

（1）接通知后，关停站厅至出入口中与疏散方向不一致的电扶梯。

（2）带齐备品，协助值班站长摆放接驳牌，设立接驳点，引导乘客到公交接驳点候车。

（3）接到恢复运营通知后，返回工作岗位。

5. 售票岗应急处理程序

（1）做好乘客退票、解释工作。

（2）听从车站安排，做好支援准备。

（3）接到恢复运营的通知后，恢复正常运作。

6. 站台岗应急处理程序

（1）在站台进行宣传疏导，引导乘客至站厅。

（2）确认站台疏散完毕，向行车值班员汇报。

（3）接到恢复运营的通知后，恢复正常运作。

十、车站可疑物品应急处理

当车站发现遗留的无人认领箱包、包裹，或不能判断其安全的物品时，可通过“望闻问嗅探”的方法判断物品的安全性，即观察有无危险标识；利用听觉，发现有无异常响声（如计时器响声）；要求乘客解释物品的种类、性质等，必要时请其打开展示其安全性；通过嗅觉，确认是否有异常气味（如大蒜味、辛辣味、苦杏仁味等）；使用金属探测仪、液体探测仪等仪器，加强对乘客携带物品的检查及识别。

1. 值班站长应急处理程序

（1）接通知后，到达现场确认，将现场情况通报行车值班员。

（2）疏散周围乘客，对现场进行隔离，组织寻找目击证人。

（3）与地铁公安加强沟通合作，地铁公安到场后将现场交由地铁公安处理，做好协助工作。

（4）接封站通知后，宣布执行疏散模式，组织人员疏散，成立现场指挥部。

（5）需撤离时，立即组织从业人员疏散至安全区域集中，并清点工作人员，确保无站内工作人员遗留。

（6）救援人员到达现场后，协助开展救援工作。

（7）地铁公安处理完毕，共同确认可恢复正常运营后，组织本站运营恢复工作。

2. 行车值班员应急处理程序

（1）反复播失物广播，寻找失主，并通知值站。

（2）判断为可疑物时，报告行车调度、地铁公安，视情况拨打 120、119。

（3）根据地铁公安要求如需封站，经行车调度同意，播放广播组织乘客疏散，启动退票处置程序，安排专人至应急出入口接应救援人员，安排安检值守各出入口，拦截乘客进站，乘客疏散完毕后报行调。

（4）需撤离时，全区域播放紧急疏散广播，通知从业人员撤离，确认通往站外疏散通道门门禁常开，所有闸机门已打开，安排工作人员及从业人员进行紧急疏散，携带 800 M 对讲机至应急出入口安全区域集中。

（5）接到值站恢复正常的通知后，报行车调度，广播通知各岗位恢复运营。

3. 客运值班员应急处理程序

（1）赶赴现场协助值站疏散周围乘客，对现场进行隔离。

（2）如需封站，组织乘客疏散，做好车站客运组织、票务服务及票务应急工作。

（3）需撤离时，至出入口安全区域集中。

（4）接到恢复运营通知后，协助组织恢复运营。

4. 巡视岗应急处理程序

（1）接通知后，到现场做好处置区域隔离工作。

（2）如需封站，关停进站方向电扶梯，疏散站厅乘客。

（3）前往应急出入口接应救援人员，拦截乘客进站。

（4）需撤离时，至出入口安全区域集中。

（5）接到恢复运营通知后，返回工作岗位。

5. 售票岗应急处理程序

（1）认真值守岗位，做好到现场协助处理的准备，开启边门配合救援人员进出。

（2）做好车站票务服务及票务应急准备。

（3）确认疏散时，收好钱箱锁闭票亭，打开边门引导乘客疏散。

（4）需撤离时，至出入口安全区域集中。

（5）接到恢复运营通知后，返回工作岗位。

6. 站台岗应急处理程序

（1）维持好站台乘客秩序，做好处置区域隔离工作。

（2）如需封站，关停与疏散方向不一致电扶梯并引导乘客至站厅。

（3）需撤离时，至出入口安全区域集中。

（4）接到恢复运营通知后，返回工作岗位。

十一、车站发生毒气袭击事件应急处理

当车站发生毒气袭击事件时，应根据 OCC 控制中心的指令做好行车和客运组织、人员疏散、封站等，并及时通知地铁公安，协助配合地铁公安、卫生、消防等救援力量开展救援工作。在进行现场处置时，工作人员应穿戴防毒面具等，并做好自身安全防护措施。

1. 值班站长应急处理程序

（1）接通知后，做好防护（佩戴防毒面具），迅速到现场处理，组织指挥，同时将现场情况通报行车值班员。

（2）组织乘客进行疏散，配合公安进行现场处理。

（3）组织站内清客，确认站内乘客疏散完毕后，到紧急出入口外与疏散人员会合。

（4）到紧急出入口外清点员工人数，确认险情排除后，报行车调度。

（5）经地铁公安同意后，OCC 通知恢复运营后返回车站，恢复运营。

2. 行车值班员应急处理程序

（1）通知值站赶赴现场。

（2）及时上报行车调度、环境调度，通知 110、119、地铁公安及相关领导，请求支援。

（3）将闸机设为紧急模式，执行疏散模式，按照环境调度指令执行相应的环控模式，播放广播，指引乘客疏散。

（4）安排人员关停站厅至出入口与疏散方向不一致电扶梯，引导乘客从步梯或与疏散方向一致的电扶梯疏散，并引导乘客至站厅，并安排人员至出入口接应救援人员，安排安检值守出入口，拦截乘客进站。

（5）乘客疏散完毕后，报告行车调度。

（6）需撤离时，立即全区域播放紧急疏散广播，通知从业人员撤离，携带 800 M 对讲机至应急出入口安全区域集中。

（7）接到值班站长恢复正常的通知后，报行车调度，通知各岗位恢复运营。

3. 客运值班员应急处理程序

（1）做好防护（佩戴防毒面具），赶赴站厅，指引乘客疏散。

（2）确认乘客疏散完毕后，报告行车值班员，撤离到紧急出入口外集中。

（3）接到恢复运营的通知后，恢复正常运营。

4. 巡视岗应急处理程序

（1）闻到有刺激性的气味，立即报车控室，做好防护（戴防毒面具），疏散乘客。

（2）关停相应区域的扶梯、电梯等设备，指引乘客疏散。

（3）确认乘客疏散完毕后，报告行车值班员，撤离到紧急出入口外集中。

（4）接到恢复运营的通知后，回到岗位做好正常运营的准备工作。

5. 售票岗应急处理程序

（1）接到疏散通知后做好自身防护，立即暂停售票，锁好票盒，关闭电源，关闭票亭岗，开启边门，在票亭岗附近引导乘客疏散。

（2）若闸机未释放成功，报行车值班员并人工释放闸机。

（3）确认乘客疏散完毕后，报告行车值班员，并准备撤离（紧急出入口集中）。

（4）接到恢复运营的通知后，回到岗位做好正常运营的准备工作。

6. 站台岗应急处理程序

（1）做好防护（佩戴防毒面具），关停站台与疏散方向不一致的电扶梯，引导乘客从步梯或与疏散方向一致的电扶梯疏散，并引导乘客至站厅。

（2）站台乘客疏散完毕后，报告行车值班员。

（3）赶赴站厅，协助组织站厅乘客疏散，疏散完毕后，撤离到紧急出入口外集中。

（4）接到恢复运营的通知后，回到岗位做好正常运营的准备工作。

十二、车站发生劫持人质事件应急处理

当车站发生劫持人质事件时，应立即将周边乘客疏散到安全位置，根据 OCC 控制中心命令做好行车和客运组织、人员疏散、封站等工作，并及时通知地铁公安，协助和配合地铁公安、卫生、消防等救援力量开展救援工作。在进行现场处置时，工作人员应谨防不要激怒歹徒，注意自身安全。

1. 值班站长应急处理程序

（1）接通知后，立即到现场处理，疏散围观乘客，并将现场情况报行车值班员。

（2）对现场进行隔离、做好相关人员的情绪安抚工作。

（3）地铁公安人员到场后，交地铁公安处理，按地铁公安的要求进行配合。

（4）接封站通知后，宣布执行疏散模式，组织乘客疏散，关闭车站。

（5）需撤离时，立即组织从业人员疏散，至应急出入口安全区域集中，并清点工作人员，确保站内无遗留人员。

（6）救援人员到达现场后，协助开展救援工作。

（7）经地铁公安同意后，组织本站运营恢复工作。

2. 行车值班员应急处理程序

（1）通知值班站长赶赴现场。

（2）及时上报行车调度、环境调度，通知 110、119、地铁公安及相关领导，请求支援。

（3）根据地铁公安要求，如需封站，经行车调度同意，播放广播组织乘客疏散，启动退票处置程序，乘客疏散完毕报行车调度。

（4）安排人员至出入口接应救援人员，张贴告示，安排安检值守各出入口拦截乘客进站。

（5）通过 CCTV 监控现场情况。

（6）需撤离时，立即全区域播放紧急疏散广播，通知从业人员撤离，携带 800 M 对讲机至应急出入口安全区域集中。

（7）接到值班站长恢复正常的通知后，报行车调度，广播通知各岗位恢复运营。

3. 客运值班员应急处理程序

（1）携带相关备品赶赴现场疏散周围乘客，对现场进行隔离。

（2）协助值班站长进行现场处置，并安抚现场人员情绪。

（3）需疏散时，组织乘客疏散，做好车站客运组织、票务服务及票务应急工作。

（4）需撤离时，撤离至安全区域集中。

（5）接到恢复运营通知后，协助组织恢复运营。

4. 巡视岗应急处理程序

（1）接通知后，到现场做好处置区域隔离工作。

（2）如需封站，关停站厅至出入口与疏散方向不一致电扶梯，引导乘客从步梯或与疏散方向一致的电扶梯疏散。

（3）根据值站安排前往出入口接应救援人员，拦截乘客进站。

（4）需撤离时，撤离至安全区域集中。
（5）接到恢复运营通知后，返回工作岗位。

5. 售票岗应急处理程序

（1）认真值守岗位，做好到现场协助处理的准备，开启边门，配合救援人员进出。
（2）疏散乘客时，收好钱箱锁闭票亭，打开边门引导乘客疏散。
（3）需撤离时，撤离至安全区域集中。
（4）接到恢复运营通知后，返回工作岗位。

6. 站台岗应急处理程序

（1）组织乘客疏散，引导乘客远离劫持现场，做好乘客解释工作。
（2）如需封站，关停站台与疏散方向不一致电扶梯，引导乘客从步梯或与疏散方向一致的电扶梯疏散，并引导乘客至站厅。
（3）确认站台乘客疏散完毕后，报行车值班员并至站厅协助疏散。
（4）站厅疏散完毕报行车值班员。
（5）需撤离时，撤离至安全区域集中。
（6）接到恢复运营通知后，返回工作岗位。

【实训任务】

<table>
<tr><td>任务名称</td><td colspan="3">车站突发事件应急处置</td></tr>
<tr><td>任务描述</td><td colspan="3">分角色扮演车站值班站长、行车值班员、客运值班员、巡视岗、售票岗、站台岗和乘客。
1. 车站火灾应急演练（站厅 A 端 TVM 着火、站厅 B 端商铺着火、站厅付费区书报架着火、站厅 B 端垃圾桶着火）。
2. 车站 D 出入口积水过多，大量乘客在出入口聚集无法进出站造成拥堵，影响车站运营。
3. 新冠疫情期间，在车站安检点，负责测温的安检员使用电子测温仪对一名进站乘客连续两次检测体温时，发现其体温均在 37.5 °C。
4. 站内站台层通往站厅层的垂直电梯发生困人故障。
5. 车站公共区停电失去正常照明。
6. 列车区间脱轨预计 2 h 以上无法通车，需从车站有序疏散，车站组织公交接驳疏散乘客。
7. 列车 ATP 系统故障需在车站清客退出运营。
8. 车站巡视岗发现一可疑的黑色手提包，里面物品无法辨认</td></tr>
<tr><td>实践目的</td><td>能多岗位协作完成自然灾害、公共卫生事件、设备故障、公共安全事件等突发事件的应急处置，培养“以乘客为本，安全第一”的服务意识，提升突发事件应急处置能力，培养团队协作能力、沟通交流能力，树立规范、准确的工作作风和责任心</td><td>实践场所</td><td>城市轨道交通实训室</td></tr>
<tr><td>任务要求</td><td colspan="3">能根据着火类型选择合适的灭火器，能正确使用灭火器灭火，并能各岗位协作完成客运组织工作，能在车站发生洪涝、突发疫情、电梯故障困人、公共区突发停电，区间有序疏散乘客、车站出现可疑物品时，各岗位能协同完成公交接驳的应急处理工作</td></tr>
</table>

【目标检测】

一、知识检测

1. 填空题

（1）车站突发事件应急处理应遵循“高度集中，统一指挥，______________”的原则，坚持“______________”，优先组织人员疏散、伤员抢救，同时兼顾通信、供电等重点设备和环境的防护，将损失降至最低限度。

（2）受地铁外部供电系统影响或地铁设备故障造成单个车站或车辆段及以上范围的交流电全部停电，称为__________。

（3）当列车区间迫停预计_______min以上，且无法采用列车救援措施，也不具备临线区间列车转运乘客条件时，需从区间向车站有序疏散乘客。

（4）当列车因故障，需临时清客时，清客完成时间须控制在______min之内。

（5）___________是“设备出故障”时的一种人性化服务举措，是联合地面公交对地铁车站内滞留的客流进行沿地铁线路输运的一种客运组织。

2. 选择题

（1）发生火灾时，对于垂直电梯描述正确的是（　　）。

A. 继续运行，疏散乘客　　B. 自动停在基站，打开电梯门

C. 停在任意位置　　D. 停在顶层

（2）下列不属于防洪涝的响应解除条件的是（　　）。

A. 积水水位回落到警戒线以下并且气象部门已发布洪峰通过该区域中心城区的信息

B. 水位回落到钢轨轨面以下并且水源得到有效封堵

C. 设备/设施恢复正常，地铁可以恢复正常行车

D. 外部地面无积水

（3）下列不属于公共卫生事件的是（　　）。

A. 传染病疫情　　B. 群体性不明原因疾病

C. 毒气袭击　　D. 动物疫情

（4）垂直电梯在运行中发生故障，乘客被困在电梯轿厢内，车站工作人员应了解的内容不包括（　　）。

A. 电梯轿厢所停的位置　　B. 是否有病人或其他危险因素

C. 被困人数　　D. 被困人姓名

（5）当列车在车站出现异常时，需要让全部乘客从列车车厢下车，这一举措被称为（　　）。

A. 清客　　B. 引导

C. 隔离　　D. 疏散

（6）车站发现可疑物品时，以下做法有误的是（　　）。

A. 打开观察为何物　　B. 疏散乘客

C. 上报车控室　　D. 设置防护

3. 判断题

（1）当车站确定执行火灾应急疏散后，行车值班员应立即手动操作执行环控模式、闸机、

、PA 和门禁联动。（　）

（2）在车站遭遇高温天气时，应以“先通后复”为原则，灵活选择“更有利、更快恢复”处置措施，处置过程中，应做好自身防护，各履其责、服从指挥，按章操作、果断处置，严禁擅离职守。（　）

（3）在车站执行大面积停电疏散应急处理程序后，行车值班员应反复广播指引乘客疏散，并将闸机设为紧急模式。（　）

（4）当值班站长接到车站发生毒气事件通知后，应迅速到现场处理，组织指挥，同时将现场情况通报行车值班员。（　）

（5）当站务员发现电扶梯事件时，应立即按下紧急停止按钮。（　）

二、技能检测

根据前述实训任务，分组演练并录制视频，以此来检验技能目标的达成度，具体检验的项目、标准及分值如下表所示。

序号	技能检测评价项目	评分标准	得分
1	车站突发火灾应急处置（20分）	灭火器选择正确（5分），灭火器使用正确（5分），各岗位应急处理程序正确、完整、有序（10分）	
2	车站出入口积水过多应急处置（10分）	各岗位应急处理程序正确、完整、有序（10分）	
3	大规模流行病疫情应急处置（10分）	各岗位应急处理程序正确、完整、有序（10分）	
4	电梯困人应急处置（10分）	各岗位应急处理程序正确、完整、有序（10分）	
5	车站公共区停电应急处置（10分）	各岗位应急处理程序正确、完整、有序（10分）	
6	区间有序疏散乘客应急处置、公交接驳应急处置（10分）	各岗位应急处理程序正确、完整、有序（10分）	
7	列车临时清客应急处置（15分）	各岗位应急处理程序正确、完整、有序（10分），在 2 min 内完成清客（5分）	
8	发现可疑物品应急处置（10分）	各岗位应急处理程序正确、完整、有序（10分）	
9	团队分工情况（5分）	角色扮演分工合理（5分）	

三、素质检测

由教师根据学生课前预习情况、课中小组讨论及独立思考情况、课后作业、小组协作完成学习任务情况及技能目标测试环节，对学生素质目标进行评分。

序号	素质检测评价项目	评分标准	得分
1	学习能力的提升度（20分）	课前预习（5分），课中主动回答问题（5分），课后作业（5分），小组作业（5分）	
2	团队协作的配合度（20分）	小组成员之间的配合度（20分）	
3	语言表达的清晰度（20分）	问题处置的逻辑性（10分），语言表达的流畅性（10分）	
4	思想意识的认知度（40分）	“以乘客为本，安全第一”的服务意识（20分），规范、准确的工作作风和责任心（20分）	

【知识拓展】

城市轨道交通运营突发事件应急演练管理

第一条 为规范城市轨道交通运营突发事件（以下简称运营突发事件）应急演练管理，提升应急处置能力，根据《中华人民共和国安全生产法》《中华人民共和国突发事件应对法》《生产安全事故应急条例》《突发事件应急预案管理办法》《国务院办公厅关于保障城市轨道交通安全运行的意见》《国家城市轨道交通运营突发事件应急预案》《城市轨道交通运营管理规定》等有关要求，制定本办法。

第二条 城市轨道交通运营过程中发生的因列车冲突、脱轨，设施设备故障、损毁，以及大客流等情况，造成人员伤亡、行车中断、财产损失的突发事件应急演练工作适用本办法。

因地震、洪涝、气象灾害等自然灾害和恐怖袭击、刑事案件等社会安全事件以及其他因素影响或可能影响城市轨道交通正常运营的情形，参照本办法开展运营处置方面的应急演练工作。

第三条 运营突发事件应急演练应遵循全面覆盖、总专结合、协同联动、有效融合的原则。

第四条 城市轨道交通所在地城市交通运输主管部门或者城市人民政府指定的城市轨道交通运营主管部门（以下统称城市轨道交通运营主管部门）依法承担职责范围内本行政区域运营突发事件应急演练的组织实施和监督管理工作。

对跨城市运营的城市轨道交通线路，线路所在城市的城市轨道交通运营主管部门应联合建立运营突发事件应急演练协调机制。

第五条 城市轨道交通运营主管部门应根据城市专项应急预案、部门应急预案，组织完善运营突发事件应急处置体系，协调建立健全部门间应急处置联动机制，并细化行业内部的职责分工和工作要求等。

城市轨道交通运营单位（以下简称运营单位）应建立城市轨道交通运营突发事件综合应急预案、专项应急预案和现场处置方案。运营单位综合应急预案、专项应急预案应报城市轨道交通运营主管部门备案。新编制或修订的，应在预案生效 20 个工作日内报城市轨道交通运营主管部门。

第六条 运营单位综合应急预案应与政府层面的专项应急预案相衔接，总体阐述本单位运营突发事件的应急工作原则、应急组织机构及职责、专项应急预案体系、预警及信息报告、应急响应及保障措施等内容。

第七条 运营单位专项应急预案应针对重大风险、关键设施设备故障等某一类型或某几种类型的运营突发事件，明确风险分析、应急指挥机构及职责、处置程序和措施等内容。专项应急预案应至少涵盖以下重点内容，并开展演练：

（一）列车脱轨、撞击、冲突、挤岔。

（二）土建结构病害、轨道线路故障。

（三）异物侵限、车站及线路淹水倒灌。

（四）车辆故障、供电中断、通信中断、信号系统故障。

（五）突发大客流、客伤。

（六）列车、车站公共区、区间及主要设备房等区域火灾。

（七）网络安全事件。

第八条 运营单位现场处置方案应根据不同运营突发事件类型，针对具体的场所、设施设备等明确现场作业人员的应急处置流程、处置措施、安全注意事项等内容。关键岗位的现场处置方案应至少涵盖以下重点内容，并开展经常性演练：

（一）行车调度员：列车事故/故障、列车降级运行、列车区间阻塞、设施设备故障清客、火灾、临时调整行车交路、线路运营调整及故障抢修、道岔失表等。

（二）电力调度员、环控调度员：大面积停电、供电区段失电、电力监控系统离线、区间火灾、区间积水等。

（三）列车驾驶员：列车事故/故障、列车降级运行、区间乘客疏散、列车连挂救援、非正常交路行车等。

（四）行车值班员：非正常情况下的行车进路办理、列车接发作业、道岔失表、车站乘客疏散、抢修作业办理、火灾、客伤等。

（五）车站服务人员：大客流组织、乘客应急疏散、火灾、客伤、站台门故障等。

（六）设施设备维护人员：土建结构、轨道线路、车辆、供电、通信、信号等关键设施设备故障抢修。

第九条 城市轨道交通运营主管部门应在城市人民政府领导下，会同公安、应急管理、卫生等部门开展专项应急预案演练、部门应急预案演练。演练应设置具体场景，每年至少组织一次实战演练，重点磨合和检验各单位和部门间的协同联动机制等，专项应急预案演练与部门应急预案演练可合并开展。

对跨城市运营的城市轨道交通线路，线路所在城市的城市轨道交通运营主管部门每 3 年至少组织一次联合应急预案演练。

第十条 运营单位综合应急预案演练应依托专项应急预案，每半年至少组织一次实战演练，重点检验运营单位各部门、应急救援组织及相关单位间的协同联动机制。城市内有多家运营单位的，运营单位之间应针对换乘线路每年至少组织一次联合应急预案演练。

运营单位每半年至少组织一次专项应急预案演练。每个专项应急预案每 3 年至少演练一次。年度应急演练计划中实战演练比例不得低于 70%。鼓励采用事前不通知演练时间、地点和内容的突击式演练。

运营单位综合和专项年度应急演练计划应在确定后的20个工作日内报城市轨道交通运营主管部门。

第十一条 运营单位应根据岗位特点和运营需要，有针对性地加强重点岗位、重点内容的演练，磨合和检验作业人员现场处置能力。现场处置方案演练应纳入日常工作常态化开展，每个班组每年应将有关的现场处置方案至少全部演练一次，不同现场处置方案的演练可合并开展。

鼓励在收车阶段开展列车降级运行演练；在运营结束后开展列车区间阻塞、列车火灾、车站火灾、站台门及车门故障等演练。

第十二条 运营单位应根据演练计划统筹安排应急演练经费，并纳入本单位安全生产费用，做好人员、场地、物资器材的筹备保障和有关沟通协调工作，确保应急演练工作安全有序开展。

涉及可能对社会公众和正常运营造成影响的演练，运营单位要提前评估，落实安全防护措施，并提前对外发布宣传告知信息。

第十三条 在演练过程中，城市轨道交通运营主管部门和运营单位（以下统称演练组织部门）应注重发挥智能管理系统应急指挥协同作用，加强信息获取和传递的时效性。

鼓励邀请“常乘客”、志愿者等社会公众参与应急演练，对参与应急演练的社会公众，应提供必要的培训和安全防护。

第十四条 交通运输部在具备条件的运营单位、科研院所、职业院校等单位，分区域组织设立国家级城市轨道交通应急演练中心。

国家级城市轨道交通应急演练中心应具备开展运营突发事件应急演练的线路、站场、相关专业设施设备系统、应急物资和安全防护设施等基础条件，具有采用三维场景构建、虚拟现实技术等建立的应急演练专用仿真系统。

第十五条 鼓励运营单位在国家级城市轨道交通应急演练中心组织开展拉练式实战演练，特别是针对列车脱轨、列车冲突、接触网事故、列车火灾等具有破坏性的、运营单位不具备开展实战演练条件的专项演练项目。

交通运输部适时组织区域内不同运营单位开展运营突发事件应急演练交流。

第十六条 演练组织部门应当建立健全应急演练评估工作机制，全面评估应急演练工作，及时总结经验教训。

政府专项、部门应急预案演练和运营单位综合、专项应急预案演练应形成演练评估报告。运营单位现场处置方案演练可通过现场总结和点评的方式开展评估。

鼓励邀请行业专家或委托第三方机构开展演练评估工作。运营单位应为行业专家或第三方机构评估人员开展工作提供便利及必要的安全保障措施。

第十七条 评估人员应当具备相应专业技能和工作经验，提前熟悉相关应急预案、演练实施方案和管理制度，全程观察研判应急演练开展情况，独立、客观地开展评估工作。

第十八条 演练评估内容应包括演练准备、组织与实施的效果、演练主要经验、演练中发现的问题和意见建议等，重点包括应急预案是否科学、联动组织是否高效、人员操作是否熟练、应急保障是否充分等。

第十九条 演练组织部门应将评估报告向参演人员和相关单位公布，反馈演练中发现的问题并及时整改。涉及应急处置机制、作业标准、操作规程和管理规定等有缺陷的，应在 3 个月内修订完善相关预案和制度。

评估报告中涉及其他单位、部门的应急预案及应急准备完善建议，应及时反馈相关单位和部门。

第二十条 演练组织部门应当建立应急演练档案库，以电子文档等方式妥善保存演练工作计划、实施方案、记录材料、评估报告等资料。

第二十一条 运营单位应在年度演练计划周期结束后 20 个工作日内，将演练总结报告报送城市轨道交通运营主管部门。演练总结报告应包括演练计划完成情况、演练总体评估情况及整改情况等内容。

城市轨道交通运营主管部门应对运营单位应急演练工作情况开展监督，重点检查运营单位演练计划落实情况、演练记录、演练评估和整改情况等，对于未按规定开展应急演练、演练流于形式或弄虚作假的，要及时督促整改并纳入相关考核。

第二十二条 本办法自 2019 年 11 月 1 日起实施，有效期 5 年。

【思政资料阅读】

意外无情人有情，暖心地铁伴您行

2023 年 05 月 17 日，在开往江汉路站的列车上一名女乘客晕倒了，车厢许多人都伸出援手，有人帮忙呼叫司机，有人让座，有人拿出糖果，有人帮忙捡起晕倒女孩的手机。列车到达江汉路站时，司机已将此事上报给线网运营指挥调度中心，调度中心行车调车员通知车站。接到通知的值班站长魏梦思立刻飞奔跑向站台，她一边跑，一边通知 2 名工作人员将轮椅和担架拿到站台等候乘客。列车到站后，魏梦思上车将晕倒女乘客扶下来，坐在轮椅上休息，递上一杯红糖水，女乘客此时逐渐好转。她休息了一会儿，表示自己已无大碍。由于还要赶晚上 7 时 30 分的动车，她需要马上去汉口火车站，见女乘客精神尚好，魏梦思送她上车，同时联系了 2 号线汉口火车站，请他们注意接应。

2023 年 07 月 16 日，在青岛地铁 1 号线井冈山路站站台上，发生了惊心动魄的一幕。“车站控制室！1 号线站台有一位女童喉咙卡异物，请立即支援！”收到消息后，车站各岗位快速联动响应。值班站长刘飞携带 AED（自动体外除颤仪）一路小跑赶到现场，行车值班员立刻在车站播放寻医广播并拨打 120 急救电话。得知女童是吃蚕豆卡住喉咙导致呼吸困难，在经过短暂且冷静的观察后，刘飞从家长手中抱过女童使用海姆立克急救法进行救助。随后，一名医学专业的乘客在听到车站寻医广播后也赶到现场，加入车站救援队伍中。一次、两次、三次……在刘飞与热心乘客 2 分钟的接续配合下，女童将异物吐出，恢复正常呼吸。“幸亏有人懂急救，这孩子命大！”“小伙子真有本事。”“现在的年轻人真有两下子！”……看到女童转危为安后，现场为孩子揪心的乘客们也跟着长舒一口气，把赞美送给施救的地铁员工和热心乘客。一位年轻的男乘客向刘飞竖起大拇指，久久没有放下。而此时，之前手足无措的家属，激动地抹起了眼泪。

2023 年 07 月 22 日上午 10 时 46 分，兰州轨道交通 1 号线东方红广场站 C 班员工闵少鹏正在执行 2039 次列车接站作业时，突然听到车厢内有人呼喊“快来人啊，有人晕倒了！”闵少鹏第一时间奔走至列车对应车厢，在查看乘客情况的同时，立即通过对讲机向值班站长报告。随即东方红广场站 C 班组值班站长杨富强、值班员赵磊向轨道交通调度指挥中心汇报突发情况，并携带车站急救设备冲向现场。与此同时，在多次试图唤醒乘客恢复自主意识无果的情况下，大家齐力将晕倒乘客抱至站台座椅使其缓缓躺平。随后，闵少鹏、赵磊两人一边揉搓晕倒乘客四肢，一边托起乘客颈部防止发生倒噎，值班站长杨富强立即拨打医疗急救电话，根据急救中心电话指导进行紧急处置，并通过车站广播系统寻找现场医务工作者。上午 10 时 57 分，医疗急救部门专业人员赶到现场，在经过现场处理后，东方红广场站 C 班组员工与医护人员合力共同将该乘客抬上担架，开放绿色通道，平稳护送乘客出站，前往医院观察治疗。当天下午该乘客身体及精神状况已恢复稳定。